罗马人的故事

Ⅷ

危机与克服

[日] 盐野七生◎著　葛奇蹊◎译

ローマ人の物語

中信出版社 · CHINACITICPRESS · 北京 ·

银币故事

当写到已经江河日下的罗马帝国时，我所想到的是，如果中间和下层出了问题，无论上层再如何努力也无济于事。相反，如果中下层还在充分发挥作用，只需很短的时间就可以吸收因上层部分的争斗而产生的弊病。尼禄自杀后开始的长达一年的内乱让习惯了“罗马统治下的和平”的塔西佗这些上层知识分子慨叹帝国即将走向终结，但实际上帝国还在充分运转着。

在距离参加内战的军团通行的街道不远的帝国货币铸造所里，没有员工会盗取金银，经皇帝尼禄改革后的优质货币被不断制造出来，运往庞大帝国的各地而不会在途中遭到劫掠。刻有接连更替的皇帝肖像的银币被不断铸造出来，但是在流入市场时该皇帝已经被杀死了，从这个意义上来说，公元1世纪的罗马帝国甚至拥有将悲剧变为喜剧的活力。

盐野七生

2005年夏于罗马

金币故事

英国首相托尼·布莱尔在最近的演讲中说“危机也是转机”，不知道2000年前的罗马帝国的领导者们是否也这样认为，但是从结果来说，尼禄皇帝死后开始的危机确实成为了罗马帝国的一个转机。

当然，转机不会凭空出现，只有大刀阔斧地进行改革才能将危机化为转机，接下来登场的韦斯帕芗皇帝就是这么做的。从尼禄皇帝到之后内乱期的三个皇帝执政期间，来自首都罗马并且在罗马社会中属于第一阶级——元老院阶级的人是政治舞台上的主角。韦斯帕芗虽然来自意大利本土，但并不是出生于罗马，并且他属于第二阶级的“骑士阶级”。罗马人所说的“新贵”（用后世的话来说就是“新鲜血液”）得以进入到既有的领导阶层已经无法发挥作用的罗马帝国内，这直接导致了在下一个时代帝位向行省出身者开放的结果。

盐野七生

2005年夏于罗马

金币故事

可能有的读者要抗议了，为什么完全没有关于封面上介绍的奥里斯金币、第纳尔银币以及罗马人日常生活中用得最多的塞斯特斯铜币的说明呢？说句实在话，因为暂时没有必要对这些货币进行说明。

不过值得一提的是，奥古斯都确立的货币制度（虽然在此期间为了满足现代所说的货币供应量，曾一度经历过尼禄的路线修正）是整个帝国的经济实力在200年中一直健全发展的证据所在。这200年间罗马帝国的关键货币一直保持稳定，这与“罗马统治下的和平”（意为罗马主导的国际秩序的稳定）在时代上是完全一致的。同时这种货币制度也意味着罗马帝国的安全保障体制一直在发挥着作用。

在这个方面值得特书一笔的是日耳曼长城，它的建立者是图密善皇帝。但是这个人不仅被同时代的人处以“记录抹杀刑”而名声大损，并且和提比略皇帝一样，也没能得到后世的史学家们为他平反。笔者在写作《罗马人的故事》的过程中，经常感觉自己就像一名法庭上的辩护律师，这是因为笔者对于世人经常说的“民众的呼声就是神的心声”、“历史的裁决”从心里不敢苟同。

盐野七生

2005年夏于罗马

目录 Contents

推荐序 1　为什么是罗马？

这是一部煌煌 15 册的巨著，作者盐野七生写了 15 年，我曾整整读了一年。读后，逢人就推荐。我读的是台湾出版的繁体横排本，当时感到奇怪：为什么这样的书，在大陆却看不到？没想到，现在就有了简体中文版。大概是因为此前我在各个场合不遗余力地推荐，中信出版社希望我能为之写篇序言。

过去我也读过罗马史，比如《罗马帝国衰亡史》，但这类史书，更多的是从政治、军事的角度来理解罗马帝国。盐野七生不同，她以现代史观的方法论来解读罗马，其间涉及国家与民族、君主与公民、宗教与人性、权力与秩序、科学与技术、领导与公关等方方面面，视野极广，见人所未见。正如她自己所说："别的研究者是写自己知道的，而我则是写我想知道的。"

我是从事房地产行业的，所以对书中所讲罗马帝国的城市与建筑极为关心。在第十册《条条大路通罗马》中，作者专门讲了罗马的道路建设：与其说"条条大路通罗马"，倒不如说"条条大路起罗马"。罗马是这个庞大帝国的心脏，而这些四通八达的国家公路，有如血管脉络，把政令和资源高效率地传输到帝国的每个角落。

盐野七生说，东方帝国在修建长城的时候，罗马人正在修建罗马大路。接着，她就告诉读者，2000 年过去了，罗马修的大路现在还在使用。这时，你会很自然地想：中国的长城，现在除了收门票之外，还有没有用？我们现在能看到的长城，主要是明朝修建的，而且从工程的角度讲，也有很多质量问题。同样是国家主导的巨型工程，哪一个对国家和人民更有用？

当然，这些都是我的联想。为什么罗马修的路现在还能用？作者展示了一张罗马大路的剖面图，告诉我们这条路是怎么修的，为什么能连续使用上千年。这样的图示还有很多。作者很愿意从科学与技术的角度解释，罗马帝国有其与众不同的力量，而建筑在其中占有相当重要的地位，因为建筑给市民和士兵带来极大的安全感。

在作者的描述之下，罗马帝国宛如一个强大的跨国企业，《罗马法》就好比这个企业的内部规章。这个企业有自己的核心价值、企业文化、思维惯性、话语系统、人力资源储备，甚至还有自己的保安系统。制度、人才、资源配置等等，都是罗马得以长盛不衰的原因。这也是为什么这部书会被国外一些研究者拿来当做领导者论、组织论、国家论的现成教材。

盐野七生贯穿始终地自我设问，并希望回答：为什么只有罗马人能成就如此大业？为什么只有罗马人能够建立并长期维持一个巨大的文明圈？一望而知，作者认为罗马帝国经久不衰的根本原因，与它所秉持的价值取向和施政目标有关。

作者认为：罗马的力量，来自保障国民安全的基础设施和贵族行为理应高尚的传统。国民最需要的是安全系统，其次是尊贵和快乐的生活。罗马皇帝努力满足了国民的需要。一切政令、公共设施、对外战争，都是为了满足国民的安全感和享受需要。

其次，罗马人智力不如希腊人，体力不如高卢人，经商的本事不如迦太基人，却能一一打败这些部族，而且在战后还能与这些部族有秩序地和睦共处。为什么？你会发现，罗马帝国的强大，归根结底是因为它的宽容开放，它的兼收并蓄。

罗马帝国是多神教的国家，罗马人把被帝国征服的民族的神，全部当做自己的神来供奉。这样的神有 30 万个。罗马甚至赋予被征服者公民权，历届罗马皇帝里有很多被征服者。试想，这在东方帝国，可能吗？

这些分析让我非常受启发。对于国家来说，自由与宽容，这才是罗马帝国的立国之本，对于跨国企业来说，宽容开放、兼收并蓄应当是它的核心价值观念。正是这些基本的价值取向和目标，赋予罗马帝国强大的力量，并成为西方文明的一个重要源头。这也是我向朋友们力荐这本书的原因。

作为一个先睹为快的中国读者，我只能谈一点浅见，算是对作者盐野七生的感谢。如果这篇小文又能够对读者有小小的帮助，会令我更加高兴。

是为序。

王石　万科集团董事长

2011年8月8日

推荐序2　向往古罗马文明的精神特质

多年前，在朋友处看到台湾出版的一本书，《我的朋友马基雅弗利》，借来后一口气看完。文笔的清美，布局的平实，让我印象深刻，特别是作者起笔的角度真是别开生面：

◇马基雅弗利看到了什么？由此展开了佛罗伦萨当时的历史背景和事件。

◇马基雅弗利做了什么？由此展示了马基雅弗利一生的经历和事变。

◇马基雅弗利想到了什么？由此发掘了马基雅弗利的成就和遗憾。

这是一本历史，也是一本游记，还是一本政论，更是一本优美的散文集。日本女作家盐野七生就这样让我铭记在心。她年轻时就爱上了意大利，一住就是大半生，写了很多书，获了很多文学奖，在日本有几百万的铁杆粉丝，近年来在英语世界也声名大振，大陆读者久闻大名，翘首以待。

感谢当年资深书友衣锡群兄专门从香港带回两大袋书，这便是台湾版的《罗马人的故事》全集15本。我如饥似渴地读完。掩卷长思，深深敬佩。一位日本女人这样如痴如狂地写古罗马，发掘2000年前的往事，娓娓道来。她的细腻描写让你身临其境，她的逻辑铺陈促你遐思当下因缘。我读过许多不同作者的罗马史，只有盐野七生女士真正带我走进历史。

我去过意大利四次，也自驾游过西西里岛两次。曾带着盐野手绘的地图在佛罗伦萨四处寻觅马基雅弗利的故居。意大利作为政治国家的历史很短，不足200年，作为文化国家的历史却波澜壮阔地上溯到3000年前。在维罗纳的一个酒店里，看到一幅将意大利历史描绘为一棵盘根错节的古树，展示了几十个诸侯公国，几百个影响欧罗巴文明的政治、艺术、哲学、科学、军事等名流的来龙去脉。一瞬间，我体验到了卑微和崇拜，也叹服盐野女士把握历史的勇气与能力。

意大利有两个历史的骄傲：一个是古罗马的鼎盛，是当时世界上幅员辽阔的强盛帝国；一个是文艺复兴的辉煌，它直接启发并推动了全球现代文明的兴起，而这个复兴就是以回归古罗马为道德旗帜。此后一代代的意大利人梦寐以求地希望光荣历史得以重演，统一意大利的民族英雄马志尼如此期许自己，不到40岁便一举颠覆了民主政府的墨索里尼也这样激励自己。此外，法国的拿破仑和德国的俾斯麦都以古罗马的恺撒大帝自居。“条条大路通罗马”，地球上各个角落的部落都这样厘清自己的文明坐标。

古罗马成为意大利人的永远图腾，也成为欧罗巴大陆高度默契的文明血脉。继承希腊文明的古罗马的法典、礼仪、艺术、建筑等构成了当下西方世界主流价值的表达，也潜移默化地影响中华文明的演进。百年以来，中国知识界始终在希腊文明中捕捉思辨的知音，在印度文明中寻求失落的安慰，但却是在罗马文明中锲而不舍地吸收普世价值体系。我饶有兴趣地注意到，日本作家盐野女士不断用东方的思维来探寻古罗马的蛛丝马迹，体现了类似的精神焦虑。

阅读盐野笔下的罗马史与罗马人，时空穿越2000年，体验着人类文明中顽强生长并趋同的精神动力。尽管语言、宗教、习俗、体质和自然环境有千差万别，但内在的思辨、伦理、行为、愿景和组织制度可以彼此熟悉和理解的。现代人往往以仍然蓬勃发展的中华文明与曾经衰落的罗马文明进行比照，发掘出许多文明之谜和文化冲突的理念。不过，从更高的时空立场上看，罗马文明仍然在一波波地前行，荡涤着不同社会形态的隔阂。同样，中华文明也是从另一个角度进化成长，与前者共同汇成当下全球文明的主流。“青山遮不住，毕竟东流去。”

我读盐野的罗马人故事，看到了主导当时文明的精神特质，也是传承至今的进化基因，更是鞭策中华文明的动力。我也希望读者能与我一起用心体验至少这样几点：

◇自信与宽容：罗马人的生活态度和对异教对外族的接纳与吸收。

◇竞争与开放：罗马人的生存立场和对制度对风险的尝试与面对。

◇人性与权利：罗马人的生命价值和对快乐对自由的追求与捍卫。

去年在东京本来有机会见到盐野女士。索尼集团的前董事长出井伸之先生与她是好朋友，愿意安排见面。得知她正在赶下一系列关于十字军故事的书稿，我惶恐无知会浪费她的时间，借口推脱了。我有机会写上几句，真是非常荣幸的事情。期待我能将这部中文版亲手呈给盐野七生女士。

王巍　中国金融博物馆理事长

2011 年 8 月 6 日

给中国读者的序

对于以超级大国为发展目标的当代中国，在欧洲历史上可作为借鉴的，唯有古罗马帝国了。

生活在当代中国的读者，如果读了我写的《罗马人的故事》，对书中的内容不知会作何感想呢？若细细品味读者的感受，必将看到中国未来的发展趋势。这也是作者我最关心的事情。

盐野七生

2011 年夏于罗马

尼禄（54—68）

加尔巴（68—69）

奥托（69）

维特里乌斯（69）

韦斯帕芗（69—79）

提图斯（79—81）

图密善（81—96）

涅尔瓦（96—98）

（数字表示在位时间，全部为公元后）

序

本书讲述的是从皇帝尼禄的死开始到图拉真登场为止的不到30年之间的事情。准确地说，是从公元68年夏天到公元97年秋天为止这29年间的历史。在此期间有7人登上了皇位，即加尔巴、奥托、维特里乌斯、韦斯帕芗、提图斯、图密善、涅尔瓦。

被誉为罗马帝国最伟大的史学家的塔西佗就有一部研究这个时期的著作——*Historiae*，正如英语中的“History”，除了有研究过去的“历史”之意外，还有“值得记录的事情”这层意思。在这个时期度过了自己13岁至42岁近30年人生的塔西佗当时一定也怀有将“同时代人的证词”记录下来的初衷。所以，国原吉之助教授将此书的日语译本题名为“同时代史”，可以说很正确地表达了作者的意图。

但是，塔西佗的另一部代表作 *Annales*（《编年史》）更接近于后世的我们所定义的“历史”。因为讲述从提比略的即位到尼禄的死为止的这部著作是以塔西佗出生40年前开始到他15岁之前的时代为对象的。用一句话概括就是，这个时期对塔西佗来说相当于“最近的过去”。

在讲述对塔西佗来说相当于“现在”的《同时代史》中，塔西佗本人在开头关于这30年是怎样一个时代进行了概括，也就是说他将自己对这个时代的看法告诉了我们。翻译过来，大致如下：

我接下来想讲述的是罗马帝国被埋没在苦恼和悲痛时期的历史。与敌人之间不断发生的残酷战斗、同胞间的不和与反目、行省人民发动的叛乱，就连宗主国的和平也是在流了很多血之后才得以确保的。多达四名皇帝死于非命（加尔巴、奥托、维特里乌斯、图密善），罗马市民之间的战斗发生了三回，与行省人民和外敌的战争更是不计其数，但这些只不过是罗马人之间斗争的余波而已。

在帝国的东方展开的战役（指犹太战争）以罗马所期待的良好结果收场，但帝国的西方并没有那么顺利。针对跨越多瑙河入侵的蛮族制定的对策中表现出了苦心焦虑，行省高卢的人们对帝国的忠诚发生动摇，虽然征服了不列颠却最终放弃，萨尔马提亚人和斯维比人给我们的军团造成巨大损失，达西亚民族甚至在败给罗马后依然声势高涨，就连帕提亚王国也拥立自称是皇帝尼禄的冒牌货，试图挑起反罗马的战争。

除此之外，意大利本土也因接踵而来的灾难而遭殃。坎帕尼亚地区富庶的城镇被淹没（指维苏威火山喷发导致庞贝等城市被掩埋），首都罗马被大火侵袭，古代的神殿被破坏，连卡匹托尔山上的最高神朱庇特神殿也被这些罗马人亲手烧毁了。

供奉神灵的祭祀仪式遭到蔑视，通奸行为明目张胆地横行无忌，海上充斥着将可怜的人送往发配地的船只，岩礁上洒满了这些牺牲者的鲜血。

首都罗马的穷凶极恶比帝国内的任何一个地方都要严重。高贵的出身、富有、功绩甚至拒绝就任公职都被视为了犯罪。告发者可以得到赏金，企图躲避他们攻击的尝试结果只能带来程度更重的罪恶。因为对于告发者来说，不仅祭司、执政官这些象征名誉的官职，包括皇帝财务官等拥有实权的职位都是他们所追求的报酬方式，社会因此被憎恨和恐怖所笼罩。奴隶被收买从而背叛多年的主人，解放奴隶群起反抗旧主，甚至没有树敌的人也被朋友出卖。

话虽如此，在这个罪恶横行的时代并非完全不存在品行高洁的人，诸如陪伴被流放的儿子一同前往发配地的母亲、不忍抛弃被流放的丈夫从而放弃了安稳的宗主国生活的妻子、展现出勇气的亲属、没有因为岳父的落魄而与妻子离婚的丈夫、在严刑拷打下依然对主人恪守忠诚的奴隶，被令自杀的人也表现出了不输于古人的豪迈，用自己的手结束了自己的一生。

但是，在这个时代，天地给予了人们很多预兆和警告，比任何一个时代都更明确地告诉人们众神的意志更多的是要对罗马人进行惩罚而不是保障罗马人的安全。

读到这些，想必任谁都会觉得公元1世纪最后30年的罗马帝国处在一个非常黑暗的时代，而且塔西佗在讲述他的“最近的过去”的《编年史》中也对提比略至尼禄为止的这一段罗马帝政大加批判。如果他的批判是正确的，罗马帝国实际上就成为了一个罪恶曾经横行长达82年之久的国家。如果我们重拾散见于塔西佗著作各处的作者的思绪，就会发现将罗马帝国从这种绝望的状态中拯救出来的是涅尔瓦以及紧随其后的图拉真。

塔西佗的这种历史观决定了后世对罗马帝国的评价。后世将涅尔瓦、图拉真、哈德良、安东尼·庇护、马尔库斯·奥勒留称为“五贤帝”，也说明了塔西佗历史观的影响之深远。

这五人确实拥有堪称为“贤帝”的才能。但是，是不是只有这五人是贤帝，前后的皇帝们都是暴君或昏君？如果是这样，罗马帝国为何没有更快地灭亡呢？五贤帝的统治时间前后共83年，罗马建立帝政直到灭亡却经历了500年的岁月。仅靠80多年的善政绝对无法另外维持400多年。

虽然放弃了征服喀里多尼亚（现在的苏格兰），却没有从不列颠全面撤退，因此“征服了不列颠却最终放弃”的表述与事实相反。但除了这一件事之外，塔西佗并没有一如既往地撒谎。倾向于只关注事物的黑暗面是他个人的性格使然。与塔西佗年龄相仿、同时也是塔西佗好友的小普林尼没有像塔西佗那样愤怒绝望，但是这位小普林尼只留下了一些信件，并没有著书立说。

另外，危机总是指的消极现象吗？这种疑问油然而生。首先，人具有一种“将自己所处时代的危机看得比其他任何时代的危机都严重”的性格倾向。并且，纵观罗马的历史，也并非因为万事顺利步向兴旺，之后因诸事不顺而逐渐衰退。罗马是自公元前753年建国以来在克服几度袭来的危机中逐渐兴盛起来的。

公元前390年，首都罗马一时被凯尔特人占据在当时不也面临过一场危机吗？在那前后让罗马人苦不堪言的贵族与平民的斗争又如何？与萨莫奈人之间持续40年的战役又如何？被伊庇鲁斯的国王皮洛士入侵而陷入的苦战呢？（参阅《罗马人的故事1·罗马不是一天建成的》）

与强国迦太基之间前后持续百年的死战，特别是与名将汉尼拔对阵的长达16年的第二次布匿战争，这难道不算危机吗？（参阅《罗马人的故事2·汉尼拔战记》）

击败宿敌迦太基成为西地中海的霸主之后，罗马人也并非永久摆脱了危机。

将罗马社会的不公正暴露在光天化日之下的格拉古兄弟时代，意大利半岛的各部族一致团结起来反抗罗马的公元前90年的“同盟战争”，以及马略和苏拉彼此肃清对方数千名追随者的10年内乱（参阅第3卷《胜者的迷思》），这当中的任何一个事件都是足以撼动罗马帝国基石的危机。

此外，还有庞培和恺撒之间围绕国家制度展开的战争。结果就在到恺撒获胜为止战争终于告一段落之后没多久，以恺撒被暗杀为导火索再次爆发了安东尼与屋大维之间14年的权力斗争。（参阅《罗马人的故事·恺撒时代》）

这些危机的共同点便是它们都是各个时期的罗马人在被迫必须作出是甘愿走向衰退还是克服困难东山再起的选择时所面临的危机，并且这种“危机”和“克服”反复上演，即使在步入五贤帝时代，罗马开始走上衰退期之后一如既往。笔者甚至认为将罗马人的历史改称为“危机与克服的历史”都不为过。

不过，罗马在迈向兴盛的途中克服危机后会带来进一步的繁荣，而一旦进入衰退期，危机虽然依旧有望克服，但与进一步的繁荣之间的纽带就会被切断。危机都已经克服了，为什么还不会带来进一步的繁荣呢？笔者思考，追求对这个问题的解答不正是找到罗马帝国灭亡原因的关键所在吗？

笔者接下来要讲述公元1世纪最后30年间罗马人所直面的危机，有一点是塔西佗不得不同意的，就是在这之后，罗马出现了前所未有的繁荣。

不过，仅就这个时代最开始的这一年，即公元69年来说，罗马帝国的混乱程度之严重甚至让人觉得塔西佗在写到“这险些成为帝国的最后一年”时所感到的愤怒与绝望是理所当然的。然而，即使在2000年后的现代，如果政府在一年之内三次垮台的话，就算不是倾向于将所有事情都朝消极黑暗的方向解释的人，也不得不慨叹自己生不逢时！

帝政初期皇帝一览表

皇帝	生卒年	在位时间
奥古斯都	公元前63—公元14年	公元前31—公元14年
提比略	公元前42—公元37年	公元14—37年
卡利古拉	公元12—41年	公元37—41年
克劳狄乌斯	公元前10—公元54年	公元41—54年
尼禄	公元37—68年	公元54—68年
加尔巴	公元前3—公元69年	公元68—69年
奥托	公元32—69年	公元69年
维特里乌斯	公元15—69年	公元69年
韦斯帕芗	公元9—79年	公元69—79年
提图斯	公元40—81年	公元79—81年
图密善	公元51—96年	公元81—96年
涅尔瓦	公元26—98年	公元96—98年
图拉真	公元53—117年	公元98—117年

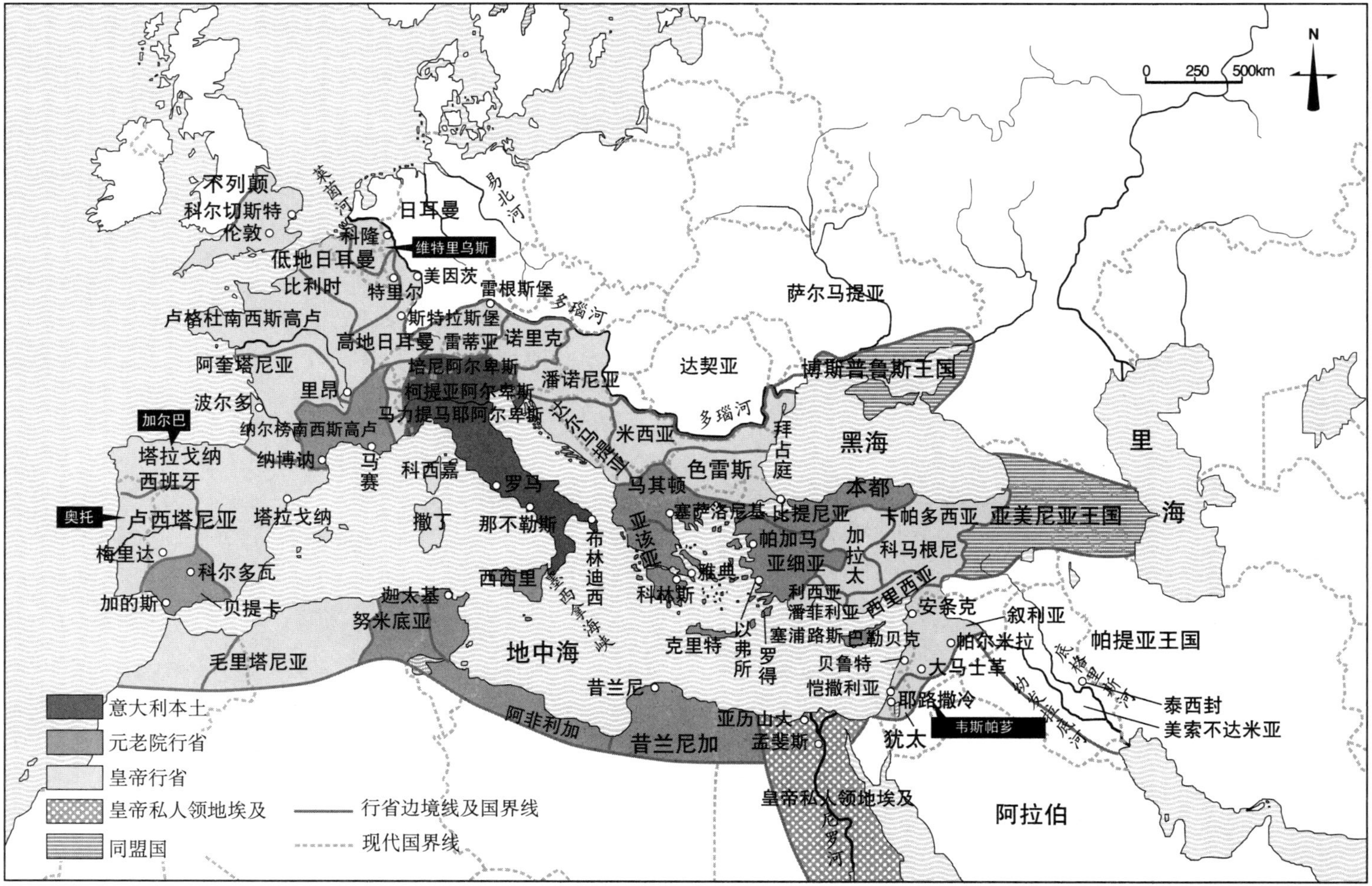

罗马帝国全图（公元 68—69 年）以及 4 个皇帝的任地

弗拉维王朝谱系图

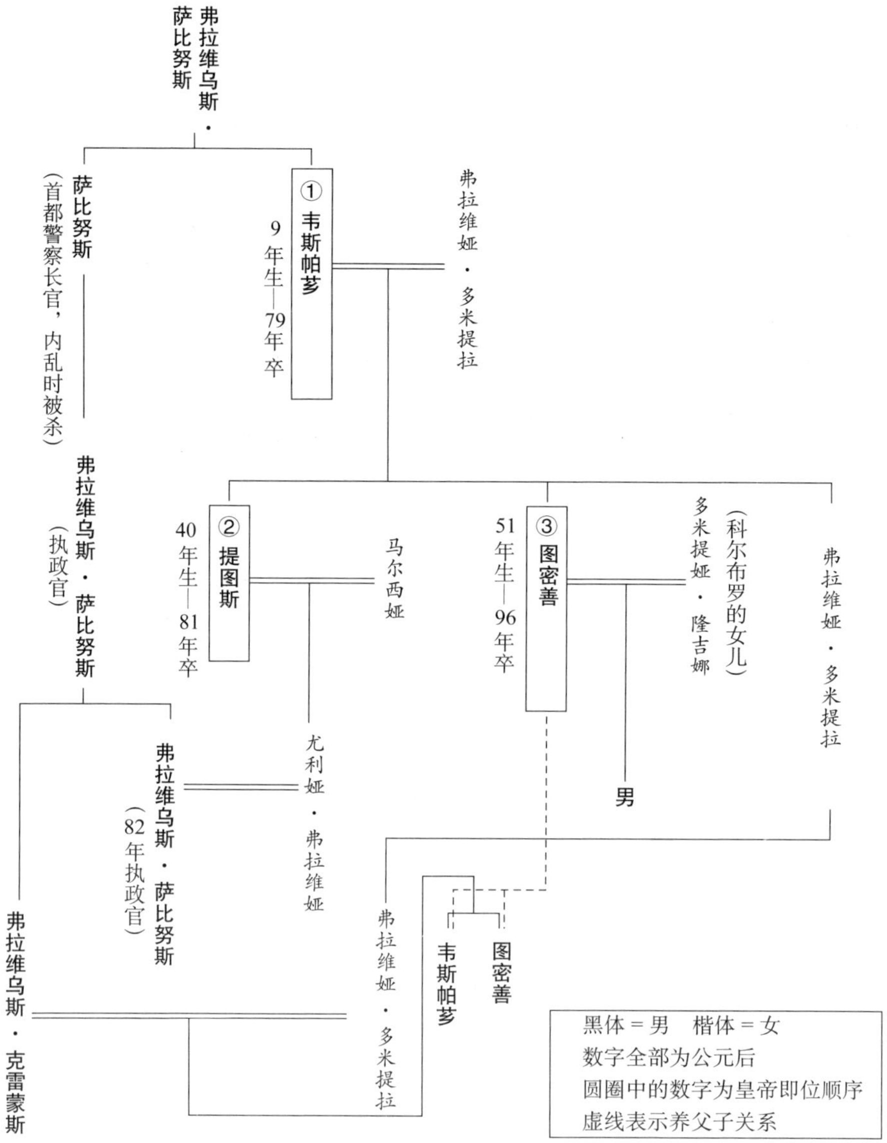

弗拉维乌斯·萨比努斯
萨比努斯（首都警察长官，内乱时被杀）
① 韦斯帕芗
9年生—79年卒
弗拉维娅·多米提拉
弗拉维乌斯·萨比努斯（执政官）
② 提图斯
40年生—81年卒
马尔西娅
③ 图密善
51年生—96年卒
多米提娅·隆吉娜（科尔布罗的女儿）
弗拉维娅·多米提拉
男
弗拉维乌斯·萨比努斯（82年执政官）
尤利娅·弗拉维娅
弗拉维乌斯·克雷蒙斯
弗拉维娅·多米提拉
韦斯帕芗
图密善
黑体＝男　楷体＝女
数字全部为公元后
圆圈中的数字为皇帝即位顺序
虚线表示养父子关系

第一章

皇帝加尔巴

（68 年 6 月 18 日—69 年 1 月 15 日在位）

NON UNO DIE
ROMA AEDIFICATA EST

尼禄的死给罗马人带来的问题

公元 68 年 6 月 9 日，皇帝尼禄驾崩。此前，由驻扎在西班牙的军团推举为皇帝的加尔巴率领军团进军罗马，元老院仅仅听到这个消息后便承认加尔巴为“第一公民”，罗马市民也袖手旁观，抛弃了尼禄。穷途末路的尼禄无奈只能自刎身亡，死时年仅 30 岁。他失去了罗马帝国的两大主权者——元老院和罗马公民的信任。既然是否具有“罗马公民权”是获得军团兵或近卫军士兵资格的首要条件，这些人也可谓是堂堂正正的“有权者”了。

但是，虽然成功推翻了尼禄的统治，看起来元老院和市民对事态却没有充分的正确认识。他们似乎认为只要加尔巴代替尼禄成为皇帝，罗马帝国的统治就可以毫无障碍地延续。然而，事情并非这么简单。

到现代为止，人类想出并实行了各种形式的政体，君主政体、贵族政体、民主政体，甚至共产主义政体，但是最终也没有成功消除统治者与被统治者两者分离的状态。虽然有很多人梦想过消除这种状态，但那只不过是乌托邦，与现实的人类社会经营是不相符的。

这样一来，不管是什么形式的政体，统治者与被统治者的分离一直延续下来。既然延续是既定事实，被统治者便向统治者提出了以下三个条件：

在统治上的“正当性”、“权威”和“力量”。

在奥古斯都创设的罗马帝政中，“正当性”指的是元老院和罗马公民的认可，“权威”指的是与奥古斯都有血缘继承关系，“力量”指的是罗马帝国皇帝的两大职责——安全和粮食的保障，以及处理帝国经营上的各种事情所需的能力。虽然拥有“权威”，但是被认为缺乏“力量”而失去了“正当性”的事实决定了尼禄的命运。并且，尼禄之后的皇帝们也被要求必须满足以上三个条件，在这一点上与尼禄之前的皇帝们没有任何不同。

不仅如此，除“正当性”与“能力”之外，还必须创造出能够取代奥古斯都“血统”的别的“权威”，所以问题便更复杂了。

首先，自称为帝的西班牙东北部的行省总督加尔巴根本没有认识到事态的严重性。

他得到并接受军团的推举是在公元 68 年的初夏，随之马上得知了尼禄自杀的消息。他在此时应该迅速前往罗马，进入帝国的首都罗马，确保自己皇帝的地位。元老院给予了认可，相当于罗马公民的近卫军团的士兵们也欢迎加尔巴的登基，因此可以说他具有了“正当性”。和奥古斯都没有血缘关系的加尔巴缺少这种“权威”，但说到“力量”，他自身便具备。如果可能的话应尽早入主罗马，展示自己不辱皇位的能力。过去被称为塔拉戈纳行省的伊比利亚半岛东北部是他的任地，从总督官邸所在的塔拉戈（现在的塔拉戈纳）到罗马的外港奥斯提亚，如果顺风直行只需航行 5 天。就算担心海路不安全而选择陆路，绕过法国南部进入意大利到达罗马一个月也足够了。即使是在横跨意大利北部和法国南部、被罗马

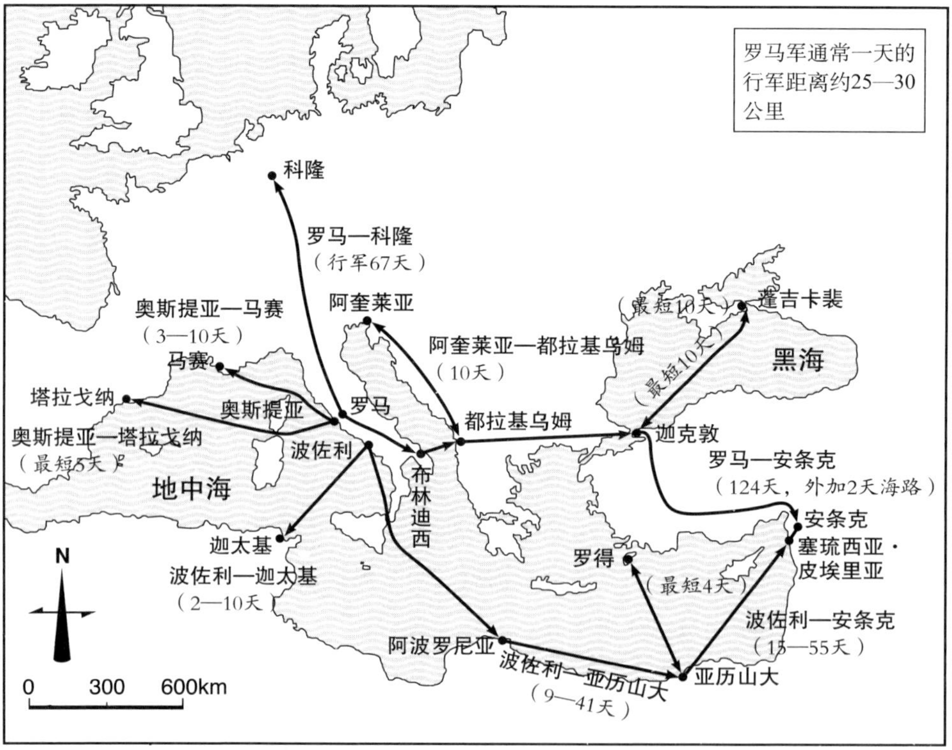

与帝国各地的联络所需要的时间（出自 E. N. Luttwak“The Grand Strategy of the Rome World”）

人称为“海边的阿尔卑斯”的地区道路还没有充分建起的100多年以前，尤里乌斯·恺撒从罗马到达马赛也只用了12天，从马赛到西班牙北部山中的莱利达也只要17天。在罗马道路网络的建设工作有突破性进展的100年后，只要加尔巴有意加快步伐，从塔拉戈纳到罗马只是一次沿干线道路的旅行。

可是，加尔巴到达罗马的时候已经进入秋季。虽然无法得知准确的到达日期，但可以推测加尔巴在途中空耗了7月、8月、9月三个多月的时间。迟迟没有到达罗马只是因为中途驻足下来欣赏风景，他甚至没有想过利用从西班牙前往意大利的这段时间来对诸多事务作出必要的安排。这意味着在必须为持续长达一个世纪的“尤里乌斯—克劳狄乌斯王朝”的灭亡这件大事收拾残局的关键时刻，加尔巴却将权力置于真空状态下达三个月之久。

看来塞尔维乌斯·苏尔皮基乌斯·加尔巴（Servius Sulpicius Galba）过高估计了元老院早先赋予他的“正当性”，他觉得只要有元老院的承认，自己就可以高枕无忧地登上皇位了。并且，他本人的出身和成长经历使得他过于自信地认为自己是接替尼禄担任皇帝的最佳人选，同时他72岁的高龄也让他丧失了应对这种事态时最为急需的果断。

即使在罗马步入帝政时期之后，要想成为帝国的最高掌权者也必须具备“出身于罗马”而且“属于贵族身份”这两个不可忽视的条件，因为这两个条件在赢得被统治阶级的支持上具有举足轻重的作用。就算与卡利古拉和尼禄一样出生于罗马附近的小城安齐奥，或是像克劳狄乌斯一样出生于高卢行省的主要城市里昂，都没有关系。重要的是“籍贯”必须是首都罗马。正因如此，最先提出帝政构想的尤里乌斯·恺撒将籍贯为韦莱特里也就是出身于地方的屋大维指定为继任者的同时还收他为养子，主要由于恺撒家是世代久居首都罗马的名门贵族。

建国800多年来，由于自然衰败和权力斗争两方面的影响，出身罗马的名门贵族在数量上不断减少，加尔巴家就是这为数不多的名门之一。并且，到了帝政时代的罗马，单凭名门贵族的头衔已经不足以让被统治阶级接受他的统治权力了。除了出身名门之外，拥有担当国家要职的经验也成为了重要的条件。在这个方面，加尔巴也是合格的。在帝政时期“唯才是举”的风气下，罗马也经常会任用出身于地方或行省的人担当总督、司令官，借用史学家塔西佗的话，出身于首都罗马的名门贵族并且曾担任行省总督之职的加尔巴就成了人们想到的唯一胜任皇帝的人选。

当初举兵反抗尼禄的高卢总督温德克斯也点名推举加尔巴代替尼禄继任皇帝。因为虽然被委以行省总督的重任，但高卢民族出身的温德克斯应该很清楚，即使起兵反抗，自己也不可能成为下一任皇帝。负责防守莱茵河的罗马军司令官鲁弗斯在部下对自己说出“将军如想为王，我们愿效犬马之劳”的话后一口拒绝。既然鲁弗斯能够被任命为号称罗马全军中最强的莱茵河防卫军的指挥，可见他是一名很有才能的武将，但他的出生地是意大利北部的科莫，属于在罗马社会中被视为第二阶级的骑士阶级。与此二人不同，尼禄从母亲那里继承了奥古斯都的血统，生父阿赫诺巴尔布斯家也是从共和政体时代一直延续下来的出身于首都的名门贵族。时代虽然在不断变化，但生活在同时代的人们所拥有的价值观并没那么容易发生变化。按照当时人们的想法来看，尼禄死后的罗马人对于满足“首都出生的贵族”和“担任过要职”这两个条件的加尔巴登上皇位没有心怀抵触，或许也是在保证不与过去发生急剧割裂的前提下所能作出的最合理的选择。在这种状态下能否继承皇位全靠加尔巴个人的“力量”决定了。可以确定地说，如果韦斯帕芗是在公元 68 年夏天的这个时候企图起兵称帝的话，绝对不会成功。此人的出生地虽在意大利本土的范围之内，却是一个地方的小城市——瑞耶提。父亲非但不是元老院的议员，从军团退役后还去瑞士经营过高利贷业。唯一的哥哥在首都罗马担任行政官，用今天的话来说，还只是一名有待出人头地的官僚，弟弟韦斯帕芗则选择了军旅生涯。可以说这是一个典型的意大利地方中产阶级家庭。

相反，加尔巴出身于首都罗马的上流阶级，生辰不详，一般认为是出生于公元前 3 年左右。他在奥古斯都取得和平的罗马度过了性格的形成期，在成长到具有资格就任公职的 30 岁时得到提比略的提拔，始任高卢阿奎塔尼亚行省长官，后来回到提比略身边担任执政官。公元 39 年被卡利古拉皇帝任命为莱茵河防卫军的指挥官之一。结束四年任期后回国，等待他的是为征服不列颠而随同克劳狄乌斯皇帝前赴当地的一次旅行。实际上征服不列颠的计划已经由普劳提乌斯和韦斯帕芗等职业军官付诸实施了，名门贵族出身的加尔巴或许更适合担任皇帝随行团的一员。此时加尔巴 47 岁。之后，被选为阿非利加行省总督前往迦太基赴任，经历了指挥一个军团的一年任期。阿非利加行省分属于元老院行省，因此任期与共和政体时代相同，最多一年。之后返国担任了一段时间的元老院议员。到了公元 60 年，皇帝尼禄将年过六旬的加尔巴任命为皇帝行省之一的西班牙东北行省的总督。从那时开始到尼禄驾崩为止的 8 年间，加尔巴一直在西班牙任职。

行省总督是统治行省的最高负责人，从经验上来说加尔巴有着在阿非利加行省的 1 年以及在西班牙东北行省的 8 年经历，其间加尔巴一次都没有被行省人民控告过。罗马承认行省人民对总督的控告权利，将此作为监督总督统治的手段，因此没有受到过控告也就可以理解为加尔巴的统治达到了让人民满意的程度。实际上，他起兵称帝后曾在西班牙组建起一个军团，之所以如此顺利，得益于不少西班牙人对加尔巴招募士兵的积极响应。

然而，北非和伊比利亚半岛在罗马的防卫战略上都不是“最前线”。加尔巴受任管辖的塔拉戈纳行省本来安排有 3 个军团，但在出征不列颠时被调走 2 个军团后，伊比利亚半岛全境便长期维持只有 1 个军团驻扎的状态。只在风平浪静的行省进行过统治的加尔巴就任皇帝时没有得到来自最前线的将士们的热烈支持，原因就在于此。所以加尔巴需要尽快确保皇帝之位。

但统率着壮观大军的加尔巴在前往罗马时如此不慌不忙，不但没有做此时应该做的事，反而犯下了不该犯的错误。

掌握人心的政策

步入帝政以后的罗马有个惯例，每逢皇帝登基或发生了值得举国欢庆的事件时都要向首都的平民和在行省工作的军团兵们发放赏金。当然一起分享喜悦只是表面原因，掌握人心才是真正的目的。每人每次的赏金金额相当于军团兵年薪的三分之一左右，金额达到这个数目无疑会促进消费。这种收买人心的政策不仅颇受帝政的创始者奥古斯都的推崇，就连始终贯彻财政紧缩政策的提比略也照例效仿。如果以为五贤帝时代不需要采取收买人心的政策可就错了，也不要以为公开承认基督教的君士坦丁大帝不曾用钱收买过“有权者”的心。进入 4 世纪以后的罗马帝国苦于因经济衰退导致的通货膨胀，由于这个因素的存在可能难以实施这项措施，但是在发放赏金的政策上，信奉基督教的皇帝和信奉异教的皇帝们态度完全一样。德国人卡尔·W. 韦伯（Carl W. Weber）曾在一部研究著作中对历代皇帝发放赏金的情况作过统计。

历代皇帝赏金发放一览（单位：第纳尔银币）

	皇帝	在位时间（年数）	次数	总额（万）
尤里乌斯—克劳狄乌斯王朝	奥古斯都	公元前 31—公元 14 年（44）	7	13995
	提比略	14—37 年（23）	4	5200
	卡利古拉	37—41 年（4）	2	3000
	克劳狄乌斯	41—54 年（13）	2	3000
	尼禄	54—68 年（14）	1	2000
	加尔巴、奥托、维特里乌斯	68—69 年	—	—
弗拉维王朝	韦斯帕芗	69—79 年（10）	1	1500
	提图斯	79—81 年（2）	—	—
	图密善	81—96 年（15）	3	5000
五贤帝时代	涅尔瓦	96—98 年（2）	1	1500
	图拉真	98—117 年（19）	3	13000
	哈德良	117—138 年（21）	7	19500
	安东尼·庇护	138—161 年（23）	9	16000
	马尔库斯·奥勒留	161—180 年（19）	7	25000
	康茂德	180—191 年（11）	6	17000
塞维鲁王朝	塞普提米乌斯·塞维鲁	193—211 年（18）	6	22000
	卡拉卡拉	211—217 年（6）	4	8000
	亚历山大·塞维鲁	222—235 年（13）	5	12000
				（之后发生通货膨胀）
	戴克里先	285—305 年（20）	?	31000
	君士坦丁大帝	306—337 年（31）	?	30000

登上罗马帝国皇位的人认为这是为成就大善而不得已为之的小恶，但却是“应该做的事情”。然而加尔巴却说，士兵不应是依靠金钱买来的，而应是出于自己的意愿参军，所以没有实行这种政策。诚然他所言不假，但只靠正确的言论是无法施政的。塔西佗仅用下面的一行字便诠释了加尔巴：

> 与其说他天赋异禀，不如说他只是完全没有邪恶的资质而已，总之他是个平庸的人物。

在延续了百年之久的尤里乌斯—克劳狄乌斯王朝之后担任接班人对于加尔巴来说担子太重了。

话虽如此，他的失策绝非只有没发放赏金这一项。

副手人选

既然统治仅靠一人之力无法达成，副手的人选就变得非常重要了。因此，被统治阶级一般都通过副手的人选这张“石蕊试纸”来检验统治者的力量。其实加尔巴应该提拔在自己起兵称帝时第一个表明支持态度的行省总督奥托担任自己的第一副手，这样做有三个好处：

第一，马尔库斯·塞尔维乌斯·奥托虽然不像加尔巴那样出身于名门贵族，但同属首都罗马的元老院阶级。也就是说，继承血统优良的尼禄之位的加尔巴如果选奥托坐第二把交椅，民众表示拒绝的可能性比较小。

第二，奥托做了 10 年的卢西塔尼亚行省总督，他在此期间的善政甚至在首都罗马都广受好评。

伊比利亚半岛对于公元 1 世纪的罗马帝国来说并非“前线”。但是，行省统治的好坏是整个帝国最重要的事情，这一点是不变的。因为一旦行省人民发动叛乱，就必须将防卫“前线”的一部分兵力调往镇压。只要施政的结果能让被统治阶级相对满意，那么在广大的伊比利亚半岛全境驻扎 6000 名士兵足矣。罗马帝国承认行省人民控告行省总督的权利，与其说是出于公正，不如说是为了节约整个帝国的安保费用。

如果当时加尔巴选择奥托做副手，那么结果就是创下长年公正行省统治业绩的两个人坐上帝国统治的第一、第二把交椅。只有加尔巴一人的话，和帝国最前线地区的行省总督比起来会缺少一些“分量”，但若是和奥托联手，这种负面因素就淡化了。毕竟对于罗马帝国来说，“前线”只包括莱茵河、多瑙河和幼发拉底河。

第三个好处在于奥托 36 岁的年龄。对于自称为帝的加尔巴，奥托比其他行省总督更早地表明了支持态度，单从这一件事来看，奥托虽然心怀野心，但是还没有达到必须立刻实现的程度，他的想法是暂且支持 72 岁的加尔巴。事实上，奥托随加尔巴一同前往了罗马，公元 68 年冬天的这个时候正在首都罗马。将奥托选为自己的第一副手对于加尔巴来说也意味着可以拉拢自己的潜在竞争对手。

然而加尔巴在次年，即公元 69 年，将维尼乌斯选为执政官。此人在加尔巴还是总督时就在其手下担任一个军团的军团长，虽然深受加尔巴信赖，但只不过是派驻到一个安全行省的指挥官罢了。他的名字对于守卫帝国“前线”的将士们来说可能是闻所未闻的。

仅仅由于这一次人事安排，加尔巴便失去了很多潜在的支持者。原因是：

第一，奥托觉得自己被出卖了。

第二，驻扎在最前线基地、肩负着帝国防卫任务的将士们大失所望。

第三，本来因为加尔巴的良好出身才支持他的元老院议员们却发现他提拔了一个名不见经传的人担任第一副手，对加尔巴产生了不安和不信任的感情。加尔巴超过 70 岁的年龄在这种情况下成为了不安的因素。

第四，得罪了居住在首都的平民。尼禄在平民们的眼里，不管是留下了好印象还是带来了不好的结果，他起码都是一名像样的皇帝。罗马的市民在要求皇帝尽量做好事的同时，也希望他具备皇帝的风范。加尔巴的所有行为却是消极的老人才会做出来的。因为无论怎么说，他没有发放过一次赏金。

这已经不是获选的维尼乌斯个人的力量能够解决的问题了。更有甚者，维尼乌斯被选为与皇帝平起平坐的执政官后，便只专注于中饱私囊，这等于加尔巴在人事安排上犯了双重错误。

加尔巴在帝国的财政重建上也犯了错误。到宣布政策实行这个阶段为止的做法倒还差强人意，但落实到具体办法的时候只招来了一片笑声，他居然要求归还尼禄发放的赏金和物品。尼禄虽然热衷于送礼，却并没有讨好有钱有势的人，他更喜欢资助处于罗马社会下层的歌手、演员、骑士和角斗士。并且尼禄的统治时间长达 14 年，听说要将自己多年前获赠的钱财归还，有谁不会感到困惑呢？即使真的归还了，这种程度的金额能给大帝国罗马的国库增益多少也值得怀疑。加尔巴的财政重建政策最终只是给人们提供了一些谈资而已，他即位三个月以来只干了这些事情。

尽管如此，身在“前线”的司令官们依然正在向加尔巴传来宣誓效忠的消息。之所以用“正在”这个词，是因为在公元 68 年年末，只有距离首都罗马最近的莱茵河防卫军司令官鲁弗斯的宣誓书送到了加尔巴手里，来自远方的叙利亚和交战中的犹太方面的宣誓书还在沿地中海向西的送达过程中。

身为帝国最前线防卫负责人的这些人向加尔巴宣誓效忠应该不是因为他们认可了加尔巴作为皇帝的能力，毕竟这些人延续了第二任皇帝提比略彻底奉行的实力至上路线。也就是说，不考虑身世和出生地，只要实力足够就会得到任用，而且这种倾向在看重实力的军事领域尤为明显。同时他们也具备“在元老院中占有议席”这个就任帝国要职时的必要条件。然而，身为“新贵”的他们既非代代担任元老院议员的家庭出身，籍贯也不是首都罗马。即使他们有充分的“肩负帝国防卫任务”的使命感，但毕竟都是新进人员，对既有体制的象征——元老院会更尊重一些。加尔巴可是元老院明确表示支持的人。

“前线”的司令官们对加尔巴抱有好感的另外一个理由可能是对先帝尼禄的失望以及反而因此产生的期待感。史学家蒙森称为“提比略一派”的军官当中诞生了很多军事人才，为帝国的防卫作出了贡献，其中最有名的人是与罗马历史上的头号假想敌帕提亚王国之间缔结了永久友好关系的科尔布罗。尼禄在没有证据的情况下单是出于猜疑便赐死了这位受实力派武将推崇的科尔布罗将军，这些武将不可能忘记至今才过去一年的这场冲击。

但是，加尔巴对这些军人投来的好意大泼冷水，他解除了守卫莱茵河上游的高地日耳曼军团司令官鲁弗斯的职务，并将其召回了本国。并且，召回本国后并没有让他担任别的什么要职，只是单纯解除职务，命他返回本国而已。

接着任命年事已高且性格消极的弗拉库斯接替鲁弗斯前往任地，大概他是觉得这个弗拉库斯不会成为自己的竞争对手。另外又任命维特里乌斯担任空缺的低地日耳曼军团司令官，因为加尔巴推测同为元老院阶级出身的维特里乌斯会坚定地支持自己。

但是这次人事安排的结果只招来了士兵们的愤怒。鲁弗斯在士兵当中德高望重，同时在罗马帝国的“前线”中，莱茵河沿岸的前线气候恶劣、地势险峻，而且是与勇猛的日耳曼民族为敌，因此比其他任何一个地方都更受重视。尽管也有根据需要临时调遣军团的情况，但是常设七八个军团，集结多达 4.2 万到 4.8 万兵力的前线在帝国中仅此一处。被称为“日耳曼军团”或“莱茵河军团”的这些军团属下的士兵们也怀有自己是最前线卫士的强烈自负。他们一定觉得只在安全和平的西班牙行省任过职的加尔巴没有资格干涉军务。反加尔巴的势头在莱茵河前线而不是别的前线兴起，便是出于以上原因。

公元 69 年 1 月 1 日，首都罗马迎来了两名新任执政官，并召开了当年首次的元老院会议。在古代罗马，1 月 1 日是开始新一年工作的日子，不过当天没有讨论什么议题，只举行了新任执政官的就任仪式。对于与心腹维尼乌斯一起就任执政官的皇帝加尔巴来说一定是心情不错的一天，因为根据罗马的政体，正式就任执政官这个地位最高的公职便意味着加尔巴体制的真正起步，奥古斯都之后的历代皇帝大多都在登上皇位时兼任了执政官。但是就在同一天，一些罗马士兵聚集到位于莱茵河沿岸的美因茨军团基地，以拒绝向皇帝宣誓效忠的方式明确了反对加尔巴的态度。

维特里乌斯称帝

特别是在动荡的时代，信息传达的速度往往会左右事情的进展。

在古代的罗马，有一种白天用狼烟、夜晚用火把在要塞之间依次传递信息的方法，不过这种方法仅限于有敌人入侵这种可以符号化的信息传递，并且只在最前线使用。在广大帝国内传递信息只能依靠人员换乘在帝国的大道上每隔10—15公里设置的驿站（Mutationes）配备的马匹。

这样一来，利用马匹传递信息的速度有多快便成了重要的问题，可是关于这方面的准确史料完全没有保留下来，所以只能通过推测。多位史学家一致认可的只有公元前49年尤里乌斯·恺撒从罗马沿罗马古道北上前往法国南部的马赛时的数据。当时丢弃行李策马疾驰的恺撒一日的行进距离为百罗马里以上，1罗马里约等于1480米，所以相当于日行150公里左右。要在当时的高速公路——罗马式大道上急速奔驰，就算丢弃行李，所有人员都骑马，最高司令官恺撒身后也有包括参谋和日耳曼骑兵护卫在内的数百人跟随。各处驿站不可能为所有人都准备了换乘的马匹，所以150公里的距离肯定是乘同一匹马跑完的。而且，与2000年后的今天不同，当时罗马的大道没有灯光。因此，夜晚无法骑行。另外也不可能连续10天无休止地赶路，这150公里应该是白天的行进距离。

与此相比，公元69年时，为传达拒绝效忠皇帝的重大消息而经由罗马式大道前往罗马的传令兵由于只有数骑，因而得以充分利用了各驿站的换乘马，但同样受限于无法在夜间赶路这个条件。并且，恺撒从罗马乘马前往马赛是在5月，传令兵从现今德国的美因茨南下前往意大利的罗马是在1月，所以必须将穿越严冬的阿尔卑斯山这个绝对的不利因素计算在内。因此一天的行进距离应该和恺撒那时差不多，最多150公里。

距现在的法兰克福西南偏西方向37公里的美因茨在古罗马时代是不能让法兰克福人踏入一步的重要的军团基地，所以从摩功提亚库姆（今美因茨）到罗马的距离在古罗马时代的大道全线数值尚未得到确认的现阶段是难以准确把握的，不过倒是有史实可以证明从科隆行军到罗马需要 67 日。罗马军团通常每日行军 5 小时，时速 5 公里左右，所以一天的行进距离大概为 25—30 公里。既然需要 67 日，粗略计算下来的距离约为 1800 公里。如果将科隆到美因茨之间的距离算做 200 公里，减去后变为 1600 公里，即使一天能行进 150 公里也需要 10 天。

不过这个数字只是猜想，因为美因茨是莱茵河防卫军的最大据点，通往帝国首都罗马的道路不止一条，大致区分的话也至少有两条路线，两条路线的共同点是全线都位于罗马式大道即高速公路的干道上。

第一条路线先是从莱茵河沿岸的美因茨通往位于西南偏西方向的奥古斯塔·特里沃鲁姆（现在的特里尔），从这座摩泽尔河畔的重要基地沿大道朝正南方向前进至维松提奥（现在的贝桑松），从那里经莱芒湖穿越阿尔卑斯山，再经由意大利的奥古斯塔·普拉埃托利亚（现在的奥斯塔）到达奥古斯塔·塔乌里奥鲁姆（现在的都灵）。从都灵到杰诺瓦（现在的热那亚）当然也有道路相通，从热那亚出来后只要沿罗马古道南下就可以到达罗马了。

另一条路线是从美因茨出发沿莱茵河上游前往军团驻扎的基地阿根图拉特（现在的斯特拉斯堡），然后从斯特拉斯堡继续向莱茵河上游前进至博登湖，进入今天的瑞士，穿越阿尔卑斯山，到达意大利境内的科莫湖，再从科莫湖经由米兰至热那亚，最后到达罗马。

从美因茨的军团基地出发的传令兵选择的是哪条路线不得而知，但不管怎样，军团兵们拒绝效忠皇帝这个重要的消息在 1 月 10 日前后传到了首都，因为从这时开始到 15 日为止的数日期间，情况发生了剧烈的变化。

现在的情况已经不同了，半年前只有驻扎在帝国后方伊比利亚半岛的一个军团对当时的皇帝尼禄说“不”，而如今在公认为帝国最前线的莱茵河负责防卫的七个军团对现任皇帝加尔巴说了“不”。而且，遭到不信任的不单只有加尔巴一人，支持加尔巴的元老院也同样遭到军团兵这个有权者集团的不信任。

1 月 1 日，正在美因茨过冬的军团兵们通过了拒绝宣誓效忠加尔巴的决议，不仅如此，在写给首都罗马的拒绝信中，军团兵们还全权委托元老院来推举接替

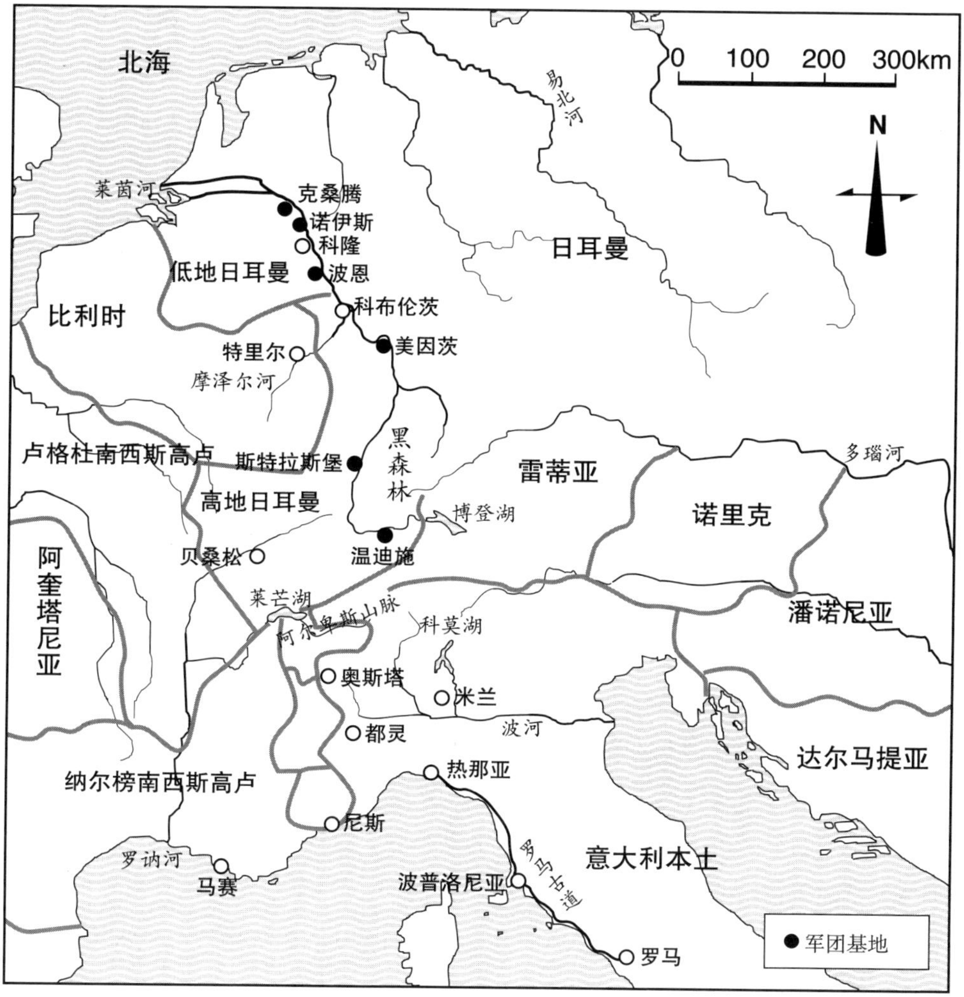
北海
0 100 200 300km
N
易北河
莱茵河
克桑腾
诺伊斯
科隆
低地日耳曼
波恩
比利时
科布伦茨
日耳曼
美因茨
特里尔
摩泽尔河
黑
森
林
卢格杜南西斯高卢
斯特拉斯堡
雷蒂亚
多瑙河
高地日耳曼
诺里克
博登湖
温迪施
贝桑松
阿
奎
塔
尼
亚
莱芒湖
阿尔卑斯山脉
科莫湖
潘诺尼亚
奥斯塔
米兰
波河
都灵
达尔马提亚
热那亚
纳尔榜南西斯高卢
尼斯
罗马古道
罗讷河
意大利本土
马赛
波普洛尼亚
罗马
军团基地

从莱茵河沿岸到意大利

加尔巴的“第一公民”（实际上就是皇帝）的人选。所以到了这个时候，遭到不信任的是加尔巴，而非元老院。

然而，集会结束后返回的士兵们应该也在各自的营寨中继续讨论对策。对于身为罗马士兵的他们来说，拒绝向罗马全军的最高司令官——皇帝宣誓效忠的行为在现代相当于犯下了严重违反军纪的错误，足以移交军事法庭处理。不难想象士兵们在通过这项决议的时候处于何等亢奋的状态，而亢奋状态往往会夹杂着不安。

次日，再次聚集起来的军团兵们没有改变拒绝宣誓效忠皇帝加尔巴的态度，但撤回了委托元老院来确定接替加尔巴人选的要求，决定拥立低地日耳曼军的司令官维特里乌斯继任，传令兵也立刻携带决议书出发前往首都罗马。

为什么排斥加尔巴而拥戴了维特里乌斯呢？关于这个问题塔西佗没作解释，所以也只能凭想象猜测，大概可以列出几个理由：

第一，加尔巴指挥下的西班牙一个军团的士兵当年同样曾排斥最高司令官尼禄皇帝而拥立了加尔巴，但当时是忧国忧民的高卢人温德克斯率先起兵反抗尼禄，加尔巴对此积极响应之后军团兵们才表明了态度。也就是说，驻扎在西班牙的士兵们对皇帝尼禄的不信任是直属上司加尔巴主导的结果。

与此不同，莱茵河畔的军团兵们拒绝效忠是普通士兵们自己发挥主导权的结果，司令官、军团长和大队长都没有积极参与。相当于现代军队的中士军衔的百人队队长似乎也只是顺从了普通士兵的意愿，普通士兵们可能因此更为不安。消除这种不安的最简单方法就是搬出自己的司令官。这样一来，从司令官到士兵的全体人员都成了拒绝向最高司令官效忠的共犯。

如果他们的司令官是鲁弗斯的话，想必他们会从心里拥戴这位武将。但是鲁弗斯被加尔巴解除职务并召回了本国。加尔巴给予鲁弗斯的这种待遇大概也是招致士兵们反感的一个原因。

之前曾多次介绍过，在帝国的最前线莱茵河担任防卫任务的“日耳曼军团”分为莱茵河的上游和下游两个地区。守卫上游的被称为“高地日耳曼军”，守卫下游的被称为“低地日耳曼军”，两军的规模都是 4 个军团。

在公元 69 年 1 月的时候，加尔巴任命弗拉库斯担任高地日耳曼军的司令官，维特里乌斯担任低地日耳曼军的司令官。

年老、消极且不得人心的弗拉库斯在士兵们的眼里很不称职，这样就只能指望维特里乌斯了。可是士兵们对维特里乌斯并不熟悉，只知道他当年 54 岁，上任没多久，还毫无建树，也不存在什么负面影响。不过，维特里乌斯的父亲曾在提比略手下崭露头角，也是皇帝克劳狄乌斯所倚仗的得力帮手，士兵们一定会单纯地认为有其父必有其子。不管怎样，他们觉得既然在南国西班牙享受和平军营生活的士兵都有决定罗马皇帝的权力，在危险恶劣的环境中把守最前线的自己应该拥有更大的权力，所以推举出来的人物是不是维特里乌斯都不要紧。然而，维特里乌斯却不假思索地轻易接受了推举，罗马人已经忘却了的近百年的内战再次让帝国的上空笼罩起一片乌云。

加尔巴遇害

据笔者推测，日耳曼军团在美因茨达成的反加尔巴决议在 1 月 1 日至 1 月 2 日之间出现了急剧的升级，这个消息传到首都罗马至少经历了一天甚至两三天的时间差，因为不知为何，得到消息的加尔巴作出的对策只考虑到了 1 月 1 日的决议。

1 月 1 日达成的决议是拒绝效忠皇帝加尔巴，但也包括委托元老院来推举接替加尔巴的皇帝人选的内容，当时加尔巴肯定是想再次确认元老院的支持。元老院这个既得权益者，因此会本能地避免内乱。在最高权力者继承不明确的情况下很容易发生内乱。由于加尔巴本人没有子嗣，所以公开宣布将年龄刚过 30 岁的皮索收为养子，并确定为继承人。皮索同加尔巴一样是共和政体时代以来的名门贵族出身，包括哲学家塞内加也牵连在内的“皮索的阴谋”败露后曾与同族的人一起被流放，前不久尼禄死后才得以回国。这次人事安排不仅没有顾及在前线驻守的军团兵们的感受，反而很明显是为了博得偏向名门贵族、讨厌尼禄的元老院

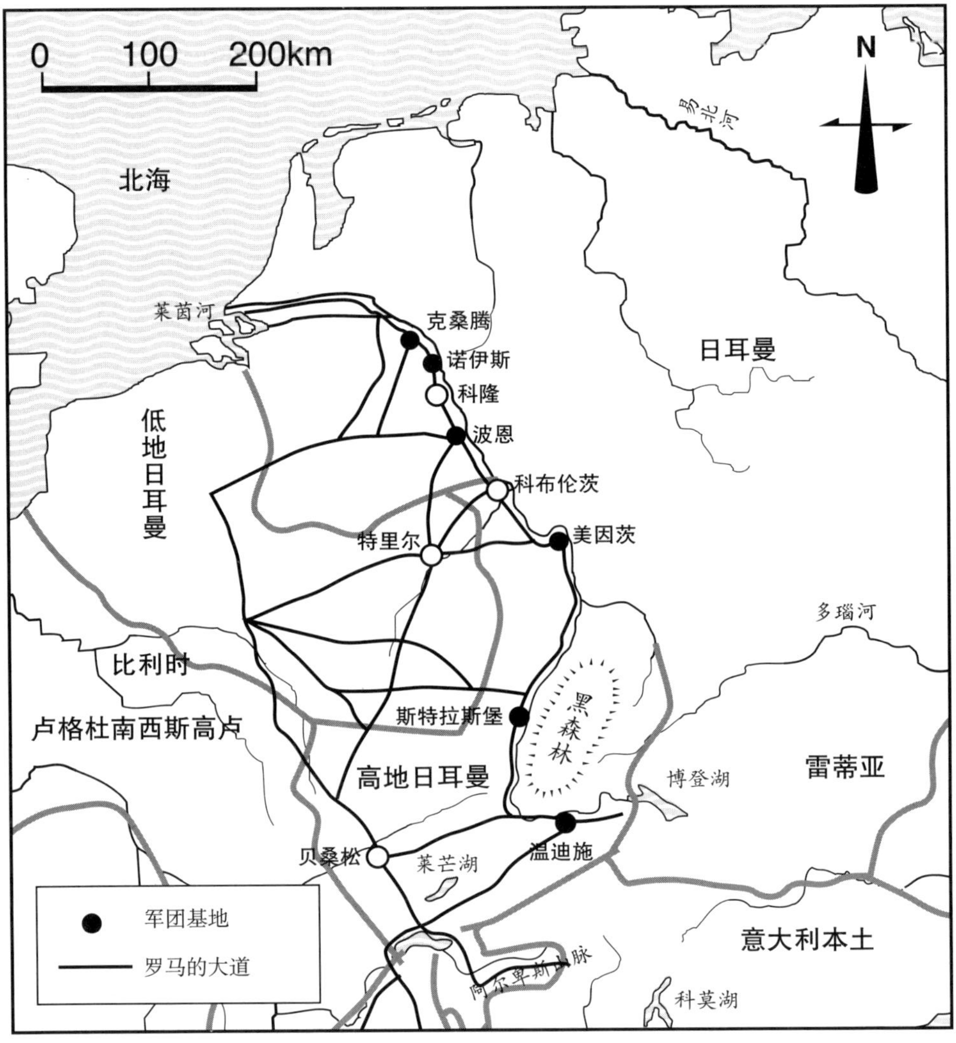

莱茵河军团的配置和主要道路网络

的好感。驻守前线的士兵们对于这位既没有奥古斯都血统、也完全没有军团经验的上流阶级出身的“少爷”不可能举双手赞成。

如果1月1日和2日的两个决议在当时同时到达罗马的话，加尔巴的继承者人选会不会发生改变呢？维特里乌斯称帝意味着拥立他的日耳曼军团会发动反皇帝、反中央政府的军事行动，能够避免这种情况的唯一办法是将日耳曼军团的士兵们寄予厚望的人物一并推举为皇帝，比如行省统治经验丰富且年龄适中的奥托，或者是在日耳曼军团的士兵当中有较高威望的鲁弗斯等人。本来，日耳曼军团的士兵们也并不是因为钟情于维特里乌斯才推举他为皇帝的。只要驻守前线的士兵们愿意接受更合适的人选并放下武器，自认为皇位唾手可得的维特里乌斯的立足点自然也就土崩瓦解了。

就算加尔巴同时得知军团兵们的两个决议，他在人事安排上应该也不会作出什么改变。资质平庸的人在本能上都会避开资质比自己优秀的人，平庸的人也不会想到吸纳有着自己不具备的才能和资质的人来改善自己的处境。当然，能做到这些的话，那也就称不上平庸了。

总之，加尔巴再一次在人事上失败了，不过这次的人事失败可是让迄今为止一直支持加尔巴的奥托超越了忍耐的限度。

不仅加尔巴，连元老院也得知了日耳曼军团士兵们的决议，同为元老院议员的奥托也必定知道了。本以为72岁的加尔巴命不长久，谁知他指定的皮索只有30岁，此外举兵反抗加尔巴的维特里乌斯54岁。即将37岁的奥托觉得错失这次机会的话自己就永难翻身了，他有这种想法也不足为奇。

近卫军团的士兵们在这半年中对加尔巴大失所望，因此充满活力、性格积极开放而受士兵们欢迎的奥托很容易就笼络了他们。听到拥立维特里乌斯的消息而惊慌失措、一筹莫展的元老院大可忽略不计。普通市民对于当初加尔巴入主首都时的欢迎态度一转而变，如今甚至可以听到缅怀尼禄的呼声。刺杀皇帝的政变计划在短短的两三天之内成形并即将付诸实施。

公元69年1月15日，在罗马的中心——古罗马广场，皇帝加尔巴被人从乘坐的轿子里拖出来杀死了。按照计划，与加尔巴一起刚刚在两周前就任执政官的维尼乌斯也将被杀死。可怜的皮索由于是加尔巴的养子，同样未能幸免于难。

在首都罗马郊外的近卫军团兵营中等待报告的奥托在得知结果后马上听到近卫军团士兵对自己高呼“皇帝”，在位于古罗马广场的元老院内，元老院议员们能够做的只有追认既成事实了，因此只能承认了他“第一公民”的身份。

第二章

皇帝奥托

（69 年 1 月 15 日—69 年 4 月 15 日在位）

NON UNO DIE
ROMA AEDIFICATA EST

帝国最高权力者的交替在没有发生流血冲突的前提下得以实现，但是通过这次事件可以得知，那个时代的信息传达速度依然是让事态比预期更为恶化的重要原因之一。

如果消息从美因茨传到罗马需要10天的话，从罗马返回美因茨也必定需要10天。身在美因茨的日耳曼军团的士兵们得知奥托接替加尔巴登基的消息应该是临近一月末的时候。这是有可能左右反抗加尔巴的最强大主力军日耳曼军团动向的大事件，所以奥托一定加快了传达消息的速度。

但是，日耳曼军团早在1月2日就决定拥立维特里乌斯，而军团兵们到了1月末才得知促使他们作出此等重大决议的主要原因——加尔巴被推翻的消息，其间相隔了近1个月。在这一个月期间，日耳曼军团已经开始准备全体向罗马进军，这是一次包括超过7个军团4万兵力的军团兵以及与此数量几乎相当的辅助兵的大规模军事行动。部队一旦开动起来，就很难阻止住了。上任不久就被还没混熟的士兵们拥立为皇帝从而得意忘形的维特里乌斯眼中只有皇帝之位，结果只能由新皇帝奥托来消除死去的加尔巴埋下的隐患。

说句题外话，共和政体和帝政时期的罗马对于派遣到前线的司令官、驻守在行省的总督以及以原住民为主体的地方自治体和退役士兵移居的殖民城市都赋予了比后世的帝国主义国家更为宽大的自由裁判权，这种做法得到马基雅弗利的高度称赞。为何这会成为罗马的传统，笔者认为理由不仅仅是马基雅弗利所赞赏的责任体制的明确化。诚然，没有必要在所有事情上都一一请示中央政府，前线司令官的行动被赋予了更高的自由度，他们可以随机应变地展开行动，每个人的才能也得到了更大的发挥。另外，就像提比略皇帝坚持的一样，如果没有这种责任体制的确立，广大帝国的统治也不可能顺利进行。

但是，罗马人应该是在考虑了那个时代的技术水平能够达到的信息传达速度的基础上才给予了各地大范围的自由裁判权。毕竟在欧洲内部的传达就要花费10天，如果要与帝国东方的中近东进行联络则要用掉整整一个月。总之从结果上来看，这种做法明确了帝国各地的个别责任体制，各责任人的行动也因此可以充满活力地展开。

话题回到公元 69 年 1 月，像这个月一样，古代罗马的信息传达速度迟缓造成事态扩大的例子此外一定还有不少，笔者甚至想到了“擦肩而过”这个词。要想避免擦肩而过带来的危害，只有慎重行动这一个办法。

帝国中仅次于莱茵河防线的重要前线是多瑙河一带以及叙利亚和巴勒斯坦，叙利亚总督穆奇阿努斯和正在巴勒斯坦地区参加犹太战争的韦斯帕芗是这条“东方前线”的负责人。前者指挥 4 个军团，后者麾下则有 3 个军团。

罗马军团的配置（括号内为细分）

<table>
<tr><th colspan="2">公元
方面</th><th>公元前 30—公元 9 年
*1</th><th>公元 9—42 年
*2</th><th>公元 43—47 年
*3</th><th>公元 48—68 年
*4</th><th>公元 69 年
*5</th></tr>
<tr><td rowspan="4">西方</td><td>不列颠</td><td>—</td><td>—</td><td>4</td><td>2</td><td>3</td></tr>
<tr><td>伊比利亚半岛</td><td>4</td><td>3</td><td>3</td><td>1</td><td>2</td></tr>
<tr><td>莱茵河防线
（低地日耳曼）
（高地日耳曼）</td><td>7
(5)
(2)</td><td>8
(4)
(4)</td><td>7
(4)
(3)</td><td>7
(4)
(3)</td><td>7
(4)
(3)</td></tr>
<tr><td>多瑙河防线
（潘诺尼亚）
（达尔马提亚）
（米西亚）</td><td>8
(5)
(3)</td><td>7</td><td>6</td><td>7
(2)
(2)
(3)</td><td>7
(2)
(2)
(3)</td></tr>
<tr><td rowspan="4">东方</td><td>叙利亚</td><td>4</td><td>4</td><td>4</td><td>4</td><td>4</td></tr>
<tr><td>犹太</td><td>—</td><td>—</td><td>—</td><td>3</td><td>3</td></tr>
<tr><td>埃及</td><td rowspan="2">5</td><td>2</td><td>2</td><td>2</td><td>2</td></tr>
<tr><td>北非</td><td>1</td><td>1</td><td>1</td><td>1</td></tr>
<tr><td colspan="2">合计</td><td>28</td><td>25</td><td>27</td><td>27</td><td>29</td></tr>
</table>

说明：*1. 奥古斯都时代（试图征服易北河为止的日耳曼时代）
*2. 提比略、卡利古拉时代（放弃征服日耳曼，将莱茵河定为前线的时代）
*3. 克劳狄乌斯时代（征服不列颠的时代）
*4. 克劳狄乌斯、尼禄时代
*5. 内乱期

前面已经提到，此二人向最高司令官皇帝加尔巴效忠的宣誓书正在沿地中海向西送达的过程中，毕竟那个时代的传递速度过于缓慢。携带宣誓书向西航行的韦斯帕芗的长子提图斯在希腊的科林斯靠岸时收到的情报是加尔巴死亡、奥托登基、维特里乌斯起兵，看起来提图斯是同时得知这三个消息的。

30 岁的提图斯似乎陷入了短暂的困惑，应该就这样继续前往罗马，向登上皇位的奥托传达叙利亚和犹太的 7 个军团向新皇帝效忠的意思，抑或是让使者携带效忠的宣誓书送到奥托手里，自己返回东方？他不知如何抉择。韦斯帕芗的长子提图斯不是单纯的“使节”，他本人向奥托宣誓效忠便意味着整个“东方军团”会积极支持奥托。但如果只是委托使者前去，就等于是因为元老院认可，“东方军团”才跟着“消极地支持”。

结果，提图斯选择了不再前往西方，而是返回了东方。这个决定将父亲韦斯帕芗从同胞间自相残杀的战斗中解救了出来。

既然决定罗马帝国最高统治者的主导权已经转移到了军团手中，那么就需要重新统计一下各军团的配置，当中也一并列出了公元 69 年以前的各时代的推移情况。通过此表可以发现步入帝国时代以后“前线”的变化过程，以及罗马帝国是如何重视对军事力量的有效利用并努力避免增强军事力量的。同时也可以很清楚地看出，内乱随着军事力量的增强会造成国力浪费的事实。

奥托其人

马尔库斯·塞尔维乌斯·奥托（M. Salvius Otho）与加尔巴这种共和政体时代以来的世家出身不同，属于新兴的元老院阶级。直到祖父那一代之前都属于罗马社会中低于元老院阶级的第二阶级——骑士阶级，祖父能成为元老院议员是因为奥古斯都的提拔。他的儿子，也就是奥托的父亲，是“提比略一派”的成员，担任过阿非利加行省总督等很多要职，当然也是元老院议员。由继承提比略实力主义的克劳狄乌斯皇帝赐予了跻身贵族的荣誉。

出身于首都罗马上流家庭的奥托少年时就活泼好动，不是父母和老师眼中的好孩子类型，但正因如此，与小自己5岁的尼禄脾气相投，做了皇帝的尼禄每晚逛街时他必定是随行人员之一。但尼禄偏偏迷上了这位挚友的妻子波比娅，他仿效当初24岁的奥古斯都爱上人妻莉薇娅时和莉薇娅的丈夫直接谈判令其将妻子相让的做法，也向奥托要求把波比娅让给自己。但是，莉薇娅的丈夫也就是提比略皇帝的生父同意相让，与此相对，奥托却断然拒绝了皇帝的要求。22岁的尼禄并未善罢甘休，他决定任命奥托为帝国西边的卢西塔尼亚行省总督，想将其打发走。27岁的奥托还不是元老院议员，卢西塔尼亚行省属元老院行省，所以总督只能由有执政官或法务官经历的元老院议员担任。对波比娅的恋情已经欲罢不能的尼禄便请求元老院给予奥托“前法务官”的资格，成功地将他调派至远方的卢西塔尼亚行省担任总督。

当时的罗马帝国全境一片太平，到不属于最前线的卢西塔尼亚这种地方赴任，总督通常会带着妻子同行，但是波比娅·莎宾娜却留在了首都罗马。年仅27岁却被派遣到帝国西方的边境，考虑到奥托当时的年龄，这无异于被判处了无期的流放之刑。即使因此自暴自弃，在并非“前线”的任地玩忽职守，放荡不羁地眺望着大西洋度过自甘堕落的每一天，也许他得到的同情依然会多于非难。但是奥托足以让以前了解他的人们惊叹不已的是他改变了自己的生活态度。

首都罗马的花花公子摇身变为了充满活力、大公无私的行政官。卢西塔尼亚的行省总督官邸位于艾梅里塔·奥古斯塔（现在的梅里达），让退役士兵移居至此来建立行省统治的“核心”是帝国的一贯方针。梅里达也是扼守伊比利亚半岛要地的“核心”，与从北到南的恺撒·奥古斯塔（现在的萨拉戈萨）、塔拉戈（现在的塔拉戈纳）、托莱图姆（现在的托莱多）、科尔多巴（现在的科尔多瓦）、卡塔戈诺瓦（现在的卡塔赫纳）、西斯帕里斯（现在的塞维利亚）、马拉卡（现在的马拉加）一样，是遍布伊比利亚半岛的罗马式道路网络的“要地”之一。沿向西的道路前进的话，就可以到达奥利斯普（现在的里斯本）。

与皇帝行省不同，元老院行省不会在非“前线”的地方驻扎军团，在边境卢西塔尼亚，总督指挥下的军事力量也只有一个中队的程度。在罗马军中被称为

“百人队”的 80 人组成的队伍由百人队队长直接担任指挥，高卢的主要行省“卢格杜南西斯高卢（里昂行省）”也只有一个大队的 1000 名士兵驻扎。帝国整体的防卫战略是必须向“前线”投入兵力，所以没有余力向罗马化程度较高的和平行省调派军事力量。

在卢西塔尼亚行省服役的军团兵中几乎没有出生于意大利本土的人。罗马公民权是世袭的，服役期满从军团退伍的士兵们会在当地获得土地作为退役金，移居后一般会娶当地的女子为妻，其间生下的孩子、孙子、曾孙都拥有罗马公民身份，是否拥有罗马公民权是成为军团兵的必要条件。帮助奥托维持卢西塔尼亚秩序的也是出生在西班牙的罗马人，安排相同人数的辅助兵来协助这支不足百人的军团部队的体制也与驻扎前线的军团相同。辅助兵在退役后可以取得罗马公民权，但是在服役期间不属于罗马公民。如果行省人民当中出现反对罗马的动向，负责保护成为众矢之的的总督的军团兵可能会由于与当地的渊源太深而站在当地人一方。换个方式来想，这相当于一名降落伞兵在敌人阵地中着陆一样。行省总督努力施行善政，除了因为害怕在卸任回国后被行省人民告上法庭之外，也为了自己在任期间的人身安全，最好的办法就是不要惹恼行省人民。

不管动机是什么，年轻总督奥托的行省统治非常成功。这并不是他一味地讨行省人民欢心的结果，而是因为他从始至终贯彻罗马式的统治方法，即视察行省的各个角落，下达必要的指示，并确保付诸实行，所以在首都罗马也受到了好评。花花公子的摇身一变甚至在女人们当中都成了热点话题。

在这 10 年间，奥托得知自己过去的妻子波比娅公然做了皇帝的情人，并最终举行了正式的婚礼，奥托却一直孑然一身。在西班牙住了 6 年之后，应该也听说了波比娅的死讯，但是尼禄并不打算让奥托回国。又过了三年，里昂行省总督温德克斯率先点燃反对尼禄的导火索，塔拉戈纳行省总督加尔巴也跟着呼应起兵，先于其他所有行省表明支持加尔巴的便是统治卢西塔尼亚行省即将 10 年的奥托。尼禄被三名行省总督倒戈，元老院对此置之不管，近卫军团也见死不救，尼禄无奈在公元 68 年 6 月自刎身亡。7 个月后，杀死加尔巴的奥托继任了帝位。

不少历史学家评价说，如果奥托不是出生乱世而是出生在一个和平时代的话，他一定能成为一名优秀的统治者。然而，奥托的不幸却是在作为皇帝进行施政之前，首先必须专注于制定对策来对付已经开始南下的“日耳曼军团”。

说句实在话，奥托手上完全没有可供调遣的兵力。尽管如此，他还是在没有用金钱收买的情况下成功召集了自己离开10年之间变得有些生疏的近卫军团的士兵们。如果不是对奥托心悦诚服的话，他们又怎么可能犯下暗杀现任皇帝的滔天大罪呢？但是，对于犯下重罪后群情激昂的士兵们要求将加尔巴一派的元老院议员赶尽杀绝的主张，奥托断然拒绝。他还把加尔巴的遗体交还给家属，并确保火化和下葬顺利进行。同为先帝，但加尔巴的遗骨没有像尼禄那样享受到入葬奥古斯都陵的待遇，而是被埋在了加尔巴位于郊外的别墅庭院里。

奥托虽然很巧妙地抓住了士兵们的心理，但兴兵南下的日耳曼军团的总人数毕竟近乎10万。奥托首先试图阻止日耳曼军团的南下行动，他向维特里乌斯提出共享皇帝之位的建议。但是被意想不到地推举为皇帝且得到最强的“日耳曼军团”支持的维特里乌斯，只想着借这股力量就任罗马皇帝之位，断然拒绝了奥托的请求。罗马人彼此之间发生正面冲突的内战已不可避免，这在任何人眼里都是显而易见的。

严冬季节成了奥托的救星。让大军在二三月之间跨越阿尔卑斯山脉是所有指挥官都力图避免的难题。正因为成功克服了这个困难，汉尼拔跨越阿尔卑斯山脉的行军才不仅让当时的人惊愕不已，还成为了流传千古的佳话。但是，从那个时代起的300年后，出于确保与阿尔卑斯以北的高卢之间联络线路的需要，阿尔卑斯山脉中的道路修建也有明显的进展。全线铺装完毕自不必说，每隔8—24公里，也就是平均16公里的沿线都建造了跨越阿尔卑斯山脉所需的各种设施。即使是个人旅行，在严冬时节也只需10日就能跨越。

但是，分兵两路南下的“日耳曼军团”每一路都有数万大军，按常识来说应该等待春天到来，但维特里乌斯急于行军，日耳曼军团的将士们也受到前往罗马这个念头的鼓舞，所以根本顾不得漫天纷飞的大雪，开始了直指南方的行军。

这样看来似乎奥托陷入了穷途末路，不过他还有一根救命稻草，因为防卫多

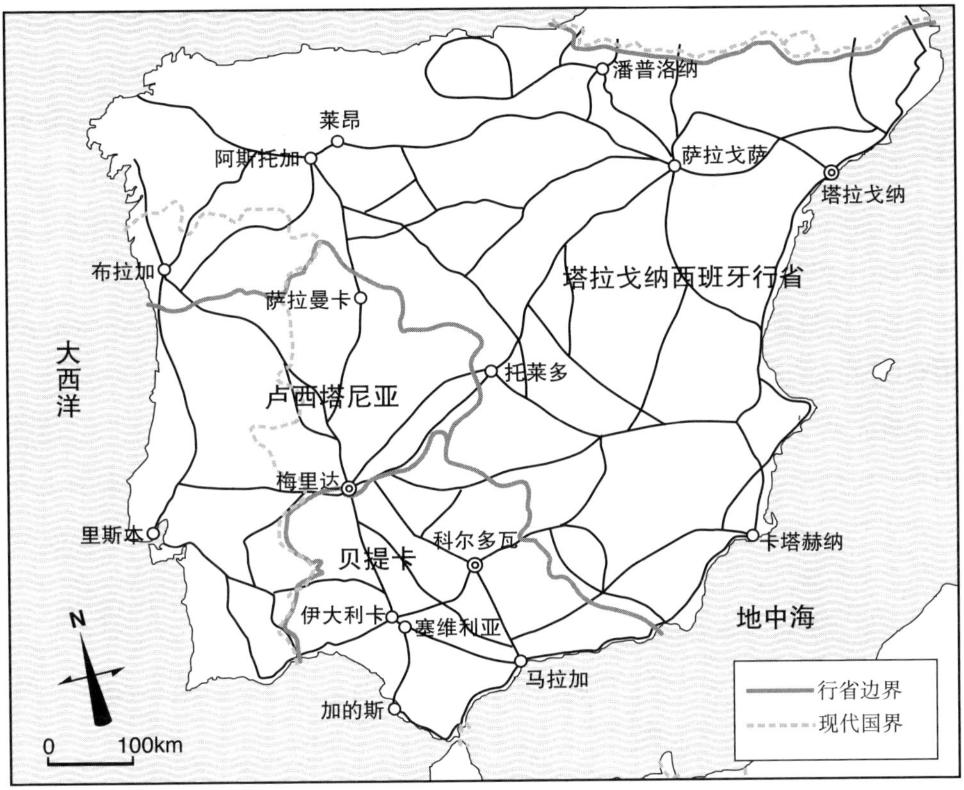

西班牙行省的主要道路网络（其中一部分包括五贤帝时代的道路）

瑙河的七个军团明确表示支持奥托，并且这不是“东方军团”那种消极的支持，而是积极的支持，甚至强硬到为了确保奥托的皇帝之位，不惜与“莱茵河军团”发生武装冲突。

“莱茵河军团”对“多瑙河军团”

负责防卫多瑙河的“多瑙河军团”为何选择了支持奥托而不是维特里乌斯呢？

笔者认为并非由于他们认可奥托在卢西塔尼亚行省的统治业绩而断定奥托比维特里乌斯更胜任皇帝之位。偏远地区的总督只要立下赫赫战功，就可以成为士兵们的话题焦点，但一般的士兵不会关注行政方面的业绩。并且奥托被派遣到卢西塔尼亚之前只是皇帝尼禄的玩伴而已，根本没有在“前线”军团作战的经验。防卫“前线”的士兵们最多不过是在他从背后刺杀了加尔巴继承帝位之后才知道奥托这个名字而已。

据笔者推测，在这种情况下他们依然表明支持新皇帝奥托的态度是因为在防卫多瑙河的士兵心中本来就对“莱茵河军团”有反感。

自尤里乌斯·恺撒称霸高卢全境以来，“帝国的‘北方前线’——莱茵河”的观念成为罗马人的常识已经有一个世纪之久。奥古斯都企图征服易北河为止的日耳曼地区的想法最后只是一场南柯之梦，提比略巧妙地撤退后，北方前线便固定为了莱茵河，就这样一直过了半个世纪。

但是，尤里乌斯·恺撒的先见之明无人能及，他早就看出，对于罗马来说“北方前线”不只是莱茵河，还应包括多瑙河。然而，当时向多瑙河以南的征服计划却因为恺撒的遇害而搁置了下来。

既然能想到将易北河为止的区域划入帝国版图从而来缩短北方前线，那么奥古斯都应该也充分认识到了多瑙河前线的重要性。但是，在他的时代以及继承他的提比略直至尼禄为止的时代，罗马都没有出现恺撒这样在短时间内实现霸业的军事天才。缺少的不是优秀的武将，而是天才。而且，与日耳曼民族多次大举入侵时的莱茵河流域不同，从奥古斯都到尼禄为止的时代，多瑙河流域的蛮族还没有成为足以让罗马人提心吊胆的威胁。从结果来看，征服多瑙河的计划以平稳的速度进行，至于将多瑙河确立为帝国前线的事业，说得好听些，也只是“平稳而切实地”进行着。

关于这期间的情况，只要看看负责莱茵河前线和多瑙河前线防卫任务的军团基地在这个时期的设置地点就可以了解。莱茵河前线方面几乎所有基地都设置在了莱茵河沿岸，相反，多瑙河前线方面在这个时期的基地还设置在距多瑙河较远的内陆地区。多瑙河流域的雷根斯堡、维也纳、布达佩斯、贝尔格莱德等城市的前身都是罗马的军团基地，不过罗马在这些地区建立常设军团基地是后来的事情。

但是，莱茵河防线如铜墙铁壁般坚固也可以解释为蛮族的入侵现在尚且集中在防守相对薄弱的多瑙河防线。因此，需要继续加强莱茵河和多瑙河两防线，但并不是谁都具备先见之明。在公元69年这一年，为了保障帝国的安全而流血牺牲最多的不是防守莱茵河的士兵，而是多瑙河前线的士兵们。

然而，既有的观念和现实之间总是存在着误差。对于罗马人来说的“北方前线”仍然是莱茵河，防守帝国最前线的精锐指的也是驻扎在莱茵河沿岸基地的通称为日耳曼军团的士兵。

不过，当事人是最了解实情的。在多瑙河前线的士兵们看来，日耳曼军团的士兵们在皇帝奥托尚且健在时只凭维特里乌斯是自己的司令官这个理由便推举他称帝，甚至向意大利本土出兵，企图以武力来解决问题的做法简直就是傲慢、不逊、难以容忍的越权行为。他们一定觉得不惜付出流血代价阻止蛮族入侵的是防守多瑙河的己方，日耳曼军团只是在已经成为铜墙铁壁的莱茵河防线过着安全舒适的都市生活而已，可以想象，就是这种想法使得他们对自己既没见过也没听说过的奥托表明了支持态度。

投入到多瑙河防守的军事力量总共有7个军团，在数量上与拥立维特里乌斯的莱茵河防卫军相同。有如此大军支持自己，对于手下无兵的奥托来说真是求之不得的好消息，但是也存在着不利因素。与沿莱茵河南下进攻相比，从多瑙河流域出发向西前往意大利的距离更长。第二个不利因素是，与采取统一行动拥立维特里乌斯的“莱茵河军团”相比，“多瑙河军团”分别驻扎在3个行省，即达尔马提亚的2个军团、潘诺尼亚的2个军团以及米西亚的3个军团，各自分属于不同总督的指挥，3名总督对奥托的支持态度也不尽相同，目前只有军团长级别的军官们明确了支持态度。

不管怎样，奥托需要支撑到7个军团从多瑙河到来为止。可是，比“友军”从距离更近的地方前来的“敌人”即使在严冬中也没有放慢行军的速度。

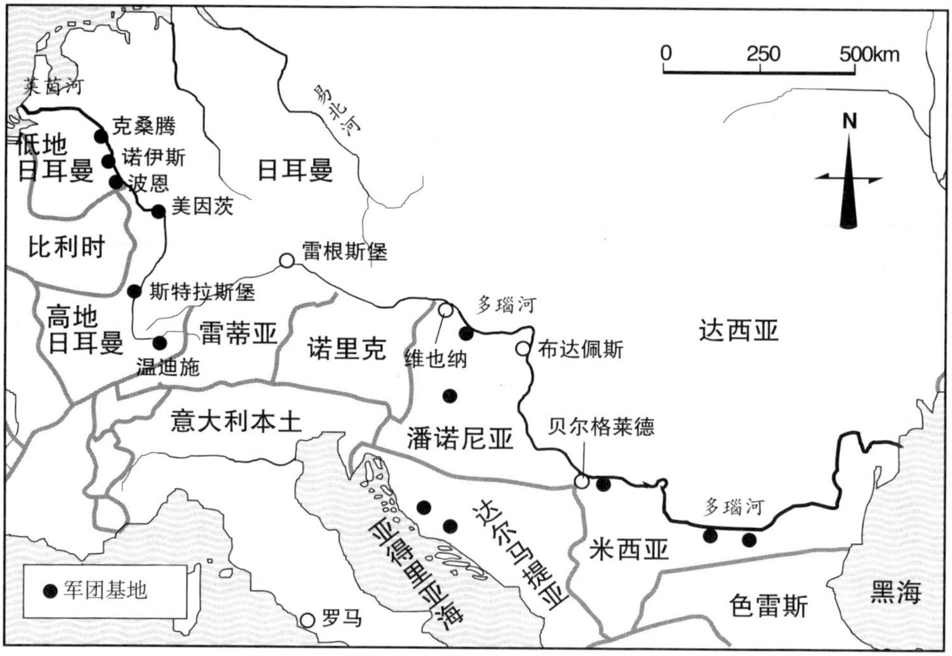

莱茵河军团与多瑙河军团配置

走向武力冲突

在胜负攸关的时刻，领袖绝对必须亲自上阵。因为与外敌交战时最高司令官是否临阵会影响到作战人员的士气，所以没必要再赘述理由。当发生内战也就是同胞之间的战斗时，领袖的亲自临阵更成为了重要的决定性因素。

第一，因为是同胞之间的战斗，所以敌我双方的士兵对于将兵刃指向同胞的行为肯定都心存纠结，要想获胜就需要克服这种纠结心理。为了让士兵们消除疑虑，就必须让他们认为自己的作战不是出于对敌人的憎恨，而是为了自己的领袖。站在卢比孔河面前的尤里乌斯·恺撒在抛出那句“骰子已经掷下”的名言之前这样对士兵们说：“渡过此河将面临人世的悲惨，但不渡此河会导致我的毁灭。”恺撒通过直率地说出“渡河是为了不让恺撒毁灭”，从而成功消除了决定无视国法跟随自己“跨越卢比孔河”的士兵们心中怀有的疑虑。这样看来，领袖经常亲临现场与士兵们见面是最有效的方法。

第二个理由是，需要控制部下的士兵们在获胜后有可能出现的鲁莽行为。

和同胞兵戎相见的行为就算结果再好，也无法摆脱因为做出了与人性背道而驰的事情而产生的自我厌恶的心情。由于人在这种情况下会过于期待从这种消极的想法中摆脱出来，结果，比起回归理性，他们反而更容易委身于兽性，只有最高司令官的坚决命令才能阻止士兵们的鲁莽行为。

第三个就是与获胜一方对士兵们的控制同等重要的问题——对失败同胞的对待。这同样也只能倚仗最高司令官的坚决处置。实际上，确实曾有人对化为“野兽”的部下们的失控行为置之不管，其中的典型便是苏拉（参阅《罗马人的故事3·胜者的迷思》）。他将敌我双方明确分开，与自己为敌的纵使是同乡的罗马人也要彻底赶尽杀绝。可是，彻底的排挤政策虽然让他自己得以在床上寿终正寝，败者一方的怨念却在之后的30年间深深扎根于罗马的社会中。

相反，一口咬定自己不是第二个苏拉的恺撒则赦免了所有失败的同胞，并赋予他们去留的自由，他明知道被释放的人们有可能会再次将兵刃指向自己，却依然冒着风险作出了这样的处置。

内乱终究会结束，对于战后的社会重建来说，没有比怨恨危害更大的因素了。因此，胜利固然重要，但必须以一种不让怨恨残留下来的方式获胜，这才是内战的困难所在。能够尽可能杜绝这种危害的办法便是领袖亲自临阵。可是，在公元69年的内战当时，维特里乌斯却采用了将决定胜负的战斗交给先遣的部下武将，自己之后再来领取胜利果实的办法。

维特里乌斯将南下前往本国意大利的“莱茵河军团”分为了三军：驻扎在低地日耳曼诺瓦伊西乌姆（现在的诺伊斯）的第四军团长席西纳统率的第一军有军团兵、辅助兵共约3万人。他们采取的路线是从正南方向南通过现在的瑞士，穿过后世称为“小圣伯纳德”（Piccolo San Bernardo，法语为Petit Saint Bernard）的山岭后跨越阿尔卑斯山脉，从北部攻入意大利。

驻扎在同属低地日耳曼的另一个军团基地波恩纳（现在的波恩）的第一军团的军团长瓦伦斯统率的第二军规模不明，但据说士兵人数比第一军多。可能是由于这个原因，第二军选择了距离较远但行军更方便的路线。绕过高卢到达里昂，从里昂沿罗讷河畔南下。然后从马赛以北30公里处的阿克瓦埃·赛克斯提埃（现在的艾克斯普罗旺斯）改向东前进，到达恺撒动用退役士兵建设的海湾城市法姆·尤里（现在的弗雷瑞斯）后，从那里经由安蒂波利斯（现在的昂蒂布）、尼西亚（现在的尼斯）、杰诺瓦（现在的热那亚）到达高卢，然后可以很容易地进入意大利西部。

第三军由兼任低地日耳曼军司令官的维特里乌斯本人率领，第三军出发时间落后，首先是因为维特里乌斯自己没有意识到身先士卒的重要性，还有一个原因是募集新兵组成军团需要一定时间。

维特里乌斯认为要想打倒有“多瑙河军团”支持的奥托，确保自己的皇帝位置，需要向意大利境内总共派遣10万兵力。“莱茵河军团”包括驻扎在低地日耳曼和高地日耳曼的军队在内，共有7个军团，全部派到意大利只有4.2万人，加上人数相当的辅助兵也不过8.4万人，还需要集结1.6万至2万人兵力才能达到10万人。为此，维特里乌斯进入意大利的时间比席西纳率领的第一军进入意大利晚了两个月。

就算防线再坚固，莱茵河的对岸毕竟是勇猛的日耳曼各部族割据的地区，即使是皇帝也不能做出将防守此地的士兵全部调到意大利的不负责任的行为。但是，从之后维特里乌斯的行动来看，比起帝国的安全来，此人更看重的似乎是他个人的野心，防守莱茵河的各军团士兵除了老兵、病号和伤员之外，名副其实地被“一个不留”地调往了意大利。他可能是觉得此时正值严冬，蛮族在冬天不会有什么行动，只要意大利的事情一解决，马上就将士兵们调回去，就能赶上蛮族行动活跃的夏季。然而这却招致了莱茵河以东的蛮族对罗马军的轻视。

另外一个问题是，不得不怀疑维特里乌斯这个人对罗马皇帝一职的认知。他认为强迫士兵们在严冬行军时携带军粮会成为负担，便以此为由允许行军中的士兵们在所经各地筹集军粮。3万大军途经的现法国和瑞士地区的居民们如同遭遇

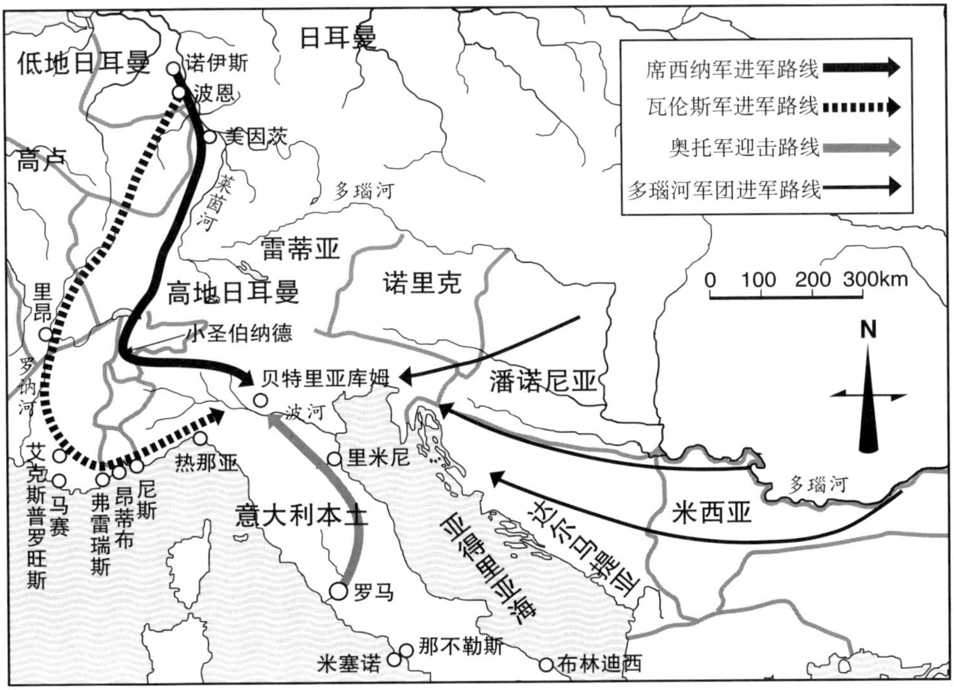

莱茵河军团和奥托的多瑙河军团的进军路线

了敌军一样，因为舍不得开支的维特里乌斯不是通过付钱来筹集军粮，而是认可了武力掠夺。这也成为了史学家塔西佗所说的“高卢行省的人们对帝国的忠诚动摇”的一个原因。恺撒的做法是对于计划在征服后并入罗马帝国版图的地区，尽可能避免在当地搜刮，万不得已时也要采取用钱购买的方式，这种做法早就成为了罗马帝国的传统。浅薄的考虑在以后会带来现实的灾难。

决战波河

奥托针对踏着大雪一路行军来到意大利的维特里乌斯军制定的军事战略还算

差强人意。

首先是阻止席西纳率领的第一军和瓦伦斯率领的第二军会合。其次，在波河阻挡敌人的进攻。阻止会合、死守波河当然是为“多瑙河军团”的到达争取时间。

波河在意大利的河流中算是条大河，但与莱茵河和多瑙河相比远远称不上大。这条河从阿尔卑斯山发源，横跨意大利北部，注入亚得里亚海，横向排列几只小船，在上面铺上木板就可以轻易渡过。不过，正因为渡河容易，反而提升了这条河在战略上的重要性。

渡过波河之后就是几乎可以直线到达里米尼的艾米利亚大道，从面朝亚得里亚海的里米尼经由弗拉米尼亚大道穿越亚平宁山脉就可以直达罗马。另外，渡过波河后，从附近的皮亚琴察到热那亚也有大道相连，可以从热那亚经由罗马古道到达罗马。此外，也可以选择恺撒以前追赶庞培时从里米尼沿亚得里亚海沿岸的大道一口气南下直通希腊的海港布林迪西的路线。总而言之，一旦将波河拱手让给敌人，奥托就会被围困在首都罗马和意大利本土内。死守波河的意义远远不止为“多瑙河军团”的到达争取时间而已。

尽管如此，罗马人铺设了在严冬也能行军的罗马式大道，也就是当时的“高速公路”网络，在这种情况下，对防守一方是尤为不利的。但是，选项只有两种——仿效中世人的做法，因过于担心这种风险而只修建又窄又弯的路；或者敢于承受在一定情况下陷入不利的风险，看重道路网络带来的好处。

那么奥托是如何将这个相当不错的战略变为现实的呢？

首先，奥托为了阻止席西纳军和瓦伦斯军会合，打算让士兵乘坐基地设在那不勒斯附近的米塞诺的舰队，在法国南部的海港弗雷瑞斯登陆，伏击从里昂南下的瓦伦斯军，但是奥托无兵可用。既然米塞诺舰队的海军登陆后只相当于一个军团的陆军，出动的目的也不是进行海上作战，因此舰队只负责运输任务就可以了。于是人手不足的皇帝奥托便命令首都警察和消防队全体动员，组成一个军团前往法国南部，指挥这支军队的是米塞诺舰队的提督。在“Pax Romana”（罗马统治下的和平）无处不在的当时的地中海，也许比起海军来，让其担任海上警察的任务更为妥当。当然，虽说是提督，也完全不是什么身经百战的勇士。

以这6000人的兵力迎击从高卢南下而来的4万人的瓦伦斯军，想必奥托连做梦也不会期待自己能获胜吧！因为他的战略重点在于趁这个军团拖住瓦伦斯军团期间，自己指挥主力军击败席西纳军。因此，在北上前往波河死守的主力军中，最高司令官奥托的身边跟随着多名久经沙场的武将。以尼禄皇帝时代在不列颠爆发的民众大叛乱中用勇敢的方式平定事态的苏维托尼乌斯·鲍利努斯为首，安尼乌斯·盖鲁斯、马略·塞尔萨斯都是前线经验丰富的老将。与其说这些人是因为支持奥托才与维特里乌斯军作战，不如说是因为奥托得到元老院的认可正式成为了皇帝，身为一名罗马军将领听从其号令作战是天经地义的，才答应了奥托的招募。三人都做过执政官，比37岁的奥托年长十几二十岁。另外，最重要的是，与只担任过卢西塔尼亚这个没有一个军团驻扎的行省总督的奥托相比，这三个人拥有指挥过作战单位为两个军团以上的实战经验，其中鲍利努斯更是出色地完成了征服不列颠并将其纳入统治下的艰巨任务。

奥托缺的不是“将”，而是“兵”。

在独裁政体的国家，军事力量存在的真正理由首先在于镇压国内的反对派，而并非保护国民以防遭到外敌侵略，罗马帝国单在这一点上就不属于独裁国家。罗马帝国在意大利本土没有常驻哪怕一个军团，罗马军的主力军团都部署在边境防线而非帝国的国境内。

常驻在意大利本土的军事力量只有1万名近卫军而已，目的是维持首都罗马和本国的秩序，9个大队9000名重装步兵加上各大队附属的骑兵才终于凑齐了1万名近卫军。此外，首都和各地方自治体也有和人口成相应比例的警察和消防队，但这些一般不能算做军事力量，所以本国的秩序维持（实为维持帝政的军事力量）只能依靠1万人的近卫军团。因此奥托在本国寻求支持自己的军事力量时，首先想到的就是这1万名近卫军。

其次，还有尼禄皇帝统治末期时由驻扎在米塞诺海军基地的水兵们组成的第一军团的6000人。尼禄为何组建了新军团，原因不明。研究者中有人认为是因

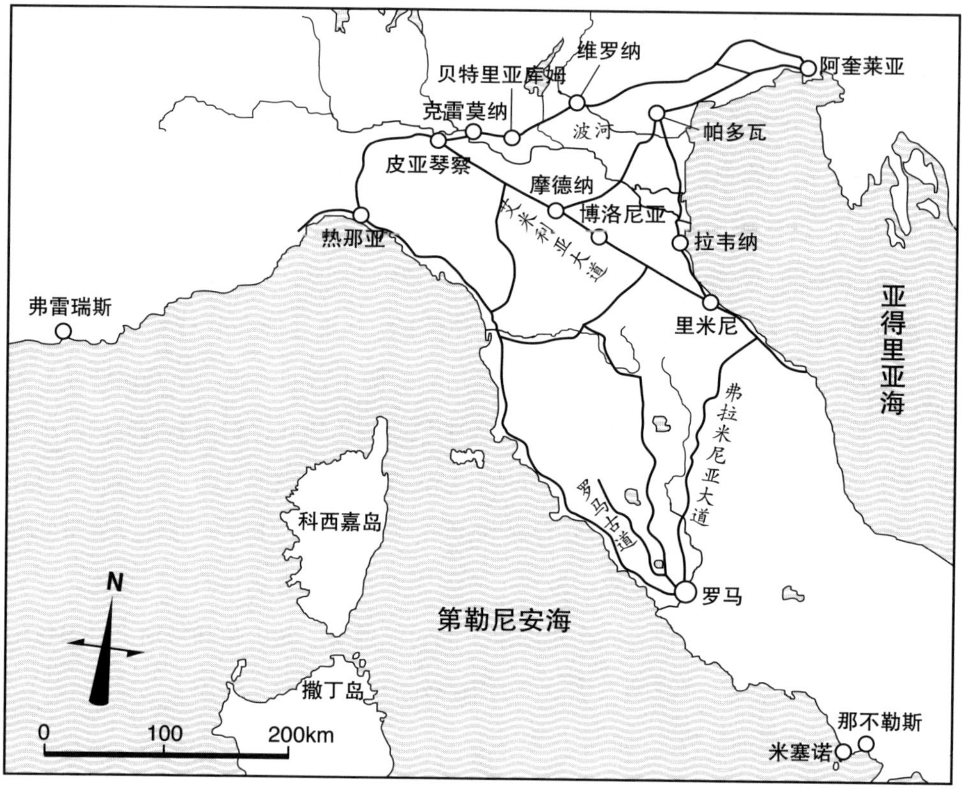

意大利北部到罗马之间的主要道路网络

为尼禄曾经梦想像亚历山大大帝那样远征东方，但是他们没有确切的证据。不管怎样，在公元69年，意大利本土只有一个军团。然而，光是人数凑齐是不能形成战斗力的，还需要进行陆地战斗的适应训练。但是尼禄没多久就自杀了，过于信赖元老院认可的加尔巴还没来得及关注这种事也遇害了，奥托握在手中的第一军团是一群没有经过陆战适应训练的士兵。与以解放奴隶为主力的第一军团相比，近卫军团算得上精英集团了，但他们的服役地点一般都在首都罗马，很少调派到意大利本土之外的其他地区。因为持续着长久的和平，所以也没有必要出动。因此近卫军团的士兵中有很多人没有战斗经验。在实战经验上，和海军出身

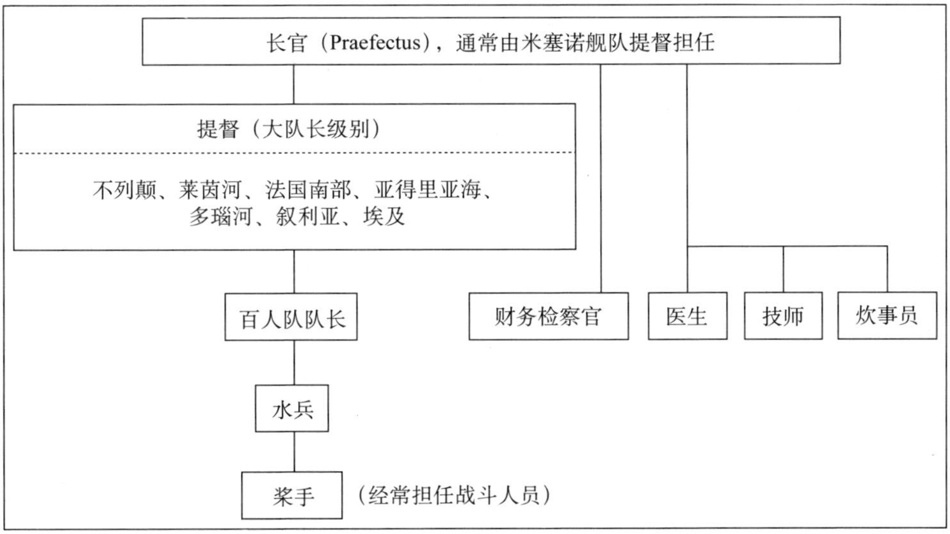

罗马海军的构成

的第一军团士兵没有什么区别。

这样一来，不只奥托，换做谁都会感到不安，他将2000名角斗士武装起来，组成了两个大队。

角斗士角斗比赛和四匹马拉的战车竞速都是罗马人最狂热追捧的人气体育项目，但是认为角斗士都是奴隶的观点只是后世的误解。这种命悬一线的危险职业可以获得高额的报酬，因此有很多自由民不惜投身其中，保守估计有三分之一的人是自由选择角斗士作为职业的。首都罗马自不必说，一些中小城市也设有角斗士训练所，即使在没有比赛的日子，这里也聚集了很多专注于训练的人。由于终日武器不离手，他们当然可以马上转化为战斗力量。奥托决定无视元老院的反对，将这支角斗士部队送往前线。

必须死守波河的奥托军的主力部队只有这不足2万人，但是奥托还接到了已经从驻扎地点出发的其他军事力量的消息，也可以一并计算在内。

首先便是先帝加尔巴组建的名为“第七加尔巴军团”的一个军团正在前往意大利。另外，不列颠方面的第十四军团也正在纵穿高卢直奔首都罗马而来。向奥托表明了积极支持态度的“多瑙河军团”虽然出于防卫上的考虑不可能调派所有兵力，但还是从 7 个军团当中的 5 个军团内各选出了 2000 名士兵，也就是说有合计 1 万人的先遣部队正在向意大利本土前进。

奥托的战略由以下三个阶段组成：除了从罗马带来的 2 万人之外，加上从西班牙和不列颠前来的 2 个军团的 1.2 万人连带 2 万名辅助兵以及“多瑙河军团”的 1 万人的先遣部队，共有 5 万大军，首先依靠这 5 万大军击溃席西纳的 3 万部队。接着如果成功击败从西边到来的 4 万瓦伦斯军的话，其间“多瑙河军团”的主力部队肯定会到达，这样就能轻易收拾由维特里乌斯率领南下的“莱茵河军团”残部。这就是奥托的战略。

如果一切能按预定方向发展的话，结果应该不出奥托所料。但是，人类社会的常态是事情往往不会按照预定的方向发展，所以领导者需要具备随机应变的能力。奥托的弱点就在于没有实战经验，如果他参加过实战，在一开始就不会制定这种一旦所有事情不按预定方向发展就产生不了效果的战略了。

计划落空的第一个原因是席西纳军虽然是寒冬行军，却在 3 月初成功跨越了阿尔卑斯山脉。因此，奥托不得不急忙出动一部分军队前往迎击。向北前进的急行军包括近卫军团的 5 个大队以及附属的骑兵队和第一军团的 1.1 万人，加上 2000 名角斗士共计 1.3 万人。由在多瑙河前线扬名立万的盖鲁斯担任指挥，盖鲁斯接到的任务是确保波河两岸的皮亚琴察和克雷莫纳两个城市。

然而，奥托紧接着又得知了奉命阻止瓦伦斯军前进而在法国南部登陆的一个军团溃灭的坏消息，并且瓦伦斯在击溃这支由警察和消防队员组成的军团时连主力的军团兵都没有动用，只是派遣了一些军团的辅助兵，由行省人民组成的这支辅助部队的指挥官是出身行省显赫家族的尤里乌斯·克拉西克斯。诚然存在奥托的军团组建仓促的原因，但结果毕竟是行省人民战胜了罗马军。这件事并没有以阻止瓦伦斯军失败而告终，出身高卢民族的一个部族特雷维里的克拉西克斯由此觉得罗马军团不足为惧，为半年以后的高卢骚乱埋下了种子。人对人的背叛往往不是由于恐惧而是轻蔑引起的。

不管怎样，对于从西方直奔意大利的 4 万瓦伦斯军来说，障碍从此不复存在，奥托也终于不得不亲自出马。据说此番奥托离开首都前往北方时，有近卫军团 4 个大队和附属骑兵组成的 4000 余人，甚至还加入了满期退伍的士兵。这支混成军如实反映了人手不足的奥托在当时的状况，确切的人数不明。不过，以鲍利努斯为首的将领阵容还是很豪华的，而且先遣部队给正在沿弗拉米尼亚大道向北前进的奥托带来的战果也足以让其精神为之一振。

1.3 万人的先遣部队在盖鲁斯的巧妙指挥下战绩不俗，其中角斗士部队的表现尤为抢眼。幸运的是，由于对方的席西纳将自己的军队一分为三，所以无论他如何努力指挥，最多不过发挥 1 万兵力的作用。盖鲁斯指挥的奥托军成功保住了死守波河的关键要地——皮亚琴察，无奈放弃夺取皮亚琴察的席西纳和平占领了与波河南岸的皮亚琴察隔河相望的北岸要地克雷莫纳，并将该地作为了前线基地。奥托一方对克雷莫纳也发起了攻势，因为只要克雷莫纳还在敌人手里，从东方经由阿奎莱亚正在迫近的“多瑙河军团”的前进道路就会被阻隔。角斗士部队渡过用小船临时搭建的浮桥，在克雷莫纳郊外展开了游击行动。角斗士们在这次行动中的作战也很活跃，席西纳军虽然成功合并了一分为三的部队，但是已经无法从克雷莫纳踏出一步。

为己方的战果精神大振的奥托遵照从罗马被强制带来的元老院议员们的意愿，允许他们留在了距前线有一段距离的摩德纳镇。将元老院议员带到前线来是为了告诉打算只依靠军团兵的推举便登上皇位的维特里乌斯，自己得到了罗马帝国的正式主权者——元老院和市民的支持，因此自己才是更加名正言顺的皇帝。不过同时还有将元老院议员押为人质的目的，毕竟被奥托强制带离首都来到摩德纳的元老院议员中有不少秘密支持维特里乌斯的人，甚至连维特里乌斯的亲弟弟也在其中。

另一方面，没能夺取皮亚琴察的席西纳非常着急。受维特里乌斯委托指挥 3 万名士兵的席西纳原来只是一个军团的军团长，地位和受维特里乌斯之托统率 4 万人的军队迫近中的瓦伦斯一样。急欲在瓦伦斯到达战场之前立下战功的席西纳制定的策略是利用伏兵战术歼灭渡过波河进攻北岸的奥托军，具体办法是让骑兵队发动攻击，将敌人诱入森林，再由潜伏在此的军队将其包围歼灭。进攻到波河北岸的贝特里亚库姆的奥托军是由曾经与擅长游击战术的不列颠人交手多次的鲍利努斯指挥的，这种计策对他毫不奏效。从森林中现身的席西纳军非但没有包围敌人，反而落入了敌人的包围圈。

至此，只要鲍利努斯一声令下便可歼灭席西纳军的一半部队，然后折回 30 公里路程发动攻击，就可以轻易攻下只剩下一半兵力把守的克雷莫纳。这样一来奥托就能成功确保皮亚琴察和克雷莫纳这两个重要据点，死守波河以及为“多瑙河军团”到达争取时间也会变得简单很多。

然而，鲍利努斯却迟迟没有发布缩小包围圈歼灭敌人的命令，席西纳军的将士趁机冲破包围圈成功逃脱，大概是因为鲍利努斯不忍下令让罗马人杀死自己的同胞。但是，他自己也因为这件事遭到了部下士兵的鄙视。

内战的难度就在于此。尽管现在各为其主，但同胞之间彼此宽容对待是人之常情。不过同时不能让敌方得利，也就是要在有利于己方的前提下进行宽容处置，并且最重要的是不能招来己方士兵的反感。如果不能同时满足这三个相互矛盾的条件，就无法期待在同胞间的战争中取得胜利。恺撒的《内战记》是克服这种困难、成为内战胜者的绝好教科书。不过，虽然这本书在当时已经被广泛传阅，但公元 69 年的内战几乎所有参与者都没能践行恺撒的教诲，不能不让人觉得，能否“从历史中吸取教训”，决定因素不在于教授者一方，而在于学习者一方的资质。

总之，奥托一方错过了占得有利条件的绝好机会，并且由于这件事的影响，他们只能眼睁睁地看着席西纳军和瓦伦斯军成功会合。

即使减去因席西纳军的失策而损失的兵力，合并后的维特里乌斯军也有 6 万人，不得不与之为敌的奥托一方召开了作战会议。如今分别驻扎在波河南北两岸的奥托军的全部兵力包括从罗马带来的 2 万人，加上陆陆续续进入意大利本土的“多瑙河军团”的 1 万人的先遣部队，此外从不列颠和西班牙经长途跋涉终于进入意大利本土的第十四军团和第七军团，总共可以集结 5 万兵力。从数量上来看，可以说双方势均力敌。

在作战会议上，意见分为两派：是趁此机会全军出动到波河北岸展开决战，还是在“多瑙河军团”到达之前继续保持隔岸对峙的状态？鲍利努斯、盖鲁斯、塞尔萨斯等实战经验丰富的武将都支持第二种方案，但是奥托的亲哥哥提提亚努斯和近卫军团长官普鲁克鲁斯以及态度最坚决的皇帝奥托主张立刻展开决战。奥托和他的哥哥以及普鲁克鲁斯的共同点就是都没有实战经验。

经过一番激烈讨论后，最终还是采用了最高司令官奥托的意见，决定进行决战。此时已是 4 月，由于波河是大河，支流很多，融化的雪水造成流域附近的地表软化，对于骑兵和重装步兵来说都是不适合作战的季节。

第一次贝特里亚库姆战役

史称“第一次贝特里亚库姆战役”的这次战役实在难以叙述。首先，对这场战斗叙述最详尽的史学家塔西佗“没有投入”。要想叙述自身没有实际参加的战斗，如果作者自己没有身临其境的心态，是无法表达清晰的，对于这一年的内战心怀厌恶的塔西佗无论如何也“无法投入”吧！“投入”指的并不是以此为乐，而是执笔的当事人是否有身临其境的感觉。希腊的史学家修昔底德的著作《历史》的压轴内容是描写远征西西里的雅典军队惨败而归的情景。虽然自己没有参加战斗，但是描写这个场景时修昔底德的笔下充满了愤怒，那是修昔底德作为一个雅典人对于雅典军队的这次败北决定了祖国雅典走上衰退之路的愤怒，因此修昔底德描述这段内容时的笔锋始终贯穿着只有心怀愤怒和绝望的人才可能拥有的不掺杂感情的冷静语调，最终写就了这部叙述战争的杰作。

与这名雅典人相反，在 30 年后书写这场战斗的罗马人塔西佗很清楚，公元 69 年的内战对于祖国罗马的历史没有产生决定性影响。正因如此，他才得以单单怀有厌恶的心情。愤怒与厌恶不同，所以塔西佗的叙述变得很模糊，实际上我们甚至都不清楚不列颠的第十四军团和西班牙的第七军团最后是否参战，有的史学家认为他们是在战斗结束后才到达的。

但是，笔者认为第一次贝特里亚库姆战役以及半年后发生的第二次贝特里亚库姆战役在塔西佗的叙述中模糊不清，并不仅仅是因为塔西佗个人的心情所致，可能是其中存在着无论由谁来叙述都只能写得模糊不清的原因吧！

但凡在罗马史上足以留名的名将们指挥的战役，即使是几十年甚至几百年之后的叙述都无不清晰明了。在叙述汉尼拔、大西庇阿（参阅《罗马人的故事2·汉尼拔战争》）、苏拉、卢库鲁斯、庞培（均参阅《罗马人的故事2·胜者的迷思》）、恺撒（参阅《罗马人的故事·恺撒时代》）以及他们指挥的战役时费不了太多力气。这是因为这些人的战斗目的很明确，都是通过取得胜利来决定整场战役的走势，为了实现这个目的所采取的战术也是以合理的方式贯彻始终。当然，因为采用了敌人始料未及的手段而获得胜利的例子屡见不鲜，至于战术方面，虽然因人而异，但胜利必定是全身心投入的结果。然而，如果不能以最小的牺牲取得最大的效果，战斗的胜利就不能等同于战争的胜利，欧洲有一句格言——“皮洛士式的胜利”，形容的就是伤敌一千自损八百的情况。皮洛士虽然远征意大利并战胜了罗马军，但每次获胜时己方也蒙受巨大损失，结果只能仓皇狼狈地从意大利回国，这已经在《罗马人的故事1·罗马不是一天建成的》的最后部分作过介绍。如果是“皮洛士式的胜利”，那只意味着成为了战斗的胜者而并非战争的胜者。既然这是诉诸战争这种“人类的恶行”时所必须面对的现实，如何有效利用手中的兵力对于司令官们来说就成了不可回避的课题。效率与合理性是相辅相成的，上述六人中没有一个是通过盲目投入兵力取得胜利的。总之，只要将焦点放在“战术应该是合理的”这一前提上，那么即便是发生在几千年前的战斗，在叙述时也犹如正在眼前发生一般，具有现场感。

公元69年以意大利北部为战场展开的内战中登场的武将，其能力远不及上述六人，他们确实有着对胜利的渴求，但是缺乏实现这个目的的冷静手段，无谓的流血牺牲都是拜他们所赐。这是一场缺陷完全暴露的“愚者之战”。

第一次贝特里亚库姆战役以克雷莫纳以东30公里的贝特里亚库姆周边为战场展开，首先两军的共同点是都没有统一指挥系统。进攻方的维特里乌斯军虽然成功实现了两军会合，但是指挥官仍然由席西纳和瓦伦斯二人同时担任，二人率领各自军队展开了独自的军事行动，而且此时总司令官维特里乌斯还在高卢招募

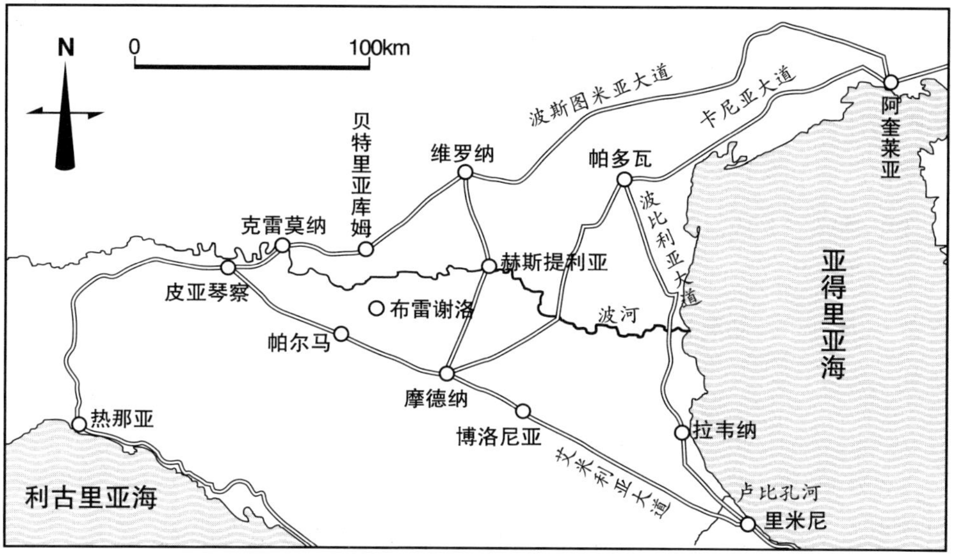

波河流域全图

士兵，没有临阵。

防守方的奥托军在指挥系统上也和梦游状态没什么两样。本应亲临战场担任总指挥的奥托把将士们送到波河北岸后，自己却决定在南岸的布里克塞路姆（现在的布雷谢洛）等待战斗结果，这简直是愚蠢至极。布里克塞路姆是波河南岸的一个小村庄，这个村庄前的河流中有沙洲，渡过河后可以很方便地到达距离20公里之外的贝特里亚库姆战场，不过虽说有沙洲方便渡河，毕竟是隔着一条河的20公里距离。并且就算彼此接壤，也不应将总司令部设在足有20公里远的后方，这是连不善于指挥战斗的奥古斯都都没有犯过的错误。

这成了奥托军失败的最大原因。本来，要想将无法放下包袱与同胞为敌的奥托军的将士们投入同胞相残的战场，就必须让他们认为这样做是为了奥托，但是当事人声称要在河对岸等待战斗结果。士兵当中弥漫起厌战情绪，并且这种情绪因为受“维特里乌斯与奥托之间已经达成和解，所以战斗可以避免”的假情报影响而倍增。

奥托军指挥系统的不统一也成了败北的一个原因。由于奥托本人决定不出战，哥哥提提亚努斯和辅佐他的近卫军团长官普鲁克鲁斯作为其代理被委以总指挥的任务，二人都没有实战经验。相反，实战经验丰富的鲍利努斯、盖鲁斯和塞尔萨斯等老将却各自只分配到了一支军队。鲍利努斯先前又在与席西纳的战斗中遭到了士兵们的鄙视，盖鲁斯也因坠马受伤而无法继续在阵前指挥，仅凭身为元老院议员的皇兄担任总指挥，是无法期待按照一贯的战略有效发挥各军战斗力的。这支奥托军非但没能发挥出应有的战斗力，根本就是疲于奔命，空耗战力。

公元 69 年 4 月 15 日发生的第一次贝特里亚库姆战役自始至终都是散落在以贝特里亚库姆为中心的广阔平原各处的敌我双方展开的一场混战。并不是战场不够宽敞无法进行统一会战，而是缺乏在战略战术两方面拥有足够实力能避免无谓的牺牲并取得战果的人才。敌我双方都是罗马士兵，连军装都一样，军团的旗帜——银鹫旗从远处看起来也没什么区别，说不定大开杀戒后会发现死的人是自己的父亲或兄弟，类似这样的悲剧在战场各处比比皆是。

分出胜负并不是因为维特里乌斯一方的指挥官的能力比奥托军的将领强，也不是因为在罗马军中被誉为最强之师的“莱茵河军团”士兵们的战斗力压倒了混编的奥托军，只是由于奥托军的士兵们对于与同胞交战一事心怀的顾忌更强一些而已。对于维特里乌斯军的士兵们来说，尚且远在高卢的最高司令官维特里乌斯没有参战已经是已知的事实，但是对于奥托军的士兵们来说，最高司令官奥托不参战却相当于本来应该在己方军队后方不远处坐镇指挥的人临阵脱逃。一开始就知道不会参战和一开始期待参战却希望落空给士兵们造成的印象是不同的，奥托军的士兵们只能在心中怀着失望走上战场。

愚者的战斗不仅在战况的进展上模糊不清，牺牲者的人数也不甚明了。获胜的维特里乌斯军的牺牲人数不详，失败的奥托军的情况也不清楚。凡是名将指挥的战斗，至少会留下获胜一方的牺牲者的准确数字。公元 69 年 4 月 15 日的这场战斗连胜者一方的战死者人数都没有明确记载，说明两军都盲目投入了大量兵力。不管怎么说，维特里乌斯军获得了胜利，因为奥托军的将士们先投降了，并且这个结果在当日就传到了在波河南岸等待的奥托那里。

奥托自杀

得知本方败北的奥托作出了一个干脆利落的决定，让 30 年后的史学家塔西佗一直赞不绝口。周围的人一致劝说奥托暂且撤兵，等“多瑙河军团”到达之后再进行最后的决战，因为他们已经到达了从多瑙河流域进入意大利本土的入口阿奎莱亚。但是，奥托的心意已决，他将有可能把别人牵连进来的文件全部烧毁，严禁对身在摩德纳的维特里乌斯的弟弟进行报复，并嘱咐将士们争取博得胜者一方的同情，然后在当晚用剑刺穿了自己的胸膛。这是心意已决的一剑，听到声音的侍卫闯入房间时，奥托已经断气了。他只当了 3 个月的皇帝，死时 37 岁。

笔者觉得他的放弃有些为时过早，不过也许是受到斯多葛哲学的影响，罗马的精英大多极富公德心。就像塔西佗所说，奥托可能是希望用自己的死换来内战的结束。同时，奥托成为皇帝也不是他本人多年苦心经营的结果。如果比他小 5 岁的尼禄能够始终坚持善政，大概他根本不会想到由自己来做皇帝。尼禄的失政首先让高卢的总督温德克斯点燃了反对尼禄的战火，从响应这次起兵并支持加尔巴的时候开始，奥托才走上了称帝之路。如果是经过多年深思熟虑之后才具有的野心，想必不会如此简单地放弃。总而言之，正因为是偶然得来的帝位，在放手时才能如此干脆利落。

但是笔者又想，如果他已经下定了必死的决心，为何不在确保为自己打拼的将士们今后的出路之后再自杀呢？如果胜者是恺撒或奥古斯都的话，倒是大可以放心离世，不过这样的人毕竟是少数，因此他们才被视为伟人。难道奥托没有看出来，直接的胜者瓦伦斯和席西纳以及对这两人发号施令的维特里乌斯都不是败军之将们能够托付将来的人吗？也许在用剑刺穿自己的胸膛之前，奥托心里仅有的念头只是不要像自己派人杀死的加尔巴那样死得那么惨——被生擒后杀死，砍下的首级被穿在长枪上，让士兵举着在古罗马广场上戏要般地招摇过市，市民们纷纷向头颅投来石块。这大概是他最忌讳的。

尽管奥托干脆利落地自杀了，但罗马人之间的内战并没有到此结束，原因之一是维特里乌斯在绝对不可忘记的重要一点——对内战败军士兵的处置上犯了错误。

第三章

皇帝维特里乌斯

（69年4月16日—69年12月20日在位）

NON UNO DIE ROMA AEDIFICATA EST

到了公元69年4月16日，前一天发生的贝特里亚库姆战役的结果以及奥托自杀的消息已经传遍了意大利北部。同时，传令兵也快马加鞭赶往帝国东西南北各处报信，包括首都罗马、已经到达里昂的维特里乌斯那里、正聚集在阿奎莱亚的“多瑙河军团”处，此外还要利用海路远赴叙利亚和犹太等地通报维特里乌斯军胜利和奥托死亡的消息。

得知奥托军败北后从摩德纳到博洛尼亚避难的元老院议员们在接到奥托的死讯后马上承认了维特里乌斯“第一公民”的地位。另外，首都罗马在接到皇帝的死讯时正在举办竞技大赛，聚集在此的观众被告知新皇帝的名字后纷纷报以欢呼和掌声，这样一来维特里乌斯就得到了罗马市民的承认。之前已经多次提到，罗马帝国的正式主权者是元老院和市民，此前只受到“莱茵河军团”推举的维特里乌斯由此成为了正式的“第一公民”，也就是罗马皇帝。

尽管刚刚登基3个月的皇帝昨天自杀，首都罗马也没有因此发生任何混乱。在负责维持首都罗马秩序的近卫军团和首都警察全部出动去前线的前提下没发生混乱有两个原因：第一个原因是首都警察长官萨比努斯是个非常有能力的行政官，此人是犹太方面司令官韦斯帕芗的亲哥哥。与在军事领域大放异彩的弟弟相比，他选择了行政，用现代的话来说，等于迈入了官僚的世界。起用萨比努斯担任首都警备的负责人算得上是奥托在人事安排上的一个成功举措，多亏萨比努斯监管周到，这座连一名警察都不在的百万人口大都市才没有发生混乱。

第二个原因可以说是首都罗马的居民们对皇帝的意外死亡已经司空见惯了。皇帝尼禄被迫自杀是在10个月前的公元68年6月，半年后皇帝加尔巴遇害，3个月后皇帝奥托又自杀身亡。市民们在竞技场被告知奥托死讯并问及是否赞同维特里乌斯登基时纷纷报以欢呼和掌声，并不是因为他们讨厌奥托而支持维特里乌斯，这不过是大众面对又一次的帝位更替所表现出的兴味索然的反应罢了。在双方的支持者齐聚的首都罗马没有发生两者之间的冲突也是由于大多数市民怀有的这种冷淡的情感。

在里昂得知奥托死讯的维特里乌斯做的第一件事是将此前隔三差五举行的晚宴改为每晚都举行，并赠予自己年少的儿子“日耳曼尼库斯”的尊称，意思是

“征服了日耳曼民族的人”。征服的对手并不是日耳曼民族而是奥托一派的罗马人，因此有些稀奇古怪，但是尤里乌斯—克劳狄乌斯王朝的皇帝和皇帝的血亲也有不少拥有“日耳曼尼库斯”称号的人，维特里乌斯可能是想借此来证明自己的儿子出身皇室。

其间，率领维特里乌斯军获胜的瓦伦斯和席西纳二将来到里昂报告战果，并祝贺维特里乌斯正式登基，二人此行带来很多败军之将。对于军团长级别的瓦伦斯和席西纳来说，作为行省总督征服不列颠而立下赫赫战功的鲍利努斯是老前辈，与其说是将败军之将押送至此，不如说是与老前辈和同辈结伴前来。

维特里乌斯一开始似乎用讽刺的言语挖苦了败将一番，不过最终还是赦免了全部败将的罪名，对于奥托的亲哥哥提提亚努斯也只表示兄弟同心并肩作战是理所当然的事情。奥托一派中没有一个人被流放或者没收财产。到此为止还一切正常，然而在为奥托一方战斗的中坚力量——士兵的处置上，维特里乌斯却犯下了致命的错误。

对败者的处置

在贝特里亚库姆平原战败的奥托军士兵是怎样一种心情，塔西佗没有记载。他们并没有拼尽全力，而是在战场各处与敌人交手期间战死者人数不断增加，待反应过来之后发现已经输掉了。并且，最终也没有亲临战场的最高司令官干脆利落地（或者说是任意妄为地）给自己的生命画上了句号，本该统率残余士兵的司令官们也出发前往了里昂。获胜一方的士兵同样也被司令官们抛下不管，不过他们毕竟是胜者。这些胜者趁长官不在期间为所欲为地欺压败者。同为罗马军的军团兵，仅仅因为打了败仗就受尽虐待，他们一定备感屈辱，不过更令他们感到屈辱的是隶属莱茵河各军团的辅助兵们的蛮横态度。军团附属的辅助部队由行省人民组成，对于虽然在战斗中失败但依然是堂堂罗马公民的军团兵来说，看到身为行省人民的辅助兵们摆出一副胜者嘴脸实在是难以忍受的屈辱。

出于避免这种事态的需要，最高司令官的亲自参战是不可或缺的，特别是在同胞彼此交战的内战中，这是绝对的必要条件。

在距此一个世纪前的恺撒和庞培之间发生的内战中，恺撒每次获胜后看到庞培一方的士兵们跪下请求自己原谅时都会命令他们站起来，然后这样说：

“你们只不过是尽自己的义务罢了。”

士兵的义务就是服从长官的命令，因为自己的长官加入了庞培一方，所以士兵们也作为庞培的手下与恺撒作战。并且，恺撒还向部下（也就是获胜的士兵们）严正下令，不得碰败兵一根汗毛，不得侵占他们的财物，不得有任何侮辱败兵的言行。

一个世纪后的贝特里亚库姆却没有出现恺撒这样的人物，在阿尔卑斯山脉对面的里昂，喝得烂醉如泥的维特里乌斯下达的命令竟然是将奥托手下各军团的百人队队长处以死刑。

百人队队长担负着统率百名左右士兵的任务，相当于现代军队里的中队长，在罗马军中的位置相当于现代军队的中士军衔。中士一般是下级军官，但罗马军团的高级百人队队长拥有出席作战会议的资格，所以不能简单地归为下级军官。不过，这些百人队队长不仅在战场上身先士卒，平时也和手下的士兵们同吃同住，他们有时态度严厉，冠以“魔鬼中士”的称号都不为过，但是对于士兵们来说他们犹如父兄一般亲切。新皇帝的命令便是要杀死这些百人队队长，不知士兵们听到后会作何感想！原属奥托军的士兵们在心中萌生屈辱甚至憎恨的感情是必然的。最后，死刑被无情地执行了。

想必维特里乌斯这个人对人的内心世界没有多大的关心，他接下来的命令是让败军士兵参与克雷莫纳镇的圆形竞技场修建工程。修建圆形竞技场的理由之一是对卷入战争的克雷莫纳镇的人们给予补偿，还有就是准备在自己入主意大利时举行角斗比赛以示庆祝。

对于罗马的军团兵来说，在公共设施的施工现场工作不仅不是耻辱，还是值得自豪的事情，广大的帝国中星罗棋布的道路就是军团兵们铺设的，直到现在还保留着写有“第 ×× 军团铺设”碑文的纪念碑。

这些都是重体力劳动，但对于他们所属的帝国来说都是不可或缺的工程，并不是为了弥补在内战中与胜者为敌的罪行而被强制从事的工作。然而，克雷莫纳的居民却对被命令强制赶工的士兵们报以侮辱性言语，其性质之恶劣让人难以相信他们同样都是罗马公民。没过多长时间，士兵们的胸中就被败北的打击、屈辱的感觉和憎恨的心情交织而成的怨恨所占据。

新皇帝维特里乌斯是何时入主意大利本土的，没有确切的史料记载，从里昂穿越阿尔卑斯山脉到达意大利北部需要 10 日行程，不知是在里昂耽搁太久还是旅途行进缓慢，似乎维特里乌斯在 5 月中旬才到达意大利北部。他到了克雷莫纳后在修建完成的圆形竞技场观看了瓦伦斯和席西纳为庆祝自己登基而举行的角斗比赛，被迫参加比赛的角斗士们肯定是奥托组建的那支在与维特里乌斯军的战斗中表现英勇的角斗士部队的幸存者，这是又一次有悖人之常情的愚蠢决定。

入主意大利本土以后，维特里乌斯的身份除了是与先帝奥托交战的胜者之外，还成了得到罗马帝国正式的主权者元老院和市民承认的唯一皇帝。在这个时候，无人可与之匹敌。能否收拾内乱后的残局，重新将帝国统合起来，全在于他本人的政治手腕。生于公元 15 年的维特里乌斯这一年 54 岁，比老得让人担心的加尔巴年轻了足足 18 岁，相比正处于 30 多岁这个不上不下年龄段的奥托来说，年长了 17 岁。在古代的罗马，40—50 多岁被认为是男人的鼎盛时期。在所属阶级上相比名门贵族的加尔巴，他更接近于新兴统治阶级的奥托，不过维特里乌斯身上披着从受提比略皇帝任用开始一直到克劳狄乌斯时代地位仅次于皇帝的父亲路奇乌斯留下的光环，而且最重要的是，他背后有号称罗马全军最强的“莱茵河军团”撑腰。只有良好的意愿以及将这种意愿传达给别人的口号的话，无论是革命、改革还是重建都是无法实现的。除了意愿和说服力之外，还需要权威和权力。维特里乌斯是元老院和市民承认的权威，并且也拥有“莱茵河军团”这个“权力”。

尽管如此，维特里乌斯并不知道如何运用这些“在握的大权”。对于心怀积极的愿望却由于所处的立场而无法实现目标或者不具备实现这个目标所需实力的人，我们不必横加指责。但是，只要想干就能成功的人却不行动起来，那就是精神怠惰了。而且维特里乌斯不仅没有做他应该做的事情，甚至还犯下了不该犯的错误。

新皇帝维特里乌斯下达的第一条命令是解雇全体近卫军团的士兵，由于是不支付退役金的直接解雇，所以更应视为罢职。他的理由是这些士兵曾经站在奥托一方与维特里乌斯军为敌。作为罗马军一个组成部分的近卫军团的任务是保护最高司令官——皇帝。在贝特里亚库姆战役期间，奥托是得到元老院和市民承认的正式皇帝，按照恺撒的说法，在奥托手下作战的近卫军团兵只不过是在忠实地履行作为士兵的义务而已。但是，在维特里乌斯看来，他们也曾经听从奥托的命令将正式的皇帝加尔巴杀死，所以这些近卫军团兵不再拥有继续服役的资格，如果允许他们继续留任，可能会威胁到维特里乌斯自身的安全。既然如此，本应该仿效奥古斯都对安东尼手下的士兵采取的处置办法，在分发退役金并为他们找好落脚之处以后再解雇，然而他却完全没有这方面的考虑，被直接解雇的近卫军团士兵的态度从中立转为反对维特里乌斯也是理所当然的。

其实维特里乌斯很清楚，近卫军团的任务是保护皇帝，证据就在于虽然他解雇了近卫军团的士兵，但并没有废除近卫军，而且还在此基础上进一步扩充，将奥古斯都以来由每队定员 1000 人的 9 个大队组成的近卫军团规模增加为 16 个大队，加上附属骑兵队，兵力从原来的 1 万人左右变为了 1.7 万人。这 1.7 万人全部由支持维特里乌斯的“莱茵河军团”士兵组成，这进一步伤害了被解雇的原近卫军团士兵们的自尊。100 年来，近卫军团兵在人们眼里一直是罗马全军中的精英，与在行省服役的军团兵相比，在期满退伍的年限和薪水上都享受明显的优待。但是现在地位低的军团兵得到任用，自己却被扫地出门，这使得他们彻底坚定了反对维特里乌斯的决心。

维特里乌斯不仅在近卫军团兵的处置上犯了错误，在随同奥托一方参战的士兵的善后问题上也是一错再错。

他们当中的很多人本来的任务是防卫边境，在处理时不能像当年的恺撒一样让他们自由选择重新回到庞培手下、就地定居还是返回故乡。即使不是维特里乌斯，换做任何一个人也只能将他们遣返到当初的服役地点，要命的是他的遣返方式，根本没有想办法在消除士兵们的屈辱感、愤怒和怨恨之后再将他们遣返，只是直接下令让他们回到服役地点。

只有海军出身的第一军团没有回到以前的服役地点米塞诺，而是被派驻到他们从未去过的西班牙。

第十四军团接到的命令是返回不列颠，但是这个军团如同俘虏一般，在返回途中一直处于辅助部队的监视下，也就是说身为罗马公民的军团兵被行省出身的士兵监视着踏上归途。这带来了两个弊端：一是伤害了军团兵的自尊，二是让行省出身的士兵产生了看不起罗马军团兵的心理。这两个弊端在之后影响深远。罗马的边境防卫系统要靠主要战斗力的军团兵和辅助战斗力的辅助兵恪尽职守才能正常运作，一旦非主要战斗力从心中看不起主要战斗力，很显然就会发生问题。

向东返回多瑙河流域的士兵们心怀的不满与向西方的西班牙和不列颠前进的士兵们是一样的，不，应该说他们有更强烈的怨恨。毕竟“多瑙河军团”的士兵们仅仅因为替奥托一方卖命便被强制从事圆形竞技场的修建，并且这种怨恨还传染给了虽然到达意大利却没有参加贝特里亚库姆战役的士兵们。因为“多瑙河军团”的士兵在团结心上绝不输给“莱茵河军团”的士兵。

在奥托手下作战的士兵们返回之后，距离帝国最遥远的叙利亚和犹太方面也得知了奥托的死讯和维特里乌斯即位的消息。

叙利亚总督穆奇阿努斯

继加尔巴、奥托、维特里乌斯之后，该讲述韦斯帕芗的故事了，在叙述完无能将领指挥的战斗后紧接着叙述名将指挥的战斗，笔者都有些不适应这突如其来的转变了。用通俗的话说，前三个人根本就是疲于奔命地任由事态自行发展，笔者甚至能够体会塔西佗为何对他们心怀厌恶了。

韦斯帕芗直到一年前为止连做梦也没有想到自己会成为皇帝，在这一点上与加尔巴、奥托和维特里乌斯没有什么区别。事实上，在犹太战争中俘虏的犹

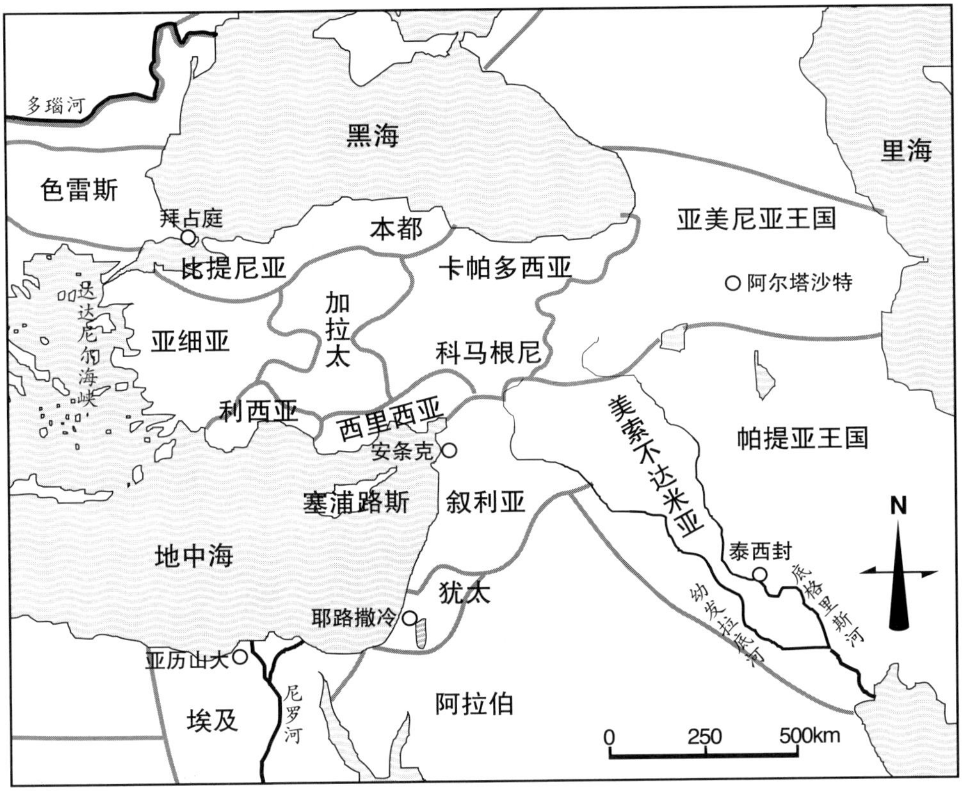

罗马帝国东方

太人弗拉维乌斯·约瑟夫斯预言韦斯帕芗会成为皇帝时，他虽然没有付之一笑，却也没信以为真，并为实现这个目标全身心投入。不仅如此，在加尔巴登基时，他还曾派遣自己的长子提图斯担任使者前往罗马表示支持和祝贺。加尔巴遇害、奥托继任皇帝后，自己由于正在参加犹太战争而没有派遣军团，不过还是表达了支持的意思。奥托在统计自己的军事力量时也将韦斯帕芗麾下的三个军团计算了进来。

但是，当他得知奥托自杀和维特里乌斯登基的消息后，既没有送去祝贺也没有表示支持。其实从这个时候起，为了实现自己的登基大业，韦斯帕芗不再听天由命，而是开始着手制订详细周密的作战计划了。然而，负责防卫帝国东半边的各军团并非从一开始就一致拥护韦斯帕芗。

满怀着怨恨回到军营的"多瑙河军团"的士兵们对新皇帝维特里乌斯的反感没过多长时间就转化为另外拥立一个新皇帝的愿望。本来,"多瑙河军团"的 7 个军团与驻扎在叙利亚负责防卫达达尼尔海峡东边的小亚细亚的 4 个军团关系很密切,双方不仅在地理上相距不远,而且每逢东方前线需要兵力增援时,"多瑙河军团"尤其是驻扎在米西亚行省负责防卫多瑙河下游的 3 个军团一般都会派兵响应。皇帝尼禄统治时期,曾与亚美尼亚和帕提亚王国发生过争端,他们在当时就是名将科尔布罗指挥下的一部。如果科尔布罗还活着的话,他们肯定会毫不犹豫地推举科尔布罗来对抗维特里乌斯。但是,除了战略战术的才能之外还兼有外交手腕(也就是不费一兵一卒获得胜利的才能)的这名武将在两年前遭到皇帝尼禄的猜疑而被迫自尽。不过科尔布罗门下众所公认的才俊穆奇阿努斯仍然健在,还担任着统率 4 个军团的叙利亚行省总督,于是密使肩负着打探穆奇阿努斯意向的任务,从多瑙河流域出发前往了叙利亚的安条克。

史学家塔西佗认为互为竞争对手的穆奇阿努斯和韦斯帕芗彼此关系不和,但韦斯帕芗的儿子提图斯努力居中斡旋,成功让二人和好并建立了统一战线,这不无道理,因为负责防卫帝国西方的罗马军中地位最高的是"莱茵河军团"的高地日耳曼军或低地日耳曼军的司令官,与此相对,防守帝国东方的罗马军中地位最高的一直是统率着与大国帕提亚接壤的"幼发拉底河军团"的叙利亚驻军司令官。犹太方面的司令官韦斯帕芗似乎在岁数上比穆奇阿努斯年长,但是在军队中的地位并不如他。不过,比起任务只是对依靠科尔布罗的努力确立了友好关系的帕提亚和亚美尼亚的动向进行监视的穆奇阿努斯,正在犹太方面打仗的韦斯帕芗确实有更多建功立业的机会。两年前,即公元 67 年,爆发的犹太战争直到由于尼禄的死而中断之前,犹太全境已基本被平定,只剩下攻占耶路撒冷了。

但是,笔者不认同塔西佗主张的"处在竞争关系中的两个人无一例外都会互相敌视"的人性论。对手之间存在的是竞争意识,并非互相敌视的意识,尤其是双方当事人都颇具才能时,这种程度更加明显,他们彼此反而会惺惺相惜,所谓嫉妒只不过是自己的能力不如对方时产生的下意识的表现。而且从此后穆奇阿努斯贯彻始终的合作态度来推测，也很难让人觉得二人的统一战线仅仅停留在“如果没有后生提图斯的居中斡旋合作关系就无法实现”的程度上。

恺撒

首先，被“多瑙河军团”询问是否有意称帝的人是穆奇阿努斯而非韦斯帕芗，如果穆奇阿努斯不喜欢也不认可这个竞争对手的话，大可凭借韦斯帕芗在犹太执行战争任务期间擅自进攻意大利本土的做法相当于放弃任务的理由，将韦斯帕芗成为皇帝的可能性扼杀在萌芽中。然而穆奇阿努斯却想方设法将“多瑙河军团”对自己的支持转送给韦斯帕芗，为什么呢?

奥古斯都

叙利亚行省总督盖乌斯·路奇尼乌斯·穆奇阿努斯大概是为数不多的在公元69年就觉察到罗马帝国即将迎来新时代的罗马人之一，不过所谓新时代并不意味着改变帝政。就连情感上属于共和主义者的塔西佗也不得不承认，统治区域广大的罗马帝国只能依靠帝政，帝政仍然作为政体发挥着作用。问题不在于政体，而在于由谁来担任这种政体的最高统治者。

事实上，始于恺撒时代的“应该由尤里乌斯—克劳狄乌斯王朝也就是出身于首都罗马的名门贵族且继承了奥古斯都血统的人来担任皇帝”的惯例在尼禄时代画上了句号。与奥古斯都没有血缘关系但出身于首都罗马名门贵族的加尔巴统治也不长久，接下来成为皇帝的奥托既非首都出身也不是名门贵族，但至少他的父亲是元老院议员，因此他可以自豪地夸耀自己出身于罗马社会的最高阶层——元老院阶级。现在代替奥托的维特里乌斯从父亲那一代开始也跻身于元老院阶级。相反，韦斯帕芗的父亲却是从一个不知名的军团中摸爬滚打出来的，并且他虽然出生于意大利本土，却只来自一个地方自治体——瑞耶提。

是否属于元老院阶级对军旅生涯也有影响，如果是元老院议员的儿子，结束一段见习期后就可以一下子被提拔为大队长，让这些刚起步的公子哥担当重任是因为手下的10名百人队队长都是职业军人。关于韦斯帕芗军团生涯的记载是从他成为多瑙河流域的大队长之后开始的，不知道他是否是从一名普通士兵晋升上来的，不过至少他肯定担任过百人队队长。步入帝政之后的罗马军队从以前的讲究出身变为了重视实力，但是没有一点背景的年轻人仍然不可能被一下子提拔为大队长。

而且韦斯帕芗在军团内的晋升速度虽说不慢，但也绝对不是很快，在名声上远远不及罗马全军无人不识的科尔布罗。他在犹太战争中的表现说好听点叫稳扎稳打，说不好听点就是平庸无奇。无论从哪个方面来看，人们平时绝对不会想到他会做出起兵称帝这种疯狂的事情来。

但是，韦斯帕芗也有优点——他是个常识健全的人。穆奇阿努斯不是一贯主张，要想终结公元69年发生的内乱、重建帝国，常识健全的人是最堪当其任的吗？结束尼禄死后的内乱局面不能依靠创造新体制的方法，而是要恢复既有体制的功能才能成功。

总之，要想结束公元69年的内乱，与120年前创造新体制时的情况不同，如今已不需要恺撒和奥古斯都这种类型的天才人物，即使缺乏一些想象力，但只要具备能够清楚地了解现在需要做什么并可以付诸实践的健全常识就足够了。穆奇阿努斯不仅受过很多教育，多年的边境服役经历也让他练就了对现实的敏锐洞察力，不过有趣的是，他认为来自统治阶级外部的韦斯帕芗比出身于既有统治阶级的自己更适合担当将帝国重新凝聚起来的旗手，因为根据他的判断，出身于地方的韦斯帕芗朴素诚实，比动不动就见风使舵的自己这个“城里人”更能胜任。此外还有一个人也认为韦斯帕芗更适合平定这个时期的内乱，这个人不是罗马人，而是犹太人。不，应该说他虽然出身犹太，但是比一般的罗马人更像罗马人。

埃及长官亚历山大

提比略·尤里乌斯·亚历山大出生于长期居住在埃及第一大城市亚历山大的一个富裕的犹太人家庭，伯父是被誉为“犹太的柏拉图”的学识渊博的哲学家斐洛（拉丁语写作 Philo），关于这个人已经在《罗马人的故事 7·臭名昭著的皇帝》“皇帝卡利古拉”这一章中作过介绍。这个家族是除耶路撒冷以外犹太人聚集最多的亚历山大的犹太人社区中最有势力的家庭，尤里乌斯这个家族名是恺撒或者第一代皇帝奥古斯都，要不就是第二代皇帝提比略赐予的。如《罗马人的故事 7·臭名昭著的皇帝》所述，卡利古拉和犹太人的关系非常恶劣，不可能将自己的家族名赐予他们，也就是说不可能将他们纳入自己所属的家族中。

哲学家斐洛一生都没有改变自己犹太人的身份，但家族中的一个成员马尔库斯·尤里乌斯·亚历山大却选择成为罗马公民，并与在位至公元 44 年的犹太王阿格里帕一世的女儿贝蕾妮丝结婚，因此在犹太战争中协助罗马一方压制犹太的阿格里帕二世相当于斐洛的侄子。斐洛的亲弟弟叫盖乌斯·尤里乌斯·亚历山大，从名字可以看出，他也是一个选择了成为罗马公民的犹太人，此人在金融业取得成功后，曾担任埃及等东方国家皇帝的私产操盘手。提比略·尤里乌斯·亚历山大便是此人的儿子，不过他没有涉足犹太人擅长的经济领域，而是选择了投身罗马军团来发挥自己的才能，这在犹太人中是不多见的。

他虽出身犹太民族，却拥有尤里乌斯这个家族名，并且是亚历山大的权势家族的一员，投身军团后一上来就被委以大队长的职务，得到了与元老院阶级出身的罗马人一样的待遇。伯父斐洛代表亚历山大的犹太人集团前往罗马向卡利古拉皇帝请愿妥善处理犹太人问题的那一年，这个犹太青年在罗马军团中已经是指挥 1000 名士兵的大队长了。

之后的晋升也是突飞猛进，在6年后的公元46年开始的两年间，他被克劳狄乌斯皇帝任命为常驻犹太的长官。阿格里帕一世死后，由于儿子阿格里帕二世才16岁，克劳狄乌斯皇帝只能将犹太再次置于罗马的直辖统治下，但是提比略·尤里乌斯·亚历山大的统治手腕非常巧妙，在他任内犹太没有给罗马带来任何麻烦。犹太人对于他这种中途放弃犹太教改信他教的行为抱有的憎恶胜于原本的异教徒，并且当时他的年龄只有30岁出头，在这种情况下没有发生任何问题，想必他除了军事之外，在民事方面也才华卓越。

之后，他的事迹从罗马史的记载中消失了一段时间，一直到了公元60年代，他又再次登场于连敌人帕提亚都认可的罗马军第一名将科尔布罗的旗下，这次不是作为一个军团的军团长，而是成为了由四个军团组成的科尔布罗全军的兵站负责人。罗马军非常重视兵站的作用，甚至存在“罗马军胜利的关键在于兵站”的说法，因此在这个方面担任最高负责人意味着比军团长的地位还高，他与年龄相仿的穆奇阿努斯同为科尔布罗麾下的高级将领。另外，这个归化罗马的犹太人可能是由于伯父斐洛的影响，在修养上丝毫不逊于穆奇阿努斯。

科尔布罗被尼禄勒令自杀之后，穆奇阿努斯成为了东方叙利亚行省的总督。与此同时，等待提比略·尤里乌斯·亚历山大的是仅次于叙利亚的帝国东方要塞——埃及的长官职位。

埃及的亚历山大因为是亚历山大大帝（希腊语称为亚历山德罗斯）建造的，所以城市名也以他的名字命名。到克娄巴特拉时代为止一直是希腊裔的托勒密王朝的首都，作为征服民族的希腊人当然也大量定居于此。即使征服者换为了罗马人，希腊裔居民的比重也没有变化。很久以前，与希腊民族同样有很强的离散习性的犹太人也迁徙至此。亚历山大的居民构成分为埃及原住民、希腊后裔和犹太后裔，在经济实力上则是希腊后裔和犹太后裔平分秋色。出于这种复杂的情况，由罗马皇帝委派到此上任的长官往往会遇到相当大的困难。

与帝国内的各行省不同，只有埃及是罗马公民委托皇帝进行直接统治的城市，所以统治负责人不需要由元老院议员出身且有执政官经历的“总督”来担任。“长官”只是个官职名，任命权不属于元老院，而是在皇帝手中。因此，当时在皇帝直属下担任帝国统治事务的“官僚”中资历最高的人就被视为埃及长官。有意思的是，罗马选择了犹太人前往大量居住着与犹太裔居民对立的希腊裔居民的亚历山大来担任埃及长官，并且还委托其指挥两个军团，这也是罗马“不论是否出身行省，唯才是用”政治的一个例证。提比略·尤里乌斯·亚历山大成为了第一个出生于埃及的“埃及长官”，并且这名归化罗马的犹太人很好地把握住了罗马人为自己提供的这个衣锦还乡的机会，没有辜负他们的期望。埃及和它的首都亚历山大开始了长期的太平日子，甚至让人误以为前不久的卡利古拉皇帝的焦虑和克劳狄乌斯皇帝的苦心早已是遥远的过去。顺便提一句，这个人政治生涯的最后一个职务是首都警察的长官，原因是巩固了皇帝之位的韦斯帕芗将他召回了自己身边，而他也是第一个担任这个职务的犹太人。

笔者总觉得韦斯帕芗称帝的作战计划是他本人与穆奇阿努斯和这位亚历山大三个人共同制订的，这三人甚至考虑到为了保证以后的皇位继承顺利实现，将韦斯帕芗的儿子提图斯也列入了计划之中。

60岁的韦斯帕芗、年近花甲的穆奇阿努斯和亚历山大，以及30岁的提图斯，从韦斯帕芗的才能和性格来推测，当时大概的情况应该是他本人负责出谋划策，由其他三人来执行。经验丰富、心智成熟的三个壮年男子经过冷静的探讨商定结论后，与年轻的提图斯一起着手实行。之所以这么说，是因为这四个人的任务分配实在只能用“天衣无缝，简单明了”来形容。

韦斯帕芗称帝

从当时的信息传递速度来推断，4月15日开始的贝特里亚库姆战役的结果——次日即16日早晨确定的皇帝奥托的自杀、数日不久后公布的元老院承认维特里乌斯皇位的事实应该在5月中旬或者最迟5月末传到了帝国的东方。此时穆奇阿努斯身在驻地叙利亚的安条克，暂时处于休战中的韦斯帕芗驻扎在犹太的恺撒利亚，提比略·尤里乌斯·亚历山大则正在埃及亚历山大的官邸中，三人应该分别听说了这些消息。然后从 6 月开始传来“多瑙河军团”的士兵们对维特里乌斯心怀不满和怨恨的消息，紧接着，“多瑙河军团”的士兵们便前来探询穆奇阿努斯是否有意称帝。

从这些事实可以断定，时近 6 月末在贝洛特（现在的贝鲁特）举行的三人会谈肯定是由穆奇阿努斯主导的。这次会谈并不是三人聚到贝鲁特秘密举行的，实际上三人都是在大白天率领自己手下的军团长、大队长和高级百人队队长堂堂正正出席了会谈。除他们之外，还有犹太的阿格里帕二世以及科马根尼和那巴提亚国王等帝国东方的同盟国君主参加。这样看来会谈明显经过了周密的准备，同时也怀有将“多瑙河军团”在内的帝国东方将士反对宗主国意大利的皇帝维特里乌斯的事实公之于众的意图。负责防卫多瑙河的 7 个军团加上叙利亚的 4 个军团以及正在参加犹太战争的 3 个军团和驻扎在埃及的 2 个军团，总共有 16 个军团的兵力。即使支持维特里乌斯的“莱茵河军团”战斗力在罗马军中最强，也只有 7 个军团。由于维特里乌斯本人的失策，驻扎在不列颠的 3 个军团和西班牙的 2 个军团以及驻扎在北非的 1 个军团支持他的可能性微乎其微。当然，出于防守上的考虑，16 个军团不可能全被调到西方与维特里乌斯一方的 7 个军团交战，不过单单是防守帝国东方的 16 个军团全部倒戈反对维特里乌斯这一个消息就足以带来巨大的冲击了。

贝鲁特会谈的三名主要出席者逐一确定了韦斯帕芗称帝所必须实现的前提条件，大致分为两个阶段：

第一阶段：

（一）三人各自招募从麾下军团中期满退伍的士兵重新归队。

招募的对象是领取土地和退役金后开始平民生活的老兵们，罗马军团兵在退伍后一般多会在服役地附近开始新的生活，所以让他们应征归队应该不是什么难事。

（二）集中在几个地点制造兵器，由此来提高效率。

战斗在即，兵器的更新换代必不可少，这项措施是要在安条克、恺撒利亚和亚历山大这三个罗马帝国东方的先进地区集中进行兵器生产。

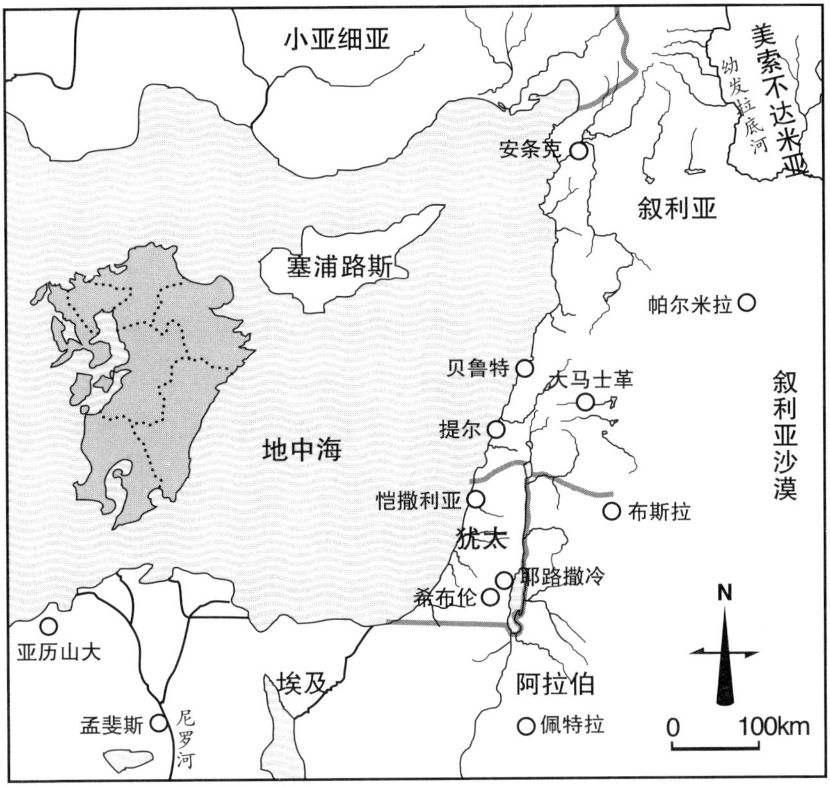

犹太及其周边（为了表示距离感，使用的比例尺与日本的九州一样）

（三）在安条克铸造金币和银币。

这是为了用现金来充当军需资金，金币银币的铸造权本来是皇帝所有，但他们决定无视这个事实。至于所需的财源，似乎是向东方一带的富人们强制募捐得来的。

实际执行这三项计划的是负责行省统治的行政官僚，穆奇阿努斯和尤里乌斯·亚历山大两人被委派对这些人的工作进行监督。

韦斯帕芗的工作则是到各个军团基地的军团兵面前“露脸”，因为只有犹太的 3 个军团认识他，叙利亚的 4 个军团和埃及的 2 个军团虽然听说过他的名字，却都不知道他的相貌。

韦斯帕芗辗转于各个军团基地，褒奖优秀的士兵，鞭策怠惰的士兵，其实就是想利用父亲般的温情来博得士兵们的好感。他没有用钱来收买人心，与其说是因为小气，还不如说是因为他没有这么雄厚的经济实力。

其实在进行第一阶段计划的同时，三人已经开始着手解决另外两件非常重要的事情。

第一是向宗主国意大利派出密使，鼓动被维特里乌斯解雇的近卫军团旧部加入到韦斯帕芗一方。如果这个计划能成功，就等于在宗主国内部有了内应。

第二是向亚美尼亚王国和帕提亚王国派遣特使，重新确认并保证他们和罗马的友好关系。为了不让这两个国家趁罗马向西方出兵的间隙发动偷袭，需要事先作好安排。而这个计划的实施也没有遇到任何阻碍，因为在尼禄皇帝时代通过科尔布罗的建议缔结的两国与罗马的友好关系对于他们来说有利无弊，两国都没有撕毁协约的意思。不仅如此，帕提亚国王沃洛吉斯还表示会派出 2 万名骑兵帮助韦斯帕芗实现称帝的愿望。

但是三人用委婉恭敬的语言谢绝了他的提议。帕提亚的轻骑兵是出了名的，如果得到这 2 万名骑兵无疑是如虎添翼，之所以拒绝是因为罗马人一贯主张在自己人之间发生战争不可以将他国牵连进来。马略和苏拉的时代、恺撒和庞培的时代、奥古斯都和马克·安东尼的时代都没有将别的民族卷进来的先例。可以确信，在这个时候，三人肯定也是毫不犹豫地回绝了。

结束第一阶段之后，就该开始第二阶段的计划了，这个阶段的任务分配同样完美无缺：

穆奇阿努斯率领军队前往意大利。

韦斯帕芗前往埃及，在那里待机。

犹太战争在翌年即公元 70 年春再次开战，总指挥由韦斯帕芗的长子提图斯担任。提图斯在此前的犹太战争中担任阵前指挥，表现突出，但这个 30 岁的年轻人还没有在战场上担任总指挥的经历。于是决定由经验丰富的埃及长官尤里乌斯·亚历山大做他的副官，在旁协助。

为什么率领军队前往意大利与维特里乌斯军交战的不是韦斯帕芗呢？关于这

个问题，笔者推测是为了避免让韦斯帕芗的手上沾上同胞的鲜血。

尤里乌斯·恺撒出生于罗马的名门，可谓是贵族之后，奥古斯都是恺撒的养子，维特里乌斯虽然不是出身贵族，但从父亲那一代开始就属于元老院阶级了。相反，韦斯帕芗不仅出身平凡，就连父亲都是职业不明的“凤凰男”。要想让这个先天不足的韦斯帕芗当上皇帝，绝对不能在此基础上再让他沾上同胞的鲜血了。

让韦斯帕芗在埃及待机除了上述理由之外，还有四个理由：

第一，从埃及在战略上的重要性来看，既然已经将总督尤里乌斯·亚历山大送往了犹太战场，就需要另外一个人来主持大局。

第二，意大利的必需品——小麦的一半（至少也是三分之一）是由埃及供给的，因此确保埃及掌握在自己手里就意味着可以从军粮上制约宗主国意大利的维特里乌斯政权。

第三个理由是，确保韦斯帕芗军在必要时能够呼应穆奇阿努斯军从海路攻入意大利的可能性。

第四，埃及距离犹太很近。也就是说，如果犹太战争比之前预想的更加麻烦的话，担任过战役总指挥的韦斯帕芗赶到前线用不着花太长时间。

韦斯帕芗要想确保帝位，犹太战争的顺利结束是绝对不可缺少的条件。罗马皇帝的两大职责便是安全和粮食的保障。所谓安全，就是除了防卫外敌之外还要维持帝国内的安定。犹太是罗马的一个行省，犹太民族的叛乱在罗马看来是行省人民的叛乱，属于扰乱帝国安定和秩序的行为。如果不能成功镇压，罗马皇帝就等于被打上了不称职的烙印。

7 月 1 日，在亚历山大，驻扎在埃及的 2 个军团推举韦斯帕芗称帝。

7 月 3 日，在恺撒利亚，正在进行犹太战争的 3 个军团推举韦斯帕芗称帝。

数日后，在安条克，驻扎在叙利亚的 4 个军团推举韦斯帕芗称帝。

紧接着，小亚细亚各行省的驻扎部队也一致推举韦斯帕芗称帝，各同盟国的国王们也以东方君主惯有的方式，对韦斯帕芗的登基表示赞同，并派遣隆重豪华的使节团到韦斯帕芗面前祝贺。进而，拥护韦斯帕芗称帝的呼喊声跨越达达尼尔海峡传遍了多瑙河流域的各处军团基地。

将韦斯帕芗推上帝位的准备阶段就此结束，之后就剩下为实现这一目标所进行的军事行动了。

意大利本土的情势

在此期间，从之前的攻势转为守势的维特里乌斯一方都做了些什么呢？就结果来说，他们只做了一些无关痛痒的事情，该做的事情一件也没做。

维特里乌斯入主宗主国意大利应该是在贝特里亚库姆战役胜利结束的一个月后，也就是 5 月 15 日前后。5 月 24 日到达了维特里乌斯一派在意大利北部的据点克雷莫纳，在那里欣赏完角斗比赛后，由瓦伦斯和席西纳带领着视察了贝特里亚库姆的战场，当时他说了这样一句话：

"一旦鲜血是从敌人身上流下来的，腥臭也变成了好闻的气味。"

这种不经大脑的发言有害无益，是失言的典型例子。通过道听途说得知这句话的"多瑙河军团"的士兵们群情激愤，即便是本方的"莱茵河军团"的士兵们，在听到这种话之后还怎么可能继续支持维特里乌斯？新皇帝维特里乌斯这一句话对于既不支持维特里乌斯一派也不支持韦斯帕芗一派的普通罗马人来说，无异于泼了一盆冷水。

他结束战场视察后从该地渡过波河，沿艾米利亚大道向东前进。在经过附近的奥托的墓地时，没有表现出任何的关心，不过多亏这样，先帝的墓地得以完好地保留了下来。到达艾米利亚大道尽头的里米尼之后，又从那里沿弗拉米尼亚大道前往首都罗马。只要快马加鞭，3 日便可走完这段路程，就算每天都停下来歇脚过夜，也用不了 10 天。然而维特里乌斯却花了 50 天，因为他没日没夜地举办庆功宴，所花的费用也都由所到各地附近的中小城市承担。

弗拉米尼亚大道相当于意大利现在的国道三号线，在古代的时候与相当于现国道一号线的罗马古道、现国道二号线的卡西亚大道同为联结首都罗马和帝国北方的干线道路，向南延伸的阿皮亚大道在现代成为了国道七号线。也就是说，在现代的意大利，除了高速公路之外的大多数国道都是由古罗马时代的道路稍加改良而成，其中的弗拉米尼亚大道修建于公元前220年前后，已经有2200年的历史。单是看一看架设在险峻山谷中的高架桥保留到今天的残骸就可以想象罗马时代的技术水平已经达到了多么高的程度，让人强烈感到罗马的道路就是当时的高速公路。

但是，需要大量架设高架桥的弗拉米尼亚大道与沿海边一路北上的罗马古道和穿梭于平缓丘陵之间的卡西亚大道不同，只有它是横跨于像脊背一样将意大利半岛一分为二的亚平宁山脉之间的大道。

并且总体来说，山岳地带与平原相比在经济上断然处于劣势。现在的国道三号线的沿线一带如果遭遇地震的话根本不可能靠自己的力量重建起来。然而，罗马时代却不同，因为是干线，所以沿途布满了设施完善的中小城市。这些城市拥有足够的经济实力满足喜好奢侈的新皇帝，从后来发掘的罗马时代的出土文物的品质上可以看出这一点。但是，维特里乌斯一行不是只有皇帝和随行仆从，还跟着多达6万人的“莱茵河军团”士兵。对于弗拉米尼亚大道沿线的人们来说，这哪里是为自己的皇帝及其随行人员负担费用，分明是征服者对自己实施的一场体无完肤的强取豪夺。在只体验过莱茵河流域那种艰苦的边境生活的士兵们眼里，初夏的意大利仿佛天堂一样，没有了长官们的约束，一向纪律严明的罗马军团也变成了一群无赖之徒。

维特里乌斯和手下的6万名士兵终于在7月18日进入了首都。罗马的人们还不知道，半个月前在帝国的东方，韦斯帕芗已经称帝。从信息传递的速度来看，维特里乌斯应该也不知道这个消息，不过他本来也想不到会发生这种事情吧！他一定觉得韦斯帕芗凭借自己的业绩才好不容易晋升到司令官级别，绝不可能会妄想当皇帝。维特里乌斯没有察觉新时代已经到来，也没有意识到肩负新时代使命的新人才只能在既有的统治阶级以外寻找的事实，他入主首都的过程简直就是近乎无知的傲慢的典型。

在罗马帝国，从共和政体时代就已经存在武装军队不得进入首都罗马内部的规定，被奉行800年后也就成为了传统。马略和苏拉打破了这项传统（参阅《罗马人的故事3·胜者的迷思》），但这也是暂时的，就连打破国法、率军渡过卢比孔河的恺撒也只能尊重不让武装士兵进入罗马城的传统。第二代皇帝提比略将近卫军团的驻扎基地搬到了首都，但他也是将驻扎地点设在了开国皇帝奥古斯都在首都划定的14个行政区之外。罗马是一个不仅包括敌人，就连本方士兵也不得在携带武器的情况下进入的城市。

沿着弗拉米尼亚大道经由穆尔维大桥渡过台伯河后，可以直接通往城市中心的古罗马广场。维特里乌斯手下的将士们如同胜利者凯旋一样全副武装，跟在军团旗和大队旗后面沿着这条道路成群结队进了城。

罗马的军团旗呈“鹫”的形状，在银制的鹫下面装饰有不同军团的标志，军团旗走在前方就表示后方跟着全体军团成员。公元69年7月18日的入城队伍共有4面银鹫旗，这代表有4个军团进入了首都。

如果不是以定员6000人的军团为单位，而是有军团的分队参加的情况时，就会在队伍最前方举起表示各大队的大队旗。这一天入城的大队旗有4面，这意味着即使军团全员没到齐，由1000名士兵组成的大队也可以代表“莱茵河军团”7个军团中剩下的3个支持维特里乌斯。换句话说，这次游行的目的是向首都居民炫耀防守莱茵河上游的高地日耳曼军的4个军团和防守下游的低地日耳曼军的3个军团全部支持维特里乌斯的事实。

跟在重装步兵的军团兵后边的是军团附属的骑兵、负责弓箭和攻城器械的轻装步兵以及由行省人民组成的辅助部队。辅助兵也按照不同的出生地编为几支部队，由相同部族出身的队长和队旗带领着进城。既然人数达到6万，那么最前方的部队到达古罗马广场时最末尾的士兵肯定才走到穆尔维大桥上。皇帝维特里乌斯也在骑兵的簇拥下骑马入城，肥胖的身体从上到下全副武装，而罗马此时却正值盛夏，没有四匹白马拉的战车，这名凯旋将军也只好硬着头皮登上卡匹托尔山，感谢最高神朱庇特赐予自己的胜利。

聚集在沿途围观的罗马市民们纷纷对维特里乌斯和他的军队报以欢呼和掌

罗马的军团旗银鹫旗

声，然而史学家塔西佗对这一场景的描述却极具讽刺，他说罗马这个城市不在乎胜者是谁，全都会用拍手喝彩迎接。至于这种欢迎是否能够持久则另当别论，就这个“另当别论”来说，罗马人可真是一群具有严格批判精神的人。

如果只是想向首都的居民炫耀自己有“莱茵河军团”支持的事实，那民众倒也可以睁一只眼闭一只眼，然而，之后依然将6万名士兵留在首都的做法只能说是愚蠢至极。维特里乌斯知道近卫军团驻扎的基地只有容纳1万名士兵的规模，于是将多出来的大批人马像放羊一样扔在了市中心。结果，整齐地立有圆形大理石柱的壮丽广场、会堂以及神圣的神殿内外瞬间变为了仅靠碎布头划分界限的野营地。由于维特里乌斯无暇顾及部下们的伙食问题，他们便将抢夺来的食物就地烹饪。并且此时正值盛夏季节，对于习惯了北国德意志气候的士兵们来说，在南国罗马即使半裸着躺在地上也很难入睡。谁要是想洗洗身子，也只能跳到眼前这条与莱茵河和摩泽尔河有着天壤之别、水流又缓温度又高的台伯河中。

也许你会说首都罗马有百万人口，这点人连总人口的十分之一都不到，但是这种感觉就好比纽约的曼哈顿被一群从德克萨斯来的牛仔占据了一样。自从开国皇帝奥古斯都确立军制，规定即使是行省人民，只要在辅助部队中服满 25 年兵役就可以取得罗马公民权以来已经过去了一个世纪。罗马公民权是世袭权利，取得了罗马公民权的行省士兵的儿子已经完全可以应征成为只有罗马公民才能参加的军团兵。同时，退役后的罗马军团兵大多会与服役地附近的平民女子结婚，所以从这一点可以得知，“莱茵河军团”的军团兵们的体内混有日耳曼或高卢血统的概率是很高的。跟随维特里乌斯进入罗马的很多“莱茵河军团”的士兵是第一次踏上宗主国的土地，第一次亲眼看见首都。住在弗拉米尼亚大道沿路的居民因为知道他们是沿途经过，或许尚可容忍，但是首都罗马的居民可要长期伺候这群赖着不走的人。

即便如此，入住皇宫的维特里乌斯如果当时果断着手施政的话，也许能够避免这种沉闷的气氛。但是维特里乌斯异常消极，不像是 54 岁的人。并不是说他人有多坏，只是他过于看重手下的两个将领——贝特里亚库姆战役的实际获胜者瓦伦斯和席西纳，在政府的重要人事安排上都与这两个争风吃醋的人商量，只任命合他们心意的人选。拜其所赐，两名执政官以下的所有大臣分成了两派，再也无法制定意见一致的政策。结果就是士兵秩序混乱，居民怨声载道，瓦伦斯和席西纳在皇帝面前经常肆无忌惮地展开唇枪舌剑，维特里乌斯也越来越沉溺在他原本就喜好的暴饮暴食中。只有元老院没有反对维特里乌斯，这是因为维特里乌斯还能够照常出席元老院会议。只要不被无视，元老院就知足了。然而从这一年的内乱来看，元老院已经不再是帝国的掌舵人了。

东方拥立韦斯帕芗的消息以及呼应而起的“多瑙河军团”的动向在夏天即

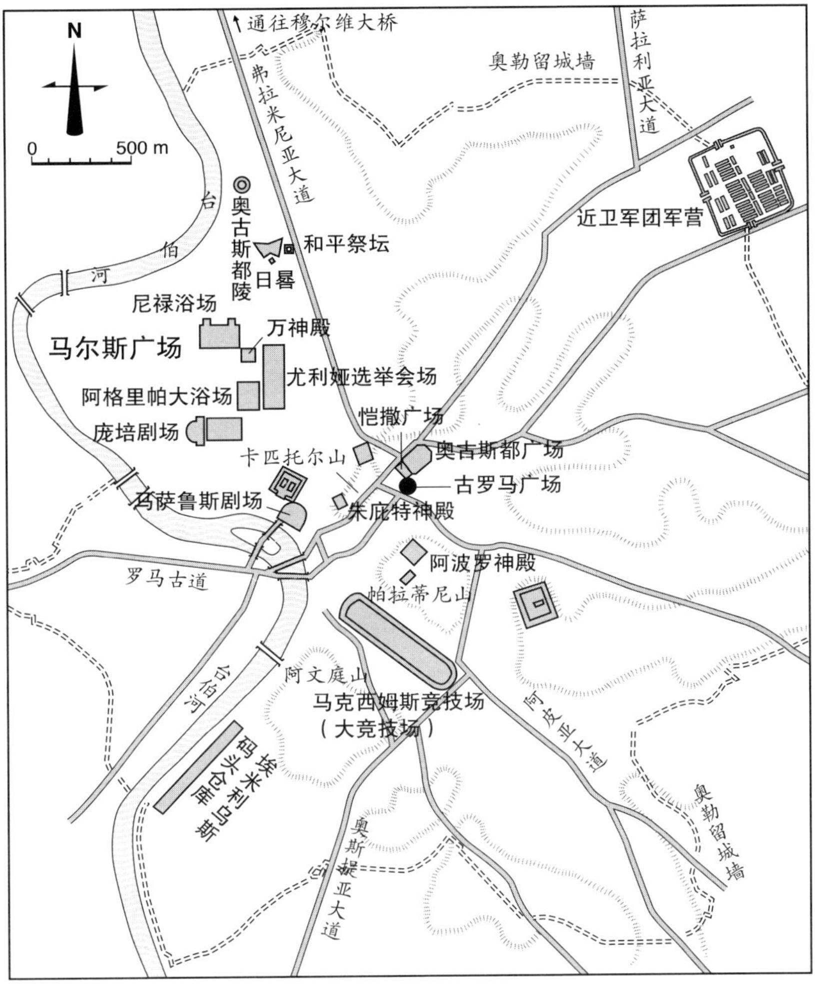

公元 69 年时的罗马市区（为方便起见，也加上了公元 3 世纪建造的奥勒留城墙）

将结束时也应该传到了罗马，但是维特里乌斯的消极态度并没有任何改变，他听到韦斯帕芗称帝的消息后一笑而过，对于“多瑙河军团”的动向也只是说一个军团根本不成问题，因为最先传到罗马的只有驻扎在米西亚的第三军团起兵拥立韦斯帕芗这一个消息而已。但是，之后同类的情报如雪崩一样向维特里乌斯袭来。

维特里乌斯一派没有预想到必定会发生的事态，当然就不会制定相应的对策，只满足于舒适的首都生活。与此相反，东方的韦斯帕芗一派的作战计划却在稳步施行中。

帝国东方的情势

如前所述，韦斯帕芗一派对每个人的任务都进行了明确的分配。

叙利亚总督穆奇阿努斯率领军队前往西方，也就是宗主国意大利。

原先负责犹太方面的司令官韦斯帕芗在埃及的亚历山大待机。

翌年即公元 70 年春再次开始的耶路撒冷攻略战的总指挥由韦斯帕芗的长子提图斯担任。

埃及长官尤里乌斯·亚历山大则作为提图斯实质上的副官，参与犹太战争的大决战——耶路撒冷攻略战。

情况大致如上，但问题是如何将驻扎在叙利亚的 4 个军团、正在进行犹太战争的 3 个军团以及驻扎在埃及的 2 个军团共计 9 个军团的军事力量分配到各项任务中。

首先，决定投入 4 个军团参与攻打耶路撒冷。仅仅是攻占一个城市的战斗，却认为原本用于压制大部分犹太地区的 3 个军团不够，还要从叙利亚调来 1 个军团，一共投入 4 个军团，这么做是有原因的。

如果用攻占大阪城的思维来衡量地中海世界的攻城战是无法理解的，这与纯由战斗人员参加的日本式的攻城战不同，攻打的是住满了普通市民的整个城市。证据在于，在大阪和江户，只有城堡是被城墙和沟壑围着的，而在古代的地中海世界，不，在这个问题上应该说在继承了古代建筑形式的中世以后的整个西欧，城墙和沟壑是围绕整个城市建造的，甚至让笔者认为不应译为“城墙”，而应译为“市墙”。因此，由士兵这种纯战斗人员组成的进攻一方必须面对士兵和市民，也就是战斗人员加上非战斗人员的集团。

人们往往会觉得大量非战斗人员的参与会让防御战的部署碍手碍脚，从而陷入不利局面，但实际并非如此。防御战不是兵戎相见的遭遇战，被破坏的城墙必须及时修复，武器的生产工厂也需要全天运转，所以当负责防卫的战斗人员全力专注于防守时，非战斗人员的协助就变得不可或缺，非战斗人员的人数多也就成为了有利条件。

当然又有人会质疑，被包围的城市内存在大量非战斗人员的话，不是会加快水和粮食的消耗速度吗？但是一般说来，不管近郊的水源多么丰富，城市都只会建在可以确保饮用水的地方。或是通过挖井获取地下水的补给，或是储备雨水来利用，总之水的确保是城市存在下去的首要条件，耶路撒冷也不例外。

与水同样重要的是粮食，但是通常来说，当地最大的城市会成为进攻的对象，这是谁都能够预想到的。犹太地区的叛乱爆发于公元 66 年中叶，韦斯帕芗受皇帝尼禄任命前往镇压是在公元 67 年春天，但是到了公元 68 年的秋天，由于尼禄驾崩并且需要等待下一个皇帝的命令，尽管已经平定了犹太的大部分地区，只剩下攻占耶路撒冷了，韦斯帕芗却只能撤军，于是镇压犹太的罗马军进入了停战状态，直到公元 70 年春天才任命提图斯为总指挥重新开战。也就是说，耶路撒冷方面得到了一年半的时间为守城做准备，因为罗马军在停战期间并没有对耶路撒冷实行包围。从犹太战争开始计算整整过去了三年，从停战时开始算也有一年半的时间，在此期间市内储备起足够的必需品是有充分的可能性的。同时，满足俭朴的犹太平民的饮食需求也比生活水平高的城市简单得多。

攻占大城市通常需要数年时间，比如攻占迦太基就花了三年。公元 69 年时的耶路撒冷同样利用停战期不仅储备了足够的生活必需品，还修建起了坚固的城墙。

另外，韦斯帕芗一方却没有沉着展开进攻的充足时间，如果不能尽快攻下耶路撒冷，就等于没有成功镇压犹太的叛乱。在耶路撒冷攻略战上碰壁的话，会让人怀疑韦斯帕芗是否有能力胜任皇帝之位，并给维特里乌斯一方提供反扑的机会，因此犹太战争也是确保韦斯帕芗皇位的一次考验。

由此可知，尽快解决问题是耶路撒冷攻略战的最大目标。因此，新配了一个

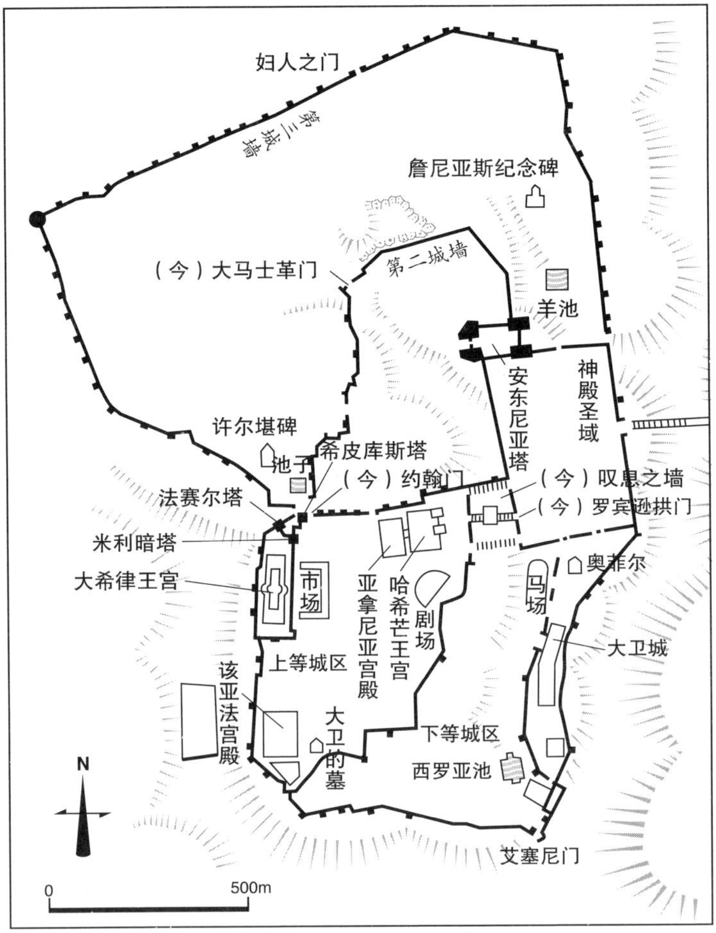

公元 66 年时的耶路撒冷（出自山本书店刊《犹太战记 1》）

军团的 4 个军团加上附属的辅助兵远远不够，此外还让埃及驻屯军团的分队也参战，就连东方各同盟国的国王麾下的军队以及由于生活圈子大部分重叠而与犹太人向来不和的阿拉伯人也被动员起来。

让犹太民族出身且非常了解犹太人的尤里乌斯·亚历山大和弗拉维乌斯·约瑟夫斯参加攻略战也是考虑如果进展顺利的话便进行协商，不顺利的话便通过军事力量尽快解决问题的一种软硬兼施的手段。如前所述，犹太问题迟迟不能解决的话，韦斯帕芗继任皇帝便会成为一场白日梦。

至于驻扎在埃及的 2 个军团，除了参与攻打耶路撒冷的大队之外，剩下的部队也是不能随同穆奇阿努斯前往西方的。因为首先不能让决定在此地待机的韦斯帕芗手下无兵，并且一旦耶路撒冷攻略战稍有拖延的话，韦斯帕芗也可以赶去增援。同时还需要考虑从海路攻入宗主国意大利的情况。

另外，就是由 4 个军团组成的叙利亚驻屯军，除了调去攻打耶路撒冷的 1 个军团外，即使是司令官穆奇阿努斯也不能将剩下的 3 个军团带到西方。

亚美尼亚和帕提亚的国王欣喜地重新确认了罗马与帕提亚之间的互不侵犯条约。但是，罗马的领导者们对他国人的信任在性质上有些许不同，在 2000 年后的现代想起来也非常有意思，他们不是将人分为可信任的对象和不可信任的对象，只对可信任的人抱以全部的期待，而是在大多数情况下对别人都会抱以信任，但是只信任到“可信任的程度”为止。

那么，应该在何处画线来界定“可信任的程度”呢？罗马的领导者们不是将对方的善意或道德作为画线的标准，他们参照的标准是自己一方在军事上的防御力。他们在缔结了和平条约的对象国与本国的国境上依然会部署与以前规模相同的军事力量，这样就可以约束对方尽量保持与自己的友好关系，即使对方想破坏双方的友好关系，也要承担相当大的风险。用现代语言来形容这种理念的话，笔者认为可以用“制衡力”这个词。可以相信，由开国皇帝奥古斯都创设、二代皇帝提比略巩固了基础的帝政罗马的军事策略就是建立在这种制衡之上的。

如果是这样看待人与人、国与国之间关系的人自然会得出一个结论，那就是不管是不是穆奇阿努斯本人，都不可能放空罗马帝国和亚美尼亚、帕提亚王国之间的国界——幼发拉底河的防线，将军队全部调往西方。

结果，穆奇阿努斯能够带到西方的军事力量加上辅助兵不超过 2 万，凭借这种程度的军事力量还敢于前往西方的穆奇阿努斯一定是觉得还可以指望表明支持韦斯帕芗的“多瑙河军团”的 7 个军团。但是请不要忘记，“多瑙河军团”最初打算推举为皇帝的不是韦斯帕芗，而是穆奇阿努斯，率军西进的任务交给穆奇阿努斯也是出于这个因素的考虑。总之，还没等到公元 69 年的秋天，韦斯帕芗一方的作战计划就已经付诸实施了。

但是，在公元69年的夏末秋初，也就是维特里乌斯一方和韦斯帕芗一方还没发展到正面接触的时期，发生了双方都没有预料到的事情。事情发生在莱茵河防线和多瑙河防线两个地点，前者的当事人是附属于罗马军团的辅助部队中的行省兵，后者的当事人是“多瑙河军团”的军团兵们。

如果是对预料中的事情作出应对，不需要什么特殊的能力，在应对没有预料到的事情时才需要真正的才能。在这个方面，维特里乌斯与韦斯帕芗的同伴穆奇阿努斯在能力上相比也显示出了明显的差距。

关于莱茵河防线的行省兵的叛乱，笔者想放到皇位斗争结束之后的公元70年来介绍，原因是维特里乌斯和穆奇阿努斯对于从巴达维人的叛乱开始到“高卢帝国”建国为止的一系列事件都采取了暂时搁置不管的态度。

不过二人的应对在表面上看来虽然相同，实质上却迥然相异。维特里乌斯必须优先对付眼前的敌人——韦斯帕芗一派的军团兵，所以不得已才暂时将莱茵河一带行省兵的叛乱放在一边，相反，穆奇阿努斯是故意搁置不管的。维特里乌斯所倚仗的势力是负责防卫莱茵河的7个军团，本来应该协助这些军团兵的辅助兵们的叛乱势必会削弱“莱茵河军团”的战斗力，而穆奇阿努斯在作出处置前已经察知了这一点。

“多瑙河军团”

还有一件没有预料到的事情就是“多瑙河军团”的军团兵们的行动，他们没等穆奇阿努斯抵达便擅自展开了行动。“多瑙河军团”的将士们仅仅在5个月前还在贝特里亚库姆为奥托一方作战，因为指挥系统的混乱而一败涂地。很多士兵虽然抵达了阿奎莱亚，却没来得及赶上参加贝特里亚库姆战役。然而，获胜的维特里乌斯不管参战与否，将“多瑙河军团”的全体士兵都视为了战败者。只是由于曾为奥托一方作战，担当军团顶梁柱的百人队队长们全部遭到处决，士兵们简

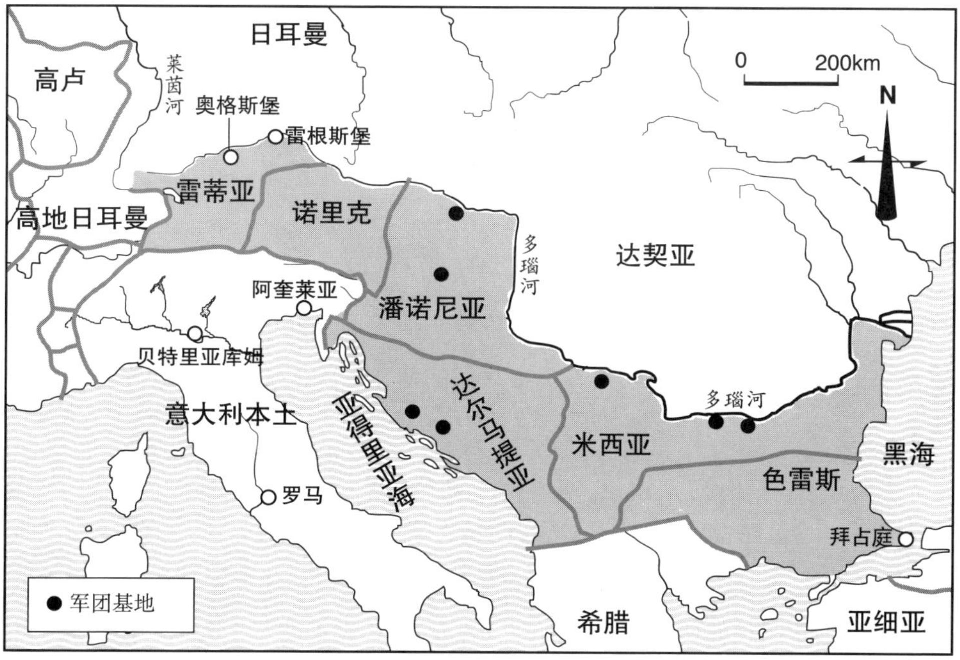

多瑙河军团的部署

直就像被征服的蛮族一样，被逼迫修建罗马人娱乐用的圆形竞技场。后来好不容易得到归营的允许才返回了多瑙河流域，不用说他们心中积蓄的愤怒、屈辱和怨恨随时有可能爆发。

之后他们接到了韦斯帕芗起兵反抗维特里乌斯的消息。虽然称帝的人不是他们当初希望的穆奇阿努斯，而是韦斯帕芗，但在他们看来这已经不是问题了，只要有人揭竿而起反对维特里乌斯就足够了，并且韦斯帕芗也是穆奇阿努斯积极支持的人。

“多瑙河军团”的将士们再也按捺不住了，他们无法等到率领 2 万人的军队西进的穆奇阿努斯到达之后再展开行动，复仇的愿望驱使他们自己前往了西方。

“多瑙河军团”由驻扎在米西亚行省负责防卫多瑙河下游的 3 个军团、被调到潘诺尼亚行省防卫多瑙河上游的 2 个军团以及潘诺尼亚行省的南侧也就是隔着亚得里亚海与宗主国意大利遥遥相望的达尔马提亚行省的2个军团，共计7个军团组成。虽然可以统一归为多瑙河防卫军，但由于分属不同的行省，所以也任命了3个行省总督。帝国边境的主要任务是防御外敌入侵，因此行省总督就相当于军事上的司令官，任命权也掌握在帝国全军的最高司令官——皇帝的手里。

但是，公元69年夏末在士兵当中自发而起的不稳定气氛超出了三个总督的掌控能力，他们身为司令官，对于维特里乌斯的不当处置没有提出抗议，而是置部下的死活于不顾，因此失去了士兵们的信任。三人中有两人秘密逃回了意大利。

军团长级别的指挥官们掌握了这支“多瑙河军团”的主导权。罗马军团以两个军团为一个战略单位，只被委托负责一个军团的话还称不上司令官，只能算是军团长，但这样反而有更多展现自己实力的机会，只要才能得到认可，30岁出头就晋升为军团长的例子也屡见不鲜。公元69年秋天的这个时期，在掌握了主导权的军团长当中表现最抢眼的是马尔库斯·安东尼·普里默斯和阿里乌斯·瓦鲁斯这两个人，二人都只有30多岁，出生在法国南部图卢兹的安东尼·普里默斯在塔西佗苛刻的笔下是这样一个人物：

“在和平时代一无是处，一发生战乱便崭露头角。”

也就是说，燃烧着复仇火焰的士兵们在两名精神抖擞的将领带动下，无视穆奇阿努斯原地待命的命令而擅自展开行动了。

但是，被军团中处于下层的军团长们无视了自己的命令之后，司令官穆奇阿努斯表现出来的言行值得思考。

第一，对于已经行动起来的安东尼·普里默斯，他没有继续努力劝说对方在原地等自己抵达。

第二，他也没有让自己率领的东方军团加快行军步伐，追赶先行出发的“多瑙河军团”。

第三，接到达契亚人利用负责防卫的大多数军团都出发向西的间隙跨越多瑙河入侵罗马领土的消息后，他暂且中止西进，在确实击退蛮族的进攻之后才重新西进。

自尼禄皇帝时代起，帝国东方安全保障的关键——与大国帕提亚的睦邻友好关系在名将科尔布罗的全力推动下开始有所改善，科尔布罗自杀后，穆奇阿努斯一直是东方安全的最高责任人，在他看来，不管是自己负责的幼发拉底河防线还是自己职责范围之外的多瑙河防线，只要有外敌入侵都不能坐视不管。不过，这次的蛮族入侵没过一个月就被击退了，可见其规模还没有达到给帝国全体的安全保障带来巨大打击的程度。就算穆奇阿努斯以要事在身为由暂时搁置这件事情，相信也不会有人对他横加指责。虽说如此，居住在多瑙河北岸的蛮族渡河入侵罗马领土的事情最好还是在没有恶化之前解决为妙，因此穆奇阿努斯和他的军队“中途驻足”也是正确的判断和应对方式。但是由于这次“中途驻足”，穆奇阿努斯追上“多瑙河军团”已经是公元69年年末了。

笔者推测，穆奇阿努斯没准儿故意拖延了与“多瑙河军团”的会合，他有可能是打算将与必定出兵迎击的维特里乌斯一派的“军团”之间的冲突交给安东尼·普里默斯指挥的“多瑙河军团”来处理，所以没有急着与他们会合。

从穆奇阿努斯此后的行动来看，他确实是一个冷静的人。冷静并不等于性格冷酷，而是指头脑冷静清晰，差不多相当于英语的“cool”。

内乱的平息单靠胜利是不能实现的，敌人其实也都是自己的同胞，用自己的手沾染同胞鲜血的行为能避免就应该尽量避免。本应带头平息这个国家“内乱”的韦斯帕芗决定在埃及待机的理由之一也是为了避免在内乱后成为皇帝时沾上同胞的鲜血，已经被公认为韦斯帕芗左膀右臂的穆奇阿努斯只要有机会避免沾上同胞的鲜血，当然也会选择这么做了。

旨在复仇的“多瑙河军团”和制造了复仇借口的“莱茵河军团”之间发生冲突的话，势必会血流成河。然而，即使穆奇阿努斯率领的东方军团加入进来，也无法避免战斗带来的人员伤亡，这一点不会改变。

于是，被称为“第二次贝特里亚库姆战役”的这场战斗在克雷莫纳镇和贝特里亚库姆之间直径30公里的平原上展开，虽然攻守易位，但是与第一次贝特里亚库姆战役相同的是，交战双方仍然是维特里乌斯一派的“莱茵河军团”和打出支持韦斯帕芗旗号实际却原属奥托一派的“多瑙河军团”，穆奇阿努斯和“幼发拉底河军团”此时根本还没到达宗主国意大利和行省达尔马提亚之间的边境。

“第二次贝特里亚库姆战役”

接到安东尼·普里默斯率领的“多瑙河军团”正在逼近的消息后，正在首都罗马享受舒适生活的皇帝维特里乌斯和他手下的“莱茵河军团”的士兵们不得不如梦初醒了。他们决定出兵迎击，这次的目标也是死守波河。但是，身为皇帝同时又是最高司令官的维特里乌斯非但没有率军北进，甚至决定留在首都罗马，此外瓦伦斯又因病卧床不起，最后只能由席西纳率军北上。

虽然目标同为死守波河，但是在上次战役中，对于防守方来说的敌人是从西方攻入意大利的“莱茵河军团”，因此，迎击方的前线基地是皮亚琴察，攻击方的前线基地是克雷莫纳。然而，这次的敌人是从东方攻入意大利的“多瑙河军团”，从潘诺尼亚和达尔马提亚行省进入宗主国意大利后最先到达的重要城市是阿奎莱亚。从阿奎莱亚前往波河有两条路线：

第一条是从阿奎莱亚沿卡尼亚大道至帕塔维姆（现在的帕多瓦），从那里沿波比利亚大道南下到河口附近渡过波河，然后继续南下到达拉文纳（现在的拉韦纳），进而渡过卢比孔河进入阿里米努姆（现在的里米尼），从那里就可以通过弗拉米尼亚大道直抵罗马。

第二条是从帕多瓦通过平原一路南下到达波河，渡过波河后直指艾米利亚大道的路线。从皮亚琴察到里米尼的路程几乎由艾米利亚大道直线联通，这条道路沿线坐落着很多城市，它们的前身是意大利北部一带还被称为奇萨尔皮尼高卢行省时代的军团基地和退役士兵的殖民地，包括普拉森舍（现在的皮亚琴察）、帕尔马（现在的帕尔马）、穆蒂纳（现在的摩德纳）、波诺尼亚（现在的博洛尼亚）以及阿里米努姆。

第一条路线的好处是距离短，但也存在着河口一带土地松软不宜行走的缺

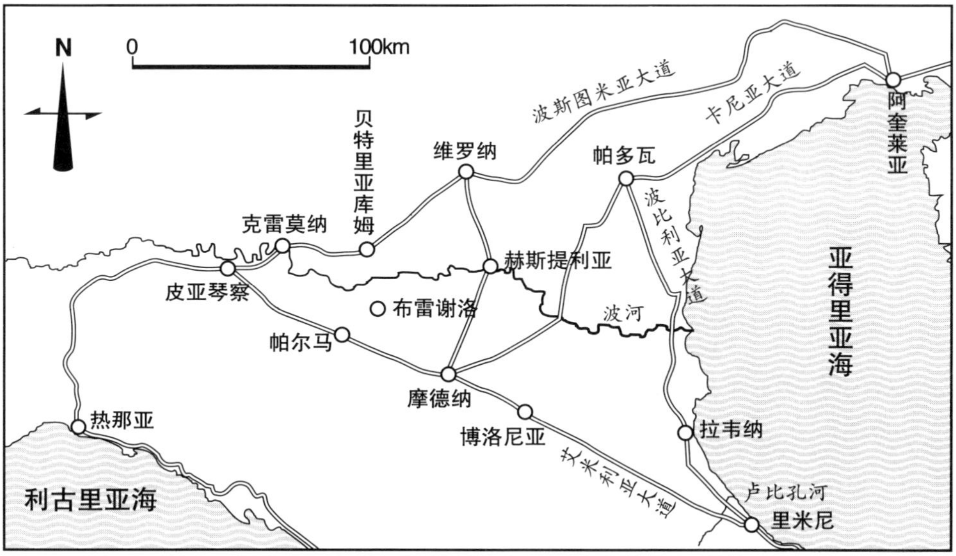

波河流域全图（再刊）

点。如果选择第二条路线，距离会有所增加，但是可以在坚硬的地面上行军。

担任维特里乌斯军总指挥的席西纳判断敌军可能会从这两条线路的其中一条或者兵分两路渡过波河，于是他离开北上的军队前往拉韦纳，因为驻扎在拉韦纳的舰队动向是阻止敌军时一个不可忽视的因素。虽说是舰队，但不一定只在海上行动，在罗马军中，船上的战斗人员也经常登上陆地作为陆军使用。

但是，席西纳的估计很明显从一开始就错了。进入意大利之后的“多瑙河军团”没有选择这两条路线中的任何一条，而是从阿奎莱亚沿波斯图米亚大道向西前往了维罗纳（现在的维罗纳），因为波斯图米亚大道经由维罗纳可以通往贝特里亚库姆和克雷莫纳。

席西纳的预测如果是作为军事战略倒还算切中了要害，但是他缺乏对人性的考虑，才会犯下这样的错误。他作为第一次贝特里亚库姆战役的胜者，让失败的“多瑙河军团”的士兵们受尽了侮辱，只有不能理解被侮辱一方感受的人才会做出侮辱自己同胞的事情来。

“多瑙河军团”的士兵们迫不及待地想报仇雪恨。而人在急欲报仇雪恨的时候，往往会下意识地选择当初含泪受辱的地方，对于他们来说，这个地方就是贝特里亚库姆和克雷莫纳，席西纳却猜不透这些。无论多么合乎道理的战略，没有对人性因素的考虑，就只是纸上谈兵。

然而，不知是不是因为对自己的失误感到了绝望，席西纳在维罗纳作出了重大的方向转变，这个转变从维特里乌斯一方来说可以用“背叛”来形容，而在席西纳看来，相当于对维特里乌斯的抛弃。

作出这个决定可能是由于秘密支持韦斯帕芗一派的拉韦纳舰队提督的游说，或者是席西纳心中早已萌生了这个想法，和提督的交谈成为了催化剂。总之他心里至少很清楚，自己一个人叛变没有任何意义，必须带上手下的军队。

得知“多瑙河军团”开始向维罗纳集结的消息后，本来准备死守波河的维特里乌斯军一分为二。第一军立刻渡过波河进驻克雷莫纳，以此为前线基地。第二军也渡过波河，然后据守赫斯提利亚（现在的奥斯提利亚），阻击位于正北方向维罗纳的敌军。

不久他们终于意识到“多瑙河军团”在渡过波河攻入首都罗马之前首先是要前往贝特里亚库姆和克雷莫纳。既然这样，从克雷莫纳和奥斯提利亚两处出兵，集结到维罗纳之后对西进的敌人进行夹击的作战计划也是可行的。

于是，作战计划开始了，率先发难的维特里乌斯一方的军队拥有总数 6 万人的可怕战斗力，相反，“多瑙河军团”一方的各行省、军团的部队都是分别到达的，全军还没有完全集结到一起。如果当时席西纳有意利用这个机会的话，胜利必定会属于他。但是，席西纳在士兵们面前发表的演说不是鼓励士兵冲锋陷阵，而是煽动“倒戈”。

军官级别的人都赞同席西纳的意见，对皇帝维特里乌斯感到失望的人不止席西纳一个。但是，百人队队长和普通的士兵们都坚决反对，这并不是因为他们仰慕维特里乌斯，维特里乌斯成为他们的司令官还不到一个月，并且当上皇帝以后的维特里乌斯没有为他们做过任何事，当然其实他什么事都没有做过。

笔者认为这是因为百人队队长和普通士兵害怕“多瑙河军团”的士兵们的复

仇。在半年前的第一次贝特里亚库姆战役中失败的“多瑙河军团”的士兵们遭到了侮辱和冷酷的待遇，其命令来自维特里乌斯、席西纳以及他们手下的高级将领们，但是实际执行的却是下级将领和普通的士兵。只有他们是与受尽屈辱、生不如死的“多瑙河军团”的同行们直接接触并亲眼见到他们胸中燃烧着怨恨之火的人，这非常像战俘集中营的俘虏与集中营狱卒的关系，并且现在的双方同为罗马市民，也都是罗马军的士兵。

反对倒戈的士兵们抓住席西纳，将他套上枷锁投入了大牢，但这样一来维特里乌斯军便失去了担任总指挥的人，无法再称其为军队。不过“多瑙河军团”一方也不是完全不存在问题。

前面已经提到，负责防卫多瑙河这条帝国防线的“多瑙河军团”被分派到三个行省驻扎，负责指挥的三名行省总督中的两个人因为士兵们的弹劾而逃回了意大利本土，只有负责防卫多瑙河下游的米西亚行省的总督与手下的士兵们一起前往意大利本土。这意味着他也反对维特里乌斯，转而支持了韦斯帕芗。

这个名叫萨图尼努斯的总督与手下的 3 个军团一起进入意大利后，率领潘诺尼亚的 2 个军团先行到达的安东尼·普里默斯的处境就变得很微妙了。萨图尼努斯是受委托统率 3 个军团的司令官，安东尼·普里默斯虽实际统率 2 个军团，正式的职位却只是一个军团的长官。既然行省总督到来，“多瑙河军团”全军的总指挥权就必须移交给总督。

安东尼·普里默斯对此感到很不满，并且跟随他的潘诺尼亚的 2 个军团还是更希望由干劲十足的安东尼·普里默斯领导自己，而不是性格温和的萨图尼努斯。于是军团长安东尼·普里默斯便要求总督萨图尼努斯留在帕多瓦集结后续抵达意大利的友军。萨图尼努斯大概是颇有察言观色的眼力，二话没说就接受了这个要求。如此一来，“多瑙河军团”的指挥系统终于得到了统一。

史学家塔西佗评价安东尼·普里默斯是个平时一无是处、战时才派得上用场的人，然而，如果不是平时也能有所作为的人才，在真正的意义上来说到了战时也难以发挥什么作用，因为成为领导者的首要条件就是对部下的统率力。

统率力必不可少的理由在于目标的达成必须是完美无缺的，放到战斗中的

亚历山大大帝

大西庇阿

汉尼拔

胜利来说，就必须是压倒性的胜利，喜欢和敌人拼刺刀的想法仅限于单纯的好战分子。

“战争”这个人类无法超越的罪恶所具有的唯一好处就是，通过发动它可以一举解决此前无法解决的问题，不取得压倒性胜利便毫无意义的理由也在于此，因为勉勉强强的胜利很有可能让战时的状态迟迟无法结束。

压倒性胜利也不是以敌方的死亡人数来计算的，相对而言，减少本方的牺牲更为重要。因为为了让胜利具有真正的意义，就需要让敌人陷入无法再战的状态，顾名思义就是每场战斗都必须是决战。因此比起将敌人赶尽杀绝，保持本方实力是更有效的办法。牺牲者少的话，可以避免士气低落。如果要求士兵们看见直到昨天还与自己形影不离的同伴在身边相继被杀死后士气依然能够不受影响，只能说这是无视人性的强人所难。

苏拉

恺撒

庞培

正因为最终目的是在避免无谓牺牲的前提下获得胜利，才需要对己方士兵的完美统率力。为了一口气取得压倒性胜利而制定战略和战术时，也需要对手下的士兵拥有完美的统率力。

但是如果是对人数多达 5 万人的士兵行使这种统率力的话，就不是人人都能做到的了。纵观古代西欧的战争史，屈指算来也只有亚历山大大帝、汉尼拔、大西庇阿、苏拉、庞培和恺撒这几个人。他们都是以少于敌人的兵力取得了压倒性胜利，所以在战略战术上都是出类拔萃的人物。但是，他们胜利的真正原因在于对自己军队士兵的完美统率力。

虽然手中掌握着兵力达 5 万的“多瑙河军团”，安东尼·普里默斯却缺乏这种能力。维特里乌斯一方也没有这方面的才能，而且拥有指挥数万兵力经验的席西纳也脱离了战场。另外，瓦伦斯在得知席西纳倒戈后顾不上大病初愈，取海路前往法国南部，准备在那里重整军队攻击从西方前来的“多瑙河军团”，但是在法国南部刚一登陆就被支持韦斯帕芗的高卢人俘虏。敌我双方人数共计 10 万的“第二次贝特里亚库姆战役”会以怎样的结果结束，从两军同样缺少有力指挥官的情况来看，也可以很容易推测出来。

公元 69 年 10 月 24 日展开的第二次贝特里亚库姆战役和第一次一样，自始至终持续着混乱的状态。尽管攻守双方互换了位置，但参战的士兵与第一次一样，都是维特里乌斯一派和奥托一派的士兵，此外这次也是攻方获胜。不过在这次，胜者的参战动机是复仇和雪耻，并且由于无法取得压倒性胜利，使得大量敌兵逃亡，次日又对这些人的逃亡地点——克莱莫纳展开了进攻。

“多瑙河军团”的士兵们没有忘记半年前在克莱莫纳圆形竞技场的施工现场被迫从事繁重的劳动并且遭到克雷莫纳居民侮辱的经历。始建于公元前 3 世纪的历史悠久的克雷莫纳镇被彻底摧毁，居民不论有无反抗，都被斩尽杀绝。对居住着罗马同胞的这个城市实行的残忍屠杀让听说这个消息的人无不为之毛骨悚然，这就是历经两天的战斗和之后持续四天的克雷莫纳攻略战的结果。

包括非战斗人员的克雷莫纳居民在内，两军的死亡人数达到 4.2 万。

在庞培和恺撒之间展开的法萨卢斯战役中，两军合计有 8 万人参战，但庞培一方的战死人数为 6000 人，恺撒一方只有 200 人，合计 6200 人。失败的庞培军被俘 2.4 万人，第二次贝特里亚库姆战役中却没有俘虏，因为“多瑙河军团”将“莱茵河军团”和克雷莫纳的居民们一个不留地杀死了。被缺乏统率力的领导者指挥的集团已经不再是什么战士，而是变为了一群野兽。

在贝特里亚库姆战败和克雷莫纳发生惨剧的消息立刻传到了首都罗马，维特里乌斯没有和奥托一样选择自杀，但是也没有站起来准备迎击必定会沿弗拉米尼亚大道南下的“多瑙河军团”。他不是没有兵力迎击，在贝特里亚库姆和克雷莫纳战败的维特里乌斯一派的士兵们已经逃回维特里乌斯所在的首都罗马了。

塔西佗这样描述这个时期的皇帝维特里乌斯：

他躲藏在庭院的树荫下，有人端来食物时才会抬起头，除此之外的时间都是有气无力地躺在地上，俨然已经变成了一只对过去、现在、未来都失去了兴趣的动物。

对于知道维特里乌斯身体肥胖的人来说，这一定是一段令人有亲眼所见之感的描写。但即使首领已经是这样一副惨状了，维特里乌斯一派的士兵们还是准备拼死一战，因为他们实在惧怕沿弗拉米尼亚大道南下的“多瑙河军团”士兵的复仇。

进攻方的安东尼·普里默斯也预料到维特里乌斯一派的残兵会拼死迎击。

他离开了化为废墟的克雷莫纳镇，渡过波河，从那里沿艾米利亚大道到达里米尼，然后从里米尼顺着弗拉米尼亚大道抵达首都罗马的郊外，前后一共花了50天的时间。这个距离乘快马5天便能走完，他却用了10倍的时间，主要有以下几个原因：

第一，害怕维特里乌斯军的残兵沿途设置埋伏，所以途中一直像瞎子摸路一样小心行军。艾米利亚大道是在能见度非常好的平地上铺设的笔直道路，但弗拉米尼亚大道要穿过亚平宁山脉。

第二个原因是安东尼·普里默斯没有足够的统率力。要顾及全部5万兵简直是痴人说梦，结果走在最前头的安东尼·普里默斯的身后变成了一支杂乱无序的队伍。证据就是，瓦伦斯在没有他命令的情况下被处死，相反，席西纳却被释放。

第三，也许现在安东尼·普里默斯通过第二次贝特里亚库姆战役获胜并摧毁克莱莫纳从而满足了复仇的愿望，现在又打算等待从东方前来的穆奇阿努斯和“幼发拉底河军团”了。

安东尼·普里默斯只不过是被委任指挥潘诺尼亚驻屯的1个军团的军团长而已，穆奇阿努斯是拥有4个军团指挥权的叙利亚行省总督，如今作为起兵称帝的韦斯帕芗的代理人，为了彻底打败维特里乌斯，正在向宗主国意大利前进。二人除了在军队中的地位有明显差距，在社会地位上也有天壤之别，穆奇阿努斯属于出身意大利的元老院阶级，安东尼·普里默斯却是行省出身。另外，在年龄上，与五十大几的穆奇阿努斯相比，安东尼·普里默斯只有三十出头。人在专注于行动的时候往往会忽略一些事情，等到行动告一段落后又重新在意起来。穆奇阿努斯击退利用罗马人同室操戈的机会渡过多瑙河入侵罗马领土的达契亚人后继续西进，但“幼发拉底河军团”进入意大利的消息一直没有传来，结果安东尼·普里默斯又燃起了虚荣心，决定让自己成为导演废除维特里乌斯拥立韦斯帕芗这出好戏的主人公，不过这也是他这种人适于在乱世中立足的证明。

第四，不仅安东尼·普里默斯，“多瑙河军团”的全体士兵在结束贝特里亚库姆战役、摧毁克雷莫纳之后产生的情绪松懈也应该算做一个原因。这不只是因为他们大仇得报，消解了心中的怨恨。得知“多瑙河军团”正在逼近意大利时，皇帝维特里乌斯曾下达过派遣援军的命令，但是西班牙和不列颠的 5 个军团只是抱着观望态度，等到第二次贝特里亚库姆战役有了结果后，他们又纷纷表明了支持韦斯帕芗的态度。安东尼·普里默斯认为维特里乌斯已经是瓮中之鳖。

维特里乌斯遇害

针对沿弗拉米尼亚大道缓慢南下的“多瑙河军团”，为阻止其接近首都而北上的维特里乌斯一派展开的数次迎击也因为士兵们在12月15日投降而偃旗息鼓，除了吃就是睡的维特里乌斯在第二天即 16 日知道了这个消息。

这名 54 岁的皇帝穿着丧服走出帕拉蒂尼山上的皇宫，前往古罗马广场。对于罗马的平民们来说，皇帝的身影真是久违了。维特里乌斯站在古罗马广场的演讲台上向围观的市民们宣告，为了让国家恢复和平，他愿意退位，然后把佩剑递给身边的执政官，说自己的生死交由市民们处置，执政官拒绝接受他递过来的佩剑。维特里乌斯又说会把皇帝的徽章归还康科迪亚神殿，自己移居到私人宅邸居住。

之前一直沉默倾听的市民们此时发出了抗议的声音，他们坚持主张皇帝只能住在帕拉蒂尼山上的皇宫中，要求他回去，维特里乌斯伫立在原地不知如何是好。聚集在古罗马广场的人们为了防止他逃到帕拉蒂尼山以外的地方，将圣道（via sacra）之外的各个方向围了个水泄不通。维特里乌斯在民众的喊声中通过圣道登上帕拉蒂尼山，再次返回了皇宫。

翌日，即 17 日，针对维特里乌斯表明退位之意的情况，元老院开始了行动，他们打算将皇位从维特里乌斯手里和平过渡给韦斯帕芗。为此，元老院的重要议员拜访了韦斯帕芗的亲哥哥——首都警察长官萨比努斯，维特里乌斯一派的残余势力得知这件事后群情激愤，因为事情的决定没有与他们经过任何商量，另外他们肯定也是因为害怕自己成为牺牲品。于是，他们把不安和愤怒投向了韦斯帕芗的哥哥萨比努斯。

18 日，曾在多位皇帝手下担任行政官僚职务的萨比努斯也感到人身安全受到了威胁，他与身在罗马的侄子也就是韦斯帕芗的次子图密善一起逃到了卡匹托尔山上。卡匹托尔山又名卡比多里奥（Campidoglio），坐落着供奉最高神朱庇特的神殿及其他神殿，是罗马市内唯一的圣域。萨比努斯觉得就算变为暴徒的维特里乌斯一派的士兵们也不会攻击这座山，然而已经因为不安和愤怒失去理智的士兵们就连这片圣域也包围了。

当晚，萨比努斯派遣使者前往卡匹托尔山旁边的帕拉蒂尼山上的皇宫，要求维特里乌斯命令士兵们解除包围，维特里乌斯让使者带回的答复却是，包围卡匹托尔山是士兵们的主意，自己无计可施。维特里乌斯已经失去控制局面和阻止事态扩大的能力了。

到了 19 日，天还没亮，维特里乌斯一派的士兵们开始了对卡匹托尔山的大举进攻。本来为照亮山路而携带的火把都拿来用做了焚烧躲避在神殿内的人群的工具，扔出的火把点燃了石造神殿内各处的木材。即使不是塔西佗本人，任谁看到这种景象都会愤慨不已，而直到太阳高照之后，这幕惨剧还在聚集而来的罗马人面前上演了很久。

供奉着罗马众守护神的神殿不是被他国人、而是罗马人自己亲手烧毁的，并且不是意外的火灾，而是故意放的火。这是自公元前 753 年建国历经 822 年以来

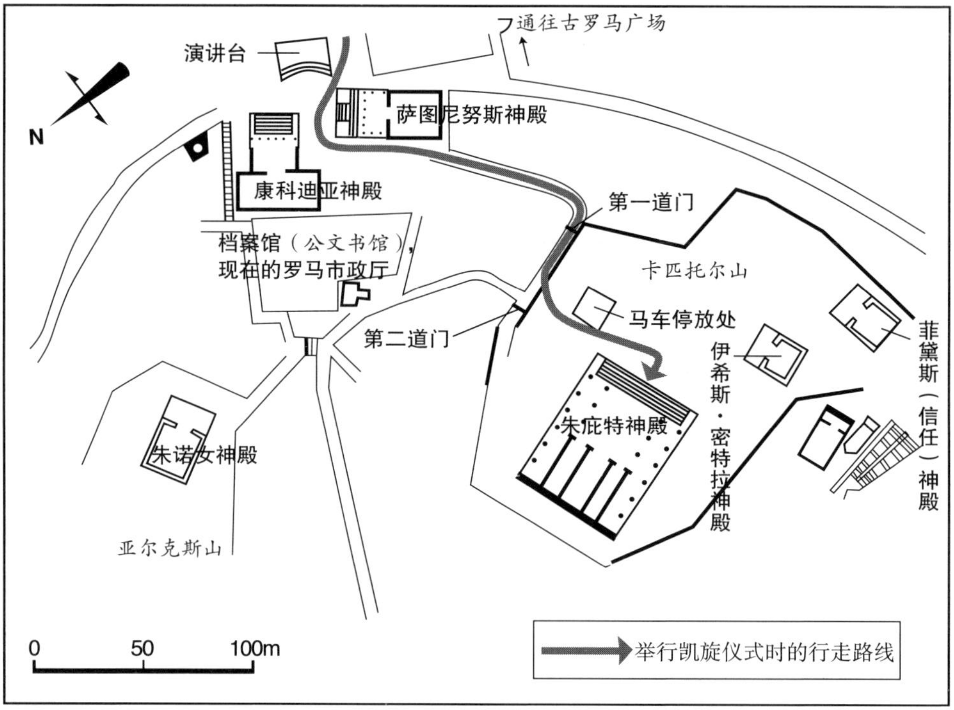

卡匹托尔山上的神殿分布图（公元 69 年）

首次发生的可耻事件，据说亲眼看到神殿燃起熊熊大火时，之前还在投放火把的维特里乌斯一派的士兵们都茫然地愣在了那里。趁这个间隙，图密善成功逃走，萨比努斯却成了士兵们的俘虏。

成为俘虏的萨比努斯被士兵们带到了维特里乌斯面前，维特里乌斯也打算救这个在首都警察长官的岗位上尽职 12 年的名副其实的公仆一命，但是在这种情况下他也没有了统领部下的能力。

当日后半夜，安东尼·普里默斯率领的“多瑙河军团”先头部队已经到达罗马以北 15 公里的消息传到了皇宫，萨比努斯的命运就此确定。他在束手无策的维特里乌斯面前被杀死，遗体被士兵们扔到了台伯河中。这样一来，能够让首都罗马避免成为武装冲突的舞台的唯一可能性荡然无存了。

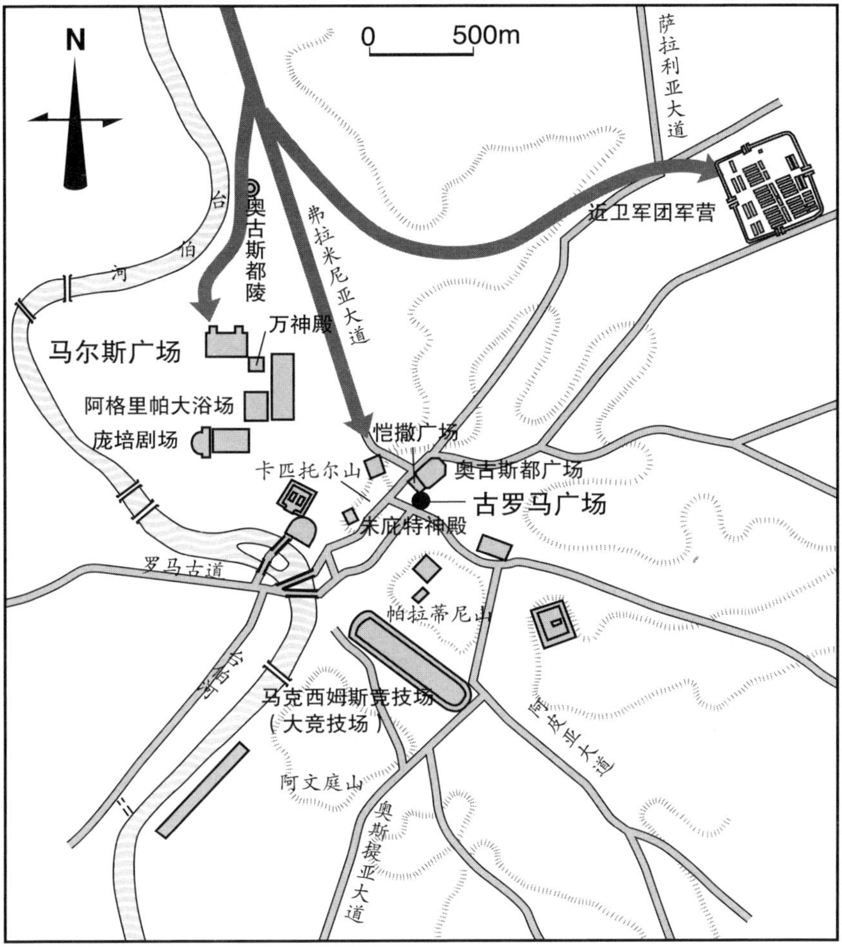

罗马巷战中攻击方的进军路线（箭头）

第二天即 12 月 20 日，在马略和苏拉之间爆发的内战（参阅《罗马人的故事 3·胜者的迷思》）让首都化为武装冲突的舞台 150 年之后，罗马市内再次展开了巷战。

并不是没人为避免巷战作出努力，维特里乌斯曾经通过因终生未嫁而广受人们敬仰的女祭司长送信给安东尼·普里默斯，表示希望用退位换来事态的和平解决，元老院和骑士阶级中也有个别人出面调停，安东尼·普里默斯对于将帝国首都变为巷战舞台的做法也心存顾虑。然而，维特里乌斯已经失去了控制手下士兵的能力，安东尼·普里默斯也不例外。能够在咄咄逼人的进攻方和恐惧绝望的防守方之间担任中间人的唯一人选萨比努斯被杀的代价太大了，因为这样就给进攻方制造了为自己支持的韦斯帕芗死去的亲哥哥报仇的正当理由。

不过安东尼·普里默斯还是制定了对策，争取尽快结束不可避免的巷战。他将手下的全体部队分为三军：第一军攻打近卫军团的兵营，第二军沿弗拉米尼亚大道直行前往古罗马广场，第三军沿台伯河南下夺取与古罗马广场同样有很多公共建筑物的马尔斯广场。

乍一看，这项作战计划颇为合理，因为“多瑙河军团”是沿着联结意大利北部和罗马的弗拉米尼亚大道南下前来，如果目标是首都的话肯定会从北面攻来，但这项作战计划实际上暴露了安东尼·普里默斯在战略战术上能力有限。

不知读者是否还记得，与帝国内的其他城市不同，唯独首都罗马没有被城墙包围起来。恺撒认为帝国的安全应该依靠莱茵河、多瑙河和幼发拉底河三大防线以及各处边境的防御来保障，帝国的中心——“世界的首都”罗马不需要城墙，于是推倒了共和政体时代的罗马城墙——塞维利乌斯城墙（Mura Serviane），到现在已经过去了120年。塞维利乌斯城墙虽然在各处还保有残骸，但是如果城墙不是将城市整体包围起来的话就派不上用场了，保留到现代的奥勒留城墙是在国境的安全保障开始受到威胁的3世纪后半期才新建的。因此，在公元69年末的这个时候，“世界的首都”罗马是一个没有城墙保护的城市，根本没有必要像攻打意大利北部的中等城市克雷莫纳那样发动攻城战，军队从东西南北任一方向都可以入侵罗马。也就是说，让兵分几路的军队从各处攻入，阻断并孤立前来迎击的维特里乌斯一派的军队，迅速迫使其投降绝非天方夜谭。

并且，维特里乌斯的亲弟弟卢西乌斯率领的一支军队正在距罗马南方的阿皮亚大道100公里的塔拉奇纳（现在的泰拉奇纳）待机，有可能是准备一旦局势不利便逃往第二次贝特里亚库姆战役以后除莱茵河沿岸之外唯一表示支持维特里乌斯的行省阿非利加。在这种情况下，在罗马市内迎击的维特里乌斯一派的士兵们如果坚持不下去的话肯定会向南逃走。结果，公元69年12月20日展开的巷战便从北向南波及了罗马的全部市区。

最激烈的战斗是围绕近卫军团的兵营展开的。因为是兵营，四周都有防御用的墙壁，营内也存有大量武器，并且进攻方和防守方都只有纯战斗人员参加。不过防守这里的是维特里乌斯从自己手下的“莱茵河军团”中挑选出来重新组成的16个大队共1.6万人的近卫军团兵。进攻方的主力是因为曾在奥托手下作战而被维特里乌斯解雇的9个大队共9000人的近卫军团兵旧部，这些士兵相当于正在攻打半年前自己曾经居住过的地方。激战持续了一整天，维特里乌斯一派的近卫军团兵持续抵抗到最后一个人倒下，据说每名士兵都是从正面受到的攻击，没有一个人转身逃走。

在其他地方展开的巷战却截然相反，史学家塔西佗这样描述：

首都的民众就像在竞技场观看角斗士比赛一样旁观了这一天在市内发生的战斗，他们对英勇奋战的人报以掌声和欢呼，对陷入苦战的人喝倒彩，并让他们加把劲。如果陷入劣势的人逃入店铺和民居中，他们会要求将其拖出来杀掉。然而他们却又趁士兵们全神贯注作战的机会，麻利地抢走了他们应得的战利品。

首都到处上演着不祥的景象，令人唏嘘不已。士兵们打得你死我活，死者横尸遍地，负伤者发出痛苦的哀号，同一时间的公共浴场和酒馆却人声鼎沸。在血流成河、堆积如山的尸体旁边，妓女们还在和嫖客讨价还价。一边是享受着和平的快乐人群，不远处的另一边却是被残暴押解的残兵败将。总之，整个罗马化为了一座疯狂和堕落的城市。

首都内的这次巷战在罗马历史上并不是第一次，苏拉导演过两次，还有一次是秦纳。但是，现在与那时的区别在于民众的漠不关心。首都的民众对内乱的结果不感兴趣，他们只在乎眼前的好戏，并且此时又正值萨图尔努斯节，民众就如同欣赏节日表演一样观看了这场巷战。对于他们来说，维特里乌斯和韦斯帕芗哪一方获胜都无关紧要。就这样，首都的平民居然把对于国家的一场灾难变为了乐趣。

笔者能够体会爱国者塔西佗心中的感慨，但是又不禁觉得平民们这种“如同在竞技场观看角斗士比赛一样旁观罗马人巷战”的反应才是正确把握了现状。确实，公元 69 年末的首都内战对于罗马帝国而言是一场灾难，然而民众很清楚这一点，他们知道无论哪一方获胜，改变的只有皇帝的人选。并且凭借平民的智慧，他们肯定也知道，经过皇位屡次更替这种自然淘汰之后的结果便是相对来说略微好一些的“头领”登上皇帝的宝座。

塔西佗的特色在于他是一名无愧于史学家称号的史学家，也就是说他会将所有事情毫无遗漏地记录下来，但这样做的结果就是不得不经常记录一些与自己的期望截然相反的历史事件。

在上边的一段文字中，塔西佗大加指责罗马平民将国家的灾难当做一场表演来欣赏的行为，但是在我这样的读者看来，可能对于罗马平民敏锐的批判精神印象更深。不过在此应该交代一下，后世的很多历史研究者都原封不动地接受了塔西佗讲述的内容。另外，在苏拉和秦纳的内战时，民众之所以对其有所关心，是因为内战的走向会决定他们的生活是否能够改善。那个时代的内战是由于元老院阶级和平民阶级的对立而爆发的，苏拉属于元老院一派，与苏拉作对的马略和秦纳是平民一派的头领，所以在平民看来，应该声援谁不言而喻。（参阅《罗马人的故事 3·胜者的迷思》）

将话题转回到公元 69 年 12 月发生的巷战，除了正在展开激战的近卫军团兵营之外，其他战场的胜负都已经见了分晓。之前不得已逃到帕拉蒂尼山上的皇宫中的维特里乌斯在此时不知出于什么想法，趁机离开了皇宫，他大概是打算逃出罗马，到泰拉奇纳的弟弟那里躲避。不过奇怪的是他却没有带上卫队，紧接着又改变主意返回了皇宫。但是就在这不一会儿的工夫，皇宫中的人连带用人在内跑得一个不剩。发现宫中已经没人的维特里乌斯不知又想到了什么，他没有到皇帝的私人房间去，而是走进了一处守卫们平时经常待的区域。“多瑙河军团”的士兵们没过多久就找到了藏在这里的皇帝，将他拖到了室外。

被捆住双手的维特里乌斯像头猪一样被士兵们赶着从帕拉蒂尼山上走下来，到达古罗马广场，在那里被轻描淡写地处死了。没有史实证明是安东尼·普里默斯下的命令，担任巷战总指挥官的这个人此时在哪里也无从查考。皇帝的尸体同重罪犯遭受的处刑一样，被扔到了眼前的台伯河中，他一共在位 8 个月，死时 54 岁。

由此，罗马在短短的一年之内见证了三个皇帝的死亡。到此为止，历史上称为“三皇帝时代”，在塔西佗笔下“险些成为帝国最后一年”的公元 69 年也终于要画上句号了。

数日后，似乎等待已久的穆奇阿努斯到达了罗马。这位韦斯帕芗的左膀右臂（更恰当地说是智囊）没有效仿维特里乌斯半年前的所作所为，为了炫耀胜利而率军大举入城。穆奇阿努斯不是以内战的胜利者身份来到罗马的，而是以内战中崩溃的秩序重建者的身份出现的。这位冷静的统治行家立刻成功地将一切纳入了自己的控制下。

他首先向泰拉奇纳派遣军队，消灭了维特里乌斯的弟弟在那里驻扎的部队，卢西乌斯·维特里乌斯被处以死刑。这虽然无情，但也是为了不给维特里乌斯一派的余党留下主心骨。

其间召开元老院会议，让韦斯帕芗和他的儿子提图斯二人当选了翌年即公元 70 年的执政官。韦斯帕芗还在埃及等待时机，提图斯也在为来年春天开始的耶路撒冷包围战进行准备，所以两人都没有到场，不过根据罗马的法律，如果是出于不得已的原因而无法在场，同样可以就任执政官。将实力上数一数二的这两个人推举为执政官也意味着罗马帝国秩序重建的开始。

对于打倒维特里乌斯的真正功臣安东尼·普里默斯，虽然也向元老院提议论功行赏，但没有给予除此之外的任何报酬。安东尼·普里默斯对此无法接受，但他只不过是一名军团长，穆奇阿努斯却态度坚决，又是行省总督。仰慕安东尼·普里默斯的图密善又为他邀功请赏，但是穆奇阿努斯没有听从韦斯帕芗这个 18 岁的次子的要求。对自己的待遇大为不满的安东尼·普里默斯乘船前往埃及，直接向韦斯帕芗邀功，可是新皇帝的态度也未能满足这位 34 岁的野心家。这是韦斯帕芗和穆奇阿努斯两人完美合作的又一个证明，并且在战时能有所作为的人未必在平时也能派上用场。

但是，就像史学家塔西佗所说，至此战争状态告一段落，并不等于恢复了和平与秩序。为了恢复和平、重建秩序，到韦斯帕芗返回意大利的公元 70 年秋天之前，穆奇阿努斯实际扮演了皇帝的角色，彰显其决心的第一项举措便是重建被烧毁的朱庇特神殿。

然而，和平的首要条件——秩序的恢复，仅凭重建神殿这种和平事业是无法实现的，官方身份还只是叙利亚行省总督的穆奇阿努斯首先必须面对的问题便是在莱茵河周边爆发的行省兵们的叛乱。

第四章

帝国的边境

NON UNO DIE
ROMA AEDIFICATA EST

在《罗马人的故事 5·恺撒时代（下）》写到恺撒和庞培之间发生的内战时，笔者心中总有一个挥之不去的疑问——行省人民为何没有趁这个时候发动起义呢？二人都将军队把持在自己手中，此前被罗马人征服的地方在军事上都处于真空状态。恺撒刚刚征服了高卢，庞培称霸东方最多也不过是十多年前的事情。在罗马世界的东西方，败给这两人的人们都还健在，如果这些人有意为自由和独立再战的话，罗马人之间自相残杀的内战正是一个好机会。

然而，在内战持续的三年半中，没有任何一个行省揭竿而起反抗罗马。被恺撒驱赶到莱茵河以东的日耳曼人销声匿迹，没有尝试过一次在恺撒出现以前屡试不爽的跨越莱茵河的作战行动。

罗马人之间的内斗还包括从恺撒被暗杀后到屋大维时代的奥古斯都终结内战为止的 14 年。不过这 14 年的大部分时间处于布鲁图与卡西乌斯对决安东尼与屋大维以及接下来的安东尼与屋大维的冷战状态下，真正发生交战的只有腓立比战役和亚克兴角海战这两次，因此难以拿来作为比较对象。能够与公元 69 年的内战进行比较的只有 120 年前的恺撒与庞培的对决。

另外，由于尼禄的死而爆发的公元 69 年内乱仅持续了一年。然而，就在这短短的一年之间，除了依靠皇帝尼禄的决断成功建立良好外交关系的东方防线之外，利用罗马人互相争斗的机会起兵反抗罗马的民族不在少数。

在尚未实现全面征服的不列颠，由于要应对揭竿而起的原住民部族的反抗，在接到宗主国意大利的召集命令时，驻扎在此的 3 个军团中只有 1 个军团作出了响应。

在多瑙河防线方面，达契亚人抓住这个时机渡过多瑙河入侵罗马领土，正在向西进军的穆奇阿努斯只能和剩下的军团兵一起抵挡。

在莱茵河防线方面，发生了罗马有史以来最严重的不幸事件——罗马军中非主要战斗力的辅助兵攻击了主要战斗力的军团兵。并且，这些日耳曼裔的辅助兵不仅配合莱茵河东岸的日耳曼裔部族一起行动，还煽动同为罗马行省人民的高卢人，企图建立高卢帝国，从罗马的统治下独立出去，问题非同小可。

为什么在恺撒和庞培之间的三年内战中没有发生这种事情，在三皇帝时代统治的短短一年之间，边境却如此动荡呢？

笔者认为有如下几个原因：

第一，对于足以领导反罗马运动的行省实力派人士而言，庞培和恺撒都是在罗马世界中家喻户晓、数一数二的名人。相反，加尔巴、奥托和维特里乌斯在帝国范围内的知名度却很低。不知道对手是谁的话，起兵反抗时也不会感到什么压力。

第二，庞培和恺撒都是拥有压倒性战绩的人物，前者扫除了地中海的海盗进而称霸东方，后者征服高卢并取得了对日耳曼人的胜利。这两个人对于行省的实力派人士和居住在罗马防线之外的人来说，是让他们尝到完败苦果的始作俑者。

相反，另外三个皇帝在这一点上完全无法与之相比。加尔巴、奥托和维特里乌斯虽然有担任行省总督的经历，却没有打过胜仗。在行省人民和边境的部族看来，他们并不是尽全力作战也无法战胜的对手。韦斯帕芗在这一点上也不例外，因此成功结束犹太战争对于韦斯帕芗而言是最重要的事情。

第三个原因在于战场位置不同。

当时恺撒和庞培交战的战场包括意大利、西班牙、埃及、北非，最后又回到西班牙，可以说遍及罗马世界全境。相反，公元69年的战场只有北非，并且前后两次都是在半径二三十公里的相同范围内交战。即使把首都罗马也算做战场，同样没有跨出意大利本土一步。在广大的罗马帝国边境上的人看来，这只不过是一场在帝国中央的意大利展开的战斗。

总之，可以将前者的例子当做以整个非洲大草原为舞台展开的大象之间的激战，感觉就好像由一头体格最大的雄象率领的象群从对于自己来说不是很宽敞的大草原正面排山倒海般冲过来一样。这样一来，连狮子也只能害怕得躲在草原的一角观望形势了，因为如果贸然踏入草原的话，很可能会被横冲直撞的象群踏成肉泥。连身为百兽之王的狮子都是这副模样，经常敢于成群结队与狮子为敌的鬣狗恐怕也只有屏住呼吸等待结果的份儿了。

相反，公元69年的情况却如同一群雄狮在大草原的中央为争夺配偶而展开决战一样，这不是一场让其他动物害怕得不敢动弹的激战。这是理所当然的，因为公元前 1 世纪的内战是一场围绕着国家政体展开的斗争，结果将决定是一如既往地继续采用元老院主导的共和政体，还是选择对于罗马而言属于新政体的帝政。与此相比，公元 1 世纪的内战只不过是决定由谁来领导已经持续百年的帝政而已。在远离战场的大草原周边，不同的种群可以自由地展开行动。

塔西佗认为“虽然维特里乌斯的死让战争状态结束，但这不等于恢复了和平”的观点是正确的，因为雄狮之间已经分出了胜负，但是大草原的其他地方仍然持续着混乱无序的状态，让这种状态恢复如初便成了新皇帝韦斯帕芗和他的左膀右臂——穆奇阿努斯的工作。

行省兵的叛乱

现代的我们听到“荷兰”这个词首先想到的是遍地盛开的郁金香，还有这是个通过艰苦卓绝的努力将低于海平面的区域变成适合人类居住的土地的辛勤劳动的民族，但荷兰人同时也是可以在世界杯足球赛中以超群的实力让世界为之一震的民族。荷兰对于人种的融合持宽容态度，所以现代的荷兰人中有不少黑人，但如果你想知道古罗马时代的“荷兰人”是什么样子，设想一支由身材高大、体格健壮的白皮肤荷兰人组成的足球队就足够了。在罗马时代的荷兰人祖先被称为“巴达维人”。

居住在莱茵河河口附近的这支日耳曼裔部族不是罗马的行省人民。因为不是行省人民，所以没有缴纳行省税的义务。但是罗马人也是具体问题具体分析的高手，他们没有将巴达维设为行省，归入罗马的领土范围内，却与其缔结了同盟关系。双方约定，巴达维人向罗马提供兵源，作为交换，罗马尊重巴达维人的独立，并且当巴达维人遭到周边其他部族攻击时出兵协助。这种关系起始于第一个将莱茵河视为北部防线的人——尤里乌斯·恺撒。

恺撒将莱茵河划为防线的想法根据以下几项史实也可以得到充分的证明：

第一，早在征服了高卢时，他就已经承认日耳曼人在莱茵河以西的永久居住权。后来被划分为低地日耳曼和高地日耳曼两个行省的莱茵河西岸一带，抑或在现代来说是荷兰南部、德国西部和比利时东部，在恺撒时代以前是跨越莱茵河向西移居高卢的日耳曼人的居住地带。换句话说，这个地区的居民与同样称为高卢人、后来居住在法国的高卢人不同，属于日耳曼裔的高卢人。

第二，恺撒让住在莱茵河东岸且与罗马长期保持友好关系的日耳曼裔乌比人移居到莱茵河西岸，将后来的科隆相赠作为他们的根据地，这样做的目的只有一个——强化莱茵河这条罗马帝国的防线。

然后恺撒还像对待其他高卢人一样，将自己的家族名“尤里乌斯”赐予了这些日耳曼裔的高卢人，从而与他们缔结了“clientes”（保护人，英语为 client）的关系。在现代看来，这种关系相当于本家和分家的关系，或者是帮会老大和手下，以及政治人物和后援组织的关系。也就是说，恺撒在征服者和被征服者之间创建了一个命运共同体，证据在于他将罗马公民权赐予了这些部族中的实力派人士。罗马公民权是世袭权利，所以这些人的子孙后代都拥有罗马公民的身份。

并且恺撒对于被纳入罗马霸权下的高卢人以及日耳曼裔高卢人以外的民族也使用了这个方法，这明显是对罗马的霸权无法到达的地带——莱茵河东岸部族的一种怀柔政策。结果，住在莱茵河河口的北部也就是现代的阿姆斯特丹周边一带的巴达维人的部族长及其亲属也成为了罗马公民，开始使用“尤里乌斯”这个家族名。

在这个方法开始实施的初期，西塞罗、小加图和布鲁图都认为恺撒这样做是为了扩大自己的势力，从而对他横加指责，这只能说他们的指责太目光短浅了。恺撒以自己的家族名相赠在当时的情况下是见效最快的方法，证据在于，在恺撒死后继承其位的尤里乌斯—克劳狄乌斯王朝倒台之后，这些外族的“尤里乌斯”和罗马之间的命运共同体关系一直延续了下去。恺撒早就看出，这些人和自己的“clientes”关系一定会在这些人的子孙和罗马帝国之间传承下去。这种策略才是当之无愧的“百年大计”，当然从实际来说岂止是百年，至少持续了 400 年之久。

将话题转回到巴达维人，与罗马缔结友好关系的同时他们承担了提供兵源的义务，具体来说是作为向罗马军主要战斗力的军团兵提供辅助作用的“辅助兵”，在罗马人的指挥下服兵役。让其提供兵源不只意味着保证士兵数量，还能建立雇佣关系。一旦生活安定下来，人就会变得保守。趋向保守后，采取起兵反抗罗马这种过激行为的可能性也会降低。

这种辅助兵的利用制度在奥古斯都皇帝确立军制后作为罗马军的一项正式制度固定了下来。兵役期限明确规定为 25 年，满期退伍时可以获得罗马公民权，因此巴达维人中的罗马公民也迅速增加。然而，拥有“尤里乌斯”这个家族名的权利仅限于部族长级别的人。第三代皇帝卡利古拉为止的罗马皇帝都是尤里乌斯一族的人，与皇帝使用同样的家族名肯定也具有强调与部族其他人的身份差别的效果。

从以上这个例子来看，恺撒是一个用合理性来对待所有事情的人。赐予“尤里乌斯”这个家族名的目的不只是为了明确身份差别，也是因为他觉得这个方法行之有效。因为由行省人民或罗马的同盟国民组成的辅助部队会按相同地区或相同部族出身的人来分别组队，统率这些部队的指挥官通常由士兵们所属部族的族长级别的人担任。在仅由罗马公民组成的军团指挥官的任用上奉行实力主义的公元 1 世纪，任用辅助部队的长官时首先看重的仍然是权威，这确实是一个耐人寻味的现象，也许合理的思考与文明程度是成正比的关系。

总之，在公元 69 年统率巴达维部队 8000 名士兵的指挥官名叫尤里乌斯·奇维里斯，他当然也是罗马公民权的拥有者。并且这个“尤里乌斯”趁罗马人在宗主国意大利忙于内战的间隙，在莱茵河下游一带点燃了反抗罗马的战火。

在讲述这件不到一年便得到解决的事件之前，笔者想先交代一点，在叙述的过程中我可能会反复用到这个事件的登场人物的家族名（Nomen）。之前以防过于烦琐，笔者一直极力避免将一个人的个人名（Praenomen）、家族名（Nomen）、家名（Cmgnomen）全部列举出来，比如在提到尤里乌斯·恺撒时只使用他的家名“恺撒”，但是这次有别的目的。之所以还要坚持使用“尤里乌斯·奇维里斯”、“尤里乌斯·克拉西克斯”这些家族名和家名，是因为笔者想让各位读者感受到，这些人是在 120 年前从尤里乌斯·恺撒那里获赐家族名的人的子孙。大家在阅读的过程中就会逐渐意识到，原来所有人发起的叛乱都是恺撒自己种下的恶果。

确实，完全是这样，下文中的“尤里乌斯”随处可见。但是，如果各位读者在这种感觉的基础上产生以下想法可就错了——即便恺撒针对被征服民族的同化政策得到了《比较列传》的作者普鲁塔克的赞赏，但作为一项政策却是失败的。

错误的原因在于，拥有“尤里乌斯”这个家族名的非罗马人并非全部是这一次叛乱的主谋。尤里乌斯·奇维里斯试图借行省兵的叛乱创建高卢帝国的想法之所以没有实现，便是由于高卢地区其他的“尤里乌斯”不同意。并且除了这次事件的有关人员之外还有很多“尤里乌斯”，只列举一些人名就可以清楚地知道这些人对帝国作出的贡献。

积极协助韦斯帕芗的犹太人埃及长官的名字是尤里乌斯·亚历山大，这个时期他正在帮助提图斯攻打耶路撒冷。

名传后世的水道系统研究著作的作者，是在公元69年担任首都罗马法务官的尤里乌斯·弗朗提努斯。召集元老院会议的权力除执政官之外只有法务官拥有，通过将韦斯帕芗和儿子提图斯二人推上执政官之位从而着手恢复秩序的穆奇阿努斯如果没有弗朗提努斯的协助，也无法实现自己的这个想法。

最后就是史学家塔西佗的岳父，完全称霸不列颠计划的实施者——尤里乌斯·阿格里科拉。

仅从这几个例子便可以清楚地得知，恺撒在120年前播下的种子已经长成参天大树。但任何事在付诸实践的时候总是伴随着风险，仅仅遇到一些风险不能代表政策是错误的。证据在于，后来的罗马皇帝们谁都没有试图更改恺撒制定的这项“败者同化”政策，解决了行省兵的叛乱问题后着手重建帝国的皇帝韦斯帕芗也完全没有触碰这项制度。这说明没有任何一名统治者怀疑过恺撒式思考方法的有效性。所以，每次出现一个新的“尤里乌斯”，其所带来的风险也只有让读者会心一笑的程度。

但是，除“尤里乌斯”之外，通过这次事件暴露出的另一个问题却相当严重，后世的史学家蒙森甚至断定这是“前所未有的灾难”，因为这个问题让人不得不思考内乱产生的流毒是如何波及其他方面的。

尤里乌斯·奇维里斯

至今尚无法查证巴达维人的领袖尤里乌斯·奇维里斯在公元 69 年的年龄。尼禄皇帝时代的 62 年，率领巴达维部队跟随鲍利努斯参与征服不列颠的战役是这个人物在史料中的首次登场。年轻人就算拥有“尤里乌斯”这个家族名也不可能被委任为 8 个大队 8000 士兵的指挥，所以他的年龄至少有 40 岁，如果是这样，在公元 69 年时他大概有四十几岁了。另外，他在罗马军中的从军经历可以追溯到公元 62 年以前，恐怕这个巴达维人在罗马军中度过了足以让一名士兵满期退伍的 25 年的漫长人生。

罗马军的作战会议通常也会让辅助部队的指挥官列席，只要具备头脑和意愿，了解罗马军的所有情报（包括所有优势和弱点）是非常容易的。确实，尤里乌斯·奇维里斯熟知并利用了这一点。

罗马军除了偶尔发动的远征之外，辅助部队的驻扎地点一般会设在该部队所属士兵的出生地附近，这在当时已经成为了惯例。因此来自莱茵河河口一带的巴达维部队的驻扎地应该位于“低地日耳曼”，也就是从波河到下游的莱茵河畔。维特里乌斯在称帝之前便是低地日耳曼的司令官，受称帝之后的维特里乌斯之命率军进攻宗主国意大利的席西纳和瓦伦斯两人都是低地日耳曼军属下的军团长。

没有确切的证据表明尤里乌斯·奇维里斯本人参与了第一次贝特里亚库姆战役，不过那场混战的特点是主要战斗力的军团兵和非主要战斗力的辅助兵统统参加了战斗，原因在于担任总指挥的人能力不足。并且那次战役还产生了一个副作用——让辅助兵们觉得军团兵不足为惧。尤里乌斯·奇维里斯率领的巴达维部队的叛乱，也正是 4 月 15 日展开的第一次贝特里亚库姆战役的结果。事情发生在胜利后辅助兵收到返回驻扎地命令后的夏天，在莱茵河沿岸爆发。

为什么尤里乌斯·奇维里斯会萌生起兵反抗罗马的念头呢？史学家塔西佗的说法是，因为韦斯帕芗一方通过安东尼·普里默斯下令巩固莱茵河沿岸的基地，以防支持维特里乌斯的“莱茵河军团”残部南下意大利。以塔西佗的著作《同时代史》为研究基础的后世的大部分学者都赞成这个说法。

但是笔者实在无法同意。因为如果“行省兵的叛乱是由韦斯帕芗引发”的事实曝光的话，对于打算称帝的韦斯帕芗来说将是一个致命的打击。韦斯帕芗是不属于既有统治阶级的“新贵”，这个后起之秀煽动非罗马公民的行省兵去伤害身为罗马公民的军团兵的行为被人知道的话，想必元老院和一般公民都会群起而攻之。连马基雅弗利都没说过“为达到目的不择手段”这句话，马基雅弗利只是说“为达到目的应选择有效的手段”。让行省兵起来反抗罗马作为手段并不是绝对有效的，冷静的穆奇阿努斯不可能下达这样的命令。

然而，安东尼·普里默斯虽然干劲十足，却是个目光短浅的人，说不定是他在没有接到韦斯帕芗和穆奇阿努斯命令的前提下一意孤行，与尤里乌斯·奇维里斯取得了联系。不管怎样，在一年之间皇位几易其主的情况下发生的这场混乱成了巴达维人的好机会，因为在内心实际上反对罗马的尤里乌斯·奇维里斯在攻打维特里乌斯一派的士兵把守的莱茵河沿岸基地时，打的是韦斯帕芗一派的旗号。

对于日耳曼人而言，即使在白天也一片昏暗的森林才是他们的发源地，于是决定起兵反抗罗马的尤里乌斯·奇维里斯也将会合地点选在了森林中。

尤里乌斯·奇维里斯向假托宴会之名邀来的几个巴达维人的实力派人士发表了演讲，他宣称日耳曼人拥有强大的灵魂，如今正是摆脱罗马统治的好机会，精锐部队都已前往意大利，在此期间防卫基地的军团兵都是些老弱残兵，然而基地内却遍地都是值得瓜分的物资。防守莱茵河防线的各军团早已今非昔比，现在只不过是保留着军团的虚名而已，罗马军团已经不足为惧。

尤里乌斯·奇维里斯似乎在演讲上也颇有心得，他所说的“保留着军团的虚名”具体来讲有如下的含义：

罗马的军团不只是按照“第一军团”、“第二军团”这样的数字来编排的，正式的名称应该是“第一 ×× 军团”，“××”的取名方式大致分为三种：

第一种是采用军团组建人的名字。如第二奥古斯塔军团（驻扎在不列颠）、第八奥古斯塔军团（驻扎在米西亚）来自开国皇帝奥古斯都的名字。第七克劳狄亚军团（驻扎在米西亚）、第十一克劳狄亚军团（驻扎在达尔马提亚）则是第四代皇帝克劳狄乌斯组建的。

第二种是采用征募的志愿者所在地区的名称。如第一日耳曼军团（驻扎在低地日耳曼）、第十六高卢军团（驻扎在低地日耳曼）、第四马其顿军团（驻扎在高地日耳曼）、第九西班牙军团（驻扎在不列颠）都是在高卢东部、高卢西部、希腊北部和西班牙组建的。第五阿拉乌迪（Alouette）军团（“云雀军团”）是恺撒与庞培决战时召集法国南部的高卢人组建的军团，“Alouette”是一种大量栖居在法国南部的云雀。

第三种不知是基于什么样的理由，采用的都是很有气势的名字。尤里乌斯·奇维里斯列举的例子都属于第三种。

比如，第三拉帕克斯（Rapace）军团（驻扎在高地日耳曼），翻译过来就是“第三生猛军团”。

第十三弗尔米纳塔（Fulminata）军团（驻扎在叙利亚），意思是“第十三雷电军团”。

第十五普利米吉纳（Preminente）军团（驻扎在低地日耳曼）和第二十二普利米吉纳军团（驻扎在高地日耳曼），只能意译为“第十五、第二十二无敌军团”。

对于隶属这些军团的军团兵来说，这些名称也许能提高士气，不过就算尤里乌斯·奇维里斯没有提及这一点，旁观者看到的话确实也要忍俊不禁了。

接下来，巴达维人的领导者对部族的几个实力派人士这样说：

> 我们辅助兵与罗马军团兵相比，在步兵骑兵方面都已经毫不逊色。如果我们起兵反抗罗马的话，很明显莱茵河东岸的日耳曼各部族首先都会紧随其后，莱茵河西岸的高卢人同属日耳曼民族，应该也会响应。然后这股反抗罗马的浪潮会扩展到高卢全境，罗马人自相争斗的现在正是好时机。即使我们

对支持维特里乌斯的“莱茵河军团”基地发动攻击，韦斯帕芗一派的各军团也不会赶来救援，当然他们也没有那个闲工夫。

他的游说成功了，巴达维人的几个实力派人士都拍胸脯表示赞同。

然而，尤里乌斯·奇维里斯没有马上行动，他首先派人秘密前去笼络居住在莱茵河口的巴达维人西边的邻居卡尼法提人。这个部族使用的语言和习俗都和巴达维人相同，但部族成员人数较少，属于巴达维人的分支。卡尼法提人给予了肯定的答复。接下来，奇维里斯又派人前去笼络居住在更北边的弗里斯人，也得到了预期的答复。这样一来，奇维里斯就成功建立了与莱茵河河口周边一带的部族之间的统一战线。

事成后奇维里斯还向第一次贝特里亚库姆战役结束后返回高地日耳曼的主要基地美因茨的辅助部队派遣了使者。这次拉拢也成功了，证据在于这支辅助部队没有听从皇帝维特里乌斯在得知打着韦斯帕芗一派旗号的“多瑙河军团”逼近的消息后发出的南下意大利的命令，相反却北上前去与奇维里斯会合。

在确保了友军之后，尤里乌斯·奇维里斯点燃了反抗罗马的战火，他袭击了驻守在莱茵河口最前线据点的守备队。罗马军在最前线的基地除了部队长和少许士兵之外没有配置军团兵，最前线基地的大部分勤务兵通常都是行省兵。发现坚守不住的队长选择了放弃，因此反抗罗马的第一仗奇维里斯不战而胜。之后攻打的几处据点由于也是只有行省兵把守，所以都轻易得手。

尤里乌斯·奇维里斯对高举双手从据点走出来的行省兵的处置办法也很巧妙，他一次都没有说过“跟随我一起反抗罗马”之类的话，本来自己也是打着韦斯帕芗一派的旗号。于是他告诉投降的士兵们，可以自由选择服从自己的指挥或是返回故乡。行省出身的士兵很多都是因为在故乡无法谋生而志愿成为罗马军辅助兵的，在他们的眼里，打着韦斯帕芗一派旗号的奇维里斯应该算做罗马军的一员将领，所以成为统率巴达维辅助部队的奇维里斯麾下在目前看来不能算是叛变。

尤里乌斯·奇维里斯在叛乱的推进方式上也做得非常巧妙，他点燃战火的地点位于罗马帝国的最北部，并将“火势”朝着覆盖莱茵河下游地带的低地日耳曼行省的方向蔓延。所以即使宗主国意大利派出镇压部队，仅行军就要花上足足两个月时间。

初战告捷的奇维里斯又将他的笼络之手以莱茵河为中心向东西两个方向延伸，伸向东方的手斩获了布鲁克特里人和滕克特里人，这两个部族是与罗马之间不存在友好关系的日耳曼蛮族。伸向西方的手的目标是涅尔维人和佟古累人，这

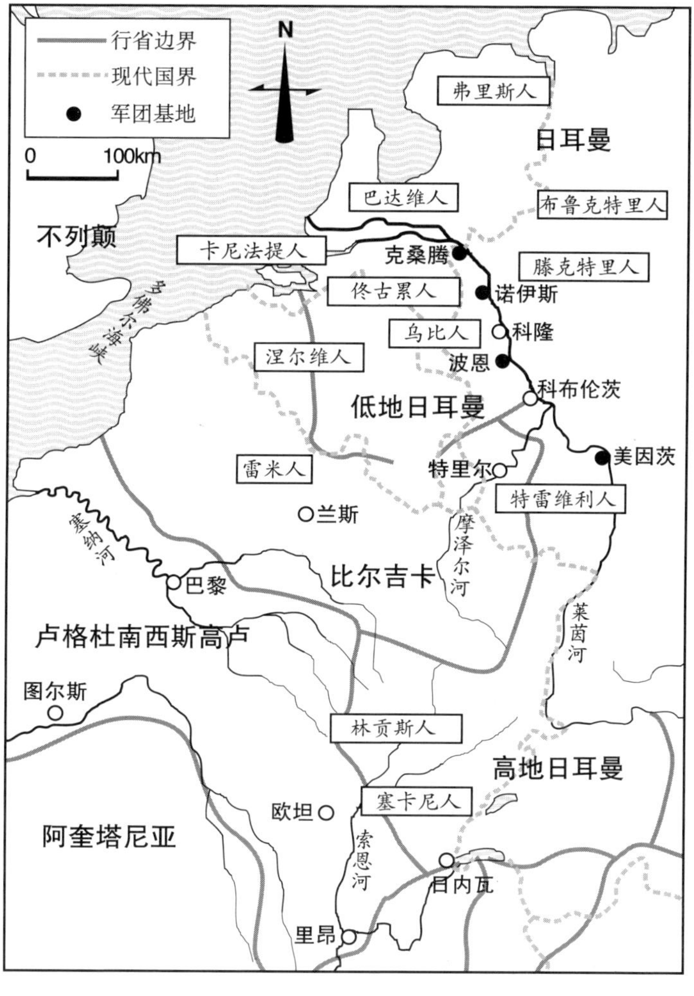

日耳曼后裔部族居住地区

两个部族都居住在莱茵河西岸，被恺撒征服后一直是罗马的行省人民，虽然属于日耳曼裔，实际却是高卢人。这两个部族也有很多男子在罗马军中担任辅助兵。低地日耳曼的罗马军这时已经开始动员军队对抗奇维里斯了，但尚未得知奇维里斯的笼络之手已经伸向了这两个部族，因此前往镇压奇维里斯的军队在出发时也带上了由这两个部族出身的人组成的辅助部队。

于是在战场上发生了匪夷所思的事情。被部署到罗马军的左翼和右翼的这两个部族的队伍在战斗开始的命令下达后根本没有行动，不，没有行动只是在一开始，之后也行动了起来，不过是朝着奇维里斯那个方向。后来发生的情况就不是战斗而是惨剧了，在场的罗马人不分军团兵、百人队队长、大队长，统统被斩尽杀绝。

乘胜追击的奇维里斯还利用同样的方式将防守莱茵河的舰队收入囊中。水手和桨手都是行省人民，所以只要把罗马公民出身的舰长级别的人杀死，事情就简单了。将莱茵河舰队收入囊中意味着在战术上占据了有利位置，因为罗马的所有军团基地都是沿着莱茵河建造的，这样一来对其发动进攻时便可水陆并进。

被围攻的罗马士兵

将莱茵河两岸的日耳曼各部族纳入统率之下的尤里乌斯·奇维里斯的叛军从这时开始对罗马的军团基地发动了正面攻击，目标是被称为“卡斯特拉·维特拉”（Castra Vetera，维特拉军团宿营地）的维特拉（现在的克桑腾）基地。这个军团基地位于连成一线的莱茵河防线的最北端，也是第五云雀军团和第十五无敌军团的驻扎地。不过在公元 69 年秋天，两个军团的精锐部队都已经跟随维特里乌斯前往了意大利本土，剩余兵力好像还不到 5000 人。高举罗马军辅助部队队旗的奇维里斯军包围了这里，然后尤里乌斯·奇维里斯派遣使者到基地内，要求对方宣誓效忠皇帝韦斯帕芗。

对于留在克桑腾基地的军团兵来说，抛下前往意大利支援维特里乌斯的同胞改为支持别人的行径简直是天方夜谭，不用说，他们拒绝了这个要求。于是在尤里乌斯·奇维里斯的指挥下，叛军从正面的莱茵河以及其他三个方向的陆地展开了全方位的包围战。

战斗在低地日耳曼打响的消息数日后传到了高地日耳曼最重要的基地——美因茨，驻扎在美因茨的高地日耳曼军司令官弗拉库斯在原低地日耳曼军司令官维特里乌斯前往意大利以后成为了高地、低地两处基地的最高负责人，防守克桑腾基地就是他的任务。

但是，这名年老体弱的司令官原本只是因为手下的士兵表示支持维特里乌斯自己才顺水推舟跟随了他，其实他在内心支持的是韦斯帕芗。并且弗拉库斯手下军团长级别的将领中支持韦斯帕芗的人在数量上占了压倒性优势，隶属高地日耳曼军的3个军团中，将领和普通士兵的想法却存在出入。尽管在这个阶段问题还没有表面化，但救援克桑腾的军队在组建时微妙地出现了拖延现象。

不过救援军还是组建起来了。具体战略是让在美因茨过冬的第四和第二十二军团北上，在波恩和诺伊斯分别与第一军团和第十六军团驻扎在这两处基地的军团兵会合，以共计4个军团的兵力对抗叛军。尽管号称4个军团，实际却没有达到2.4万人的规定编制。虽然不太清楚准确的数字，但是应该减去被调到意大利参与内战的军队人数。大致估计一下也只有不到总人数的一半。

救援军的总指挥当然由弗拉库斯担任，可是他随军行至诺伊斯后，却决定将实际的指挥权移交给年轻的迪利乌斯·沃克勒，沃克勒是驻扎在美因茨的第二十二无敌军团的军团长。

然而，从美因茨沿莱茵河前往克桑腾的行军却是困难重重。首先，没有按计划筹集到足够的军粮，感到战乱将至的农民们纷纷把收获的粮食藏了起来，就算花钱也很难买到手。并且，人要是一直持续饥饿状态的话会变得容易发怒，将领们和普通士兵之间的心理隔阂从这时开始显露无遗，士兵们纷纷用无视军规的行为来表达对指挥官的不信任。不过沃克勒的努力也有一些成效，救援军从克桑腾的基地前进到了距离克桑腾基地一日行军路程的地方。尤里乌斯·奇维里斯攻占罗马军基地的计划顿时增加了难度，但就在这时传来了第二次贝特里亚库姆战役的结果。

维特里乌斯一方在 10 月 25 日结束的第二次贝特里亚库姆战役中败北的消息传到莱茵河下游的克桑腾所需的时间，即使是通过驿站派遣快马的方式也要用一个月。进攻方的行省兵和防守方的罗马兵到了 11 月末或 12 月初的时候也肯定知道了皇帝维特里乌斯兵败如山倒的事实。莱茵河下游一带正处于连野兽都行动迟缓的严冬季节，德国的冬天不仅寒冷刺骨，还会有降雨。"莱茵河军团"的士兵们得知自己拥立的维特里乌斯完败的消息后，想必心情变得就像德国北部的严寒天气一样，士气已经荡然无存。

然而，第二次贝特里亚库姆战役的结果也给尤里乌斯·奇维里斯带来了不好的影响。既然韦斯帕芗取代维特里乌斯成为罗马帝国的皇帝已经是板上钉钉的事情，就不能再以要求宣誓效忠韦斯帕芗为由对罗马军的基地发动进攻了。无论是谁登基，罗马的军团兵都有向罗马皇帝效忠的义务，原属维特里乌斯一派的"莱茵河军团"的军团兵们早晚会宣誓效忠韦斯帕芗也是显而易见的。

事情发展到这个阶段，尤里乌斯·奇维里斯也终于摘掉了他的假面具。至此，所有的人都已经明白，一场行省兵与罗马兵之间的大战在所难免。

即便如此，"莱茵河军团"士兵的士气衰退得实在太严重，起因是自己拥立的维特里乌斯败北让他们大失所望，对顶头上司的不信任也转化为了愤怒——"那些家伙是不是早就暗中期待着维特里乌斯败北了？"这种怀疑进而升级为深信不疑。怒不可遏的士兵们袭击了司令官弗拉库斯的卧室，将这名老司令官从床上拉下来杀死了。沃克勒扮做奴隶逃跑了，捡了一条命。

其间传来了美因茨的军团基地遭到敌人偷袭的消息，原来是尤里乌斯·奇维里斯煽动莱茵河东岸的日耳曼人发动了攻击。一听说这个消息，让罗马军团扬名于世的铁的纪律又复活了，沃克勒也重新担任了阵前指挥。为了救援美因茨，第一、第四、第二十二这三个军团在沃克勒的指挥下向南折返。如果美因茨落到敌人手里，莱茵河防线将全线崩溃。

美因茨的防守很成功，但是其间尤里乌斯·奇维里斯对日耳曼裔高卢人的笼络行动也取得了明显的效果。这证明奇维里斯"首先展示军事上的成果，然后伸出笼络之手”的方法非常正确。在高卢地区很有势力的部族——特雷维利人和林贡斯人先后要求加入统一战线。

“高卢帝国”

特雷维利人是居住在摩泽拉河（现在的摩泽尔河）周边的部族，自从败给恺撒、被纳入罗马统治以来，根据地一直在今天的特里尔。这个地方的古代名称为奥古斯塔·特里沃鲁姆，是莱茵河各前线基地中重要的后方基地，近百年来一直享受着罗马人创造的城市化和经济繁荣的成果。处于相同环境的林贡斯人的居住地区在特雷维利人的南方。也就是说尤里乌斯·奇维里斯反抗罗马的战火已经逼近高卢的中心地带了。

代表特雷维利人参加反罗马战线的有尤里乌斯·克拉西克斯、尤里乌斯·托图尔和尤里乌斯·瓦伦提努斯三人，从他们拥有“尤里乌斯”这个家族名可以看出，三人都是部族内的实力派人士。

另外，林贡斯人的代表是尤里乌斯·萨比努斯，这个人是120多年以前恺撒在征服高卢时与一名女子生下的孩子的后代，也就是说他拥有恺撒的血统。他使用的个人名甚至都与恺撒一样，全名为盖乌斯·尤里乌斯·萨比努斯。如果恺撒知道自己后代中有人起兵反抗罗马，想必也只能大笑一声，感到很为难吧。不管怎样，从恺撒那里获赐家族名的人的子孙——“尤里乌斯”们组成了反罗马战线的领导阶层，他们全部都有在罗马军中长年担任辅助部队队长的经历，并且其中的两人还参加过第一次贝特里亚库姆战役。以尤里乌斯·奇维里斯为首的这五个人在科隆秘密会合，彼此宣誓建立统一战线。

选择科隆尼亚·阿格里皮内西姆（科隆）作为会合地点是因为这里是莱茵河沿岸的行省人民居住的最大城市，将这里的乌比人拉入本方阵营的话，就可以将目前的行省“兵”对抗罗马兵的局面变为行省“民”对抗罗马兵的局面。只有将民间的人拉拢进来，才能彰显这是一场脱离罗马统治的独立运动。乌比人的代表

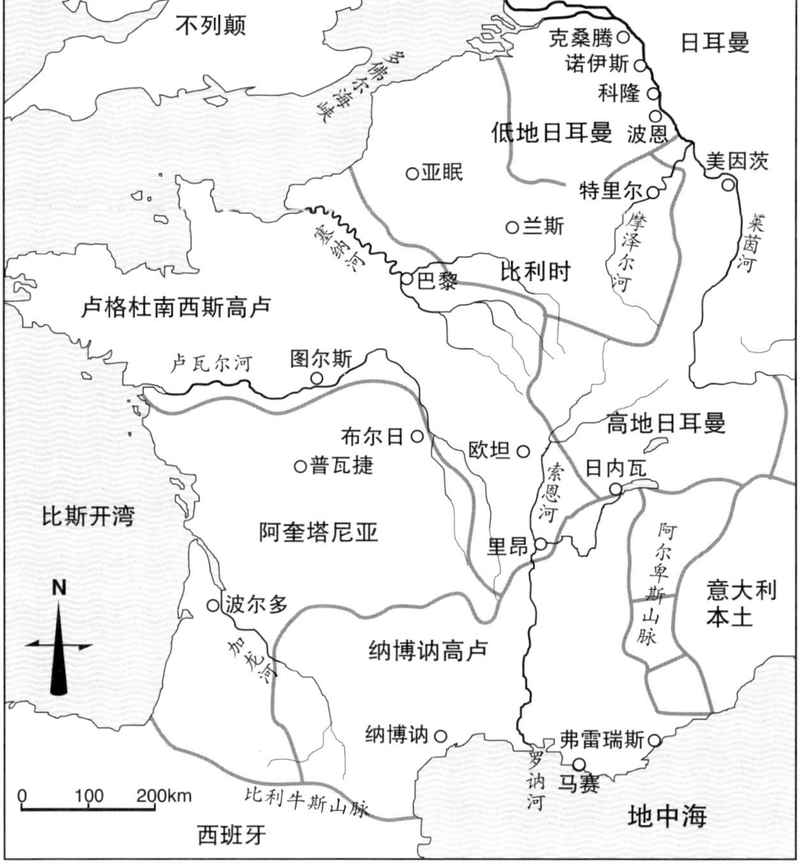

高卢全境

也参加了秘密会合，在这一点上，表示全体部族都参战的特雷维利人和林贡斯人的出席意义也很重大。尤里乌斯·奇维里斯的精明能干甚至让塔西佗都赞不绝口。

在这次科隆会谈中，首次作出了创建“高卢帝国”的决定。建设一个包括莱茵河东岸的日耳曼人、西岸的日耳曼裔高卢人以及涵盖从那里一直到比利牛斯山脉为止的高卢全境居民在内的大帝国，将罗马的势力驱赶到阿尔卑斯山以南。这实在是一个宏伟的计划，与后来以英国和法国为首的殖民帝国内部爆发的殖民地独立运动不无相似之处。不过一旦这个计划成功，阿尔卑斯山以北的地区就会回到尤里乌斯·恺撒之前的状态。耐人寻味的是，会谈使用的语言是拉丁语，“高卢帝国”这个名字就来自拉丁语。这一点也让人想起后世的殖民地独立运动都不得不使用宗主国的语言来发起反对宗主国运动的事实。然而，导致这些“尤里乌斯”们发起的独立运动最后失败的原因却与后世的殖民地帝国完全不同。

不管怎样，创建高卢帝国的目标明确后，作为领导者的“尤里乌斯”们的士气确实又提升了一个档次，并且之后不久，高卢帝国还提前得到了一份“诞辰贺礼”。

这便是 12 月 19 日在罗马卡匹托尔山上发生的大火。在日耳曼人和日耳曼裔的高卢人看来，供奉着罗马人的最高神朱庇特的神殿起火成为了众神抛弃罗马帝国的证据，他们坚信这样一来脱离罗马帝国独立的计划必定会成功。头脑清醒的奇维里斯没有相信这样的迷信，但同伴们相信也没什么不妥，并且尤里乌斯·奇维里斯自己也感觉到了罗马帝国正在走向灭亡。

卡匹托尔山起火的消息也传到了莱茵河的罗马军团兵那里，而且紧随其后的是维特里乌斯遇害的消息。沃克勒统率着一群垂头丧气、军心涣散的士兵，接下来将要面对更加严重的困难。然而沃克勒的肩上却扛着死守整条莱茵河防线的重担，也就是要守住防线上的各处要地，即美因茨、波恩、诺伊斯、克桑腾等军团基地。而且，波河和诺伊斯之间还隔着已经被尤里乌斯·奇维里斯派来的日耳曼人实际占领的科隆，用于传递情报命令和输送士兵的莱茵河舰队也落入了敌人手中。

不过，沃克勒在成功守住美因茨的基地后又再次率军北上，目的是救援已经据守城内战斗多时的克桑腾基地，他暂且顺利地将军队带到了诺伊斯基地。

在罗马军中说到军团，并不意味着只有罗马公民权的所有者才具有应征成为军团兵的资格。通常来说，军团是由军团兵和数量与此相当的辅助兵组成的。公元 69 年到 70 年的“莱茵河军团”内的各军团由于尤里乌斯·奇维里斯率领行省兵发动叛乱而人数有所减少，但还是有一些日耳曼裔以外的高卢人辅助兵存在。

罗马军的军团兵都穿着统一的军装，辅助兵的军装也是统一的。从军装来讲，前者属于重装备，后者属于轻装备。二者分别担任主要战斗力和辅助战斗力，在战术上当然也有区别。

如今已成为尤里乌斯·奇维里斯同伙的特雷维利人的首领尤里乌斯·克拉西克斯利用军装相同的便利条件，让手下的士兵潜伏到了沃克勒指挥的罗马军团内部。罗马人没有强制要求所有场合都使用拉丁语，唯独军队内的语言必须是拉丁语。就算出身部族不同的士兵潜伏进来，只要会讲拉丁语，在语言上就不会露出破绽。

在诺伊斯的军团基地，沃克勒在出发前去救援克桑腾之前，照例向士兵们发表了演讲。他事先察觉到了士兵们沉重的心情，因此讲话时用的是一副悲壮的语调，借此来唤起士兵们对罗马帝国的爱国心。

听得入神的军团兵和辅助兵中潜伏着克拉西克斯手下的士兵，这些人对沃克勒嗤之以鼻，并大声斥责，打断了他的演讲。事情并没有就此结束，他们从不知所措的士兵中间穿过，冲上演讲台将沃克勒拉了下来，并用辅助兵经常使用的长剑刺穿了他的胸膛。事情发生在转瞬之间，站在演讲台附近的两名军团长也遭受了和沃克勒一样的命运。

尤里乌斯·克拉西克斯出现在因失去指挥官而陷入混乱的士兵面前肯定是之后不久的事情，担任反罗马的首领的两个“尤里乌斯”要求身为罗马公民的军团兵发誓效忠高卢帝国，当然，闯入军团基地内的叛军一方的士兵们此时已经将军团兵们包围了。

罗马有史以来最大的耻辱

拥立维特里乌斯却遭到失败，因为行省兵的叛乱不得不在冬季辗转于莱茵河畔，现在甚至连指挥官都被杀了，军团兵们的心中可能只剩下绝望、疲惫和自暴自弃了。被迫陷入这种状态的人往往会拼命从别处找一个理由来支持自己即将采取的行动。

开国皇帝奥古斯都实施军制改革以来，罗马一直规定行省人民或辅助兵在服满 25 年军役退伍时可以获得罗马公民权。罗马公民权是世袭权利，所以辅助兵的儿子也拥有应征成为罗马军团兵的资格。

从第二代皇帝提比略统治时期开始，莱茵河再次被确认为帝国的防线，根据这个战略，沿岸附近的克桑腾、诺伊斯、波恩、美因茨也成为了永久的基地。公元 69 年的“莱茵河军团”的 7 个军团除了被派往不列颠的一两个军团之外，在提比略之后的半个世纪几乎没有发生过人员变动。也就是说，虽然他们是防守莱茵河的罗马军团兵，体内却流着行省人民的血。

另外，出生于意大利本土的军团兵在服役期满退伍后也大多与军团基地周边的行省人民女子结婚，这是在边境服役的罗马士兵的常态。他们自己是罗马公民，所以生下的儿子也是罗马公民，意味着有资格应征成为军团兵。在这种情况下，军团兵的罗马人血统纯度在下一代会减为一半，从第三代以后会变得越来越低。号称罗马全军中最强的“莱茵河军团”实际在很大程度上倚仗的是日耳曼和高卢的血统。

即便如此，军团还能在编制上属于罗马军团的理由是，虽然行省人民的血统占据了优势，但他们依然以自己是一名罗马公民而感到自豪。没有任何一个人放弃“尤里乌斯”的家族名，甚至有不少人还以继承了尤里乌斯·恺撒后代的血统为荣。

但这也只限于他们尊敬罗马人，并借此和罗马人攀上某种关系的情况。公元 69 年在罗马人之间发生的内战让罗马人的无能暴露无遗，从而也使他们失去了对罗马人由衷的敬意。

在尼禄皇帝统治末期最先打出反罗马旗号的罗马高官是高卢的里昂行省总督尤里乌斯·温德克斯，这个“尤里乌斯”并没有说过高卢应该从尼禄皇帝统治的罗马帝国脱离出来自己独立之类的话，他公开表示尼禄不胜任罗马帝国的皇帝之位，因此他是以罗马人而不是高卢人的身份行动的。不过，如果这个人能活到公元 69 年末的话，他还能像一年半之前那样，以一名满怀忧国之情的罗马人的身份行动吗？说不定这个人也会与奇维里斯和克拉西克斯等其他的“尤里乌斯”一起支持创建高卢帝国、从罗马帝国中独立出来的想法。从这个意义来说，公元

69 年的内乱对于罗马帝国而言是一场足以撼动帝国基石的重大危机，敬意往往比武力更容易成为有效的“制衡力”。

诺伊斯军团基地的罗马军团兵在强制下被迫向高卢帝国宣誓效忠。

“罗马的历史上，坎尼、卡莱以及条顿堡森林的全军覆没要是与这次诺伊斯的惨剧比起来，甚至可以说是散发着光辉的一页篇章。”德国史学家蒙森的这段充满感慨的话，笔者也有同感。但是，在完败给汉尼拔的坎尼会战（参阅《罗马人的故事 2 · 汉尼拔战争》）、被帕提亚的弓兵玩弄于股掌之中的卡莱战役 [参阅《罗马人的故事 4 · 恺撒时代（上）》]、中了日耳曼人的圈套导致的条顿堡森林的全军覆没 [参阅《罗马人的故事 5 · 恺撒时代（下）》] 的这些战役当时，罗马人的无能还没有暴露出来。罗马人还能以身为罗马人为荣，行省人民也对其心怀尊敬，并为自己与罗马人之间的深厚渊源感到自豪。坎尼、卡莱和条顿堡的败北纯粹是军事上的失败，因此败者坚决拒绝了对胜者宣誓效忠的要求，不，应该说他们甘愿选择成为俘虏。

在诺伊斯的军团基地发生的事情也在克桑腾的军团基地上演。克桑腾的军团兵们经过长时间毫无胜算的守城战后已经身心疲惫，而且防守美因茨基地的军团兵也已经紧随前面的同伴宣誓效忠了高卢帝国。只有驻扎在今天瑞士苏黎世附近的一个军团从这场“雪崩”中幸免，因此构成“莱茵河军团”的 7 个军团当中已经有 6 个军团向日耳曼裔的行省兵屈服。

难怪身为罗马人的塔西佗会慨叹这是“从未经历过的耻辱”。并且，这些军团兵虽然发誓效忠高卢帝国，却仍旧没能避免沦为俘虏的命运。发誓效忠的罗马士兵们被带到了特雷维利人的根据地特里尔，少数拒绝效忠的士兵当场被杀。这样一来，莱茵河沿岸的所有罗马军团基地都落入了发动叛乱的行省兵手里。罗马帝国的北部防线——莱茵河防线自尤里乌斯 · 恺撒以来首次彻底失守。

公元 69 年到 70 年的一年之间，发生了两件动摇罗马帝国安保体制的事件——从巴达维人的叛乱开始到创建高卢帝国为止的事件，以耶路撒冷的犹太人暴动为导火索、以马萨达要塞的玉石俱焚而终结的犹太战争。时间方面，前者爆发于公元 69 年夏天，到公元 70 年秋天结束，前后历经一年。后者从公元 66 年夏天开始，到公元 73 年春天结束，一共持续了 7 年。关于后世学者对这两个事件的关注度，不知是不是因为他们的目光比较侧重于罗马帝国和犹太民族对决这方面，后者远远高于前者。除了关心罗马通史的人之外，似乎高卢帝国事件被人们遗忘了。

不过，距此30年后由塔西佗写就的《同时代史》叙述前者用了80页的篇幅，叙述后者反而只用了 10 页。也就是说，罗马时代的史学家塔西佗对高卢帝国事件的关注度显然更高。

这可能是因为犹太战争的走势给帝国安全保障带来的是间接影响，相反，高卢帝国事件的结果却会直接影响罗马帝国。

犹太位于帝国东方安保体制的要害之地——叙利亚和埃及之间，因此对罗马人而言同样是重要地区。但是，犹太问题对罗马来说可怕之处首先在于它会波及居住在其他地区的犹太人，其次是犹太民族有可能煽动帕提亚起兵反抗罗马。当时的罗马只要在这两种可能变为现实之前解决问题就可以了，更何况犹太离宗主国意大利比较远。

与此相比，高卢帝国问题的重要性不可估量。如果尤里乌斯·奇维里斯的想法成为现实，罗马帝国将要面对的是阿尔卑斯山以北的以莱茵河为中心，西至比利牛斯山脉，东到易北河这个广阔范围内的敌人。再也没有什么“帝国北方的防线是莱茵河与多瑙河”之类的说法了，帝国的北方防线将退至阿尔卑斯山脉，意大利不知什么时候就会遭到入侵。并且，正在进行犹太战争的罗马军团依然存在并充分发挥着作用，这让犹太人约瑟夫斯·弗拉维乌斯在提及时赞不绝口。相反，被视为罗马全军最强的“莱茵河军团”实际上却已经土崩瓦解。要说两个事件哪一个给罗马人敲得警钟更响，冲击更强烈，肯定是高卢帝国问题。罗马人对这两个事件的关注度所存在的差别即使时隔 30 年也没有改变。

与高卢帝国问题存在关系的人大致分为三种：

第一种是在创建高卢帝国、脱离罗马独立的计划上达成了一致意见的人，包括莱茵河西岸的日耳曼裔高卢人、奇维里斯所属的巴达维人等与罗马原本存在同盟关系的日耳曼裔部族以及居住在莱茵河东岸并与罗马长期处于敌对关系的日耳曼各部族。

第二种是被这些日耳曼民族倒戈的罗马人。

第三种是居住在比利时、卢格杜南西斯、阿奎塔尼亚三个行省的高卢民族。

为了便于理解，用现代的不同国家来表示的话，第一种相当于荷兰和德国，第二种是意大利，第三种相当于比利时和法国。

很难让人认为是现代意大利人祖先的古代罗马人迅速对这个问题作出了反应，并马上转化为行动，可以说他们的对策是有效运用可支配力量的典范。

反攻开始

到达首都罗马后立刻掌控住一切的穆奇阿努斯察觉到了高卢帝国问题的重要性，他决定将宗主国意大利的 5 个军团、西班牙的 2 个军团、不列颠的 1 个军团以及“莱茵河军团”中唯一完好无损的温德内萨（现在的温迪施）基地的 1 个军团，合计 9 个军团投入到反击作战中。这 9 个军团排除了通常会加入进来的辅助兵，只以军团兵展开军事行动。因为高卢帝国一方的主力是罗马军的辅助兵，与军团内的辅助兵是同行，所以不管他们是西班牙人还是不列颠人，统统被排除在外，这样一来 9 个军团的总兵力只有 5.4 万人。再加上没有时间补充之前内战中损失的人员，所以实际人数应该只有 4 万人左右。无法离开首都的穆奇阿努斯挑选了两名实战经验丰富的将领担任这支军队的指挥，他们是凯利亚里斯和盖鲁斯。尽管此时正值冬天最冷的时节，使者依然捎带着军团派遣的命令乘快马赶往了西班牙和不列颠。

面对各部族的叛变倒戈，罗马是不可能不发起反攻的，日耳曼裔的“尤里乌斯”们一定也深知这一点。但是以奇维里斯为首的“尤里乌斯”们的失算在于他们没有想到罗马会这么快就起兵平定内乱。

罗马一方的反攻确实也无愧于罗马人久负的盛名，既坚决又彻底，不过，实际粉碎这些“尤里乌斯”们的美梦的人却是另外一群“尤里乌斯”，也就是笔者归为第三类的高卢裔的“尤里乌斯”们。

这些高卢裔（用希腊式的称呼叫凯尔特裔）的高卢人当初对于日耳曼裔的高卢人提出的并肩作战的请求既没有赞成也没有反对。然而，叛乱发展到创建高卢帝国的阶段后，他们也开始有所行动了。这些高卢裔高卢人在长期支持罗马的雷米人的居住地区召开了实力派人士共同参加的会议，围绕着“是参加高卢帝国的叛乱还是留在罗马帝国一方”的问题进行了讨论。

鉴于当年尤里乌斯·恺撒甚至慷慨地将自己的家族名赐予了居住在莱茵河东岸的日耳曼人，所以被他征服的莱茵河西岸的主要民族——高卢人当中的全部实力派人士肯定也都获赐了“尤里乌斯”的家族名。也就是说，聚集在相当于今天法国北部的雷米人居住地的所有高卢的实力派人士都拥有“尤里乌斯”的名字。其实，雷米人的族长即会议主办人的名字就叫做“尤里乌斯·奥斯比克”。再加上克劳狄乌斯皇帝奉行开国路线的影响，他们当中的很多人还是罗马帝国的元老院议员。

这些人其实已经察觉，“高卢帝国”只是个虚名，帝国的实质却是“日耳曼帝国”，并且他们也想起来，尤里乌斯·恺撒征服高卢后给高卢人带来的好处是可以保护高卢人不受日耳曼人的侵略。因为在那以前，日耳曼人利用高卢部族之间的内斗跨过莱茵河入侵了西方，高卢人经历了长期任人宰割的岁月。当时恺撒断言，如果没有罗马，高卢早晚会屈服在日耳曼的统治下，高卢人听到这句话哑口无言。多亏罗马人守住莱茵河，日耳曼问题才得以解决，谁知120年后高卢人又要再次面对这个问题。

会议讨论的结果是不加入高卢帝国，高卢裔的“尤里乌斯”们对日耳曼裔的“尤里乌斯”们说了“不”。他们不仅不加入，还表明会以罗马军辅助兵的身份参战。但是这个计划因为穆奇阿努斯的一句“罗马人的麻烦由罗马人自己解决”而没有实现。不过，除了与莱茵河邻接的低地日耳曼和高地日耳曼两个行省之外的整个高卢决定支持罗马的影响还是很大的，因为不论是从意大利本土还是从西班牙和不列颠赶来的军团，在前往莱茵河沿岸地带的战场时都要经过高卢。另外，在保证行军路线的安全以外，也确保了军粮方面的补给，其好处不可估量。用现代的话来说，这相当于高卢人向罗马人作出了提供后方支援的承诺。

在这一系列的动向中，公元 70 年的冬天过去了，春天随即到来。罗马一方开始从意大利、西班牙、不列颠三个方向朝莱茵河进军。出兵迎击的尤里乌斯·奇维里斯一改当年在担任罗马军辅助部队指挥官时的短头发、齐胡须的模样，变成了长发随风飘动、胡须半遮着脸的日耳曼风格。双方的旗帜都是高卢帝国，但是很明显，这是一场在罗马史上已经反复发生过并且此后也将几度上演的罗马与日耳曼之间的对决。

将外形改为日耳曼风格的尤里乌斯·奇维里斯似乎也想将内涵变为日耳曼模式。日耳曼民族非常重用女占卜师，往往根据她们的卜卦来决定是否出战。罗马在对外扩张的共和政体时代也曾流行过在出征前卜算“鸡卦”，根据鸡的啄食方式来占卜吉凶的这种方法也没落了，但是步入帝政时代以后军团的主要任务变为了防御。因为在迎击来袭的蛮族时，根据鸡卦的结果来决定是否出击的方法太不现实了。

得到尤里乌斯·奇维里斯重用的女占卜师的名字叫贝莱达，是居住在莱茵河东岸的布鲁克特里人的年轻女子，她预言日耳曼人会成功称霸西方，歼灭罗马军。笔者觉得她说的都是废话，不过对于让驻扎在莱茵河沿岸的 6 个军团宣誓效忠了高卢帝国的奇维里斯而言，想必这是神灵对未来的启示。尤里乌斯·奇维里斯将一名本来要处死的军团长俘虏送给占卜师贝莱达作为祭神的供品，不过这个名叫卢佩鲁克斯的军团长在被押送的过程中选择了自杀。

奇维里斯的日耳曼风格也表现在对俘虏的处置上，他把俘虏的罗马军团兵送给了年幼的儿子当玩具，不是让他们陪他一起玩，而是把他们绑起来，让儿子用剑刺他们取乐。

这样做也许可以提升日耳曼人的士气，但是对于高卢人起到的作用只有加深他们对日耳曼人的戒备心，并且罗马这个民族绝对不会放过以非人的方式对待同胞的凶手。

罗马军正式开始反攻的消息让高卢裔（凯尔特）的高卢人发动了对日耳曼的

作战。首当其冲的是高卢帝国一方的林贡斯人南边的塞卡尼人。塞卡尼人的族长也是“尤里乌斯”家族的一员，同时也出席了雷米人主导召开的部族长会议。他以实际行动证明了自己支持罗马的立场，并且战胜了尤里乌斯·萨比努斯率领的林贡斯人。高卢帝国的冰山一角就这么快地崩溃了，败军之将萨比努斯虽然成功逃跑，但是 9 年后还是被罗马人找到了。自称是恺撒私生子后代的这名男子被皇帝韦斯帕芗下令处死。

但是，高卢帝国只是损失了冰山一角。尤里乌斯·奇维里斯依然率领着巴达维人和莱茵河东岸的日耳曼各部族盘踞在莱茵河口和东岸一带，科隆、波恩、美因茨就像待宰的羔羊一样岌岌可危。另一方面，尤里乌斯·克拉西克斯和尤里乌斯·托图尔率领的特雷维利人占据了莱茵河西岸一带。

代替留在埃及的韦斯帕芗率领罗马军正式反攻的穆奇阿努斯在挑选实际担任指挥的司令官和军团长时也显示出了冷静的头脑，就算曾经为前一年中相继倒台的三位皇帝中的任何一位效力过也完全不是问题，在低地日耳曼或高地日耳曼军中服役的经验才是选拔的标准。司令官之一的安尼乌斯·盖鲁斯曾经在高地日耳曼驻屯军中担任过军团长，另一名司令官佩提里乌斯·凯利亚里斯也有在低地日耳曼驻屯军中担任军团长的经历。因为日耳曼人身为原住民族对地形和其他一些事情了如指掌，并且是在他们的地盘上交战，所以就需要具备足以与原住民族抗衡的知识和经验。

总计 9 个军团从意大利、瑞士、西班牙和英国聚集到了一起。凯利亚里斯作为典型的前线指挥官，没有等到全军集结完毕，当他到达被破坏后仅剩下少量残兵的美因茨时，手上的兵力恐怕只有从意大利带来的 5 个军团。凯利亚里斯决定只率领这些部队向特雷维利人的驻地进军，从西班牙、英国和瑞士前来的其他军团的指挥权则交给了盖鲁斯，他不想错过这个正适合作战的早春季节。

但是，即使只有 2 万兵力，罗马军的主力军团兵的战斗力依然很可观。美因茨到特里尔之间由一条古罗马大道相连，不过因为是山岳地带，行军速度肯定比不上平地，但是罗马军仍然保持 5 公里的时速，每日行军 9 小时。罗马军通常的行军时间是一日 5 小时，所以这已经赶上急行军的速度了。能走得这么快是因为减少了行李的重量，特雷维利人的西邻雷米人可以提供“后方支援”。

他们在到达之后对摩泽尔河畔的特雷维利人的根据地特里尔展开攻势，经过激烈的战斗成功占领了特里尔。获胜的罗马士兵们主张放火将特里尔全城摧毁，并杀死所有居民，理由在于这里是杀死沃克勒等罗马军将领的罪魁祸首尤里乌斯·克拉西克斯和尤里乌斯·托图尔的故乡。他们认为将掠夺的战利品和俘虏变卖虽然是胜者的权力，但现在不需要这些利益，所以应该通过烧杀抢掠让特里尔这座城市从地球上消失。

胜利与宽容

面对意欲复仇的部下们，司令官凯利亚里斯这样说：

> 罗马人之间的内战已经结束了，罗马军团兵的斗志之高妇孺皆知，而现在必须用这种斗志来重新对付帝国之外的敌人。

凯利亚里斯的这句话将士兵们的注意力转移到了被带到特里尔之后生活在悲惨状态下的曾发誓效忠于高卢帝国的罗马军团兵们。

尽管友军成功攻占了特里尔，但是这些人甚至没有从关押自己的简陋小屋和帐篷中走出来，更何况是在被解救后迸发出喜悦，与同胞互相拥抱在一起了。他们很清楚自己犯下的罪过，并且为犯下的罪过深深感到羞耻。危险和恐惧已经过去了，他们却依然躲在小屋和帐篷中。描写这种场面的一流高手塔西佗这样写道：“他们看起来甚至连阳光都想躲开。”

士兵们顺着凯利亚里斯所指的方向看过去，这才想起了成为俘虏的同伴们。士兵们纷纷对着简陋的小屋和千疮百孔的帐篷呼喊，却没有人答应。士兵们又将视线转向凯利亚里斯，什么都没有说，眼泪却已布满了脸颊。凯利亚里斯抓住这个机会对士兵们说：

抛弃罗马帝国，向蛮族帝国宣誓效忠只不过是造化弄人。他们这种有损名誉的行为以及之后的悲惨遭遇，追根溯源都是他们的司令官和几个军团长对皇位的觊觎，以及被抓住这一点的敌人利用的结果。所以，一切从今天重新开始，对于他们以前的行为，皇帝（韦斯帕芗）和身为司令官的我可以一笔勾销。

看到士兵们听得入神，凯利亚里斯再接再厉，他下令迎接这些原先的叛徒返回攻打特里尔时搭建的罗马军团宿营地。然后又强调，不得取笑、侮辱或者冷落他们。

士兵们脱去这些可怜同伴们的破衣服，为他们洗净身体，然后换上军团兵的新军装。凯利亚里斯利用这个机会把因留在特里尔而被俘的特雷维利人和林贡斯人的实力派人士召集到一起，讲了一段话。佩提里乌斯·凯利亚里斯在 9 年前的公元 61 年被当时的皇帝尼禄任命为驻不列颠第九军团的军团长，根据这个史实来看，公元 70 年的这个时候他肯定有 50 多岁了。根据塔西佗的记载，这名前线经验丰富的武将是这样说的：

我本人既不是善于言辞的政治家，也不是律师，因为我选择了通过武器让罗马公民的存在理由获得认可的方式。但是，鉴于你们现在的状态（败者的状态），我想还是听听我拙劣的言辞比较好。如今罗马与特雷维利人还有林贡斯人之间的战斗结束了，与其胆战心惊，不如冷静地听听我的话。

希望你们回想起来这样一件事，当初罗马人踏入你们以及其他高卢人的土地（指的是从莱茵河至比利牛斯山脉的高卢全境）不是出于罗马人的征服欲，而是因为接到了你们祖先的请求。那时（恺撒征服）以前的高卢整天持续着部族之间的斗争，处于濒临毁灭的状态。恺撒接受高卢部族的请求进入高卢地区，但是别的部族向日耳曼人阿利奥维斯塔请求支援。然后这个日耳曼人便想借此机会将高卢掌控在自己手中。日耳曼人的战斗力何其恐怖，罗马人与他们展开过多少次战斗，导致了多少人牺牲，只要你们回想起这些就足够了。

我们罗马人决定将莱茵河作为防线，这当然是为了保证意大利的安全，但同时也是防止高卢全境被阿利奥维斯塔（与恺撒交战失败的日耳曼武将）的子孙占领。你们不会认为现在的奇维里斯率领的巴达维人和莱茵河以东的日耳曼人与生活在恺撒时代的他们的祖先不同，会对高卢人怀有好感，并能够和高卢人亲切交往吧？如果是的话，那简直就是幻想。

距那时已经过去了130年，可是日耳曼人一点没变。他们依然没有放弃跨越莱茵河入侵高卢的想法，他们排斥与其他民族的融合，认为掠夺其他民族的物资是理所当然的，并一直持续着居无定所的生活习俗。他们离去之后只会留下荒无人烟的不毛之地，这些日耳曼人当然会长期觊觎高卢这片肥沃土地的主人宝座。

并且这些日耳曼人将高卢人吸引到自己一方时惯用口号永远都是“自由”和“独立”这两个词，但是请你们不要忘记，人类社会的现实就是，但凡想将别人纳入自己统治下的民族，无一例外都会用这两个词当做旗号。

恺撒将高卢归入罗马的法律管理下之前，罗马人统治高卢用的是武力，这个事实谁都没有异议。但是，我们罗马人成为征服者后，行使这项‘胜者的权利’也是为了给整个帝国带来和平。确实，你们被迫负担了缴纳行省税的义务，但是为了保证民族间的和平是需要士兵存在的，雇用士兵就必须支付薪水，而薪水的支付只能依靠税金。

罗马向高卢提出的要求只有缴纳行省税这一项，在其他所有方面都承认你们的自治权。不仅如此，自从这条路线的创始人——恺撒时代开始，便有很多高卢人被提拔担任了罗马军中的重要职务，就连行省总督的职位不是都交给高卢出身的人做了吗（此处指尼禄时代的尤里乌斯·温德克斯）？罗马的方针是不搞歧视政策，也不闭门自封（指的是克劳狄乌斯皇帝的改革以后，元老院的议席向行省出身者开放的方针）。

英明的皇帝会给行省人民带来利益，这对于我们罗马人来说也一样。但是，如果皇帝昏庸无能，我们这些在他身边的罗马人会受到直接的伤害。不过就像干旱少雨或是降雨过多的自然灾害让我们人类束手无策一样，对于皇帝的不英明或者是昏君的不理朝政、横征暴敛，也只有在能容忍的限度内容忍。认为让特雷维利人出身的托图尔和克拉西克斯来统治的话一切都会转好，也不用再纳税的想法只不过是痴人说梦，他们也要考虑到自己所属部族的安全，所以肯定还会保留军队以防备日耳曼人和不列颠人。

如果将罗马人从高卢驱逐出去的想法成为现实，当然这是上天不允许的，假使上天允许，你们有没有想过会变成什么样的局面？帝国全境必定将陷入无休止的战乱状态。

但是，罗马经过800年的漫长岁月，在幸运的眷顾下，通过严于律己，铲除意欲破坏和平的人，为自己和他人确立起了和平的局面。

如果这种和平被破坏的话，第一个受害者就是你们高卢人。因为诱发战争的最大原因是对黄金和财富的欲望，如今这些正掌握在你们的手里。

正因如此，希望你们三思而后行。想想你们可以在自己的城市和村庄中享受和平、安居乐业的情景，以及征服者和被征服者都能够享有同等权利的事实，这是不是值得热爱和推崇呢？

你们和其他高卢人不同，有起兵反抗罗马的经历。请你们根据这个经历想想，是继续支持必定失败的叛乱，还是回到我们罗马人的怀抱，彼此成为共存共荣的同伴，希望你们慎重决定。

光是凯利亚里斯的这场演讲就足以说服特雷维利人和林贡斯人的实力派人士了，这就意味着居住在罗马帝国的领土——莱茵河西岸的日耳曼裔高卢人也脱离高卢帝国回到了罗马帝国一边。剩下的只有日耳曼部族了，这样一来他们甚至失去了号称“高卢帝国”的资格。

尤里乌斯·奇维里斯也察觉到了事情的严重性，他和虽然出身特雷维利人却决定继续反抗罗马的尤里乌斯·克拉西克斯联名给凯利亚里斯写了一封信，意思是说，如果凯利亚里斯有意成为高卢帝国皇帝的话，二人愿效犬马之劳。然而这位罗马的武将连回信都没写。奇维里斯仍然不放弃，他又将写给凯利亚里斯的信件副本寄给了身在首都罗马的图密善，以期借图密善的告发让担心前线的司令官投敌的穆奇阿努斯解除凯利亚里斯的职务，将其召回本国。但是韦斯帕芗年轻的儿子图密善把信件转给穆奇阿努斯后，他只是扫了一眼便扔到垃圾桶里了。于是奇维里斯和克拉西克斯不得不面对重新收复莱茵河西岸后直冲河口而来的凯利亚里斯的罗马军和已经集结完毕的盖鲁斯指挥的罗马军这两支军队的猛攻。

日耳曼人且战且退，尤里乌斯·克拉西克斯和尤里乌斯·托图尔都在激战中阵亡，尤里乌斯·奇维里斯的妻子和妹妹也被罗马军活捉，日耳曼人在前往战场时有拉家带口的习惯。被敌军追赶的奇维里斯本想着撑到冬天后能喘口气，但是果断进攻的凯利亚里斯连这个机会都没有给他。穷途末路的巴达维人首领提出了与罗马军司令官进行会谈的请求，双方的会谈在莱茵河口浅滩的一处小岛上举行。

笔者推测尤里乌斯·奇维里斯和佩提里乌斯·凯利亚里斯应该是旧交，公元60年也就是距当时10年前的时候，二人都在低地日耳曼军中服役，前者是辅助部队的长官，后者是军团长。二人先后于公元61年和62年左右与手下的士兵一起被派遣到不列颠，参加了罗马的远征。之后二人分道扬镳，奇维里斯再次回到低地日耳曼，凯利亚里斯被派到多瑙河战线，在此度过了数年。彼此的年龄差距应该不超过10岁，奇维里斯的参军时间虽然长，但相当于韦斯帕芗远亲的凯利亚里斯和韦斯帕芗一样属于“后来居上”，所以也是在兵营中成长起来的。此外，在罗马军中，不论是罗马人将领还是行省人民出身的辅助部队长，同样都是总司令官召开作战会议时的常客。即便今天二人已经彼此互为敌人，但促使奇维里斯决定与凯利亚里斯进行直接会谈并且凯利亚里斯也在不附加任何条件的前提下接受的背后存在着这样的背景。

关于会谈都讨论了些什么内容，没有明确的史料记载。塔西佗在《同时代史》中的相关叙述正好在奇维里斯开口说话的部分中断了。并不是塔西佗在此搁笔，而是因为之后的记载在中世以后失传了。不过，虽然不清楚二人的谈话内容，谈话的最后结果还是知道的。

巴达维人没有被赶尽杀绝，也没有沦为奴隶，而是恢复到了与起兵反抗罗马之前相同的状态，被允许继续作为罗马的同盟者存续下去。并且他们没有加入行省，所以也没有缴纳行省税的义务，作为交换条件，他们需要作为罗马军中的辅助兵服兵役，这与起兵之前也是完全一样的。

尤里乌斯·奇维里斯也没有被处死。话虽如此，他也没有像以前一样继续担任巴达维部队的长官，此后关于他的消息完全中断了。关于曾经起兵反抗恺撒的高卢人维钦托利以及在条顿堡森林中全歼罗马三个军团的日耳曼人阿尔米纽斯事后的消息，很多史书都一直追寻到他们去世为止，但唯独关于奇维里斯没有任何一个人提及。如果他是被处死，肯定有人会记载下来，实际却没有相关记载，同时也没有证明他存活下来的史料。他有可能是恢复了平民身份，在莱茵河东岸的某个地方平淡地度过了余生。原因是被罗马军抓住的妻子和妹妹就好像被送回了他的身边一样，从此也没了音讯。

曾经得到这个奇维里斯重用的女祭司贝莱达倒是被送回意大利，在那里度过了余生，可能是罗马人觉得把她从即使白天也一片昏暗的森林之国转移到阳光普照的意大利就可以削弱日耳曼女巫的法力。据说这名日耳曼女巫在意大利重操旧业，生意非常兴隆。

至此，高卢帝国在不到半年内便土崩瓦解了，从尤里乌斯·奇维里斯率领巴达维人点燃反抗罗马的战火算起，也不到一年时间。不过值得注意的是罗马人对于这次“高卢问题”的处置方式。

首先，对于背叛罗马后发誓效忠高卢帝国的军团兵们，只用一句“一笔勾销”便给予了宽恕。这些人身为罗马公民不仅背叛了祖国，作为罗马的正规军也违反了罗马军的军规，如果是现代的话，势必难免被移交军事法庭。

其次，身为罗马帝国的行省人民却禁不住日耳曼人的笼络，打着创建高卢帝国的旗号，试图脱离罗马独立的特雷维利人和林贡斯人也完全没有被追究。除了战死的人之外，在这两个部族的实力派人士当中被处死的只有叛乱的主谋之一——尤里乌斯·瓦伦提努斯一人。

第三个是前面提到的对巴达维人的处置。对于充当了叛乱发起者的这个部族，罗马也贯彻了“一笔勾销”的方针。

这一系列现象中唯独不存在“报复”这两字眼。比起行使“胜者的权利”，罗马人选择的是以“宽容”相待。不是因为他们醒悟到了人道主义的可贵，而是他们觉得这样更有效。

这个处置方式是否是凯利亚里斯一个人的主意呢？

从罗马军的传统来看，前线的司令官拥有几乎无限制的裁决权，与汉尼拔的讲和是大西庇阿自己决定的，恺撒征服高卢后也按照自己的判断进行了战后处理。至于科尔布罗，虽然由皇帝尼禄委以军队执行作战任务，却未经战斗就决定与帕提亚讲和。

只不过，这些前线司令官的决定需要事后经过元老院的表决和市民的赞同才能立法确定为国策，话虽如此，其实可以说他们的决定几乎没有被否决过。

凯利亚里斯不同于以上列举的几位在罗马史上光彩夺目的大人物，并且他的对手不是什么强大的敌人，只是发动叛乱的行省人民而已。在他决定投入 9 个军团的阶段，罗马一方可能就已经胜算在握了。只要胜券在握，怎样进行战后处理应该也会一目了然。

笔者猜想，凯利亚里斯从意大利本土出发之前就已经从穆奇阿努斯那里接到了指示，因为这个时期穆奇阿努斯正在意大利专心于确保韦斯帕芗皇帝之位的工作，而他采取的方法不是“报复”，而是“宽容”。

维特里乌斯曾经因为在对失败者的处置上失误而招致过怨恨，穆奇阿努斯没有重蹈他的覆辙，并且他还巧妙地将因存心报复维特里乌斯而把支持维特里乌斯的克雷莫纳夷为平地的罪魁祸首安东尼·普里默斯降了职，这就是他深谙冤冤相报会导致国家灭亡这个道理的证据。

穆奇阿努斯还让元老院表决通过了向遭受战火的意大利北部居民提供损失赔偿的提案，曾经支持维特里乌斯的克雷莫纳居民也被列入了赔偿名单中。“一笔勾销”的政策在宗主国意大利也得到了贯彻，前任皇帝维特里乌斯一派的人员中，被处死的只有他的亲弟弟卢西乌斯一人，战斗到最后的士兵无一人遭到刑罚。

话说回来，人对于自己不能接受的事情，即使是上司的命令也不会妥善执行。所以凯利亚里斯应该也赞同穆奇阿努斯的想法，正因如此他才能稳住叫嚣着报仇的士兵们，重新接纳“变节”的军团兵，接受曾一度倒戈转向罗马的行省人民再次承认罗马霸权的要求，甚至还让主谋奇维里斯放弃了抵抗。

但是笔者认为促使穆奇阿努斯和凯利亚里斯选择宽容而不是报复的原因，除此之外还有一个。

那就是罗马人自己认为发生从巴达维人的叛乱到创建高卢帝国为止的这一系列事件的真正责任在于罗马一方，塔西佗也写道：“这只不过是罗马人之间斗争的余波而已。”如果不是一年之间先后出现三个皇帝，各为其主的军团兵之间混战不休的话，行省兵的叛乱就不会发生了。如果罗马人没有暴露出自己的无能，也不会让行省人民觉得罗马人不足为惧了。笔者认为穆奇阿努斯和凯利亚里斯是在充分了解了个中情由的基础上才选择了“宽容”的处置办法。

正因如此，对于这两个人来说，宽容与冷静毫不矛盾。始终坚持“一笔勾销”的凯利亚里斯接下来将要面对的是更不可缺少“冷静”的任务——与战友盖鲁斯一起重建莱茵河防线。

“莱茵河军团”重组

公元 1 世纪下半叶的“莱茵河军团”由于士兵被抽调到不列颠参与征服战争，从 1 世纪上半叶的 8 个军团减为了 7 个军团，分别是驻扎在低地日耳曼的 3 个军团和驻扎在高地日耳曼的 4 个军团。

这 7 个军团经过高卢帝国骚动后唯一毫发无伤的只有驻扎在今瑞士苏黎世附近的温德内萨（现在的温迪施）的第一军团，维特里乌斯下令让他们前往意大利似乎才是毫发无伤的真正原因。由于同样的原因，驻扎在克桑腾的第五军团也避免了军团解散。这个军团的大部分人都去了意大利，发誓效忠高卢帝国的士兵只有极少数人，而且也不能如此轻易地就将恺撒创建的这个战功显赫的军团解散，因此只有这个军团被调任到多瑙河流域的米西亚行省。另外还有一个军团也免于被解散，就是驻扎在美因茨基地的第二十二军团。保留这个军团的理由是他们在看到“莱茵河军团”唯一的军团长——不畏艰险、恪尽职守的军团长沃克勒被行省兵杀害时竟无动于衷，所以要求他们在以后的任务中将功赎罪，这个军团的银鹫旗此后也镶上了沃克勒的名字。

除此之外的 4 个军团全部被解散，并不是因为担心保留下来会再次引发类似的事件，而是要他们为自己身为罗马的军团兵却发誓效忠其他民族的可耻行为负责。不过，虽然军团被解散，却没有将军团兵们除名，而是将他们分别分配到了新组成的各个军团中。因为突然增添 2 万名无处可去的军团兵的话，很可能导致社会的不稳定。

至于协助主要战斗力的军团作战的辅助部队，既然连巴达维人都恢复到了叛乱以前的状态，其他行省出身的士兵们各自归营也是理所当然的了，不过，在这个方面作了一些小变动。

叛乱以前都是由部族的实力派人士来指挥、由自己所属部族的部族民组成的部队，此后改为任命罗马人或其他部族出身的人担任指挥官，但是没过几年就又变回了原来的方式。毕竟这种新的选任方式有诸多不便，让出身本地的人来担任指挥能够更有效地团结士兵。虽说一切都恢复到了以前的状态，但此后的 200 年却再也没有发生过行省兵攻击军团兵的事件，可以证明公元 70 年的宽容政策是非常有效的。

不过，尽管罗马人在帝国西方始终坚持如此宽容的政策，在帝国东方的做法却截然相反。高卢帝国问题和犹太问题是发生在同时期的事件，但可以说罗马人对两个事件的应对方式有着天壤之别，理由在于这两个问题的性质不同。

犹太问题

如果说公元 66 年夏天爆发、73 年春天以马萨达要塞的玉石俱焚告终的“犹太战争”是罗马帝国内部的行省人民发起的一场反抗霸权者罗马的独立运动的话，从巴达维人的叛乱开始的高卢帝国创建事件也具有同样的意义。但是，两个事件的性质完全不同。犹太战争是本来就应该发生的叛乱，无论统治者罗马如何施行善政，也只是将问题暂且搁置罢了。从这个意义上来说，居住在犹太的犹太人起兵反抗罗马是不可避免的，只要想到犹太人和罗马人的思维方式（文明）的差别，就可以知道这是一场命中注定的对决。

犹太民族的第一个特殊性是他们的居住地区——巴勒斯坦一带位于大国叙利亚和埃及之间，如果他们是居住在黑海东岸一带的话，犹太肯定会有一段不一样的历史。因为如果处在交通要道上，必然长期受到叙利亚和埃及的垂涎，而此时叙利亚和埃及都处在罗马帝国的统治下。

第二个特殊性是，他们是一个相当优秀的民族。在统治者看来，越是优秀的民族越不好统治。如果是平庸的民族，被打压到社会底层也不会有反抗的能力和勇气。

第三个特殊性是犹太人与古希腊人不相上下的离散倾向。以叙利亚的安条克和埃及的亚历山大这两处犹太人聚集区为首，各个城市都存在犹太人的共同体。与希腊人不同的是，这些居住在海外的犹太人与本国的连带关系非常强。具体来说，只要是犹太教徒，不管住在哪里，每年都有义务向耶路撒冷的大神殿捐献2德拉克马的香火钱。与犹太民族相反，意大利的希腊殖民城市的代表锡拉库萨和塔兰托的居民只有在参加四年一度的奥林匹亚运动会时才会意识到自己身上有希腊血统。就算科林斯灭亡，科林斯移民的后代——锡拉库萨的居民也不会起兵复仇，但如果要是灭亡耶路撒冷的话，居住在亚历山大的犹太人很可能会起兵。一些学者表示，比起居住在犹太的犹太人来说，居住在希腊移民城市的海外犹太人在数量上要多得多。

第四个特殊性在于，犹太人没有对自己以外的民族进行统治的历史。犹太人也有诸如大卫和所罗门时代那样的独立时期，但这些都是自己国家内的独立，并不是将他国纳入统治下的帝国。而且，这个时代在他们的历史上稍纵即逝，即使不追溯到被巴比伦奴役的时代，他们也曾长年处于埃及和叙利亚的希腊化（Hellenism）王朝（希腊裔国家）的统治下，最后又被罗马统治。

在历史上被其他民族长期统治的民族以现代人的思维来看肯定是受压迫的民族，当然会让人们抱以同情之心。但是，也需要注意这样一种现实，就是在历史上长期被压迫的话很可能会带来精神构造上的变化。

具体来说就是自卫本能异常发达，失去了思考的灵活性而变得顽固不化。同时，对于任何事物都会反应过于敏感。为了在残酷的现实中存活下来，往往容易将希望寄托在梦中，犹太教中期待救世主的教义就是一个例证。

第五个特殊性会让人感到这是犹太人特殊性的极致，就是与宗教的关系。以希腊和罗马为代表的多神教中的众神只是保佑人类、为其提供帮助的存在，相反，犹太人信奉的一神教的神却是规范人类行为的存在，一旦有人违反，就会毫不犹豫地对其进行惩罚。由此可以得出一个理所当然的结论——在多神教的民族中政治与宗教是分开的，相反，一神教的民族却容易衍生出宗教积极介入政治的神权政体。

加之犹太人还有着诸如巴比伦奴役时代被强制迁移到他国的经历，因此对于他们来说，在身处异乡的情况下还想保持犹太人的身份认同，除了诉诸宗教外没有别的选择。从他们的历史来看，犹太人观念中的国家一直是神统治的国家，也就是神权政体（意大利语 Teocrazia，英语 Theocracy）。

有意思的是，罗马人使用的拉丁语中不存在表示“神权政治”这个意思的词语，这表明古代的罗马人甚至没有设想过让神来介入人类政治的政体。

但是，如果全体犹太人一致推崇神权政体的话，应该只会与不接受神权政体的罗马人发生矛盾，犹太人彼此之间应该不会存在冲突。然而，事实却是同样信奉犹太教的犹太人当中对于政体也存在着意见分歧。

这便是主张宗教优先的法利赛人和倡导重视政治的撒都该人。

除此之外，他们居住的场所也发生了分裂，有的犹太人继续居住在犹太国内，有的移居到了海外的希腊移民城市。犹太国内的居住区也分成了内陆地区和海边地区，耶路撒冷城内还出现了贫困阶级和富裕阶级的分化，情况很复杂。

现代的研究者们将这些人统括起来分成了两派：贫困的犹太人属于对罗马

的强硬派，富裕的犹太人属于稳健派。当然，在亚历山大拥有一家小店铺的犹太人比起在加利利的山野放羊的犹太人确实要富裕一些。但是，对统治者罗马采取强硬还是稳健态度的决定性因素与其说是财富的多少，更多依据的是与异族接触、共生的必要性有多大。对于住在城市的犹太人来说，正因为这种必要性比较高，所以本来由于选民思想的影响而性格封闭的犹太人也不得不变得开明起来。

对于这个既特殊又复杂的犹太民族，罗马是如何应对的？请参阅《罗马人的故事 7 · 臭名昭著的皇帝》中“皇帝卡利古拉”一章中罗马人与犹太人、希腊人与犹太人、提比略与犹太人、卡利古拉与犹太人等各个小节，此外，“皇帝克劳狄乌斯”一章中也曾单列出“犹太问题”一节进行过介绍，在此重新梳理一下：

第一，结束后世称为“希腊化时代”的 300 年后，罗马人取代之前的统治者希腊人，提高了此前一直处于统治阶级的犹太人的社会地位，使得东方世界的两大势力——希腊人和犹太人在经济上趋于了平等。

像斐洛这种开明的犹太人高度评价尤里乌斯 · 恺撒开创的罗马帝政也是出于这个原因，在罗马人看来，自己的帝国在东方世界实现经济上的繁荣只有通过这两个民族的自由竞争才能实现。

第二，希腊人和犹太人都是优秀的民族，正因为如此，动不动就容易陷入敌对关系，罗马采取的方针是不偏袒任何一方，而是始终在双方之间充当调停的角色。在作为统治者的罗马人看来，希腊人和犹太人同样是被统治者，《罗马人的故事 7 · 臭名昭著的皇帝》中介绍的克劳狄乌斯皇帝的敕令《致亚历山大公民的一封信》就是表明罗马这种立场的好例子。

第三，对于犹太人主张自己所拥有的“特殊性”，充分给予承认，具体来说包括以下几点：

（一）在不破坏社会稳定的前提下，给予完全的信教自由。

（二）允许每年继续向耶路撒冷的大神殿捐献 2 德拉克马的香火钱。

（三）除死刑的宣判执行以外，允许犹太人社区内的法律自治，但只限于帝国东方的犹太人社会。

（四）免除军役及其他国家公职，但对于有意参军、奉公的人仍然保持开放政策。

（五）每星期六仍然定为安息日。

对于罗马人来说的假日是供奉神灵的祭日，不是每周定期一次的休息日。在罗马人眼中，犹太人这种每到周六就停止工作，除了祭神以外什么都不做的习惯一定显得很奇怪，但同时罗马人也将犹太人严格遵守的每周六的安息日视为了他们自己的祭日。信奉多神教的罗马人已经习惯了罗马教以外的祭日，因此也尊重犹太人的安息日。

帝国的首都罗马有一项名为《小麦法》的小麦免费发放制度，以保障居住在首都的贫困的罗马公民权所有者的生活。相当于"面包与马戏"中的"面包"，虽然这种做法被后世大加抨击，但也是一项兼顾社会福利和争取选民的政策。

小麦的发放通常一个月进行一次，有时发放日正好赶上周六的安息日，遇到这种情况时犹太裔的市民就无法前往马尔斯广场的一角领取小麦，因为在安息日除了敬神之外什么都不能做，于是负责发放小麦的当局会将属于犹太裔市民的那一部分留到第二天。

如果只是 5 人、10 人，负责给数万人发放小麦的当局不会搞这种特殊待遇，这也可以证明兼有犹太教徒和罗马公民权所有者这两种身份的犹太人在首都罗马也有相当的人数，同时也表明罗马人有着尊重不同习俗的理念。

除了卡利古拉皇帝统治末期双方关系一度恶化之外，从犹太人处于罗马直接统治下的公元 6 年开始的 60 年间，罗马人一直对犹太人奉行这种政策。不过罗马人唯独没有允许在耶路撒冷建立神权政体，因为如果允许的话，恐怕无法避免这种影响波及海外的犹太人社会。作为不允许建立神权政体的交换条件，罗马一直致力于在犹太地区实现由犹太人的国王领导的统治政体。如果能确立起像大希律王时代的那种世俗王权，就可以抑制犹太人建立神权政体的念头。

然而，在耶路撒冷建立神权政体才是正统犹太教徒的心愿，这是无论罗马如何让步也无法解决的问题，因为两个民族对"自由"这个词语的理解是不同的。罗马人的"自由"意为在有军事力量保障的和平以及有法律保障的秩序下，每个人都能做自己想做的事情。在犹太人的观念中，能够建立神权政体才是“自由”。罗马人60年来承认犹太人特殊性的统治政策只能暂缓犹太教徒追求“自由”的脚步，却不能从根本上消除他们的这种愿望。

犹太人史学家约瑟夫斯·弗拉维乌斯认为，60年后爆发的犹太人叛乱是菲利克斯、菲斯托斯、阿尔比努斯、弗洛鲁斯等历代犹太长官施行暴政的结果。罗马人史学家塔西佗也曾写道：“犹太人的忍耐一直持续到弗洛鲁斯那个时期为止，在弗洛鲁斯担任长官期间爆发了叛乱。”

这四个人担任犹太长官的时间是从公元52年到66年为止的14年间，如果这14年间的罗马行政官的暴政是爆发犹太叛乱的原因的话，那为什么罗马的中央政府能够在长达14年的时间里容忍地方长官们在问题最多的犹太地区施行暴政呢？

这四个人无一例外都是尼禄皇帝时代的长官，尼禄虽然在很多方面犯了统治错误，唯独在涉外政治上展现出了了不起的见识。在他统治的14年间，除了统治末期的犹太，没有任何一个行省对罗马发起过叛乱。虽说在挑选担任行省统治直接负责人的总督、司令官和长官时只要沿用提比略和克劳狄乌斯建立起来的人才网络就可以了，但是尼禄在用人方面确实有超凡的才能。

不过，尼禄既不是一人独揽皇帝大权的提比略，也不是为了公务而鞠躬尽瘁的克劳狄乌斯，他对于皇帝责任之外的事情，比如诗歌的自作自吟，还有罗马的城市绿化倾注了更多的心力。如果是提比略的话，肯定会马上将统治失当的犹太长官召回送上法庭，严厉追究责任。当然，挑选继任的长官时也会比以前更加慎重。皇帝的职责就像驾驶一辆四匹马拉的战车，只要驾驭其中任何一匹马的缰绳发生操作失误，战车就会撞到运动场的观众席，连带驾驶者一起粉身碎骨。也许尼禄缺乏的是这种紧迫感。

即使如此，笔者还是无法同意尼禄手中的“缰绳”偏偏会在犹太上操作失误的说法，并且是连续四人，时间长达14年。

关于这个疑问，塔西佗下面的这句话也许能作为解答：

犹太人对于我们来说之所以是难以忍受的存在，就在于他们固执地坚持自己与帝国其他的居民不同。

在《罗马人的故事 7·臭名昭著的皇帝》中也曾经提到过，作为征服者的罗马人一直努力同化被征服者，并试图将他们吸纳为罗马帝国这个共同体的一员。希腊人、西班牙人、高卢人和北非人都赞成并且加入了罗马的这条“败者同化”路线，相反只有犹太人以一神教为由加以抗拒。并且，他们不仅抗拒被同化，还固执地坚持建立神权政治，对于不接受他们要求的罗马不断进行反抗。

虽然希腊人存在反犹太的情绪，但是与希腊人不同，在社会立场和职业上都与犹太人不存在竞争关系的罗马人却没有反犹太的情绪。不过到了与犹太人发生直接接触60年后的这个时期，也许罗马人终于也开始对犹太人心生厌恶了。

一旦对犹太人心生厌恶，犹太人的所有行为都会变成厌恶的对象。就像塔西佗所说，犹太人的割礼是为了区别于别的民族，一神教是从对其他众神的轻蔑中产生的信仰，拒绝服兵役和担任公职表现出缺乏对帝国的爱国心，积极增加人口是为了超越其他民族，他们拒绝崇拜仿照人类模样雕刻的神像只代表对人类的蔑视，没有舞蹈也不伴随有体育竞技的犹太教祭祀死气沉沉，足以让人们对人生产生绝望，禁止与信仰其他宗教的人通婚也逐渐被认为是犹太民族封闭性的一种体现。

不能说四名犹太长官的心中不存在这种反犹太的情绪，并且这四个人与远在帝国西方、和犹太人没有直接接触过的塔西佗不同，他们必须日日夜夜与犹太人来往，并且还肩负着统治这些犹太人的任务。

对于接到命令镇压游行的警察部队队长来说，最大的困难不是驱散游行人群，而是对手下队员的掌控。如果放任不管，受到游行队伍挑衅而心里燃起憎恶之火的队员很可能会像野兽一样对游行队伍发动攻击。从这一个例子就可以看出对部下进行掌控的“缰绳”有多么重要。

连续四任犹太长官的残酷统治的背后可能也潜在有长官们的焦躁心理吧！尽管没有酿成大祸，但光是列举这个时期发生的犹太人叛乱，其次数之多恐怕就会占去很多篇幅。被称为“短剑党”（杀人者）的恐怖组织的活动范围已经扩大到了犹太全部地区，另外，从大神殿的重建工程结束的两年前开始，耶路撒冷出现大量失业者。建立神权政体的大义正道，失业造成的生活不安，中近东地区特有的酷暑，使得当地难免不生状况，这要求直接负责人需要比以前更加慎重。然而，就在要求对这些地方长官的任务执行进行监控并预先制定对策的时候，皇帝尼禄却缺乏这种坚决、持续的责任感。

叛乱爆发

埋下的火种被点燃的契机是长官弗洛鲁斯从耶路撒冷大神殿的宝物库中没收17塔兰特金币充当了欠缴的行省税。尤里乌斯·恺撒在年轻的时候曾被海盗生擒，海盗向他开出的赎身钱是20塔兰特。1塔兰特相当于6000德拉克马，用平民的生活开支来比较的话，相当于560人一年的收入。在弗洛鲁斯看来，这些只不过是用来代替没有缴纳的行省税罢了。

但是，问题不在于金额的多少，耶路撒冷的大神殿是犹太教徒每年都会义务捐赠2德拉克马香火钱的圣地，是将捐款奉献给神的地方，不是储蓄自己钱财的银行，更不是以拖欠税金为由便可以随便提款的账户。然而弗洛鲁斯不仅没有反省自己的冒失行为，反而决定对发起暴动的犹太人实施强硬的镇压，这当然会让犹太人的愤怒更加强烈。

并且犹太人一方也不懂得控制自己的愤怒。犹太人有一个特点，就是一旦冲动起来便无法在中途停下来，要一直冲到无路可走为止。以17塔兰特金币为起因的暴动发展成了将罗马势力从耶路撒冷赶出去的战争，时间是公元66年6月。

不过，并不是住在耶路撒冷的所有犹太人都参加了暴动，他们分为激进派和稳健派。激进派指的是此前游荡于犹太内陆地区的“短剑党”，他们这次成功地将耶路撒冷的下层民众卷了进来。稳健派是处于耶路撒冷上层阶级的人们。

内部不团结使得激进派的行动更加过激了。他们急于证明自己的想法是正确的，同时也是为了让本来没有信念却出于立场而不得已支持稳健派的人明白“事已至此只能一不做二不休”的道理。而且在这个时候，激进派内部也已经分裂成了两派，过激的行动愈演愈烈。

因畏惧暴徒而逃入王宫内的罗马守卫队听到对方承诺缴枪不杀后纷纷投降，之后却全部惨遭屠杀。

稳健派的主心骨——大祭司和他的弟弟一起成为了恐怖事件的牺牲品。

罗马的卫兵驻扎在马萨达的要塞落入了前来袭击的激进派手中。

统治犹太北方的阿格里帕二世以犹太人的身份出面劝说却无功而返，夏秋之间，在耶路撒冷发生的反罗马暴动开始向犹太地区的西部和南部扩散。

居住在恺撒利亚等希腊移民城市的希腊人对这次事件产生了危机感，他们本来就有很强的反犹太情绪，因为危机感而倍增的反犹太情绪朝着直到昨天为止还同住在一个城市的犹太人爆发了。同样的现象还波及了叙利亚，在埃及的亚历山大，希腊裔居民和犹太裔居民之间长年的敌对情绪也一触即发，罗马最担心的事情发生了。亚历山大由于犹太人长官提比略·尤里乌斯·亚历山大果断采取应对措施才得以避免事态过于严重，但是问题已经发展到管辖犹太的叙利亚行省总督不出马便无法解决的程度了。

叙利亚总督塞斯提乌斯是名将科尔布罗的继任者，就任总督后不幸患病，两年来一直将实际工作交给副手穆奇阿努斯负责。然而，率领军团攻打耶路撒冷的任务是不允许交给别人代理的。由于罗马考虑到犹太民族的特殊性，所以向犹太教徒的圣地——耶路撒冷派遣罗马正规军团只有在130年前的庞培时代发生过。

率领第十二军团和阿格里帕二世的友军一同南下的塞斯提乌斯攻占了一些支持叛军的城镇后开始向耶路撒冷进军。不出所料，犹太一方的反击非常凶猛，同时，塞斯提乌斯的指挥也缺乏积极性，结果没有攻下号称耶路撒冷最大要塞的大神殿所在的丘陵地区。此时已经到了11月，即将步入冬季，也许是打算来年再战，塞斯提乌斯决定撤退。

然而，撤退往往比进攻要难，比起进攻的时候，需要更坚定的决心和更慎重的安排。抱病在身的塞斯提乌斯大概没有这么充足的劲头了。犹太人得知罗马军团撤退的消息后高奏凯歌，并对撤退中的罗马军发动了袭击。据约瑟夫斯·弗拉维乌斯记载，罗马军团和友军加在一起的战死人数为步兵 5300 人、骑兵 480 人。就算不是犹太人，看到这个数字后也会认为犹太一方大获全胜。塞斯提乌斯返回叙利亚安条克的总督官邸后不久就病死了。

罗马军惨败的消息传到了当时正在希腊的皇帝尼禄那里，尼禄任命穆奇阿努斯接替塞斯提乌斯的职位，他认为事已至此只有通过坚决的行动来解决问题了。虽然现在保持着友好关系，但叙利亚行省总督的主要职责仍然是监视东方的两个大国——亚美尼亚和帕提亚的动向。尼禄觉得犹太问题超出了叙利亚总督的职权范围，他决定起用韦斯帕芗作为犹太问题的唯一负责人。尼禄此时正游走于希腊全境为他自作自吟的诗歌进行“巡演”，不过还是妥善处理了这件事情。而且尼禄还起用了因为在自己的诗歌巡演中打瞌睡被发现而自认出头无望的韦斯帕芗，可见他的性格也是不拘小节的。

韦斯帕芗决定出动 3 个军团参与计划于来年即公元 67 年春天开始的镇压叛乱犹太人的军事行动。事态已经到了刻不容缓的地步，因为在叙利亚的大马士革也发生了希腊裔居民和犹太裔居民间的暴力冲突。

至此，在 130 年间一直坚持充当调停角色的罗马终于开始了与犹太的正面对决。犹太问题牵扯到的绝不只有犹太民族本身，这种复杂性是让罗马坚决采取行动的真正原因。从帝国东方的对决关系来看，依靠寻常的手段是无法解决犹太问题的：

希腊裔居民和犹太裔居民之间的对立关系——以亚历山大、安条克、大马士革为首的希腊移民城市。

犹太人激进派和犹太人稳健派的对立——耶路撒冷、犹太内陆地区。

希腊裔居民联合罗马士兵与犹太裔居民的对立——以恺撒利亚为首的犹太地区内的港湾城市。

犹太人史学家约瑟夫斯·弗拉维乌斯的观点是，要想一举解决这些问题，只有出动罗马的正规军才行。另外，根据这位犹太人史学家的记载，面对罗马的正式反击，犹太方面也确立起了联合激进派和稳健派的迎击体制。

犹太人约瑟夫斯

在此出现了一位人物，为了能够继续接下来的话题，需要先对他进行一下介绍。这个人的名字叫约瑟夫斯·弗拉维乌斯，《犹太战记》的作者，从名字可以看出他是个犹太人。

他出生于公元37年，与皇帝尼禄同岁。父亲出身祭司阶级，母亲拥有犹太王室血统，因此他出身高贵，也受到过符合犹太上流阶级身份的系统教育。然而，他似乎是一个智力方面比知识方面更为优秀的人，在青少年时期，为了了解犹太教的整体面貌曾经徒步寻访各个宗派。与撒都该派、艾赛尼派都有接触，也曾体验过沙漠中的教团生活，后来又与法利赛派走得很近。无论从出身阶层还是智力方面来说，他都是应当进入犹太社会领导层的人。

公元64年，27岁的约瑟夫斯第一次来到了罗马，他此行是作为最年轻的成员随同使节团前去向皇帝尼禄请愿，要求释放在菲利克斯担任长官的时期率众在罗马发动暴动而被押送至罗马的犹太人。

这位年纪轻轻、头脑清晰的犹太精英在乘船从犹太前往意大利的途中首次目睹了沿途的小亚细亚和希腊的各座城市，尤其是管理所有这些城市的帝国首都——罗马。这个时期的体验很可能在约瑟夫斯几年之后改变自己的人生方向上发挥了不小的作用。

到达帝国的首都罗马后，这个年轻的犹太精英没有甘做一名纯粹的旅行者，通过一名犹太演员的介绍，他结识了皇帝的妃子波比娅·莎宾娜。皇妃波比娅是罗马犹太人社会的保护者，因此他们彼此相识应该也不是什么难事，美丽又善解人意的波比娅也不会拒绝接见一位相貌英俊、满腹经纶的犹太青年。约瑟夫斯并没有提及自己当时是否也面见了皇帝尼禄，尼禄当时正在为罗马一场大火的善后工作忙得不可开交，可能没有闲工夫接见这位犹太使节团中年龄最小的年轻人。总之，约瑟夫斯成功通过皇妃向皇帝请愿，准许被囚禁的犹太人返回故乡。

考虑到从犹太到意大利，再从意大利返回犹太的旅途所需的时间，以及受季节影响的海上路况，约瑟夫斯一行回国的时间大概应该在公元 66 年秋天之后。刚回国不久，约瑟夫斯就被任命为迎击罗马军的前线指挥官。这名 29 岁的年轻人刚刚见识过罗马帝国的威严后就被派到最前线与罗马为敌，不知他作何感想。

如果是不了解现实的人，大可随心所欲地做着美梦。另外，借用尤里乌斯·恺撒的一句话："如果你是一个只想看到自己期望的现实的话，看一看自己想看的罗马帝国就可以了。"约瑟夫斯不属于其中的任何一种人，对于不想看到的现实他也会直接面对，在这一点上比起他的同胞来更接近于对手罗马人，他就是这样一名犹太青年。

《犹太战记》就是他这样一个人写就的关于同胞毁灭的故事，这是一部由热情和冷静综合而成的历史杰作，在日本已有译著出版。出版者为山本书店，从译文到小标题、地图、插图，无不倾注着编辑山本七平先生的精心编排，是一部难得的译著。山本书店除了这部《犹太战记》之外，还出版了《犹太古代志》、《自传》、《驳斥阿比安》等约瑟夫斯的全套著作。可见已故的山本七平先生对于这个让现代的以色列人在理性上认可其重要性、在感情上却又憎恶至极的约瑟夫斯有多么的关注。

犹太战争

公元 67 年 5 月，韦斯帕芗率领的罗马军开始向犹太北部的加利利进军，约瑟夫斯已经偕同胞们在此严阵以待。

如果有人能够通过罗马军这次的"量"，了解"质"的话，一定会感到罗马军这次是动真格的了，这次与塞斯提乌斯去年只派遣驻扎在安条克的一个军团加上犹太阿格里帕二世援军的情况不同了。

作为主力的第五、第十、第十五这三个军团无一不是名将科尔布罗训练过的精英军团，在解决了亚美尼亚、帕提亚的问题后依旧驻扎在小亚细亚，现在已经沿着地中海的东岸到达至此了。

协助主力各军团的辅助兵人数与军团兵基本相同，这些行省兵的出生地都在所属军团的驻扎地点附近，所以原先在多瑙河沿岸服役的第五和第十五军团的辅助兵有很多来自巴尔干。驻扎在叙利亚的第十军团的辅助兵则大多是小亚细亚和叙利亚出身。

此外，韦斯帕芗军还得到了统治犹太东北地区的阿格里帕二世的犹太士兵以及那巴提亚和阿拉伯士兵的支援，因为他们的国王与罗马缔结了同盟关系。

全军总兵力为 6 万人，这已经不是第一次组建一支从语言肤色到饮食习惯全部迥然相异的部队了，对于罗马军的司令官来说这是司空见惯的事情。军团内的语言统一为拉丁语，可是被调来参战的阿拉伯士兵不可能听得懂。罗马的皇帝多为军事经验丰富者出身，也不是因为这个国家的军人势力有多强，而是如果有人能率领一支鱼龙混杂的军队取得战果的话，那他到了政治舞台上也能有所作为。

另一方面，迎击这支罗马军的犹太军却只是由犹太人组成的集团，可见犹太人建立神权政体的这种大义正道在别的民族中很难找到共鸣者。从这一点来说，罗马人对犹太人的战争就如同《罗马人的故事 7·臭名昭著的皇帝》所讲述的，是一场古代社会的“普遍”与“特殊”之间的对决。

由于要等待从各地前来的军团和同盟国军队到达，韦斯帕芗在接到任命半年后即公元 67 年 5 月才终于展开了军事行动。这个人作为武将的能力与当时罗马军的其他司令官相比并没有什么特别优秀之处，回顾他此前的经历，在战略上远远不及名将科尔布罗，也不是一名善于运用各种华丽战术的才华横溢的指挥官。话虽如此，他也绝不是一名平庸的武将，能够集谨慎、踏实、持久力和健全的常识于一身的人就已经不是凡人了。虽然仅凭这些还不足以俘获普通士兵的心，但韦斯帕芗偏偏还拥有一种无法形容的“亲和力”。

他于公元 9 年 11 月出生在首都罗马沿萨拉利亚大道向东北行走 60 公里处的

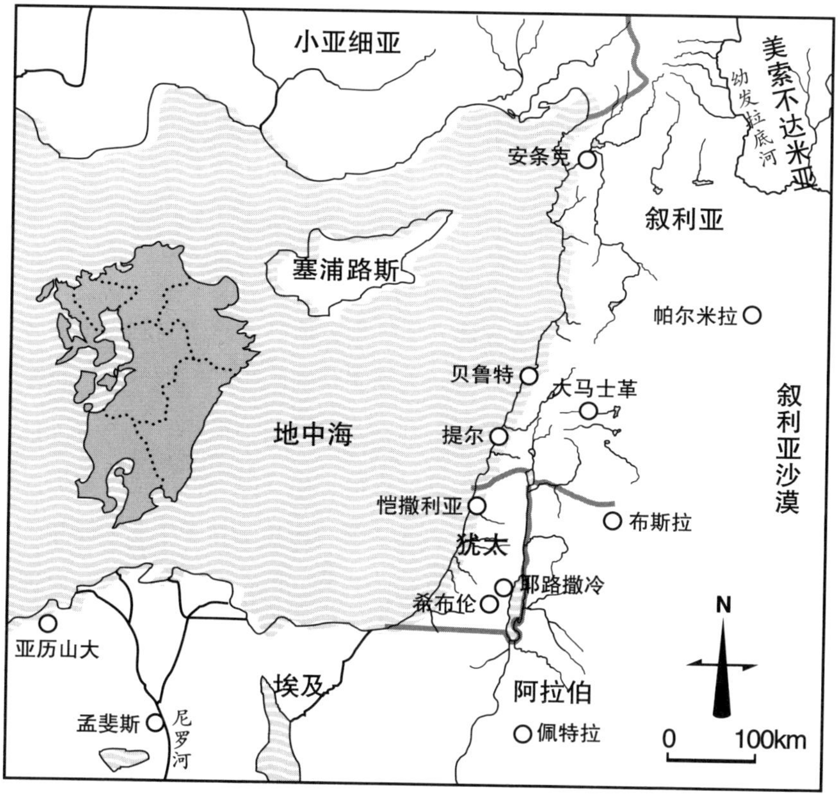

犹太及其周边（为了表示距离感，使用的比例尺与日本的九州一样）

列阿特（现在的瑞耶提），之前已经提到过，他的出身非常低贱，依靠自己的力量闯出了一片天地。

弗拉维乌斯·韦斯帕芗的军旅生涯开始于提比略皇帝时代，他也是史学家蒙森笔下的“提比略一派”中的一员。在军团内晋升到大队长之后，他仿效当时罗马常见的晋升途径，参加首都的选举并当选为财务检察官。在这个位子上坐了一阵后，又当选为按察官。之后曾一度重返军团生活，在此期间提比略皇帝驾崩，开始了卡利古拉皇帝的时代。

卡利古拉是个问题很多的皇帝，但还是保留了前任提比略构筑的人才网络，所以在风雨交加般的卡利古拉皇帝统治期间，韦斯帕芗没有受到影响。不仅如此，卡利古拉皇帝统治期间，30 岁的韦斯帕芗还成功当选了法务官。在当时的罗马，有担任法务官经历的人也就意味着拥有被委任指挥一个军团的资格。

罗马是一个霸权国家，军队负有防卫庞大帝国全境的职责，所以不会让有指挥军团资格的人游手好闲。韦斯帕芗从法务官的职位上卸任后马上被任命为负责防卫莱茵河的第二军团的军团长，派驻低地日耳曼。到了公元 43 年，决定征服不列颠的克劳狄乌斯皇帝命令 34 岁的韦斯帕芗与指挥下的军团一起前往不列颠。

当时的不列颠战线由曾在确立多瑙河防线的工作上表现出色的普劳提乌斯担任总指挥，整个战线挥洒着克劳狄乌斯皇帝征服不列颠的热情，也是年轻武将们一显身手的舞台。在年龄和经验上都毫不逊色的韦斯帕芗的军事才能在不列颠战场得到了充分的发挥，担任总指挥的人能力出众的话，手下的军团长们也更容易立下战功。韦斯帕芗东奔西走，表现活跃，最后被授予了凯旋勋章。在步入帝政时代的罗马，通常只有皇帝才能享受到驾驶四匹白马拉的战车出席凯旋仪式的待遇，军团长级别的人只能得到低一级别或者更低级别的勋章。韦斯帕芗获此殊荣后产生了巨大效果，公元 51 年，42 岁的他当选为执政官。

不过，其实他只是以候补身份当选执政官。罗马帝国必须向元老院管辖的近 10 个行省派遣总督，并且担任总督必须拥有 10 年的执政官经验，所以需要大量培养执政官人选，因此即便是候补也有出头的机会。韦斯帕芗应该有两个月的执政官经验。10 年后的公元 62 年，韦斯帕芗成为阿非利加行省的总督，前往官邸所在的迦太基赴任。

但是，就在结束一年的任期后即将被任命为可以指挥多个军团的“皇帝任命的司令官”并前往皇帝管辖的行省赴任时，发生了在尼禄皇帝的诗歌巡演上打瞌睡的事件。韦斯帕芗本人和周围的人都认为他的仕途生涯就这么结束了，但是这件事过去两年后，尼禄又重新将韦斯帕芗提拔为指挥犹太战争的司令官。

公元 67 年，韦斯帕芗 58 岁，约瑟夫斯 30 岁。民族、出身、性格、年龄都截然不同的两个人在犹太地区遭遇了，此前二人甚至都不知道对方的存在。

起兵 6 万攻打犹太的罗马军显示出了司令官韦斯帕芗的性格，稳扎稳打地向前推进。他们的作战计划是一边对犹太全境展开地毯式攻击，一边南下逼近耶路撒冷，当然，攻击重点都集中在各战略要地上。然而，约瑟夫斯率领的犹太军队挡在了罗马军团的面前。

约瑟夫斯在书中自夸的战术确实精妙绝伦，但依然没有超出出奇制胜的范围。不过他的计策竟然能阻挡罗马军主力47天，也难怪约瑟夫斯会自夸。但是笔者认为韦斯帕芗在战略战术上已经达到极限的解释更为妥当，被敌人出奇招阻挡47天之久，如果是大西庇阿、苏拉或者全盛时期的庞培或恺撒的话，想必绝对不会允许这样的事情发生。

担任司令官副手的韦斯帕芗的长子提图斯虽然也是一名身先士卒的勇将，却是有勇无谋。

纵然如此，对手既然是组织完善、纪律严明的罗马军，奇招也早晚会有用完的一天。英勇的约瑟夫斯和他的犹太同胞们大败而归，很多人宁愿选择自杀也不愿当俘虏，他们负责死守的尤塔帕塔城也于7月20日陷落。据约瑟夫斯统计，这一战死了4万人，1200人被俘。

但是，约瑟夫斯逃走了，他藏进了当地很多洞穴中的一个。不过这里早有先来的客人了——城内的40名长老。约瑟夫斯劝这些人向罗马军投降，可能因为他才30岁，还不想死。又或许是因为约瑟夫斯对罗马帝国有所了解，不想成为这场大局已定的战争的牺牲品。然而，即使他说罗马人会赦免所有投降者，40名长老也没有听从他的劝说。相反，他们坚定不移地主张全员自尽才是犹太教徒应有的风范。

虔诚的犹太教徒经常挂在嘴边的一句话是：

“只有唯一真神才是我们的主人，我们的自由应该献给为侍奉这位神而建立政体的国家。因此，在这个没有自由的地方，死不足惜。”

对于犹太教徒来说，自杀行为是在他们无法得到自己期待的“自由”时所面临的必然结果。

就在双方你来我往地争辩期间，他们藏身的洞穴被罗马士兵发现了。韦斯帕芗派来了劝说投降的使者，但长老们的想法没有改变。最后，他们决定通过抽签来集体自杀，最先抽中的人由第二个抽中的人动手杀死，照此顺序直到最后抽中

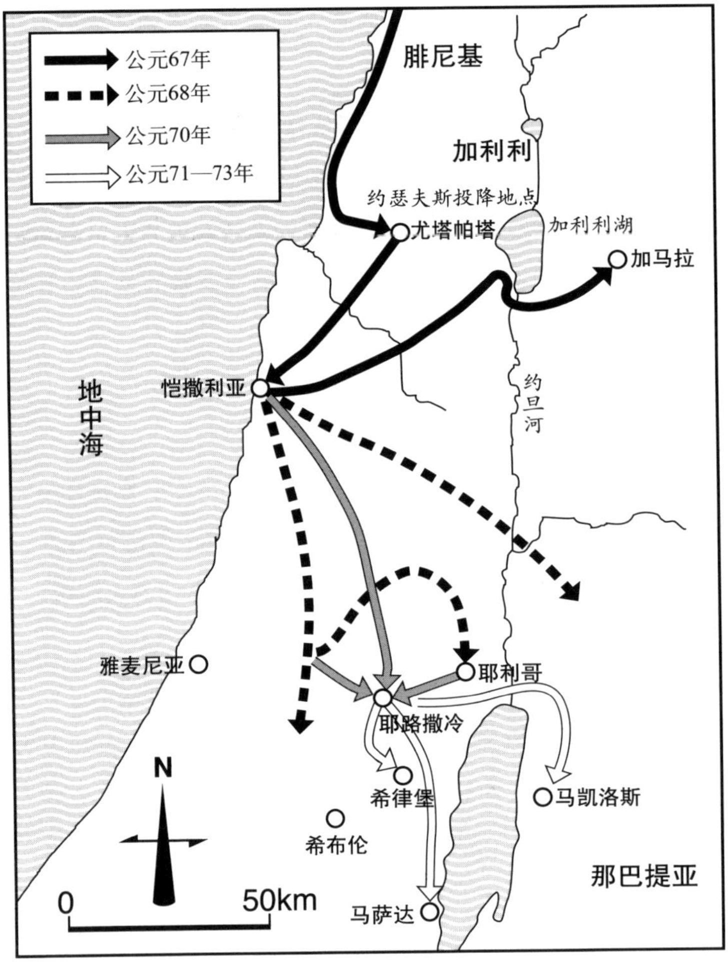

罗马军在犹太战争中的进军路线

的人自杀为止。

但是，40 人中的其他人相继被杀后，最后留下来约瑟夫斯和另外一个人。据现代的数学家称，用高等数学的方法是可以让其中一人活下来的。不过约瑟夫斯在书中这样写道：

不知是命运之神的作弄还是神的旨意，我和另一个人留到了最后。因为不希望在抽签之后杀人或者被杀，我便劝说那个人相信我，一起活下去。

他的劝说成功了，二人举着双手从洞穴中走出来，被罗马军带回了营地。罗马士兵们用一种好奇心大于憎恨的心情迎接了这名让本方在原地被困一个半月的敌将。尤其是约瑟夫斯如此年轻，更是让提图斯惊讶不已。

与约瑟夫斯年龄相仿的提图斯虽然正在执行镇压犹太叛乱的任务，然而他却完全不是一个反犹太主义者。他非常崇拜以犹太人的身份坐到埃及长官位置的尤里乌斯·亚历山大，并且不顾阿格里帕二世的姐姐贝蕾妮丝犹太公主的身份，疯狂爱上了她。提图斯和他的父亲韦斯帕芗一样，完全不存在种族偏见。淳朴的提图斯被这位将罗马军团阻挡在一个地方 47 日之久的犹太指挥官的年轻和品格征服了，于是他下令，罗马士兵不得碰约瑟夫斯一根汗毛。

但是，父亲没有忘记指挥官的职责，他向儿子交代，约瑟夫斯是即将被押送前去面见皇帝尼禄的俘虏，绝对不能放松警惕。

约瑟夫斯得知这个消息后，下了一生中最大的赌注，这个犹太俘虏要求与罗马的司令官单独谈谈。韦斯帕芗应允了，但还是让儿子提图斯和两个朋友陪同自己出席，大概是出于安全的考虑。但约瑟夫斯其实完全没有偷袭敌方司令官的打算。

预言

约瑟夫斯率先开口："或许你以为自己抓到了一个名叫约瑟夫斯的犹太人，但其实我是神派来向你转达一件事的使者。"然后他接着说，"神说继承尼禄之位的是你和你的子孙，为了确认这个预言的真伪，让我留在你的身边。"

韦斯帕芗没有相信，因为尼禄的母亲继承了神君奥古斯都的血统，约瑟夫斯说这句话的时候，是公元 67 年夏天，尼禄的皇帝位置安然无恙。并且韦斯帕芗出身低贱，此时恐怕没有任何一个人认为他会取代当时的领导者，尤其是韦斯帕芗本人首先就没有这种想法。

于是在场的朋友之一马上反驳约瑟夫斯："假如你有预言的能力，那为什么没有向尤塔帕塔的居民们预言，他们的城镇会陷落，而你自己也难逃被俘的命运呢？"约瑟夫斯回答："自己曾经预言过，但是他们不听。"

约瑟夫斯在《犹太战记》中的这段记载有强烈地为自己辩护的味道，所以他记载的内容不一定都是事实，不过据他自己说，韦斯帕芗后来相信了。笔者猜想，与其说韦斯帕芗后来相信了，不如说是他虽然不相信但也无意推翻他的预言。

虽然不至于达到犹太人那个程度，但罗马人也是很迷信的。看到鸡欢快地啄食，士兵们会欣喜地认为这是好兆头。但是，罗马的领导层不管在共和政体时期还是在帝政时期都非常清醒，因为他们会私下命令在前一天不给鸡喂食。

不管怎样，约瑟夫斯的计划成功了。他不必再担心自己会被押送到尼禄那里，提图斯也可以公然地和这个与自己年龄相仿的犹太人称兄道弟了。

连塔西佗也对这次"预言"作过记载，至于这么做到底是像约瑟夫斯所说的真的是神的旨意，还是像笔者所说的，这是约瑟夫斯在一生中下的最大赌注，每个人都有自己的见解。笔者这么解释的根据在于以下几点：

公元 67 年 7 月——约瑟夫斯预言尼禄之后的皇帝将是韦斯帕芗。

公元 68 年 6 月——尼禄自杀。

公元 69 年 7 月——东方各军团拥立韦斯帕芗称帝。

与此事件有关的人在公元 67 年的年龄：

尼禄——30 岁。

韦斯帕芗——58 岁。

提图斯——28 岁。

约瑟夫斯——30 岁。

如果是站在约瑟夫斯的立场上，估计笔者也会打这个赌。约瑟夫斯只预言韦斯帕芗会继尼禄之后成为皇帝，但并没有预言到尼禄的死亡。如果尼禄没有被迫自杀，从年龄上来看，先死的很可能会是韦斯帕芗。假如韦斯帕芗不打这个赌，等待约瑟夫斯的将是被押送到尼禄面前的命运，运气不好的话会在30岁就英年早逝。从尼禄的年龄来看，想知道预言是否应验肯定要等到很久以后，所以试着预言一下也没什么损失。即使预言不中，约瑟夫斯也不会失去什么。笔者推测，30岁的约瑟夫斯当时很可能已经做好了失败的准备。

有趣的是，一年之后加尔巴成为皇帝，证明了约瑟夫斯的预言落空，但是韦斯帕芗的态度并没有发生变化。他没有去找约瑟夫斯质问为何预言没有应验，也没有将约瑟夫斯套上枷锁投入大牢。得知加尔巴登基后的韦斯帕芗派遣提图斯作为特使前往罗马，向新皇帝表示支持和效忠，提图斯在途中得知了加尔巴死亡、奥托登基的消息。对于新皇帝奥托，韦斯帕芗既没有积极地支持，也没有表示反对。至此，约瑟夫斯的预言第二次落空，可是他的境遇仍然没有什么变化。是因为韦斯帕芗的心中还惦记着这个年轻犹太人的预言，还是因为他觉得约瑟夫斯的出身和头脑在镇压犹太的叛乱上有用武之地？从韦斯帕芗凡事都讲究平衡的态度来看，笔者认为后者的可能性更大。

在一年后的公元69年7月，罗马皇帝的归属又从奥托变为了维特里乌斯，得知这个消息的东方各军团不接受维特里乌斯登基，纷纷支持韦斯帕芗称帝。

自称为帝的韦斯帕芗至此才相信了约瑟夫斯在两年前作出的预言，于是约瑟夫斯被释放，恢复了自由身。不过他没有离开罗马军的营地，不知是韦斯帕芗挽留还是约瑟夫斯自己决定留下。

如之前提到的，公元69年7月以后的韦斯帕芗阵营明确了每个人的角色分工。叙利亚总督穆奇阿努斯率军西进，韦斯帕芗留在埃及的亚历山大等待时机，重新打响的犹太战争的总指挥由提图斯担任，埃及长官尤里乌斯·亚历山大协助提图斯一同指挥，约瑟夫斯留在提图斯的阵营内，协助攻打耶路撒冷。实际上，约瑟夫斯后来确实曾三番五次劝说坚守耶路撒冷的同胞们投降，虽然城内给出的答复都是拒绝。

公元70年9月耶路撒冷陷落之后，约瑟夫斯也继续与提图斯一起行动，次年提图斯凯旋返回罗马的时候也带上了约瑟夫斯。在确保了皇位之后，韦斯帕芗将自己的家族名“弗拉维乌斯”赐予了约瑟夫斯，从此以后，约瑟夫斯的名字就变成了约瑟夫斯·弗拉维乌斯，按照罗马的习惯，家族名一般写在前边，所以正确的写法应该是弗拉维乌斯·约瑟夫斯，但为了阅读时的节奏感，不少研究者都写成约瑟夫斯·弗拉维乌斯。总之，约瑟夫斯后半生一直留在首都罗马以著书为生。

正统的犹太教徒绝对不会原谅约瑟夫斯的这种行为，虽然他们也阅读他的著作，否则无法了解犹太发动叛乱反抗罗马的这段历史，但他们依然没有饶恕这些著作的作者。直至今日，犹太方面对约瑟夫斯的评价还是“叛徒”。

以犹太人的身份在罗马历任多种公职的提比略·尤里乌斯·亚历山大与约瑟夫斯一样，也被犹太民族视为叛徒，但这个人是从一开始就选择了与罗马人共同进退的道路。相反，约瑟夫斯·弗拉维乌斯却是从犹太一方叛变过来的。但是，没有这个叛徒写就的著作，犹太人就无法了解自己的历史，并且约瑟夫斯的著作还被翻译成拉丁语和当时的国际通用语希腊语出版，具有将犹太叛乱的因果关系和事件经过向犹太以外的世界广泛介绍的功绩，连正统的犹太教徒也不得不承认这个事实。所以犹太人对约瑟夫斯同时抱有憎恨和矛盾这两种情感，不，应该说正是因为这种矛盾的情感才更加增添了他们的憎恨。

但是，从约瑟夫斯和尤里乌斯·亚历山大，以及第一个给予提比略恰当评价的哲学家斐洛等人的选择可以得知，有些犹太人相信犹太教徒同样可以在罗马的世界中生存下去。换句话说，他们认为罗马人的哲学所主张的“普遍”与犹太人的宗教所倡导的“特殊”是可以共存共荣的。现代人往往认为犹太人是全体一致反抗罗马统治者的，也很少有人对此抱有疑问。但是，这属于只看到人类社会一个侧面的倾向，用恺撒的话说，就是“只想看到自己期望的现实”，笔者认为这很难给犹太人自身带来好的结果。人类社会的现实就是不同的宗教、不同的生活方式、不同的人种必须和平共处下去。玉石俱焚虽然可以感动后世，但终究只不过是一种自我满足，约瑟夫斯是没有痴迷于这种满足的一个例外。

战争中断

公元 67 年 5 月开始的罗马军对犹太叛乱的镇压行动在平定约瑟夫斯把守的加利利地区后，将战线转移到了犹太的中央地区。然而，战争的发展既不豪华也不迅速，虽说很好地反映了总指挥韦斯帕芗坚忍持重的性格，但是也可以看出韦斯帕芗有意放慢进攻节奏的迹象，原因是迎击的犹太一方的老毛病——派系斗争愈演愈烈了。

被派往犹太的罗马军的任务只是镇压叛乱，至于是用军事手段还是和平手段，由前线的司令官全权决定。韦斯帕芗认为只要犹太一方发生分裂，稳健派占优势的话，就可以和平解决，所以有意给犹太方面留出充足的时间。话虽如此，为了给对方造成一旦展开攻防战则耶路撒冷必败的印象，也需要适时地展现出罗马军的声势。所以尽管步调缓慢，但开战一年后的公元 68 年夏天，罗马的军队还是将战线从北、西、东三个方向推进到了耶路撒冷周围。

但是，就在整个战争只剩下攻打犹太民族的精神家园——耶路撒冷的时候，犹太战争却突然中断了，原因是得知了皇帝尼禄自杀的消息。将韦斯帕芗任命为犹太战争总司令的就是尼禄，所以决定暂且停战直到尼禄之后的皇帝下令韦斯帕芗继续执行这项任务为止。这个决定很符合韦斯帕芗不喜欢擅自决断的性格，他将儿子提图斯派往罗马面见新皇帝加尔巴也是为了确认自己是否可以继续执行任务，时间已经过去了半年，从加尔巴那里却没有得到任何消息。

但是，前往罗马的提图斯在途中得知了加尔巴驾崩和奥托登基的消息。接下来的奥托也只是为起兵称帝的维特里乌斯一派疲于奔命了三个月，便从历史的舞台上消失了。结果，一直等待罗马方面回复的韦斯帕芗给了犹太一方长达一年半的休战时间。

犹太一方当然将这段时间用在了增强防御、储备粮食等现实的防卫对策上。但是另一方面，对于准备在攻防战一触即发的时候前来耶路撒冷共度逾越节的犹太人，却没有以战争将至为由阻止他们。非但如此，甚至还宣称会奖励像往年一样在耶路撒冷庆祝逾越节的行为，他们断言唯一真神守护的耶路撒冷绝不会落入异教徒罗马人的手中。从耶路撒冷离开的都是稳健派的犹太人，即使不属于激进派的人当中也有很多相信有神坐镇的圣地耶路撒冷不会沦陷而留了下来。

战争重开

公元 69 年 7 月，韦斯帕芗刚被拥立为皇帝后就决定重新打响耶路撒冷攻略战。因为出于巩固韦斯帕芗皇位的目的，同时也是由于关系到之前所述的对东方全境的犹太人社会的影响，犹太战争是绝对输不起的。

由于韦斯帕芗需要在埃及的亚历山大等待时机，所以决定由提图斯接替他担任耶路撒冷攻略战的总指挥。主力部队除了参加过上一阶段战役的第五、第十、第十五军团之外，又加入了第十二军团，共有 4 个军团。新参战的第十二军团是三年前由叙利亚总督塞斯提乌斯指挥撤退时败给犹太军队的那个军团，韦斯帕芗给了这个军团雪耻的机会。与停战之前一样，主力的 4 个军团仍然有各同盟国的士兵加入，统治犹太东北地区的阿格里帕二世也亲自参战。罗马军以多国部队的阵容打仗，与其说是为了增强兵力，不如说是为了告诉与自己为敌的一方（这次是犹太一方），处于罗马统治下的其他各国与统治者罗马是同心协力的。

攻打犹太首都耶路撒冷的罗马军中加入了犹太军队，而指挥这支罗马军队的提图斯身边也有不少犹太人。让 30 岁的提图斯心悦诚服的尤里乌斯·亚历山大是在名将科尔布罗手下久经沙场的军事专家，接下来是犹太王室的阿格里帕二世，还有已经与提图斯成为亲密朋友的约瑟夫斯。这样一来理所当然的结果就是，罗马军的参谋本部中不论罗马人还是犹太人，都强烈希望能够和平占领耶路撒冷。

但这也是一场与时间的战斗。维特里乌斯被杀后，韦斯帕芗成为了唯一的皇帝，所以他不能无休止地拖延前往首都罗马的行程，话虽如此，他肯定也不放心把攻打耶路撒冷的任务交给儿子，自己前往罗马。年纪尚轻且缺乏战场经验的

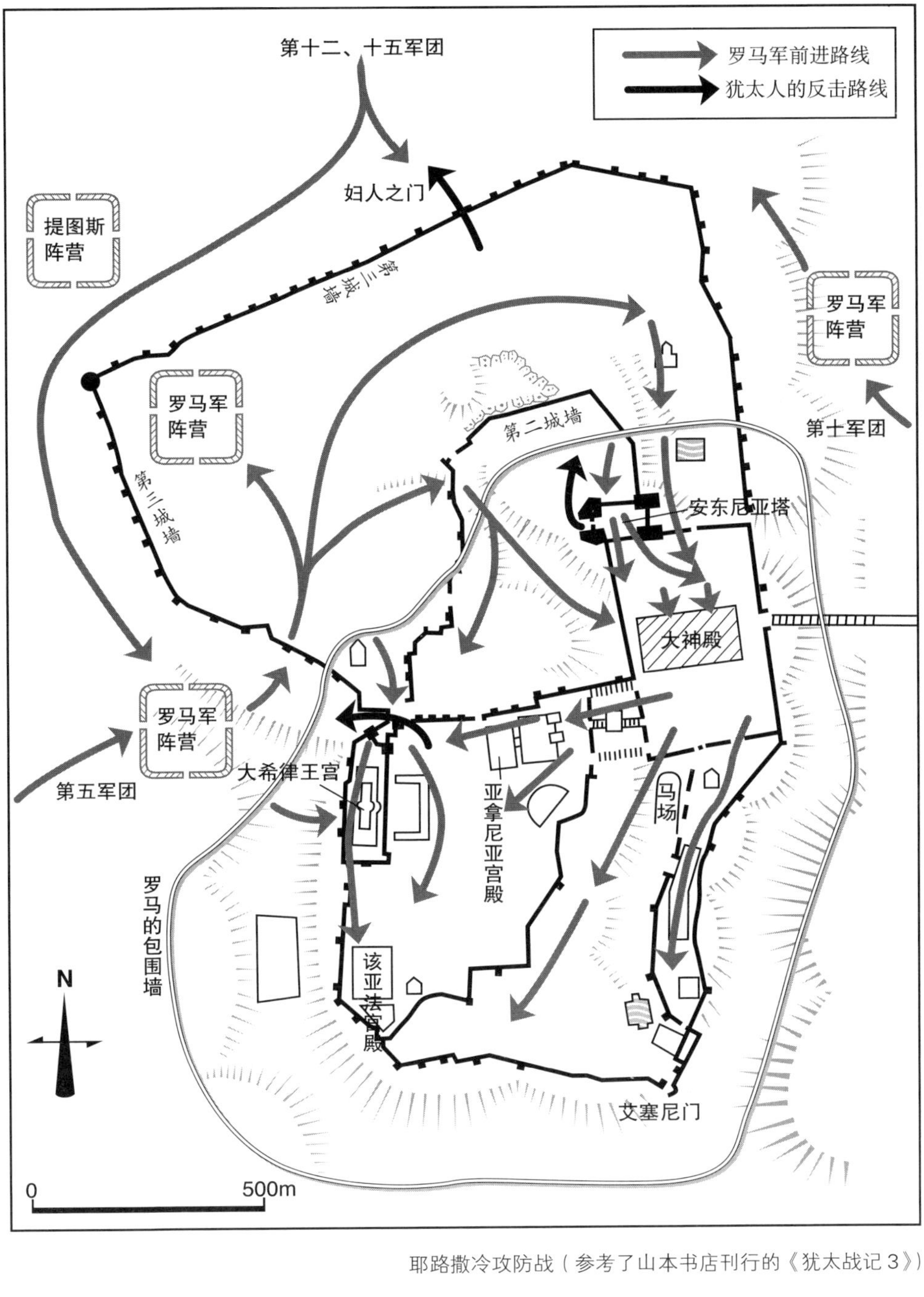

耶路撒冷攻防战（参考了山本书店刊行的《犹太战记 3》）

提图斯指挥的战斗一旦出现拖延太久的迹象，韦斯帕芗就必须从埃及赶过来。也许有人会想，既然如此为什么韦斯帕芗自己不继续担任总指挥呢？拥有“健全常识”的韦斯帕芗很清楚，当时罗马帝国的混乱很大程度上是由皇帝的继承人迟迟不确定造成的。他已经决定将来让长子提图斯继承自己的皇位，所以耶路撒冷攻略战也具有给提图斯“镀金”的意义。为了提高提图斯的威望，同时也是为了将耶路撒冷作为凯旋的皇帝韦斯帕芗送给意大利民众的“礼物”，攻占耶路撒冷的目标必须尽可能早日实现。

激进派的影响力日益增强的耶路撒冷市内已是一片抗战的呼声，如果攻击方的罗马期望尽快解决的话，唯有一战了。公元 70 年春天，提图斯指挥的 4 个罗马军团在耶路撒冷城前布下了阵。

耶路撒冷是一座四周被悬崖峭壁包围的天然要塞，要想攻占此地，只能从没有深谷天险的北面进攻。耶路撒冷还有坚固的城墙保护，甚至让人纳闷，罗马为什么允许让行省的一个城市建立起如此完善的防御设施，而且城墙不止一层，而是两层、三层地重叠在一起。一些重要建筑周围更是耸立着高塔和坚固的石墙，就连作为宗教场所的大神殿也有两层城墙保护。

罗马人自己的首都没有城墙，却允许自己统治的民族在城市周围建起坚固的城墙，是因为他们觉得这些城市本身就是巩固整个帝国防御能力的要塞，但只限于这些被征服者没有对征服者罗马发起反抗的时期。一旦他们发起反抗，罗马人就要面临为打破允许被征服者建立的这些坚固城墙而耗费心力的局面。不过既然选择了败者同化政策，这必然会成为一个不可避免的风险，公元 70 年的耶路撒冷攻防战也因此连日上演激战。

当然，罗马军依照惯例在开战前进行了劝降的尝试，按照他们的说法就是“在公羊冲破城墙之前”。公羊指的是用于打破城墙的一种破城锤，罗马军的军规规定，在城墙被打破前投降的人免死，不投降的人格杀勿论。在公元 70 年的攻防战中，打算接受罗马的劝说开城投降的犹太人全部被市内的激进派杀死了。

为什么在脱离罗马人独立的立场上意见一致的犹太人会变成杀戮同胞的凶手，进而演变为马萨达要塞的集体自杀事件呢？对这个问题的回答很简单。

破城锤“公羊”（复原后的假想图）

对于以纯粹为至上生活方式的人来说，没有比不纯的行为更让人唾弃的了。越是纯粹，就越不能容忍哪怕一点的不纯。激进派只能是越来越激进，犹太人建立神权政体的“自由”得不到允许的话，就只有选择死。对于有这种想法的犹太人来说，阿格里帕二世和约瑟夫斯的劝说当然不会有效果。

耶路撒冷陷落

耶路撒冷在持续 5 个月的激战后陷落了。8 月 10 日，大神殿起火。9 月 8 日，犹太人在市内的抵抗开始趋于缓和。9 月 26 日，抵抗全部停止。

关于牺牲者的人数，塔西佗认为死者和俘虏加在一起一共有 60 万人。但是据约瑟夫斯·弗拉维乌斯记载，整个犹太战争期间的俘虏人数为 9.7 万人，耶路撒冷攻防战中的死者多达 110 万人。

其中一多半是犹太人，但很少有住在耶路撒冷的人，大多都是从犹太全境来到耶路撒冷共度逾越节却被卷入战争的人。另外据约瑟夫斯称，其实大部分死者不是被罗马兵杀死的，而是因为很多人集中在一个场所导致密度过高，并且是在 5 月份遭到包围，发生了大范围的疾病和饥荒。

然而，至于在攻防战期间耶路撒冷城内到底有多少人，现场证人约瑟夫斯也只是进行了一些推测。根据他的推测，大概有 270 万人。但是在笔者看来，如果公元 1 世纪的耶路撒冷有那么多的人，城内肯定会拥挤到不能动弹的地步。

不管怎样，可以肯定的是牺牲的人数确实达到了一个惊人的数字。罗马人严格地执行了“投降者免死，负隅顽抗者格杀勿论”的政策。并且，投降时间仅限于公羊开动之前，之后再投降的人不能划入“免死名单”的行列，只能沦为与战利品无异的俘虏。

据约瑟夫斯记载，俘虏中唯一幸免的是一些年轻俊俏的男子，他们被挑选出来用于参加日后的罗马凯旋仪式，一部分 17 岁以上的男子则被送往埃及充当苦力，此外绝大多数的俘虏都沦为了奴隶，被提图斯作为赠与各行省的礼物，或者被送往圆形竞技场与角斗士和野兽对决。16 岁以下的男子和女子被分给了士兵，士兵们肯定是将这些人卖给了奴隶商人，以赚取一次性收入。

耶路撒冷的大神殿被烧毁的事件说明，罗马方面以后不会再允许犹太教徒设立犹太教的宗教圣地，虽然没有废除住在任何地方的犹太人成年男子每年都可以捐赠 2 德拉克马香火钱的制度，但是将捐赠对象从以前的耶路撒冷大神殿变为了罗马的朱庇特神殿。因为阻断金钱流通的话，就可以让犹太人因积蓄财力而膨胀的势头和实力受挫。不过，这是真实的目的，另外还需要找一个冠冕堂皇的说法来掩饰。从此以后，只对犹太人开征的这项“犹太人税”就被冠以了一种“美名”——作为免除帝国防卫任务的交换条件而缴纳的税金。

此外，耶路撒冷独有的大祭司长制度也被废除，由 70 名祭司组成的耶路撒冷自治机构“七十人会议”也被废除。同时，此前罗马因顾及民族感情而没有在耶路撒冷驻扎军队，今后也常驻了由一个军团和附属的辅助兵组成的 1 万士兵。

这些举措都表明，始于尤里乌斯·恺撒对犹太的宽容路线在 120 年后发生了大转变，这就是此前一直在希腊人和犹太人之间充当调停角色的罗马人首次直接与犹太人进行对决的“犹太战争”的结果。

不过罗马人这种冷酷无情的严厉政策针对的只是长期反抗罗马的犹太人，对于没有进行反抗的犹太人特别是居住在海外的犹太人的待遇没有发生任何改变。另外，信奉多神教的罗马人也没有强迫他们放弃犹太教的信仰。

据守城池的犹太人集体自杀后，马萨达要塞陷落了。犹太全境的反罗马势力完全消失三年后，也就是公元 73 年，皇帝韦斯帕芗批准了在耶路撒冷和现在的特拉维夫之间的雅麦尼亚城设立犹太文化研究所的计划。对于犹太人而言，“文化”指的就是犹太人的宗教，具体来说是律法书籍的研究。罗马人无意禁止犹太教，也不是反犹太主义者。

但是，耶路撒冷的陷落也助长了由于长年的利害冲突而怀有强烈反犹太情绪的希腊人的势头。攻占耶路撒冷后，提图斯曾顺道前往叙利亚的安条克，一些希腊裔的居民等候在野外剧场，见到提图斯后请求他将安条克的犹太裔居民驱逐出城。提图斯表示拒绝，理由是犹太人已经失去了家园，驱逐出去的话他们会没有容身之地。然而，希腊裔居民仍然不依不饶，又要求撤掉罗马人下令设立的刻有犹太裔居民各项权利的青铜板。提图斯同样拒绝了，罗马人的观念中不存在民族净化思想。

另外，罗马人“具体问题具体分析”的倾向在军事镇压后的犹太地区也得到了发挥。

犹太东北地区——与以前一样仍然是由犹太王室阿格里帕二世统治，所以划为了犹太人的自治区域。

集中在犹太西部的恺撒利亚等港湾城市——罗马在这些地方的作用是调解希

腊裔居民和犹太裔居民之间的关系，这种方法在犹太地区以外的其他国家城市中的犹太社区也得到了沿袭。

耶路撒冷和内陆地区的城镇、村庄——在犹太人占居民人口大多数的这些地区，确立罗马的直辖统治，也就是说不再像以前那样由叙利亚行省总督手下的长官统治，而是换为犹太行省总督统治。

此外，犹太也与帝国的其他行省一样，开始在区域内铺设在当时来说相当于高速公路的罗马式道路网络。

落实了这些政策之后，提图斯才前往埃及的亚历山大，在那里等到春天后取海路前往罗马。父亲韦斯帕芗早在耶路撒冷大局已定的时候就出发去了罗马。

耶路撒冷陷落后，还有三座城池掌握在犹太人手里，分别是耶路撒冷南方15 公里的希律堡、死海东边的马凯洛斯和死海西边的马萨达，全部是耶路撒冷陷落后成功逃脱的激进派固守的据点。

提图斯觉得攻打这些要塞用驻扎在耶路撒冷的一个军团就足够了，于是让参与耶路撒冷攻略战的其他三个军团返回了之前在叙利亚和多瑙河沿岸的驻地，反正从现在的情况来说也不着急攻占。之后没多久希律堡和马凯洛斯两处要塞就被攻了下来，但是攻占马萨达却用了三年时间。据守城池的人连带妇女孩子加在一起不过几百人，以数千人的兵力却打了三年，当然有守城一方顽强抵抗的原因，不过攻方也确实没必要急着把城池打下来，因为对于罗马来说，“犹太战争”在耶路撒冷陷落后就已经结束了。

公元 70 年的“犹太战争”明确了“不进行反抗的犹太人可以继续存活下去，进行反抗的犹太人的命运只有死或者成为奴隶”的基调，因此犹太人的反罗马运动在此后的半个世纪偃旗息鼓。再次爆发类似事件是到了图拉真皇帝统治时代的公元 116 年，图拉真皇帝在远征帕提亚的途中被犹太人从背后暗算，让罗马举国激愤。这一次的反罗马运动遭到多次镇压，一直持续到了哈德良皇帝的时代。公元 130 年，为了应对这些问题，哈德良皇帝前往巴勒斯坦，不仅对犹太全境进行了军事镇压，还采取了以前的罗马皇帝从来没有实施过的强硬政策。他将耶路撒冷的全部犹太人驱逐出境，以后彻底禁止犹太教徒到耶路撒冷居住。同时还禁止割礼，甚至通过对罪犯实行割礼的方法明确了歧视犹太教的态度。

失去家园的犹太人散居到各地，从这个意义上来说，犹太人所谓的“散居”（Diaspora）并非始于公元 70 年的提图斯时代，而是由公元 130 年的哈德良一手造成的，是五贤帝之一的哈德良皇帝的政策所致。然而，就连这位哈德良皇帝也没有禁止犹太教信仰，或者废除罗马帝国内各城市的犹太人社区享有独特习惯的权利。罗马始终贯彻“只要不反抗罗马，就承认信教自由”的政策，另外，不知是不是因为哈德良皇帝的强硬政策奏效的影响，从此以后犹太人的反抗完全销声匿迹了。

前几年，在古罗马广场南侧的提图斯凯旋门前，罗马的犹太人社区举行了庆祝以色列建国 50 周年的活动，这次庆典也含有“罗马帝国灭亡了，犹太人依然存在”的意义。

笔者在电视上看到这个情景，脸上不禁浮现出了微笑。真要庆祝的话，不应该在提图斯的凯旋门前举行，在哈德良修建的万神殿前庆祝不是更合适吗？但笔者随即改变了想法，因为庆典毕竟还要考虑到舞台效果。万神殿作为建筑的价值姑且不论，它宣扬的是同时接受不同民族神祇的多神教精神，因此作为不承认其他民族神祇的犹太教的庆祝场所并不合适。此时还是在凯旋门前那雕刻着一座士兵们肩扛七座烛台等犹太教圣物参加提图斯凯旋仪式模样的浮雕下面举行更有助于提升庆典的效果，因为天主教徒每年同样也会在没有发生过教徒殉难事件的竞技场由教皇举行庆祝天主教战胜罗马帝国的弥撒。

罗马人的犹太人政策始于公元前 63 年庞培征服犹太之后，在公元前 47 年恺撒实施犹太民族待遇改善政策后迎来转机，除了卡利古拉这个唯一的例外，奥古斯都以后的罗马皇帝都始终坚持对犹太人的宽容政策，但是从公元 66 年开始到 73 年马萨达陷落结束的犹太战争再一次改变了这项政策。不过，虽说发生了改变，其实只是罗马人观念中对犹太教徒“宽容”的内涵与以前相比更明确了而已。承认信教的自由，并且对于犹太教义规定的犹太人特有的生活习惯也全部承

提图斯的凯旋门（复原后的假想图）

认，前提是不反抗罗马帝国。公元 70 年的耶路撒冷攻略战也好，公元 130 年强制执行的将犹太人从耶路撒冷驱逐的举措也好，都是对叛乱的镇压，并非对信仰的排斥。对于承认其他民族的宗教、信仰多神教的罗马人来说，这是完全不存在自相矛盾的方法。

但是，犹太教是不承认其他民族神祇的一神教。信奉这种教义的犹太人不管能否居住在耶路撒冷，都会一直希望在以普遍为宗旨的罗马帝国内拥有“特殊性”，这是无法改变的。犹太教徒希望自己在罗马帝国内保持异国人的身份，并且他们一直保持了下去。

然而，同样身为一神教徒，在耶路撒冷陷落之前开始明确脱离犹太教的基督教徒却走了一条与他们不同的道路。也就是说他们不愿成为罗马帝国内的“异类”，而是试图取代罗马的“普遍”。不过这个问题到了公元 4 世纪之后才浮出水面，所以笔者准备等到叙述那个时代的相关章节时再进行详细讨论。

提图斯凯旋门的浮雕，肩扛着已变为战利品的犹太式烛台的罗马士兵

公元 1 世纪下半叶发生的犹太战争以耶路撒冷陷落这个戏剧性事件收场，让同时代的罗马人将目光转向了犹太民族。塔西佗在《同时代史》中对这场战争进行叙述之前，先从摩西开始将犹太民族的历史回顾了一番，比起对战争本身的叙述，他将更多的篇幅用于介绍之前的历史。相反，犹太人自己的历史著作却只是讲述自己民族的历史，对“敌人”罗马的叙述极少，这可能也是标榜“特殊性”的民族具有的一个特色。

尽管塔西佗不遗余力地去了解“敌人”，但却始终认为犹太教“是迷信而不是宗教”。迷信在词典中的解释是“错误的信仰”。对于深信“承认别人信仰的信仰才是正确的信仰”的多神教徒罗马人来说，不承认别人信仰的一神教只能是一种错误的信仰。

值得一提的是，距此 1800 年的公元 1870 年，史学家布克哈特在瑞士的巴塞尔大学讲课时曾经说过这样一句话：

“如果从君士坦丁到狄奥多西为止的罗马皇帝们没有接连立法将基督教奉为唯一宗教的话，罗马人的宗教也许会延续到今天。”

第五章

皇帝韦斯帕芗

（69年12月21日—79年6月24日在位）

NON UNO DIE
ROMA AEDIFICATA EST

前往罗马

韦斯帕芗从埃及的亚历山大取海路西行，公元 70 年 10 月时在意大利通往东方的窗口——意大利南部的布林迪西登陆，阔别 5 年的次子图密善前来迎接，他已经成长为一名 19 岁的青年了。

60 岁的韦斯帕芗早在这一年的 1 月 1 日举行的元老院会议上就被承认为“第一公民”，但是回国的行程还是拖延了 10 个月，他对外宣称是由于风向不合适导致无法从亚历山大起航，实际上是在等待耶路撒冷攻略战的结果。为了确保军队的最高司令官——皇帝的地位，以凯旋将军的身份返回本国肯定更为有利。

最终，韦斯帕芗在埃及的“等待时机”从公元 69 年 7 月被东方军团推举为皇帝时算起，前后共经历了一年零两个月。然而，在此期间他并不是单纯地等待时机，他与率军西进的穆奇阿努斯一直保持着联络，虽然从二人之间的距离和当时的信息传递速度来看这种联络不会太频繁，不过韦斯帕芗确实经常接到穆奇阿努斯的报告，因为在此期间从埃及送到元老院的韦斯帕芗的书信内容不像是一个没有掌握确切情报的人能够写出来的。

另外，公元 70 年 5 月到 9 月末，他肯定也从担任总指挥的长子提图斯那里不断接到了耶路撒冷攻略战的战况报告。从耶路撒冷到亚历山大的直线距离只有不到 600 公里。

但是，韦斯帕芗并不是一个凡事不吐不快的人。受到他全权委托率军西进的穆奇阿努斯享有几乎毫无约束的言行自由，指挥耶路撒冷攻略战的提图斯也没有被父亲事无巨细地指指点点。毕竟他指派了久经沙场的武将同时也是埃及长官的尤里乌斯·亚历山大来弥补因提图斯年纪尚轻且完全没有担任总司令官的经验所带来的不利。攻击方的罗马军主力包括参与过犹太全境镇压行动的 3 个军团外加另外 1 个军团，共 4 个军团。纪律严明的罗马军团士兵人数只有 2.4 万人，但也足以成为一支所向无敌的军队了。就算耸立在天险之地的坚固城池耶路撒冷有百万大军，韦斯帕芗也毫不怀疑能够攻破它。唯一的问题是时间，攻占迦太基足足用了三年时间，耶路撒冷攻略战却不能允许拖这么久，因为在维特里乌斯死后成为唯一皇帝的韦斯帕芗不能一直让意大利处于群龙无首的状态。

关于韦斯帕芗选择埃及作为“等待时机”地点的理由在前面已经提到过，其中之一便是通过将埃及生产的小麦掌握在手中，从而在军粮方面对维特里乌斯一派占据的意大利本土进行牵制。自从主食依靠进口以来，宗主国意大利的粮食需求量有三分之一是埃及提供的，所以将埃及掌握在手中就等于获得了强力的武器。但是，韦斯帕芗了不起的地方就在于始终将这把“利刃”收在鞘中，一次都没有拔出来过。他在给元老院的书信中也丝毫没有表现出这方面的打算，而是只把它当成了一种无声的压力。但是，鉴于塔西佗也曾提及过这件“武器”，可见它对当时的罗马人来说确实是一种无声的威胁。人们往往对于有声的压力会进行反抗，对无声的压力却毫无知觉。韦斯帕芗原本给人的印象只是个单纯的武夫，谁知他在洞察别人的心理上还是个行家。

“等待时机”期间的韦斯帕芗除此之外还做了一件事，在罗马的西方版图上可能根本就无须做这件事，但是在东方却能产生不可小觑的效果。

一天，一个盲人和一个瘫子被带到韦斯帕芗面前，他们说为了治好自己的残疾，二人曾前往供奉着古埃及神灵的神殿参拜，神灵告诉他们到韦斯帕芗那里让他摸摸就能治好，所以二人请求韦斯帕芗用手摸摸他们的残疾部位。

韦斯帕芗是一个不怎么相信奇迹的务实的罗马皇帝，在心里大概不愿意接受二人的请求。但是周围人一个劲儿地劝说他，以迷信为由回绝他们可不是什么聪明的办法，因为帝国东方的人们同样是罗马皇帝的子民。尽管心中老大不愿意，但他还是摸了摸这两个人的残疾部位。于是，就在他的手刚碰到的时候，盲人睁开了眼，瘫子也能站起来自由行走了。周围的人齐声欢呼“奇迹”，两个受益者也满脸浮现出感恩之情，跪下亲吻了韦斯帕芗的脚。不用说，韦斯帕芗创造的“奇迹”传遍了整个埃及和巴勒斯坦，甚至在叙利亚的安条克也引发了人们的热议。

想必这是某些人安排的“表演”，可是 40 年前耶稣基督不是也成就过让盲人复明、让瘫子重新站起身的奇迹吗？要想表演奇迹，治疗内脏的疾病是不太好的选择，因为治愈病症的表演如果不能让人清楚地看出来就起不到效果了。所以，可以说罗马皇帝韦斯帕芗成就了和耶稣基督一样的奇迹。

但是，虽然同属罗马帝国，西方和东方却是不同的。在西方，就算把恢复视力的盲人和能够重新行走的瘫子摆在面前，最多也只能满足人们的好奇心。西方对于领导者的要求不是具有超能力，而是作为一个人具有多大能力，也就是说他们要求的是在享受生活的同时维持和平与稳定。返回意大利本土之后的韦斯帕芗不需要再表演奇迹，等待他的是比这更加困难的任务——重建内乱后的帝国。

帝国的重建

即便如此，韦斯帕芗依然算是个幸运儿。巴达维人出身的辅助兵发起的叛乱后来演变为高卢帝国创建事件，导致了莱茵河防线的崩溃，而这个问题没到秋天就解决了。四年前在犹太地区爆发的犹太民族叛乱的最高潮——耶路撒冷攻略战5个月后也终于告一段落，带着城池攻陷的消息沿阿皮亚大道北上前往首都的快船肯定也在途中顺便通知了韦斯帕芗。在帝国西方的莱茵河与东方的多瑙河两处地点发生的让罗马人忧心忡忡的这两起事件都已经尘埃落定，韦斯帕芗也可以启程前往首都了。

另外，韦斯帕芗不在意大利本土期间，穆奇阿努斯施行的各项政策可以说是无可挑剔。在这10个月中扮演皇帝角色的其实是穆奇阿努斯。

以下试列举一下穆奇阿努斯在此期间的政绩。值得大书一笔的是，他并不是按照先后顺序依次处理这些问题的，所有的事情都是同时开始处理的。同时处理的原因在于，这些事情都非常重要，甚至无法分清孰轻孰重。

第一件事是将驻扎在帝国西方的9个军团全部召集起来，投入到对以建立高卢帝国为旗号发动叛乱的日耳曼裔高卢人的镇压中，可以说这是一个英明的决断。由于这个决断，从叛乱爆发开始不到一年，从明确打出高卢帝国旗号的时间点上开始算只过了两三个月，就成功地让莱茵河防线摆脱了瘫痪状态。假如等到韦斯帕芗回国后再作出应对的话，支持叛乱的主谋尤里乌斯·奇维里斯的势力可能就会遍及莱茵河东西两岸了，至少肯定会波及日耳曼裔高卢人居住的莱茵河西岸和莱茵河东岸（现在的荷兰和德国全境）。那样的话罗马帝国就会倒退到与130年前的恺撒时代相同的状态，并且为了确立本国的防线而不得不再次与日耳曼人展开全面对决。

从公元69年到70年之间的情况来看，可能还不至于投入全部由主力军团兵组成的9个军团5.4万人的兵力，但是穆奇阿努斯准备投入大军一举解决问题。战斗状态拖得越久，敌我双方彼此憎恨的情绪也会越强烈。相反，短时间内解决战斗就可以避免这个问题，并且战后的处理工作和新对策的制定也能不受怨恨情绪的影响，更加理性。

罗马的很多武将共同具有的一个特点是没有身为武将的自负，也就是说没有虚荣心。他们对于以多打少的行为丝毫不会心存犹豫，因为本方人数越多，就可以越快地解决问题，减少敌我双方的伤亡。如果有人对于投入对方10倍的兵力攻打只有500人左右把守的马萨达要塞的行为嗤之以鼻，那就是不了解罗马武将的精神。在尤里乌斯·恺撒的《高卢战记》中也有介绍，罗马军的作战是在确保兵力、兵器、军粮补给等确定要素之后才开始的，他说这样一来我军在每个士兵的士气方面也会占据优势。也就是说，精神面貌这种非确定要素是最后才考虑的。第二次世界大战时的日本军队将这种非确定要素摆在了第一位，失败是必然的。

穆奇阿努斯在迅速解决日耳曼裔高卢人的叛乱后所作的战后处置也非常合情合理。笔者之前已经介绍过，罗马始终坚持“一笔勾销”的政策，就连叛乱的发起者巴达维人在投降后得到的待遇都是维持叛乱前的状态。犯下了发誓效忠高卢帝国这种叛国罪的罗马军团兵们同样没有被追究。对于处置如此宽大的原因，罗马方面给出的回答简单明快——这起事件是罗马人自己为争夺皇位自相争斗而掀起的余波，罪责不在他人。

这件事的重要之处在于它意味着罗马人承认了自己的错误，而不是因为对方实力强大，不得已才妥协。这样一来，巴达维人和高卢的行省人民以及一度向高卢帝国宣誓效忠的罗马军团兵们都可以在没有任何负罪感的状态下重归罗马帝国。

对于失败的维特里乌斯一方也是坚持“一笔勾销”的政策，穆奇阿努斯没有忘记第一次贝特里亚库姆战役后对失败者处置的失误直接导致了第二次贝特里亚库姆战役爆发。维特里乌斯一方成为牺牲品的只有率军抗战到底的他的弟弟和年幼的儿子两个人。维特里乌斯的家眷和亲属都没有遭到流放的处罚，对于元老院内的维特里乌斯一派也不予追究，维特里乌斯挑选麾下莱茵河军团的军团兵组建的近卫军团的士兵们也没有一个人被解雇。

不过，近卫军团是在意大利本土配置的唯一的军事力量，所以不能让曾经支持前任皇帝维特里乌斯的士兵们全部聚集在这里。于是穆奇阿努斯提出将维特里乌斯扩编至 15 个大队 1.5 万人的近卫军团恢复到以前的 9 个大队 9000 人的规模，把他们分批派到了负责防守帝国各处防线的军团中。唯有这项举措不能一蹴而就，而是把分成多批次派驻各处军团的工作与将 9 个大队 9000 名士兵全部替换为支持韦斯帕芗的士兵的工作同时进行。公元 71 年，在结束犹太战争回国的提图斯举行凯旋仪式之后，这位皇子被任命为近卫军团的长官。近卫军团的长官代代由罗马社会中低于元老院阶级的第二阶级——骑士阶级的人担任，所以让本来与父亲共享多项权力、甚至称其为第二皇帝都不过分的提图斯就任这个职位明显是一次降职的人事变动。但是，韦斯帕芗和穆奇阿努斯看重的都是实际利益，他们以不造成反感和怨恨为优先条件，将近卫军团中的维特里乌斯余党一举扫清，从而铲除了统治者换代时容易发生的社会不安得以滋生的土壤。在此重新强调一下，近卫军团真正的威力不在于士兵的质和量，而在于将兵营设在首都，成为意大利本土内唯一的军事力量。

穆奇阿努斯没有在失败者的待遇问题上犯错，对于在内乱中受害的城镇村庄和个人的损失赔偿也没有根据胜者和败者的身份进行区别对待，当中包括成为战场的波河流域、被胜利的士兵们无秩序的行军连累的弗拉米尼亚大道沿线的各处城镇以及对赖着不走达半年之久的维特里乌斯军忍无可忍的首都罗马的市民们。要求赔偿的地方自治体和个人的数量、赔偿的金额肯定都达到了相当惊人的数字，穆奇阿努斯在内乱刚结束的公元 70 年 1 月就早早设立了专门负责这个问题的委员会。牵扯到三个皇帝的公元 69 年的这场内乱的一个重要特点是意大利本土成为了战场，损失赔偿的对象是足以影响到韦斯帕芗能否坐稳帝位的本国民众，也就是有权者，所以需要尽快解决问题。

与此同时，穆奇阿努斯也迅速启动了因内乱而烧毁的卡匹托尔山上的朱庇特神殿的重建工程。在罗马的众神中，朱庇特（希腊名为宙斯）被奉为最高神，供奉朱庇特神的神殿在罗马的历史上一直是有幸能举行凯旋仪式的将军向神谢恩的场所。也就是说，华丽的凯旋仪式最后都要在卡匹托尔山上的朱庇特神殿中以严肃的祈祷收场。驾着四匹马拉的战车凯旋时赢得群众喝彩的将军在登上卡匹托尔山到达最高神朱庇特的神殿后必须走下战车，一个人身披大红斗篷缓步登上白色大理石的台阶，进入神殿。而这座备受人们尊崇的朱庇特神殿不是被别人、正是被罗马人亲手放火烧毁的。直接导致的结果就是，远在莱茵河地区的行省人民深信连众神都已经抛弃了罗马帝国，于是一下子揭竿而起，险些建立了高卢帝国。因此需要将迷信的平民对帝国的将来怀有的不安尽快扫清。朱庇特神殿的重建工程没等皇帝回国就动工了，韦斯帕芗回国后也亲自加入了背着石材向卡匹托尔山的山顶攀爬的建筑工人队列中。

在罗马帝国的西方和东方，最高领导人为了赢得人们的敬意和好感所表现出的姿态也不同。在东方，奇迹的作用比较大，而在西方，加入建筑工人的行列更为有效。如果东方的人看到皇帝背着石材加入搬运工的行列，不知会有何反应。

不过，韦斯帕芗在回到一切都由穆奇阿努斯安排妥当的意大利本土之后，可不是光顾着扮演搬运工了，因为西方的民众虽然不在乎最高领导人有没有超能力，但是会要求他们尽职尽责。

话说回来，韦斯帕芗最幸运的事归根到底还是得到了穆奇阿努斯这个无可替代的帮手。

第一个理由是，穆奇阿努斯在 10 个月间推行的各项政策减轻了即将作为皇帝开始真正统治的韦斯帕芗肩上的担子。

第二个理由在于穆奇阿努斯的处世方式。韦斯帕芗返回意大利本土后，这名无可取代的帮手没有认为自己的任务结束了而将接力棒完全交给韦斯帕芗后一走了之，也没有要求执政官的职位，或是像克劳狄乌斯皇帝统治时代的维特里乌斯（皇帝维特里乌斯的生父）那样要求与皇帝一起就任比执政官地位还高的财务官。与现任皇帝同时就任执政官或财务官往往比平时就任能够获得更高的权威和权力，穆奇阿努斯领会了韦斯帕芗决定设立皇位世袭制的想法，将这两个位置让给了韦斯帕芗的两个儿子。如果当初穆奇阿努斯硬是要求得到这些官职的话，没有他的协助便无法登上皇位的韦斯帕芗想必也不会拒绝。对于穆奇阿努斯没有就任这两个官职的事实，只能理解为他自己没有这个意愿。

话虽如此，在韦斯帕芗回国后，穆奇阿努斯并没有完全退居幕后。虽然没有就任公职，但是他的存在就好像是开国皇帝奥古斯都手下的梅塞纳斯，以对诸般国事出谋划策的私人顾问身份陪伴韦斯帕芗走过了他皇帝生涯的前半段。到了后半段，便渐渐没有了他的消息，可能是因为儿子提图斯对韦斯帕芗的重要性逐渐增加了吧！

穆奇阿努斯写有几部研究地理的著作，其中的一些只言片语留存到了今天，但研究者们一致认为他的作品在独创性和文章表现力上都平庸无奇。

然而，留下平庸著作的人不一定能力平庸，在实务能力和写作能力上都属超一流的恺撒当然是个例外，但拥有超一流实务能力的奥古斯都的写作能力也只有让人忍不住发笑的水平。要是著书立说的话，韦斯帕芗恐怕也要被归入平庸作者的行列。但话说回来，韦斯帕芗和穆奇阿努斯平定了在尼禄死后席卷罗马帝国的混乱，他们二人确实具有一流的实务能力。

韦斯帕芗最大的任务就是重建因为内乱而伤痕累累的罗马帝国，但是与当年必须平定内乱并重新团结全体罗马人的奥古斯都相比要容易一些。

开国皇帝奥古斯都在他的统治时期面临着必须让不习惯帝政的罗马人接受这种制度的困难。第九代皇帝韦斯帕芗在这个方面却不用担心，因为在这 100 年间，罗马人理解了良药苦口利于病的道理，用现代的话来说，就是对帝政达成了稳定的“共识”（拉丁语源是 Consensus）。因此，罗马帝政的危机指的不是皇帝统治制度的危机，而是因为每个成为皇帝的人对其职责的胜任程度不同而产生的危机。

韦斯帕芗肩负的帝国重建这个任务因而不需要恺撒具有的那种对于创造新体制来说不可或缺的先见之明和创新能力，也不需要像肩负着确立新体制的任务的奥古斯都那样拥有超一流的政治能力。只要有足够的责任感，这就是一个充分可行的课题。要解决这种课题，只要拥有健全的常识就可以了。用一句话来评价既不善于创新也不具备超群能力的韦斯帕芗，就是他是一个“健全的常识者”。在罗马帝政已经过去一个世纪的这个时期，要想克服所有制度都无法避免的危机——“制度疲劳”，依靠健全的常识回到原点重新出发才是最好的办法，公元70年时的罗马又一次迎来了符合时代要求的领导者。

另外，拥有健全常识的人并不是要告别过去的所有，韦斯帕芗成为皇帝后的正式名字为恺撒·韦斯帕芗·奥古斯都皇帝（Imperator Caesar Vespasianus Augustus）。由恺撒创始、奥古斯都确立的尤里乌斯·克劳狄乌斯王朝在尼禄驾崩后画上了句号，但是由恺撒勾勒出蓝图、奥古斯都建成的罗马帝政却被弗拉维王朝的创始者韦斯帕芗继承了下来。并且从此之后，无论谁做皇帝，罗马帝国皇帝的正式名字依照惯例都会加上“恺撒”和“奥古斯都”，这充分反映了即使废除不胜任的皇帝也依然会沿袭帝政统治制度的这种罗马人的理念。韦斯帕芗作为皇帝的第一项声明就是他将会继承奥古斯都、提比略和克劳狄乌斯的政治。这表明虽然史学家塔西佗认为提比略和克劳狄乌斯是昏君从而与他们划清了界限，但是很多罗马人并不这么想。不过提请读者注意的是，声明中并没有提到卡利古拉、尼禄以及接下来先后即位的加尔巴、奥托和维特里乌斯，这是因为这些皇帝在同时代的人看来属于不称职的皇帝。

战神雅努斯

一般认为，韦斯帕芗的统治生涯开始于他被东方军团的士兵们拥立为皇帝的公元69年7月1日，但是从以上讲述的种种情由来看，似乎应该将70年11月视为他实际统治的起点，亲政的时间一直到他驾崩的公元79年6月为止，也就是韦斯帕芗61岁—70岁之间的这段时间。在这段岁月中，他从一个只体验过边境军团生活的武将变成了一个在执行任务前必须要事先了解帝国全境状况的政治家。

这名从军团中摸爬滚打一路爬上来的皇帝提出的目标是和平与秩序。秩序不稳的话也很难维持和平，所以他不过是把当年的“Pax Romana”（罗马统治下的和平）重新提出来而已，然而在经历了一年半的内乱之后反而更容易得到罗马市民们的赞同。

他首先关闭了雅努斯神殿的大门，因为供奉这位双头神的神殿大门敞开的话就代表罗马正处于战争状态，关上的话就可以恢复和平。对于罗马人来说，这个道理不用专门解释也很好理解。

韦斯帕芗其人

韦斯帕芗公布了建设“和平广场”的消息，并马上着手动工。看看保存至今的古罗马广场遗迹便可得知，“广场”（Forum）指的是集政治、经济、行政等国家运营所必需的功能于一身的地区总称。这样的广场在罗马时代的城市俯拾皆是，“Forum Romanum”的意思是“罗马的广场”，可以视为帝国的中枢。

但是，随着罗马帝国统治地区的扩大，共和政体时代的古罗马广场已经不够用了。于是恺撒在古罗马广场的北侧附近修建了“恺撒广场”，奥古斯都也在更北侧的地方修建了“奥古斯都广场”，扩建了这些汇集国家运营必需功能的场所。如《罗马人的故事5·恺撒时代（下）》所述，恺撒修建的“广场”可以说是一座小型的古罗马广场，与古罗马广场一样，有神殿以及用于审判和经济活动的会堂，也有保存希腊语和拉丁语书籍（当时为卷轴）的公立图书馆。在一处名为“艾萨多拉”（Exedra）的半圆形角落设有私塾，由此可见这些广场也是提供很多都市生活必要设施的场所。

韦斯帕芗的“和平广场”在功能上与恺撒广场和奥古斯都广场一样，是出于相同的目的修建的，都是最高领导人给市民提供的公共生活场所。在罗马，公共

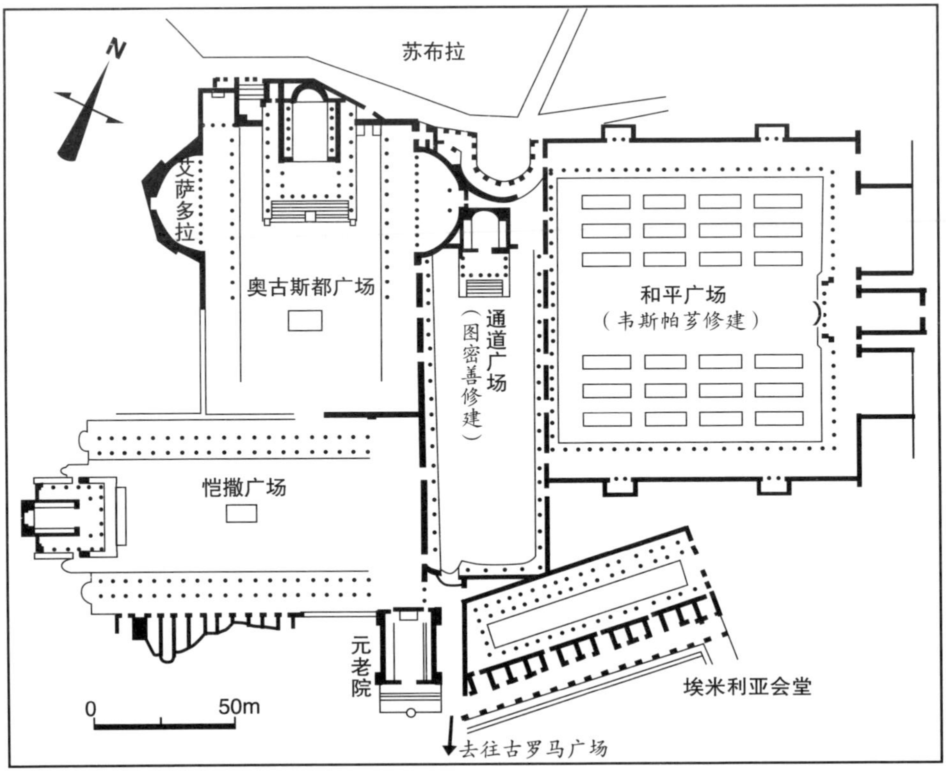

涅尔瓦皇帝时代（96—98）的“皇帝广场”

建筑的名称一般会采用修建者的名字，所以命名为“韦斯帕芗广场”，谁也不会有异议。但是他却命名为“和平广场”，目的是告诉广大民众，恢复并维持和平是自己作为皇帝的最高目标。

没有命名为“韦斯帕芗广场”还有一个潜在的理由——出身地方且不是来自既有的领导者阶级的韦斯帕芗没有出身首都的名门贵族恺撒和恺撒的养子奥古斯都身上的那种“高贵血统”，在两位众所公认的“神君”的广场旁边修建自己的广场也许是个不错的想法，但他还是不敢像神君那样将广场冠以自己的名字。

虽说如此，韦斯帕芗并没有为自己的低贱出身妄自菲薄。他成为皇帝后，曾有大臣向他进言，据说大力神赫拉克勒斯曾经到韦斯帕芗的出生地瑞耶提附近造访，那里修建了供平民参拜的祠堂，所以建议韦斯帕芗对外宣称自己身上有赫拉克勒斯的血统。众所周知，可以追溯到罗马建国时期的名门贵族恺撒的身上流淌着特洛伊陷落时逃到意大利而被奉为罗马人祖先的埃涅阿斯的血液，因此也就等于继承了埃涅阿斯的母亲——女神维纳斯的血统。独裁者苏拉也曾公开表示自己有维纳斯的血统，所以韦斯帕芗宣称自己是赫拉克勒斯的后裔，民众应该也会相信。但是他却是一个常识健全的人，大臣的建议被他大笑着驳回了。如果接受这个建议的话，说不定会招来元老院议员们的耻笑。

韦斯帕芗身体强壮，脸形犹如没有完全膨胀起来的面包，乍一看上去就知道是平民出身。所以与自己出身不相符的事情，他一件也没有做。既没有修建华丽的宫殿，也从未踏入过尼禄那座虽没完工但留有华丽装饰的黄金宫殿（Domus Aurea）一步。妻子在犹太战争期间去世后，独身的他也没有再迎娶妃子。虽然有情人，但不是罗马上流社会的女子，只是小时候认识的解放奴隶。他当然不会让这名女子当皇妃，也不允许她插手公务和其他任何事情。韦斯帕芗的日常生活一直很俭朴，他最自豪的事情就是成为皇帝后仍保持着士兵的身份。按照一般惯例，面见皇帝之前都要事先接受搜身以防藏有武器，但韦斯帕芗却废除了这项规定。

他的言行举止也不是很讲究，虽然会说当时被视为文化代名词的希腊语，但绝对不是一个能感动听众的演讲高手。不过这位乡土味十足的皇帝却有着一种难以名状的幽默感。

因为自己出身卑贱，韦斯帕芗一般不会拒绝任何人的求见，他甚至接见过公然呼吁打倒帝政的少数派群体——共和主义者，他们大多是在首都罗马教授哲学的人。

韦斯帕芗当时曾耐心倾听过他们当中的一人在自己面前兜售恢复共和政体的说辞，但最后终于忍不住说："你好像什么话都敢说，恨不得让我判你死刑，可是就算有一条狗在我面前叫个不停，我也不会杀它。"从此以后，这一派的哲学家们就得到了一个名字——"犬儒派"。

他身体一直很健康，所以有一次得病卧床不起后知道自己命不久矣，便留下这样一句话："可怜的我，快要成神了。"因为皇帝在死后被神圣化已经成了惯例。不过由此可见，对于罗马人来说神不过是这种程度而已。

但是，韦斯帕芗绝对不是一个完完全全的好人。他从当政的公元70年秋天开始（更应该说是从称帝的69年夏天开始），就已经明确了让两个儿子继承皇位和以法制化的形式确定皇帝权力的想法。在常识健全的韦斯帕芗看来，明确皇位继承人可以杜绝争夺皇位的现象，确定皇帝权力可以改变尤里乌斯·克劳狄乌斯王朝以来的皇帝们与元老院关系不和的状况。

《皇帝法》

韦斯帕芗有两个成年的儿子——提图斯和图密善，明确他们皇位继承权的做法当然含有父亲对儿子的感情，但是在韦斯帕芗和他的两个儿子之后的弗拉维王朝步入了史称"五贤帝时代"的盛世，这个时代的五位皇帝政绩显赫的最大原因在于养子继承制度，这种说法是史学界的定论。然而，五人中的四人都没有子嗣，唯一例外的马尔库斯·奥勒留皇帝让他成年的儿子康茂德继承了皇位。有子嗣的人抵挡不住世袭的诱惑是人之常情，另外家庭作为培养领导人的机构在当时具有很高的重要性，所以这种体制很容易让世袭制度被第三方接受。

但是，尼禄的下场证明只确立世袭权力是不够的。韦斯帕芗为将来的继承人提图斯提供了建功立业的机会。他从第一线退下来，让儿子提图斯担任犹太战争的大决战——耶路撒冷攻略战的总指挥就是这个目的。

然而，尼禄的下场还给了他另外一个教训——如果被元老院打上不胜任皇位的烙印，具体来说就是，如果被元老院以过半票数表决为"共同体罗马的敌人"的话，纵然是皇帝也会瞬间沦为一介草民。失去元老院的信任，一切就结束了。就连一直以从母亲身上继承了开国皇帝奥古斯都血统而自豪的尼禄也不例外，何况与尼禄相比出身卑贱、在罗马的统治阶级中不过是个后起之秀的韦斯帕芗。所以他认为从巩固皇帝赖以倚仗的基础这个意义上来说，以明确的法律规定皇帝享有的权力也是非常必要的。

韦斯帕芗的这种想法在不可替代的帮手穆奇阿努斯的协助下，被准确且迅速地实现了。前任皇帝维特里乌斯被杀后没过 10 天的公元 69 年 12 月末，穆奇阿努斯来到首都，由于自己没有召集元老院的权力，所以他让拥有召集权的首都法务官尤里乌斯·弗朗提努斯召集元老院召开会议，在议席上向议员们提出了审议通过这两项措施的要求。

关于皇位的世袭，穆奇阿努斯引用了韦斯帕芗的原话："皇位继承人问题无非就是承认我两个儿子的继承权，否则就倒退回到无政府状态的二者选一的问题。"

在一年中经历了皇位的三次易主，每次都只能事后追认的这种无力感让元老院的议员们对有利于稳定政局的皇位世袭制投赞成票也是可以理解的。

另外一点，也就是对皇帝权力的明文规定清楚地写在今天的罗马卡匹托尔美术馆保存的碑文上。这部题为"韦斯帕芗皇帝法"（Lex de imperio Vespasiani）的碑石大意如下：

一、正如神君奥古斯都、提比略、克劳狄乌斯诸位皇帝得到承认的权力一样，皇帝韦斯帕芗也拥有与他本人认为合适的国家和君主缔结同盟及友好条约的权力。

二、正如奥古斯都、提比略、克劳狄乌斯诸位皇帝得到承认的权力一样，皇帝韦斯帕芗也拥有召集元老院的权力、向元老院提出法案的权力，以及撤销法案的权力。

三、由皇帝召集的临时元老院会议通过的法案与一般元老院会议通过的法案具有同等的效力。

四、在举行负责意大利行政的法务官、财务官、执政官等公职以及负责行省统治的皇帝行省总督、元老院行省总督、埃及长官、负责税务的皇帝财务官等公职的选举时，皇帝推举的人应该得到与其身份相符的待遇。

五、首都罗马的居住区域需要扩建时，正如克劳狄乌斯皇帝得到承认的权力一样，韦斯帕芗也拥有对其进行扩建的权力。

六、只要无损于国家的尊严和利益，不管是什么举措，都承认韦斯帕芗提出议案并付诸实施的权力。这也是奥古斯都、提比略、克劳狄乌斯诸位皇帝曾经享有的权力。

七、正如以上三位皇帝得到承认的权力一样，韦斯帕芗也拥有对元老院会议和市民集会的决议行使否决权的权力。

如果各位之前读过《罗马人的故事 6·罗马统治下的和平》的话，肯定会觉得这些权力与开国皇帝奥古斯都集于一身的各项权力没有任何差别。确实如此，上述权力中的（一）是登上皇位就可以获得的权力，因为皇帝本来就是罗马全军的最高司令官，所以军事和与此脱不开干系的外交都是皇帝的工作。（二）和（七）是取得“护民官特权”就可以行使的权力。（三）和（六）其实也是无须法律明文规定的，尤里乌斯—克劳狄乌斯王朝的皇帝们自始至终都在行使这两项权力。（四）的目的在于提高自己推举的人被任用的可能性，但是有皇帝做靠山的人在选举时自然会得到优待，没必要专门诉诸法律来明文规定。笔者觉得这一条暴露了韦斯帕芗与生俱来的品格低下。

但是，在 100 年前创建帝政的奥古斯都没有以这种露骨的方式明确自己的权力，是因为当时的罗马人对君主政体有强烈的排斥感，想一想恺撒被暗杀的例子就足以证明。不过历经一个世纪之后的公元 70 年，往往被视为“元首政体”的罗马独有的君主政体取得了很多业绩，终于得到了统治阶级的罗马公民和被统治阶级的行省人民的一致认可，对于露骨的表现表示反感的只有极少数的理想主义者而已。并且，在讲究实际的武人韦斯帕芗看来，就算成为皇帝之后也应该以明确的法律规定皇帝可以行使的各项权力，以防之后有人说三道四。

韦斯帕芗在维特里乌斯被杀后成为唯一的皇帝时，就已经由元老院承认了以下几项权力：“全军的最高指挥权”、“护民官特权”、“最高裁判权”、“奥古斯都的尊称”、“第一公民”。前三项是“权力”，后两项是彰显“权威”，即使不专门成立《韦斯帕芗皇帝法》（以下简称《皇帝法》），权力和权威也会得到保障。所以《皇帝法》在任何人眼里都只不过是为了不让人说三道四而明文规定了各项权

《皇帝法》碑文（藏于卡匹托尔美术馆）

力而已。然而，这项《皇帝法》的真正目的却在于追加在这些权力之后的“Sanctio”，意译过来是“对罚则免除的承认”。并且可视为给这一项条款埋下了伏笔的上述中的（六），即“只要无损于国家利益，皇帝便拥有做任何事情的权力”，这一项条款在“对罚则免除的承认”的保障下发挥了更强的效力。

也许让内阁法制局来制定法律条文的话也会是这种结果，但是这项“Sanctio”中的内容与其他部分不同，为了不招致误解而字斟句酌，完全是用典型的法律学家的文体写成的，结果使全文的意思晦涩难懂，现将其内容逐一列举如下：

这项《皇帝法》确立后，一、皇帝对市民集会或元老院的决议表示反对时，不予追究责任。二、无须缴纳任何罚金。三、不承认任何人有权以皇帝实施了反对市民集会或元老院决议的政策为由对其进行控诉或弹劾审判。

如此明确皇帝权力的《皇帝法》不是由他独一无二的助手穆奇阿努斯以皇帝提出的法案也就是皇帝立法的形式确立的，而是要求元老院以立法的形式——“元老院劝告”来表决通过的。换句话说，这样做造成的印象就是，这个法制化的举措不是皇帝韦斯帕芗本人提出的，而是元老院主动要求的。提案者通过追加的“Sanctio”和《皇帝法》到底想表达什么呢？用一句话来概括就是，这项法案通过并签了名之后，你们就没有弹劾皇帝的权力了。

韦斯帕芗肯定不想重蹈覆辙，像尼禄那样失去元老院的信任，说得更具体些，就是被打成“国家公敌”而被迫自杀。不过，这项《皇帝法》的确立对于帝政罗马来说确实意味着重大的转变，它代表元老院再也无法对皇帝进行弹劾审判，并且失去了通过过半的票数表决将皇帝打成“国家公敌”来更换政权领导人的权力。由于这项法律的颁布，元老院失去了连帝政的创始者奥古斯都都认可的对皇帝的监督功能。

韦斯帕芗提出这种程度的要求是因为他能够置帝政百年的业绩于不顾吗？奥古斯都没有贸然提出这种要求是因为在共和政体向帝政过渡的那个微妙的时期，他无法对强烈反感帝政的罗马人视而不见吗？如果奥古斯都站在韦斯帕芗的立场上，他也会提出这样的要求吗？

在罗马史上几乎是罗马代名词的“罗马的元老院”随着罗马历史的发展也在不断改变它的功能。

在王政时代，元老院是集合各家族的家长向国王提出建议的机关，成员人数从一开始就固定为 300 人。

公元前 509 年罗马过渡到共和政体之后，元老院的成员人数和集合实力派人士的功能一如既往，但是从提出建议的机关变为了执行机关。如果把共和政体时代的罗马元老院比作现代的私营企业，差不多相当于在员工（市民）的上层组成一个有 300 名成员的董事会。由全体员工每年从这 300 人当中选出两人担任为期一年的社长。选出两人是因为需要一人主管国内，另外一人主管国外，共和政体时代的“国外”指的是指挥扩张霸权的战争。

步入帝政后，相当于董事长的皇帝不再是从董事会当中选出，而是由世袭制确定的或前任董事长以收为养子的形式提名的人就任不限制任期的终身董事长。市民集会也变成了市民们在竞技场中报以欢呼或大喊反对的形式，所以通过全体员工的选举来产生董事长的情况不复存在了。

第一个尝试改成这种形式的人是尤里乌斯·恺撒，但他真正的意思是，罗马这个“企业”既然已经成长为世界级规模的国际大企业，仍然延续每年更换一名企业领导人的制度以及300名董事会成员的合议制度，会妨碍企业在运营上发挥充分的作用。笔者认为，帝政对于罗马帝国来说是追求统治能力的提高时所不可避免的一种过渡政体。

将恺撒的这种想法变为现实的开国皇帝奥古斯都却在董事会中保留了弹劾不称职董事长的功能——他赋予了元老院对帝政进行监督的权力。

但是，即使步入帝政时期后，罗马的元老院也不仅仅是监督机关，还是储备在将来就任国家要职人员的机关，所以奥古斯都才认为赋予元老院与其地位相称的权限才能充分发挥它的作用。从人的心理来看，如果期待对方能充分发挥作用的话，给予足够的权限是最好的办法。就连凭借军事力量推翻了“元老院体制”的恺撒也没有做出废除元老院这样的暴行来。不仅如此，他甚至还增加了元老院的人员编制。不过，恺撒勾画的罗马帝国不是共和政体时代那种元老院主导的政治体制，而是皇帝主导的政治体制。到了恺撒之后的奥古斯都时代，元老院作为一个机关负责储备人才、辅佐皇帝经营国家的色彩进一步加强了。尽管如此，一旦认定在位的皇帝不称职，它仍然有权提出不信任案。

但是在韦斯帕芗的《皇帝法》中，即使皇帝被认定不称职，元老院也无权提出不信任案。笔者推测，就算奥古斯都站在韦斯帕芗的立场上，他也根本不会考虑颁布《皇帝法》。

因为对于被剥夺了不信任（用当时罗马的话来说是弹劾审判）权限的元老院来说，在位的皇帝被认定不称职时，唯一能采取的手段只剩下暗杀了。也许有人会说被表决为“国家公敌”唯有自杀一条路，所以自杀和被暗杀没什么区别。但是，拥有“武器”却不使用和“武器”被收缴了想用也用不了是完全不同的。笔者之所以不想给韦斯帕芗作为领导者的表现打满分，就是因为他知道法制化无法解决所有的问题，但还是断然实行了法制化。即便是法律，也能反映出制定它的人有着怎样的人格。

也许韦斯帕芗觉得这样一来他就可以安心做皇帝了，但是这项法律的第一个牺牲者就是 26 年后被暗杀的韦斯帕芗的次子图密善。越是努力想要排除风险，就越容易被风险拖下水，这绝对是一个最好的例子。有风险存在的话，人的紧张感就会增强，所以他们有意无意地都会想修正政策路线。也就是罗马皇帝不得不经常考虑什么事应该做，什么事不该做。

虽然韦斯帕芗通过制定这项《皇帝法》从而向帝政的专制化迈出了一大步，但有意思的是他在位的 9 年期间政局始终很平稳。他的统治硕果累累，甚至当初根本没必要剥夺元老院的不信任权限。按史学家的话来说就是没有一件值得记载的事件。没有事件值得记载固然源于他的善政和好运，但笔者认为韦斯帕芗的平民阶级出身和日常的行为加上他健全的常识也给别人造成了他是一个好皇帝的印象。“平民皇帝”便是韦斯帕芗的皇帝形象，对此他比任何人都感到满意，也很清楚这种形象的效果。

但是，没有事件值得记载也表明他肯定在这种事件发生之前就进行了妥善处置。历数韦斯帕芗回国后的业绩便可以得知他对待内乱后的帝国重建有着怎样的想法，以下将不按照年代顺序，而是分几项来进行介绍。

继承人问题

之前已经介绍过，公元 70 年 1 月，韦斯帕芗还在埃及等待时机，提图斯也没有着手开始攻打耶路撒冷。由穆奇阿努斯策划召集的元老院会议选出了韦斯帕芗和提图斯两人担任当年的执政官。次年即公元 71 年，也是通过穆奇阿努斯的安排，让仍然在埃及等待的韦斯帕芗当选了执政官。

公元70年秋天韦斯帕芗回国以后，父子几乎每年都当选执政官（公元72、74、75、76、77、79年等年份），韦斯帕芗与儿子之外的人分享执政官职位只有公元71年和73年这两年，执政官职位由这父子三人以外的人当选只有公元78年一年。

提图斯

韦斯帕芗将长子提图斯推到幕前的计划绝非与他分享执政官职位这么简单。

在庆祝犹太战争结束的凯旋仪式上，父子二人分别驾着四匹白马拉的战车，以凯旋将军的身份露面。公元71年春天举行的凯旋仪式的特点就是没有主角、配角之分，两个人都是主角。

图密善

并且韦斯帕芗皇帝在凯旋仪式刚一结束，就赐予了儿子提图斯使用与自己一样的个人名“Imperator”的权力，此外甚至还将“绝对指挥权”和“护民官特权”赐予了他。拥有最高指挥权相当于成为统率罗马全军的长官，是皇帝才能拥有的权力，所以提图斯依旧坐的是第二把交椅，但他拥有了包括市民集会的召集权和否决权等强大权力的“护民官特权”，其实在身份上几乎等同于皇帝了，因此可以解释为他和父亲之间已经是平起平坐的共同统治者了，这和晚年的奥古斯都给予自己的继承人提比略的待遇相同。

此外，韦斯帕芗还把“恺撒”这个称号赐予了儿子提图斯和图密善，所以从此以后，皇帝的称号就固定为了“恺撒·奥古斯都”，皇位继承人的称号则固定为了“恺撒”。韦斯帕芗深信皇位继承人的人选不确定是导致内乱的重要原因之一，因此才明确了皇位继承人的称号，一来可以满足自己作为父亲让儿子继承皇位的心愿，二来可以将帝国发生内乱的可能性扼杀在萌芽中。

针对元老院的对策

身为专制色彩浓厚的《皇帝法》推行人的韦斯帕芗，对元老院的态度其实还是很温和的，这可能跟他自己具有的政治平衡感有关，同时也是他考虑到占据元老院议席的很多人的出身都比他高贵的缘故。

即使他没有重要的议题，也必定会出席在每个月的 1 号和 15 号召开的元老院会议，当然这也是因为他在统治期间几乎每年都兼任执政官，需要以议长的身份参加。

在会议上，他会奖励踊跃讨论的人，对于正反两方面的意见都洗耳恭听。无论听到多么辛辣和恶毒的批判，他都不会表露出不高兴的样子。不过他也会据理力争，但是没有恺撒那种凭借机智和幽默以简洁的一句话戳到对方痛处惹来满场爆笑从而让反对者孤立无援的讲话技巧，他最多也只能是把脸上的皱纹泛起来，说些诸如“全怪我这把年纪还来当皇帝，现在成了众矢之的”之类的话。不过会场的气氛往往还算和谐，韦斯帕芗虽然没有才气，但还是有些亲和力的。

韦斯帕芗能够赢得议员好感的另一个原因是，他曾经公开表明不会以叛国罪的名义将元老院议员送上法庭。既然已经确立《皇帝法》，根除了弹劾皇帝的可能性，就没有必要再三番五次强调这件事情了。这么做表明在其淳朴的乡下人外表下，隐藏着他对伪善行为的效果怀有的深刻理解。韦斯帕芗不单有亲和力，还是个圆滑世故的人。

另外，他也没有忘记给经济条件困难的议员提供资金援助。因为不管怎么说，担任终身无薪的元老院议员的一个重要条件就是拥有 100 万塞斯特斯以上的资产。韦斯帕芗自己在被推举为元老院议员的时候也没有这么多钱，他让哥哥萨比努斯做担保人后才好不容易借够了钱，在元老院中占据一席之地。

皇帝韦斯帕芗还重新启用了第二代皇帝提比略创设并积极利用的委员会方式，这是一种当议题需要快速解决或需要专业的知识和能力时，不是通过由600人组成的元老院反复讨论表决，而是委托由5名元老院议员组成的委员会来解决的方式。当然，这种方式的着眼点是促进统治的高效化。这不禁让人想起，韦斯帕芗是继提比略之后第一位熟谙军事、为了执行军务而将自己的足迹洒遍帝国全境的皇帝。

人才录用

韦斯帕芗刚刚登基后就明确表示自己要沿袭奥古斯都、提比略、克劳狄乌斯的政治路线，他并没有说谎。他任用了12个出身行省的人担任元老院议员，并且如果只是给他们元老院议席的话，那就与克劳狄乌斯皇帝向中央地区和北部地区的高卢人开放元老院大门的做法没什么区别了，实际上韦斯帕芗迈出了更大的一步，因为他赐予了其中5人贵族的称号。

按照罗马元老院历来的惯例，发表演讲时为了向诸位议员致意，总是以一句“Patres Conscripti”开头，直译过来相当于“各位父老，各位新进人士”。“父老”指的是建国以来的名门贵族，具体来说包括科尔涅利乌斯、克劳狄乌斯、尤里乌斯、瓦莱里乌斯、埃米利乌斯等家族，像西塞罗这种在家族中第一个成为元老院议员的人就不是“父老”，而是“新进人士”中的一员。也就是说，韦斯帕芗将前面5个人抬举到了几乎和父老同等的地位。因为尤里乌斯—克劳狄乌斯王朝这个既有的统治阶级无法继续发挥作用导致了尼禄政权的倒台和之后的混乱局面，所以韦斯帕芗想给活力日渐衰退的统治阶级注入新鲜血液，而这些作为“新鲜血液”的人都是凭实力晋升上来的，家族代代属于统治阶级的人也无话可说。

在这5人之中，有3个人的名字流传到了2000年后的今天：

M. 乌尔庇护·图拉真——率领第十军团从犹太战争开始一直战斗到最后的武将，后来的图拉真皇帝的父亲，出身于西班牙。

C. 尤里乌斯·阿格里科拉——8 年后被派遣前去征服不列颠的武将，史学家塔西佗的岳父，出身于高卢。

L. 尤里乌斯·弗朗提努斯——被提拔的时候不过是一名法务官，之后历任包括“水道厅长官”在内的各种部门的公职，并著有流传至今的古罗马水道系统的解说书，这个人很可能也是高卢出身。

包括这 3 个名人在内的 12 剂“新鲜血液”的出生地遍布西班牙、高卢、希腊、小亚细亚、叙利亚、北非等帝国各处的行省。相对于将元老院的门户向帝国西方的行省出身者开放的恺撒和克劳狄乌斯，韦斯帕芗则是将帝国东方的行省出身者也吸纳到了元老院中。

虽然还不至于让他们跻身于贵族行列，但当时的民众很清楚在元老院中占据议席意味着什么。几乎所有的国家要职都是从元老院议员中选出来的，不论是执政官、行省总督，还是指挥数万士兵的司令官，只有元老院议员才有可能担任。所以一旦当选议员，便是光耀乡里，当地居民无不为之庆贺。实行了这种平均化政策以后，无论宗主国还是行省，同样都是罗马帝国一员的这种命运共同体的意识便增强了。

但是观察这 12 人的名字后发现，12 人中有 4 人拥有“尤里乌斯”这个家族名。能够赐予行省人民“尤里乌斯”这个家族名的只有恺撒、奥古斯都、提比略、卡利古拉 4 个人。克劳狄乌斯和尼禄属于克劳狄乌斯家族，所以这两人赐予的家族名必须是“克劳狄乌斯”，就像被韦斯帕芗赐予家族名的犹太人史学家约瑟夫斯应该被称为弗拉维乌斯·约瑟夫斯一样。

首先，卡利古拉对这种事情毫不关心。奥古斯都不是不关心，而是在这个方面属于比较保守的人，所以对于将自己的家族名赐予行省出身者始终持消极态度。继承他位置的提比略一直积极任用有实力的人，他手下的人被后世称为“提比略一派”，但是他的信条是绝不会做奥古斯都没有做过的事情，所以他应该也没有到处赐名。结果，最后剩下的就是尤里乌斯·恺撒，这样一来，韦斯帕芗也成了恺撒在 120 多年前播下的种子的受益人。虽然有一些“尤里乌斯”发动过叛乱，但是罗马帝国确实也有不少跻身到帝国中枢、为国服务的“尤里乌斯”。

针对骑士阶级和平民的对策

尽管自己出身于罗马社会的第二阶级——骑士阶级，但韦斯帕芗并没有给予他们特殊的待遇，他的这种政治平衡感还是很值得称赞的，不过他在这个方面也只是按照先人指明的方向前进罢了。

这个方面的“先人”指的是奥古斯都和克劳狄乌斯。共和政体时代的政治被元老院阶级垄断，骑士阶级只能在经济领域有所作为，奥古斯都将他们带入了行政领域，让这些由于在经济活动上经验丰富而在实务能力上出类拔萃的人负责帝国统治方面的实务工作，使得他们成为了统治广大帝国所不可缺少的“官僚”。因此，可谓之共和政体时代的“经济界”的骑士阶级在步入帝政以后变成了经济、行政、军事等方面的专业人才。

罗马社会分为元老院阶级、骑士阶级、平民阶级、解放奴隶、奴隶等阶层，罗马人并没有废除这种共和政体时代以来的阶级制度，而是让它延续了下来。不过却承认了五个阶级之间的流动性，不仅承认甚至还鼓励流动。奴隶可以变成解放奴隶，只要具备资格就可以获得罗马公民权，成为平民阶级。骑士阶级出身的韦斯帕芗也凭借在军团中的业绩和公职经历进入了元老院，甚至当上了皇帝。

如果让社会的构成人员人人平等，反而会造成疏远外部人员的结果，因为对于新进人员，不可能马上就承认他们拥有与既有人员同等的权利。如果承认的话，会招来既有人员的反对。只要想一想在现代仍然悬而未决的种族歧视现象在社会底层引发的严重问题，就可以理解这个问题的复杂性。如果像古代罗马这样，承认社会的阶级差别，也承认阶级间的流动性，就没有拒绝外来人员加入的理由了。首先让他们加入到下层，之后能否提升地位全看个人的努力。另外，对于一开始就展现出自身实力的人，可以马上允许他们提升到与自己实力相符的阶级。为了捍卫民主政体而不得不一直坚持人人平等的希腊城邦国家雅典对于其他城邦出身的人和奴隶来说却是一个封闭的社会。相比来说，共和政体时代由元老院主导的寡头政治和进入帝政时代后变为君主政体的罗马社会却开放得多，笔者相信这个史实拿到现代也是值得思考的。古代的罗马虽然有那个时代的局限性，但确实是实现了机会均等的社会。韦斯帕芗的业绩不过是建立在由恺撒开辟、奥古斯都巩固、提比略和克劳狄乌斯不断修正改善的基础上。

韦斯帕芗通过《皇帝法》的制定剥夺了元老院弹劾皇帝的权力，但是没有就此便认为自己和儿子们的地位安然无恙了。平民阶级也是罗马公民权的拥有者，所以也是堂堂正正的有权者。在帝政历经百年后的公元1世纪下半叶，执政官以下的国家要职都改为由元老院选举决定，市民集会也失去了它的意义，实际上已经很久没有召开了。然而，这些有权者并没有完全失去表达自己心声的机会，由国家主办或皇帝要员们举行的各种角斗士比赛和祭祀活动成为了平民们反映意见的场所。虽说是平民，但同时他们也是罗马公民，他们以此为荣，在表达意见的时候毫不客气，让统治者很是头疼。不管皇帝的兴趣是观看角斗士比赛还是四匹马拉的战车竞速，市民们都非常欢迎他出席，因为这是他们向最高统治者反映意见的场所。

奥古斯都在履行皇帝职责的同时也经常在这种场合露面，使得他在平民当中的口碑节节攀升。提比略虽然也充分履行了皇帝的职责，本人却隐居在卡普里岛，而且也不喜欢出席观看角斗士比赛，这成为了平民们对他评价不高的原因。作为皇帝是否称职尚且是个疑问的卡利古拉和尼禄却意外地备受平民爱戴，在很大程度上也有赖于他们二人的“全勤”。

后世将这种做法称为“面包与马戏”（代表食物与娱乐），认为是罗马帝国的最大弊端。然而，“面包”的制度可以为贫困者保障食物来源而不至于让他们饿死，“马戏”对于罗马帝国的民众来说也有着娱乐之外的意义。为了证实这一点，下面介绍一段韦斯帕芗亲身经历的轶事。

犹太公主

韦斯帕芗的长子提图斯秉承父命参加犹太战争期间，疯狂地爱上了犹太的公主贝蕾妮丝。贝蕾妮丝是在克劳狄乌斯皇帝时代重登王位的阿格里帕一世的女儿，相当于协助罗马一方参与犹太战争的阿格里帕二世的姐姐。她比提图斯大12岁，曾经与两名东方国家的君主有过婚姻经历。

父亲阿格里帕一世才气超群，青年时期在罗马接受教育时甚至被提比略皇帝视为心腹大患。大概是比起儿子来，他的才能更多地遗传给了女儿的缘故，弟弟因性格忠厚而被罗马方面视为理想盟友，姐姐贝蕾妮丝却不同，她性格耿直，有强烈的自尊心，如果发现罗马人的长官企图迫害犹太人的话，她会毫不犹豫地提出严正抗议。她不仅天资聪颖，还受过广泛而深入的教育。此外，虽然她的肖像没有流传下来，但根据史学家们的描述，她还是一个身材苗条、举止优雅的美女。

而提图斯在外表和内心方面都与父亲韦斯帕芗颇为相似，不过可能是因为年轻，他身上没有父亲的那种圆滑。约瑟夫斯·弗拉维乌斯在《犹太战记》中描述的提图斯是一个身为总司令官却在打仗时与普通士兵无异的人，所以只能说他是一个勇将，而并非智将。他是一个淳朴且有良心的青年，但是头脑不够冷静。也许正因如此，他才迷上了这位美丽、知性、比自己年长的东方女子。

贝蕾妮丝对于提图斯表达的爱意似乎也给予了充分的回应。阿格里帕二世协同姐姐一起到罗马向韦斯帕芗进行亲善访问时，这位皇子和犹太公主得以再次相会。提图斯让自己的情人住进了皇宫，他当初爱上贝蕾妮丝的时候已经和育有一女的妻子离了婚，所以是个自由的单身汉。罗马人不觉得和犹太女人同居是什么丑事，当时皇帝一家住在帕拉蒂尼山上的皇宫中，同住的还有犹太史学家约瑟夫斯·弗拉维乌斯，犹太战争后被提拔为首都警察长官的原埃及长官、犹太人提比略·尤里乌斯·亚历山大也经常出入于此。对于这些事，罗马人甚至都不会提起。

如果提图斯仿效恺撒对克娄巴特拉那样，与这个出身高贵的犹太女人一直保持情人关系的话，本来不会有什么问题。或者如果提图斯不是皇位继承人，只是一名普通行政官的话，就算与这个犹太女人正式结婚，罗马人也不会横加阻拦。贝蕾妮丝的姐姐就嫁给了一名从罗马派来的犹太长官。但是，淳朴的提图斯不愿意让自己爱的人一直没有名分，而他偏偏又是现任皇帝的继承人。

对于提出正式结婚请求的儿子，不知韦斯帕芗是如何回答的，不过民众却对

提图斯

此给出了答复。

当天，韦斯帕芗和提图斯坐在竞技场的贵宾席上，想必犹太公主贝蕾妮丝也列席了。挤满观众席的群众向他们发出了强烈的抗议声。

罗马的民众不是因为提图斯期望的结婚对象是犹太人而提出抗议，对于他们来说，一提到东方国家的公主，首先想到的就是埃及女王克娄巴特拉。尽管已经是100多年前的事情了，但他们没有忘记马克·安东尼就是因为对希腊裔的埃及女王克娄巴特拉鬼迷心窍才把弓箭对准祖国罗马的。不管是希腊裔还是犹太裔，在他们看来没有任何区别。单是东方国家王室的女人这一点，就足以让他们担心再次回到安东尼和克娄巴特拉的那个时代。

提图斯最终放弃了爱情，贝蕾妮丝返回了犹太。9年后，韦斯帕芗去世、提图斯继承皇位时，贝蕾妮丝再一次来到罗马。但是提图斯成为皇帝后也没有忘记当年民众在竞技场上演的那场大抗议活动，这个犹太女人只能再次返回东方。

然而，提图斯虽然放弃了爱情，却没有放弃对这段爱情的忠贞。与贝蕾妮丝离别以后，他没有再另外寻找别的结婚对象，甚至连情人都没有。他那时才30岁出头，之后终身未娶。尤里乌斯·恺撒在与提图斯相同的年龄时曾说过，身处上层的人比身处下层的人在自由上更受限制，提图斯大概能够切身体会到这句话的含义。皇帝即使有《皇帝法》护身，但如果觉得这样便可以为所欲为的话，那就等于自掘坟墓。

圆形竞技场

在现代，如果要用一张图片来表示罗马这座城市的话，大家通常都会想到“Colosseum”（圆形竞技场，意大利语为 Colosseo），它的修建者就是韦斯帕芗皇帝。所以这座圆形竞技场的正式名称是“Amphitheatrum Flavium”，翻译过来就是“弗拉维乌斯圆形剧场”。半圆的剧场建筑形式是希腊人首创的，所以在名称前面加上意为“将两个半圆合在一起”的希腊语“Amphi”，就成了圆形剧场，根据场地中举行的活动种类来意译的话，应该译为“圆形竞技场”或“圆形斗技场”。其实场地的形状更近似于椭圆，这种样式的野外竞技场完全是罗马人的独创。只有首都罗马修建的这座圆形竞技场被通称为“Colosseum”，是因为在修建黄金宫殿的当时，尼禄在旁边建造了一座自己形象的巨大雕像（Colossus）。韦斯帕芗没有破坏这座雕像，但是把尼禄的脸改成了太阳神。没有破坏这座雕像是因为它庞大的体积很受民众的喜爱。

修建圆形竞技场的地点是尼禄本来准备用于建造人工湖的一块平地，尼禄建造人工湖的目的肯定是想为市民们提供散步的场所——公共建筑物林立的古罗马广场和恺撒、奥古斯都的“广场”附近增添绿化植被和清新的空气，但为什么韦斯帕芗要牺牲这些好处，在这里建造能够容纳多达 5 万人的圆形竞技场呢？

在《罗马人的故事 7 · 臭名昭著的皇帝》中讲述尼禄皇帝的章节，笔者曾提出过这样一个假说——尼禄修建包含一处可以划船游玩的人工湖和饲养野生动物的自然公园在内的黄金宫殿（Domus Aurea）是想绿化罗马的市中心，这本身就是他的首都改造计划。并且笔者认为这项计划没有得到市民好评的原因在于尼禄和当时的市民对于都市的改造计划上存在分歧。喜欢希腊的尼禄肯定是想将首都罗马改造为希腊风格的“阿卡迪亚”（Arcadia，理想国），但是对于在郊外一般都拥有另外一套住宅的市民来说，城市不是享受绿化的地方，而应是人们聚集的场所。尼禄也许会说，自然公园和人工湖一样可以让人们聚集起来，游玩享受。

然而，“享受”这个词对于个人和集体的意义是不同的。市中心不仅是聚集

圆形竞技场的复原模型

民众的场所，还需要让民众一起参加某项活动才算充分得到了利用。取消人工湖的计划而改为修建圆形竞技场的韦斯帕芗才是理解了市中心价值所在的人。

但是尼禄可能又会反驳，市中心已经有大竞技场了。

大竞技场的意大利文写作“Circo Massimo”，起初能够容纳 15 万人，后来扩建为能够容纳 25 万人，是一座用于举办四匹马拉战车竞速比赛的大型竞技场。但是，一旦达到这么大的规模，反而很难保证每名观众都实际参与进来，因为他们的注意力由于规模过于庞大而分散了。相反，如果是 5 万人的规模，并且集中在封闭空间内的话，人们的参与意识会增强。

圆形竞技场的大小正适合皇帝与民众会面。5 万人的规模对于拥有百万人口的罗马来说，正好不大不小。并且对于最高权力拥有者的皇帝韦斯帕芗来说，修建圆形竞技场除了可以提供娱乐场地之外，还可以提供让民众对自己的施政发表

现代的圆形竞技场

赞同或反对意见的场所。市民们也正确理解了韦斯帕芗的意图，对于修建人工湖持批判态度的他们听说要修建圆形竞技场，都举双手表示赞成。

圆形竞技场在外观和技术上都是旷世的杰作，这种规模，让人既不会感到笨重，也不会感到单调。它采用了罗马人喜爱的拱门，拱门两侧用圆柱固定，在连成一片的拱门内部修建人像。一楼使用的柱子是厚重的多立克柱式，二层的柱子是轻盈的爱奥尼亚柱式，三层的柱子是纤细的科林斯柱式。每层采用不同风格的柱式，可以避免有笨重单调的感觉。读者们可以与据说是模仿这种方法建造的墨索里尼时代的新城市 EUR（罗马博览会新区）的建筑物比较一下。

在功能方面，由于出入口的巧妙设计，据说一旦发生事故可以在 15 分钟内保证全体观众安全撤离。用于格斗的猛兽可以通过地下的运输装置运送到地面上，而不会伤害到管理人员。此外，为了防止观众被罗马强烈的阳光晒伤，利用

左，圆形竞技场的三层拱门；右，劳动文明宫（EUR）

帆布在观众席顶上制作了顶盖。据说每当圆形竞技场要举行活动时，都是由米塞诺海军基地的水兵们负责这项工作，但是直至今日也不清楚他们到底是通过什么方法办到的。

这座圆形竞技场直到2000年后的现在依然耸立在地上，让我们能够亲眼见到，但是我们看到的圆形竞技场只相当于罗马帝国时代的三分之一。被基督教统治之后，罗马的公共建筑物变为了现成的石料供应地。拜其所赐，能拆的地方全被拆掉了。每个拱门内立着的人像、墙面上的大理石板统统遗失殆尽，我们今天看到的圆形竞技场不过是残留下来的“骨架”。德国文豪歌德曾经说过，到意大利旅行光有肉眼是不够的，还要带上心灵之眼。圆形竞技场就是一个好例子。

建设“和平广场”呼吁恢复和平和秩序，建设圆形竞技场提供娱乐场所，同时拉近皇帝与一般市民的距离，这些做法都很好，但是韦斯帕芗得到市民们一致支持的最重要原因还是钱。由于尼禄松散的财政政策和一年内乱带来的秩序混乱，国家财政的重建已经是燃眉之急。而在财政重建方面最有名的人首推韦斯帕

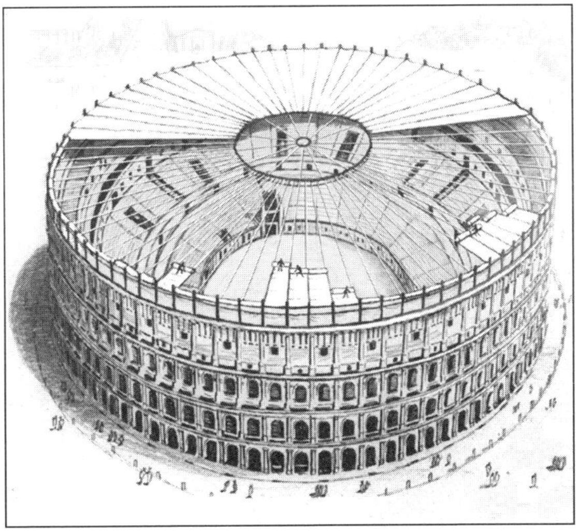

圆形竞技场（复原假想图）

现代的足球场

芗，用一位研究者的话来说："他是最称职的国税厅长官。"

他被评为"最称职"是有依据的。韦斯帕芗既没有提高税率，也没有胡乱增设新的税种，他只是思考过如何才能增加税收，并且成功了。韦斯帕芗为什么能够成功呢？在给出这个问题的答案之前，需要先来了解一下罗马的国家财政是如何构成的。

财政重建

曾经有很多学者下大工夫研究过罗马帝国的国家财政，然而直到今天也未能窥其全貌，恐怕以后也很难指望将这个问题完全搞清楚。并不是因为罗马人不重视税制，漫无计划地横征暴敛。相反，罗马的皇帝们很清楚，以较轻的税率进行大范围征收的税制才是善政的根本，基本上在税制的制定上都保持简单的原则，在遇到各种情况时具体问题具体分析，所以没有足够的现存史料能够把握其整体特征。因为到了罗马帝国灭亡后的中世纪，割据各地的封建诸侯和豪族们随心所欲地征收苛捐杂税和过路费，在税收方面出现了无政府状态，拜其所赐，人们都不再关心罗马时代的税制了。恐怕后人都认为那个时代存在的关于古罗马税制的史料根本没有抄写下来进行保存的必要，都遗失了吧！不过从散见于各种史料中的史实来推测，罗马帝国的税制大致如下：

年收入

一、税收

（1）直接税——古代城邦国家的市民认为，公民的权利是参与国政，义务是通过服兵役来保卫自己的国家。即使城邦国家雅典的市民也只有服兵役的义务，没有缴纳直接税的义务。罗马也是由城邦国家发展而来的帝国，成为主要战斗力的军团兵的条件是拥有罗马公民权，所以作为帝国安保负责人的罗马市民只有缴纳这种别名为“血税”的“税”，而不会被要求缴纳直接税来代替兵役。不过雅典和罗马的不同之处在于，罗马公民权所有者不只限于出生于意大利本土或行省的罗马人，即使是出身行省的他国人，只要作为辅助兵服满 25 年兵役就可以获得罗马公民权，医生和教师在直接开始从事治疗和教育的阶段就可以获得罗马公民权。另外，还有不少人是由于政治上的原因（例如恺撒大范围赏赐被征服民族的权贵阶层）或个人的原因（例如韦斯帕芗赐予犹太史学家约瑟夫斯）获得了罗马公民权。除了可以被纳入罗马法的保护下之外，还可以免除直接税，这都是罗马公民权保障的直接利益。

因此，直接税大部分来源于行省税。换句话说，没有取得罗马公民权的行省人民由于被免除了负责保障帝国安全的义务，所以就要承担安保费用。这项行省税以获利的资产和个人为征税对象，税率规定为收益的10%。女人、小孩和老人被认为不属于获利群体，所以没有被归入征税对象的行列。

然而，仅以罗马公民权所有者为征税对象的直接税也是存在的，便是开国皇帝奥古斯都首创的、在古代独一无二的遗产税，税率为5%，不过六等亲以内的家属亲族被排除在征税对象之外，也并非每年都必须缴纳的税种。此外还有针对摆脱了奴隶身份的人征收的奴隶解放税，这种税的税率为该人以前作为奴隶被贩卖时身价的5%。关于这种税，笔者已经在《罗马人的故事6·罗马统治下的和平》详细介绍过了。

（2）间接税——罗马帝国大致有两种间接税。

关税——奥古斯都时代根据各地的经济实力，分别征收1.5%到5%不等的关税，到了帝政历经百年后的韦斯帕芗时代，地方之间经济实力的差距有所减小，帝国全境的关税率固定为了5%。不过，对于通过埃及的海关进口的香料、丝绸和宝石等东方的奢侈品，依然保持奥古斯都时代25%的关税率。

营业税——类似日本的消费税，税率为1%。不过，作为主食的小麦从尼禄皇帝时代开始不再是征收对象。

依靠征税获得的收入大致就是以上情况。

二、国有的金、银、铜及其他矿山收入

罗马帝国尽可能避免国营事业，但只有矿山是国有化的，重视矿山带来的收益不是唯一的理由，也是因为帝国政府的职责之一是保持帝国内流通的货币面值与制币材料的价值一致。

三、国有土地的租赁收入

把意大利本土和行省的全部地域加在一起的话，罗马确实拥有面积辽阔的

"国有土地"，其中大部分是耕地。罗马帝国将这些地租赁给耕作者，国家和农民之间建立了相当于地主和佃户的关系。公元前59年，当时还是执政官的恺撒颁布了《尤里乌斯农地法》，完全保障了农民的租地权。由于该项法案承认了租地权的世袭，并规定租赁20年以后让渡给农民，所以与其说农民是佃户，不如把他们当做从国家借来生产资料进行生产的自耕农更为贴切。土地的租金为一年收成的10%，除了农耕之外，畜牧业也采用这个税率。

以上都是一般年收入，此外还有两种临时的年收入：

（1）变卖战争胜利后获得的战利品而取得的收入。

（2）没收因叛国罪被判处死刑或流放的人拥有的资产而取得的收入。

但是，韦斯帕芗无法指望能获得这些临时收入，因为罗马步入帝国时代以后，主要任务由征服变为了防卫，并且韦斯帕芗本人也曾公开表示不会以叛国罪为名控告元老院议员。以下，我们再来看看管理国家时的另外一个重要方面——年支出是怎样的情况。

一次，笔者有机会见到了前首相宫泽喜一先生，向这位经济专家请教了多年以来的疑问——在现代，任何一个发达国家的税率都比罗马帝国要高，这是为什么？宫泽先生的回答是，可能是因为现代国家要负担社会福利开支。

那么，古代罗马的年支出中是不是没有社会福利的部分呢？

年支出

一、军事费用

各位读者应该没有忘记，皇帝的首要职责是安全和粮食的保障。维持和平就能促进经济发展，所以安全的保障就等于粮食的保障，对于这一点，罗马帝国的人们都没有意见。

在韦斯帕芗的时代，需要不断对不列颠进行征服活动，同时也要在犹太地区驻军，所以一直保持28个军团。作为主要战斗力的军团兵为16.8万人，作为辅助战斗力的辅助兵人数也基本与此相同。对于这些士兵，国家除了要负责他们的吃住和武器装备，每年还必须支付薪水。另外，军团兵在20年后期满退伍时，还可以享受到在古代来说很稀奇的退役金。用不着史学家塔西佗和哲学家塞内加提醒，也可以知道维持“Pax Romana”（罗马统治下的和平）是要花钱的。

二、公共事业费

能够以30万人的兵力坚守住广大罗马帝国周围的所有防线，是因为铺设了能够让大批士兵和重型武器快速移动的罗马式道路网络。罗马人认为桥梁也是道路的延长，所以他们不会有“完全用石头铺设道路，却用木头修建桥梁”的想法，如果铺设道路的话同时也必须架设桥梁，不是与道路同在一条线上，则架设了也没用。另外，为了让道路网络更充分地发挥作用，只要有必要，罗马人当然也会修建堤坝和运河，因为这些也是道路网络的一部分。不管前面是大海还是河川，都会修建必要的港湾。

修建这些基础设施最初是出于军事目的，全部由军团兵负责，这使得明确区分军事费用和公共事业费用的可能性不复存在，或者说两者密不可分更贴切，因为当时的高速公路系统——罗马道路网络对民间也是开放的，并且可以免费使用。

还有一项国家出资负担的公共事业是神殿的建造。罗马信奉多神教，所以神殿的数量也很多。不仅有朱庇特、阿波罗和维纳斯这些高级神，罗马人将“融合”、“信义”这些理念也还原为了神。这些神殿的修建一般是通过竞标的方式委托给被称为“Societas”（英语society的词源）的民间企业负责施工，这种施工方式也被其他同样重要的公共事业——上下水道、公共浴场、竞技场所采用，和平广场和圆形竞技场也都是委托民间企业修建的。很多Societas都不止一个资本家，而是多名出资人共同经营，可以说是近代股份有限公司的雏形。

在首都罗马，重要的公共建筑物很多都是在共和政体末期由个人通过私人投资修建的。例如庞培剧场、恺撒广场、尤里乌斯会堂、尤里乌斯投票场等。包括这些在内的很多建筑物都是依靠个人捐资建造，没有使用国家的钱。但是，任何建筑物在完成后都需要定期维护保养。公共事业费的相当一部分都被用在了道路、上下水道以及公共建筑物的维修上。

三、人力资源费

既然帝国幅员辽阔，在管理上就需要很多人力。在首都罗马任职的执政官、法务官、财务检察官、按察官等政府高官都是没有薪水的，但是在首都罗马任职的事务官僚却有薪水。另外，派驻行省的总督可以领取必要的经费，在总督手下工作的官僚当然也是有薪水的，在这些人身上支出的人力资源费肯定达到了相当的数目。不过令人意外的是，罗马帝国统治如此广阔的地区，却没有成为一个官僚王国。也许是因为包括征税事务在内的很多事情都委托给了民间负责，就连首都罗马也没有一座政府办公室之类的建筑。

四、节庆费

这也是多神教国家特有的一笔开支，罗马人没有每周日公休的惯例，献给众神的节日就是他们的休息日。节庆费开支庞大的原因是，除了在神殿举行祭祀的开支外，按惯例在祭祀之后举行的以敬献给众神为名义的各种竞技大会耗资庞大。对于罗马人来说，休息日的意思就是在神殿向神祭拜之后与这些神一同欣赏竞技比赛和格斗。

五、社会福利费

按照《小麦法》的规定，居住在首都的市民拥有每个月免费领取 5 摩第（Modius）小麦的权利。

这个措施的历史非常古老，可以追溯到公元前 2 世纪，到韦斯帕芗皇帝统治时期为止已经持续了 200 多年。《小麦法》在公元前 123 年由当时的护民官格拉古兄弟中的弟弟盖乌斯首创。当初的目的是保证贫民以市价 60% 的“政治价格”购买作为主食的小麦，但是后来这项法案沦为了政治斗争的工具，结果从公元前 1 世纪起固定为了免费发放。步入帝政以来的领取人数为 20 万人左右，他们当中的每个人都可以在每个月免费领取 5 摩第（约合 30 公斤）的小麦。

领取小麦的条件是居住在首都的罗马公民权所有者，限定为居住在首都的罗马公民的原因是古今东西的贫困者都容易涌向大城市。同时，能够直接或间接表明是否支持皇帝的也正是这些居住在首都的“有权者”，所以《小麦法》也是一项针对有权者的对策。

女人和 10 岁以下的孩子没有资格领取。这样的话，从理论上来说，不论是元老院议员还是属于骑士阶级的 Societas 的管理者都可以申请领取。

然而，《小麦法》的真正目的在于将贫困的人从饥饿中拯救出来。话虽如此，因为是针对有权者的对策，所以只把对象限定为贫民阶层的话就会失去效力。于是罗马当局想出了一个好办法——如果想要得到每个月免费领取 5 摩第的小麦和节日活动免费入场券的待遇，必须由领取者本人申请获得承认上述权利的证明书(Tesserae Frumentariae)。因此就给申请人带来了很多无形的障碍，比如需要与平民和解放奴隶一起加入到马尔斯广场的长队中，还得忍受在排队时碰到熟人的尴尬，并且还要花很长一段时间才能领到手。通过采取这种方法，确保了真正需要福利的人才能够领到小麦。

“面包与马戏”

后世的人们批判罗马人时首先举出来的就是“面包与马戏”(Panem et circenses)，理由是罗马人有国家保障食物，所以不需要工作，终日以观看国家举行的格斗等节目为乐。

在此假设有一家五口罗马人，三个孩子中大一点的两个孩子已经过了 10 岁，其中一个孩子是女孩，不到 10 岁的最小的孩子是男孩。这一家的成员中有权享受《小麦法》的只有父亲和长子两人，两个人每月领取的小麦配给量是 10 摩第，约合 60 公斤。然而似乎发放的不是小麦粉，而是脱谷后还没有磨成粉的小麦粒，每天的发放量为 2 公斤。那么首先磨粉就需要花钱，磨成粉后罗马人一般会采用两种烹饪方法，第一种是拿到面包房烤成面包，第二种是加入蔬菜或奶酪蘸着汤吃。不管哪种方法都要花费开支。第一种方法需要向面包房支付费用，第二种方法需要负担购买另外的食材所需的费用和燃料费。假如不将这些开支计算在内的话，每天食用 2 公斤小麦获得的热量大约为 4000 千卡，一家五口人就凭这些热量能维持生计吗？

日本的生活保障制度在就职获得收入后就不能再享受了，然而，在古代罗马，即使有工作也不会失去领取小麦的资格。因为一家五口人以每天 4000 千卡的标准领取小麦，只能保证不饿死，除此之外的其他方面都得不到保障。没结婚的人得到的待遇也差不多，虽然每天可以免费领取 1 公斤小麦，但还需要支付房租，另外还要买衣服。最重要的是每天光吃小麦会营养不良，导致生病。所以找到工作赚取收入是绝对有必要的，国家给予的保障只是不让人饿死罢了。

“面包与马戏”的原文是拉丁文，可见是罗马人自己发明的说法，但这只是讽刺作家的夸张形容，如果囫囵吞枣地笼统理解，就无法搞清历史的真实情况。同时不能忽视的是，正是由于这项《小麦法》的存在，百万人口的城市罗马的民众才不至于饿死。另外，类似这样的社会福利随着帝国经济实力的提高也逐渐普及到了地方城市和行省，所以在这样一个广大的罗马帝国中，由于饥饿导致的集体死亡事件一次也没有发生过，这难道不值得大书特书一笔吗？毕竟这是距今 2000 年前的罗马帝国，而直到现代我们依然可以在电视上看到非洲和亚洲发生饥荒的场面。

然而，就算发放给每个人的小麦量只达到保证不饿死的程度，20 万人口也会给国库带来沉重的负担。据说 1 摩第小麦的市价平均为 10 塞斯特斯，但是不能以市价来计算《小麦法》给国库带来的负担。并且从尼禄时代开始，小麦是不收税的。所以，除了向生产者支付的批发价之外，还要算上装载到 Societas 的船只上运抵奥斯提亚港的运费。全部计算进来的话，1 摩第小麦的成本价差不多是 6 塞斯特斯左右。

20 万人一年所需的小麦总量为 1200 万摩第，这样的话所需费用为 7200 万塞斯特斯，那么罗马帝国的社会福利费就相当于支付给罗马全军将士薪水的三分之一。保障平民不饿死的政策是需要一笔相当大的费用的。但是，历代皇帝依然坚持奉行这项政策。对于没有资格享受《小麦法》的平民的需求，也一直通过完善港湾和仓库的设施来保证供给量的充足和价格的稳定。罗马皇帝的两大职责在于安全和粮食的保障，所以一旦在其中任何一项上做得有所欠缺，很可能会在竞技场接见民众时迎来嘘声，甚至有被杀死的危险。

但是，对于了解现代福利制度的我们来说，国家的社会福利应该还包括医疗和教育。

然而，罗马人不认为这两项属于国家的职责。不过也有例外，就是在每处军团基地常设的军队医院。连前线的军团基地都有如此完备的医疗设施，帝国的首都罗马却没有本应该修建的大医院。如果要想讨市民的欢心，皇帝们本可以争先恐后地修建大医院。但是，皇帝们争先恐后修建的“大建筑”却是浴场，还有可以在夏季供给充足水源的水道设施。此外，在罗马帝国时代的首都罗马的复原地图中，也找不到与医院同样重要的大规模公共设施——学校。

教育与医疗

古代的罗马人并非对医疗和教育漠不关心，尤里乌斯·恺撒早在公元前45年就颁布了对于从事医疗和教育工作的医生和教师，不问本人的出生地、民族和肤色，统统赐予罗马公民权的法律。拥有罗马公民权也就意味着被免除了行省税这项直接税。恺撒的想法是，通过免除直接税，让这些人从事医疗和教育来适当地回报社会。换做现代的日本，就是不管出生在日本还是韩国，或是美国、德国、印度，都赋予日本国籍，并且免除在日本的所得税，以此来吸引人才到日本从事医疗和教育事业。也就是说，通过给予优待措施来生成知识产业的自由市场，在自由竞争的环境下促进水平的提高和费用的合理化。这样做的结果就是不会产生大规模的国立医院和公立学校，而是出现无数的小规模诊所和私塾。从事医疗工作的地点应该是在供奉医术之神阿斯克勒庇俄斯的神殿附

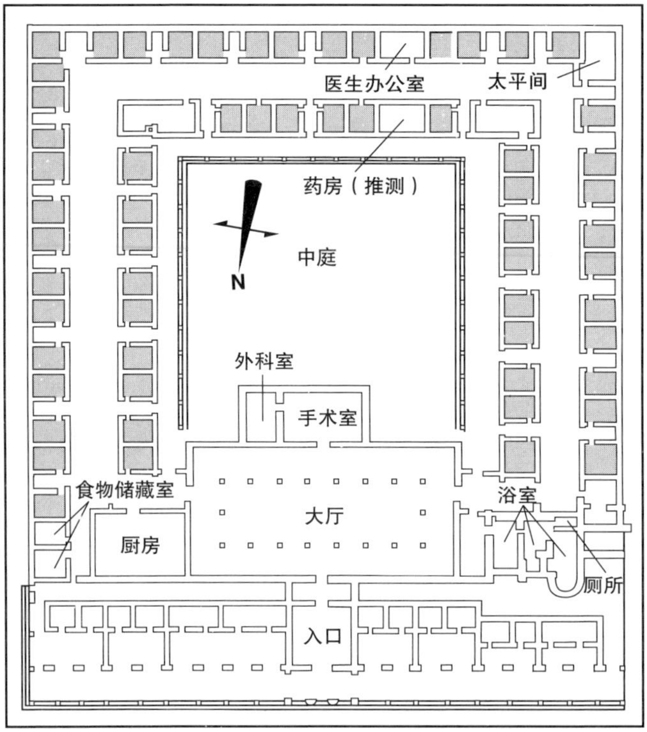

克桑腾军团基地的军队医院平面图（▦为病房）

属的诊所，或者是在医生的私人住宅中。私塾方面则是在神殿、广场或会堂的一角提供教学场所，有史料可以证明这一点。恺撒广场就留存有似乎是出自中小学生手笔的涂鸦。

恺撒的这种制度在罗马帝国期间一直发挥着作用。笔者认为，始终坚持将医疗和教育委托民间的这种方针正是罗马的社会福利费用没有给国家财政带来过重负担的重要原因。总之，因为罗马帝国始终奉行除了国家必须经手的事情之外一切委托给民间的方针，所以才实现了现代所谓的“小政府”。

但是这项制度能够在罗马人当中固定下来，根本原因在于罗马人自身对教育和医疗的看法。

罗马人认为，教育从根本上来说是有意愿、资质和经济宽裕的人才应该接受的。如果奴隶有这种意愿和资质，但是经济条件不允许的话，也有机会和主人的儿子一起接受家庭教师的教育。另外，在罗马社会中，接受教育的水平高低不会给出路带来影响。历代皇帝中没有一人曾经到当时的最高学府——雅典或罗得岛留过学，不过这些皇帝却无一不热衷于在帝国的首都罗马修建国立图书馆。图书馆在当时本身就是研究所，同时，罗马的官方记录包括元老院的议事录都是公开的，所以保存这些记录的 Tabularium（意译为公文书馆），也可以称为研究机关。并且，富裕的家庭在子弟的教育投资上都不惜重金。如果在图书馆从事研究和写作的同时能够为城里的孩子们提供教育的话，就可以享受免除直接税的优待。人们都乐于聚集到环境好的地方，出身于帝国行省的有潜质的青年就如随风飘舞的草木一样涌向罗马，他们通过向罗马的孩子们提供教育可以赚取自己的生活费和学费。

罗马人对于医疗的看法也许来自他们的生死观。为了维护帝国这个共同体的和平而负伤的人由国家保障可以得到最好的治疗。但是，对于生命（在日本来说就是寿命）罗马人看得比较开，所以在实施治疗时也只会在有可能治好的前提下才竭尽全力。历代的罗马皇帝中没有一人曾经为了延年益寿而四处求医。不仅如此，不少社会地位高的老年人在病倒卧床不起、意识到自己命不长久的时候，会拒绝继续接受治疗，选择通过绝食的方式自尽。罗马人从来没有想过通过某种手段来延长自己的生命，越是社会地位和受教育程度高的人，在头脑、精神和肉体方面消耗殆尽后越不希望自己继续活在世上。也许正是由于这个原因，强调应在有生之年尽量享受生活的斯多葛哲学才得以在当时深入人心。

此外，希腊的医学之祖希波克拉底的教诲也经久不衰，他认为比起得病之后再治疗，提高身体本来的抵抗力更为重要。罗马皇帝们更热衷于大浴场和水道系统的建设而不是大医院，可能也是受到了这个学说的影响。

保持身体清洁的习惯有助于提高免疫力，保证摄食量可以维持体力，避免生病。韦斯帕芗时代在罗马有两处公共浴场，一处是奥古斯都时代的阿格里帕捐资修建的，另一处是尼禄皇帝修建的。除此之外，在韦斯帕芗之后继承皇位的提图斯在圆形竞技场上方的高台修建了第三座大浴场。

罗马时代虽然也叫做浴场，但实际除了主要的沐浴和按摩设施之外，还包括运动场、图书馆、游乐场所和庭院，是以休闲娱乐为目的的综合设施。先洗净身体，通过按摩舒筋活血后，至于是下棋、打球还是读书、散步，全看个人爱好。值得一提的是，恺撒为医生提供了免除直接税的优待，而韦斯帕芗将同样的优待也赐予了按摩师。一来是因为罗马人喜欢按摩，二来也是因为他们重视按摩带来的功效。入场时间是从黎明到下班结束的下午 2 点，到日落结束。

这种罗马独有的“浴场”的入场费为男性 0.5 阿斯，女性 1 阿斯。女性的入场费较高，让身为女性的笔者有些不满，也许是女性不从事体力劳动的缘故吧！儿童可以免费入场，享受免费的还包括士兵以及就任公职的解放奴隶和奴隶。值得一提的是，这种“浴场”面向上到元老院议员下到奴隶的各个阶级开放，另外，如果碰上特殊的节日，全体人员都可以免费入场。

0.5 阿斯相当于一个面包加一杯葡萄酒的价钱，依靠这种程度的入场费来维持提供温、热、冷三种水的浴室正常工作，还要经营包括其他多种设施在内的面积广大的高级浴场是根本不可能的，所以非国营不可。正因为提供娱乐休闲和保持卫生水准这两个目标的存在，公费的支出才能维持下来。这种罗马式的大公共浴场在罗马帝国内比比皆是，就连意大利境内的中小城市庞贝，即便没有医院的遗迹，却保存有浴场的遗迹。笔者在帝国最北部边境的英国亲眼看到哈德良皇帝时代的城墙附近的浴场遗迹时不禁笑了出来，因为这座浴场建在小溪边上，就像日本的温泉一样。不过建筑风格是地地道道的罗马式，采用的是坚固的建筑方法，构成也很符合逻辑。

以上介绍的可以说是罗马帝国的年度预算，预算一般都会反映出该国民众的思考方式，罗马帝国的“预算”自然也反映了罗马人的想法。削减这些反映罗马人想法的预算就等于否定了罗马人的生活方式，所以是不可能做到的。

但是，如果想要提高既有税种的税率，必定会成为社会的不安因素，所以也是无法实现的。就连被称为昏君的卡利古拉和尼禄也不敢贸然改变税制。话虽如此，目前面临着重建因高卢帝国骚动而濒临崩溃的莱茵河防线、征服不列颠、在

提图斯的公共浴场（复原假想图与平面图）

犹太常驻一个军团进行直辖统治等各种问题，所以很多部门的财政吃紧，迫切要求必须通过某种方法来增加税收。

那么，被后世誉为最称职的国税厅长官的韦斯帕芗是怎么解决这个难题的呢?

寻求财源

韦斯帕芗拥有健全的常识。如果是常识健全的人，在面临财政重建问题时首先需要做的就是正确把握现状。公元 73 年，韦斯帕芗和儿子提图斯就任了财务官，于是现任皇帝和下任皇帝两个人一起在帝国全境实施了国情调查。

在帝国全境实施的国情调查自从步入帝政以来的一个多世纪内，包括韦斯帕芗在任期间，一共实施了三次：

公元 14 年——奥古斯都皇帝和帝位继承人提比略就任为期一年半的财务官。

公元47年——克劳狄乌斯皇帝与最佳搭档路奇乌斯·维特里乌斯就任财务官。

公元73年——韦斯帕芗皇帝和帝位继承人提图斯一起就任财务官。

罗马人是在古代唯一进行过国情调查的民族，这种调查的最初目的是为了准确了解符合服兵役年龄的成年男子，也就是17—45岁的罗马公民权所有者的人数。步入帝政以后，变为了了解包括行省在内的帝国全境居民生产手段的调查。因此与其说罗马帝国施行的“国情调查”与现代实施的国情调查相近，不如说更接近于现代每年实行的税务申报。尽管征税的实务工作也可以委托给私营企业承担，但是这些人只负责征收，不负责核查。与这种税务申报相似的国情调查并非每年都实施，而是每隔30年实施一次，原因是实施一次会耗费巨大的人力财力，并且当时不存在通货膨胀这种现象，所以经济状况的变化还是非常平稳的。

虽说如此，韦斯帕芗的意图当然在于通过实施国情调查而实现实质上的增收。距上次实施调查也已经过去了26年。这26年除去其中的一年之外一直持续着有利于经济发展的和平，只要用常识来判断就知道其间的经济水平一定提高了。

韦斯帕芗实施的另一项增收政策是对笔者在上述罗马年收入的第三项列举的国有土地的租金收入方式进行改良。

恺撒在公元前59年颁布的《尤里乌斯农地法》规定了国有土地租赁的面积上限，这项法案的目的在于扶植中小自耕农。

户主可以借地500尤格（约合125公顷），以每个儿子的名义可以借地250尤格，但是全家借地不得超过1000尤格。

这样一来，划分国有耕地的最小单位就是250尤格，另外，期满退伍的士兵得到的冲抵退役金的土地下限似乎是200尤格。如果国有土地的借地和出租的最小单位为50公顷的话，比这个单位更小的土地就不会成为租赁或提供的对象。

但是，并非每块土地都适合这种分割法，各个地区肯定都存在“零星农地”。这些不足200尤格的土地由于租借了邻近土地的人扩大耕种面积而成为了事实上的租用地。但实际上没被划入租用地，所以没有向国家缴纳地租的义务。这种状态到当时已经持续了130年。

韦斯帕芗对这些“零星农地”也逐一进行了精确的丈量，并划为征税对象，仅此一项就增加了不少税收。

皇帝韦斯帕芗增加税收的最后一项措施在喜好花边新闻的罗马人当中成了众矢之的，他新设了一项名为“Vectigal urinae”的税种，直译过来就是“小便税”。

卫生意识很强的罗马人很热衷于下水道的建设，同时对于在城市的重要场所设置公共厕所也是乐此不疲。不过韦斯帕芗设立的“小便税”的征收对象并不是公共厕所的使用者，而是收集公共厕所的尿液用来去除羊毛中的油脂的纤维业者，理由是这些人使用尿液赚取了利润。

就连儿子提图斯也忍不住对此提出了异议，他觉得父亲是不是做得太过了。韦斯帕芗拿起一把银币凑到儿子的鼻子下面问道：“有臊味吗？”提图斯回答：“没有。”于是这位皇帝说：

“没有吗？但这可是小便税的税收啊！”

在现代的欧洲，“韦斯帕芗”这个词语在各国语言中成了公共厕所的通称。在意大利一般说到韦斯帕芗，指的不是罗马皇帝，而是公共厕所的意思。

韦斯帕芗之死

公元 79 年 6 月 24 日，皇帝韦斯帕芗去世。一开始得病时他曾到故乡的温泉疗养过，但是毫无效果。于是他说皇帝必须站着死去，刚要起身就断了气。享年 70 岁，在位一共 10 年。

不过这个幽默的武将出身的皇帝是在完成了所有帝国重建的任务后才去世的。还有一些已经着手但还未完成的事情，但是他相信长子提图斯和次子图密善会在继承皇位后妥善处理，所以走得很放心。

罗马帝国发行的金、银、铜三种货币通过保持面值和制币材料的价值一致，从而在促进经济的健全发展上发挥了关键货币的作用，但同时也被作为了将皇帝的统治业绩传遍帝国全境的宣传手段。一般来说正面是皇帝的侧脸，背面雕刻着象征其业绩的图案。也有雕刻着缩写文字的硬币，韦斯帕芗皇帝时代发行的货币雕刻的文字有如下内容：

皇帝恢复了和平

韦斯帕芗和他的儿子们确立了永久的和平

恢复了军队对国家的忠诚

韦斯帕芗是市民自由的保护者

皇帝统治公正

为身为罗马公民感到庆幸

罗马公民，万岁！

韦斯帕芗实现了自己在登上皇位时承诺的和平和秩序的恢复，他是以既有统治阶级之外的身份成就的这两个目标。韦斯帕芗死的时候，元老院阶级内也不再有人对帝国的最高权力者皇帝出身于意大利本土的第二阶级——骑士阶级感到反感了。如同他在临终的床上所“担心”的“可怜的我，快要成神了”，韦斯帕芗死后确实被神化了。有趣的是，在罗马帝国连成为神也要看生前的业绩。

之后，儿子提图斯没有遇到任何阻力，顺利地继承了皇位。原因之一是制定《皇帝法》预先保障了他的继承权，不过在父亲统治期间，他和父亲共同统治取得的业绩也是不可忽视的。另外，妥善处理了罗马人视为行省人民叛乱而不是宗教问题的犹太战争也成为了提图斯的有利砝码。在讲述罗马人的历史时不能忘记的一点是，帝国安全保障的最高负责人是皇帝。罗马皇帝在军事方面的知识、能力、业绩会经常接受考验，从拉丁语“Imperator”一词的定义来看也是理所当然的。

第六章

皇帝提图斯

（79 年 6 月 24 日—81 年 9 月 13 日在位）

NON UNO DIE ROMA AEDIFICATA EST

也许没有任何一个人比 39 岁继承皇位的提图斯更想努力当好皇帝的了，如果当时有“公仆”这种说法的话，提图斯肯定会从心里抱有这种信念，并且为成为一名公仆而努力。他可是遵照国民的意愿放弃了终身幸福的人。

提图斯出生在一个叫做“因斯拉”（insula）的出租公寓里，这也反映了他父亲当时的经济状况。但是他接受的可不是一般的平民教育。当时，父亲韦斯帕芗深得皇帝克劳狄乌斯的头号亲信——解放奴隶纳尔奇索斯的器重，所以小提图斯也得以成为了皇帝的儿子不列塔尼库斯学友中的一人。他每天前往帕拉蒂尼山上的皇宫，学习拉丁语、希腊语、逻辑学、辩论术、武艺、骑术、乐器演奏等课程。他的身体不弱，但是身材矮小，体形和举止都全无高贵可言，不过性格倒是直率，也深受人们喜爱。

然而，这种往返于简陋的公寓和皇宫之间的走读生活没有持续很久，因为父亲韦斯帕芗希望他到军团中去积累实地经验，而不是留在皇子的身边当陪衬。儿子随父亲一同前往任地在罗马是非常常见的现象，小提图斯离开了母亲和故乡罗马，到父亲的任地——莱茵河沿岸的军团基地开始了新生活。父亲被调往不列颠之后，提图斯也随同前往，后来又转移到了北非。提图斯随同父亲辗转各地，积累了实地经验。当然，在此期间也积累了不少军务经验。他 28 岁这一年，在被任命为犹太战争总司令官的父亲手下升任为指挥一个军团的军团长。父亲被推举为皇帝后，30 岁的提图斯代替父亲成为了耶路撒冷攻略战的总指挥，而他也圆满地完成了这个任务。

努力想成为好皇帝的提图斯具备了实现这一目标的所有条件。年龄、经验、业绩，没有一个欠缺的。此外，多亏他与韦斯帕芗作为共同统治者施行的善政，当时也不存在必须以强权压制的反对势力。但是，这位充满善意的皇帝当政期间，却被接二连三的天灾搞得疲惫不堪：

公元 79 年 6 月 24 日——韦斯帕芗去世，提图斯继承帝位。

两个月后的 8 月 24 日——维苏威火山喷发，以庞贝、赫基雷尼亚（现在的埃尔科拉诺）为代表的那不勒斯湾东部沿海一带的多座城市被毁灭，据说死亡人数达到 5000 人。

公元 80 年春，首都罗马的市中心发生大火。

公元 81 年夏，包括首都在内的意大利全境发生瘟疫，造成大批民众死亡。

同年 9 月 13 日，皇帝提图斯的生命之火燃尽，享年 40 岁。他在位的短短两年间似乎一直在为各种灾害的善后工作日夜操劳。

庞贝

在此，笔者又将面对与讲述犹太战争时遇到的问题相似的难题——对于在罗马史上稀松平常但是被后世赋予重大意义的事件应该如何处理。

公元 66 年爆发、在公元 70 年的耶路撒冷攻防战中达到高潮、以公元 73 年马萨达的陷落为终结的犹太战争在犹太民族的历史上具有极为重要的意义，当然现代也有很多这方面的学术著作、历书、传记、小说。对于现代的以色列人来说，马萨达的要塞遗址已经成为了圣地。

公元 79 年夏天的维苏威火山大喷发将庞贝和埃尔科拉诺夷为平地，由于发生在意大利境内，使得这个事件更增添了悲惨和不幸的色彩。虽说如此，这只不过是罗马人在 1000 多年的罗马历史中遭受的众多灾难之一。在 1800 年后的 19 世纪开始发掘工作，现在已经成为了参观游客最多的名胜，即使是不知道古罗马广场的人也听说过庞贝。但是，在同时代的史学家塔西佗的著作中，根本找不到受灾地庞贝的名字。在 20 世纪已经无人不知的庞贝对于当时的人来说不过是“坎帕尼亚地区诸多富饶的城市”之一。不过正因如此，庞贝被作为罗马帝国时代大量存在的典型的一座地方城市保留了下来，得以在 2000 年后再度重现，不断进行发掘工作的原因也在于此。

但是笔者通过这套题名为“罗马人的故事”的书想讲述的是罗马的通史，所以从这个角度来说就必须遵循一个标准，即叙述的事件对于当时的罗马人来说具有多大的意义。如果详细叙述庞贝遭到的不幸可以揭露出罗马当时的统治体制内包含的种种问题的话，笔者当然会不惜笔墨。然而，庞贝遭受的灾难与神户大地

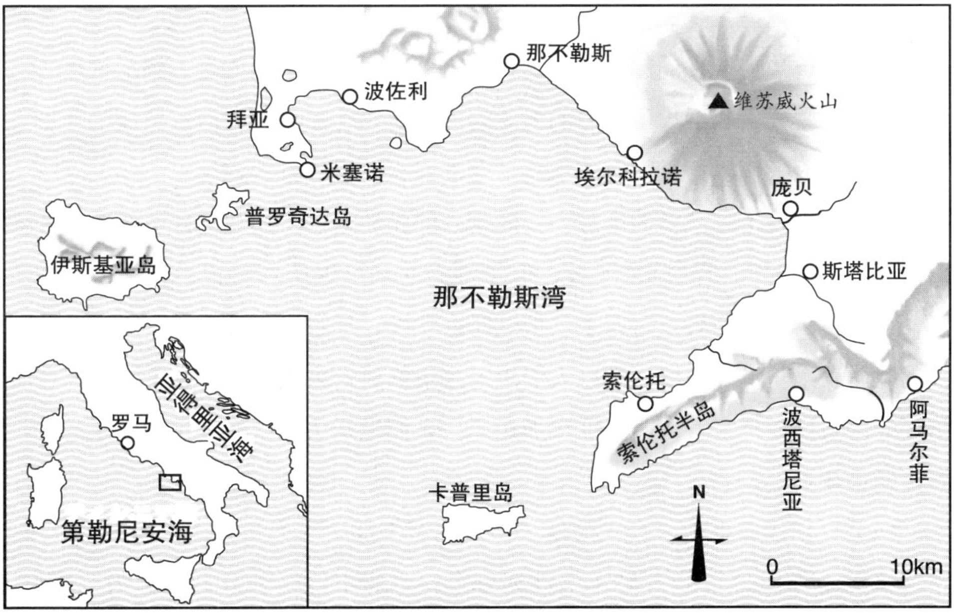

那不勒斯湾及其周边

震不同，是一次百分之百的天灾。无论在维苏威火山喷发后采取何种对策，都不可能减少死亡的人数。

并且，就如庞贝在当今时代的知名度一样，介绍庞贝的著作可以说是浩如烟海。与通史相反，介绍单一历史事件的著作被称为“专著”，关于庞贝的详细论述，我们可以参考大量的专著，所以以下只介绍必不可少的内容。

以那不勒斯为中心的坎帕尼亚地区的人们对地震已经习以为常了。位于那不勒斯西方的贸易港波佐利、高级避寒地拜亚、军港米塞诺到伊斯基亚岛之间的地区是有大量温泉涌出的火山地带。另外，从那不勒斯向东前进可以到达维苏威火山和坐落在山麓的庞贝城，17 年前，即尼禄时代的公元 62 年，庞贝及其周边曾遭遇过强烈的地震。不过公元 79 年的庞贝已经基本从 17 年前的地震导致的破坏中恢复过来了。

然而，维苏威火山的喷发出乎了所有人的意料。因为它已经 900 年没有喷发过了，人们都以为它变成了一座死火山。绵延到山顶的山脊上长满了树木，公元前 1 世纪斯巴达克斯发动起义时，支持这名角斗士的奴隶们就是逃到了这里。这里也没有休眠火山和活火山特有的光秃表面。所以在喷发的时候，造成了大批人员死亡。因为人们以为是常有的地震，全都躲在屋里等待地震结束。

然而当天可不是平常的地震，一阵剧烈的晃动之后，灼热的碎石像冰雹一样落了下来。虽然每块的重量不大，但是堆积起来足以压坏房顶。看到房顶落下来，人们终于意识到必须避难了，但这时距喷发已经过去了五六个小时。开始喷发的时间是下午 1 点左右，所以人们决定逃走的时候太阳已经落山了。但是这时落下的碎石已经越来越大，速度也加快了。人们纷纷用衣服和垫子护住头部，打着灯笼逃往别处。

但是真正让避难人群丧生的是之后悄然袭来的含有大量火山灰的云状气流，不幸正处于下风位置的人们无论逃到哪里，都躲不过这种被后世称为“气浪”（Surge）的瓦斯云。位于庞贝南面 5 公里处的斯塔比亚埃（现在的斯塔比亚）受气浪的影响也死了不少人，庞贝和埃尔科拉诺的居民似乎都是死于窒息。8 月 24 日下午 1 点开始的这场悲剧在第二天早晨终于结束了，庞贝和埃尔科拉诺都被埋在了堆积高达 4 米的碎石和火山灰下。最后又下了一场掺杂着火山灰的大雨，于是这层 4 米厚的堆积物变成了和水泥一样硬的覆盖层。

关于死亡人数，有人说是 2000 人，也有人说是 5000 人。庞贝的人口大概在 1.5 万到 2 万人之间。沿海的避寒地埃尔科拉诺的居民大多都逃到了海边，但是由于地震的影响，海上波涛汹涌，无法让船靠岸后乘船出航，这些人都被火山灰的气浪吞噬了。

现场证人

有一个人见证了公元 79 年夏天的这场悲剧。

从米兰向北走 30 公里可以到达浪漫的科莫湖，湖畔的城镇科莫的起源可以追溯到公元前1世纪尤里乌斯·恺撒让退役士兵移民至此的时候。普林尼·采西利尤斯·塞孔都斯在尼禄时代的公元60年出生于此，维苏威火山大爆发的这一年他18岁。由于父亲早逝，他被单身的舅舅收为养子，火山喷发时他正在舅舅的服役地——与维苏威火山隔着那不勒斯湾遥遥相望的军港米塞诺。

普林尼的这位舅舅是他母亲的哥哥，也就是37卷本的《博物志》（*Naturalis Historia*）的作者普林尼·塞孔都斯，他将这部大作献给了皇帝提图斯。这个人于公元23年在科莫出生，维苏威火山喷发的时候56岁。

历史上为了区分，将舅舅和外甥分别称为老普林尼和小普林尼，日本一般称为大普林尼和小普林尼。进行区分是因为舅舅和外甥同为国家公务员，并且虽然写作对象不同，但作家身份是相同的。不过，在从事公职的同时也担任专职作家的生活方式在恺撒时代以来的罗马并不新鲜，也许更准确地说，这种类型的生活方式在古代的罗马是稀松平常的。

大普林尼年纪轻轻便离开故乡前往首都求学。这名地方出身的有志青年得到的第一份公职是莱茵河军团附属骑兵部队的队长。之后作为皇帝的财务官前往南法行省赴任。皇帝财务官是负责征收行省税等税收的负责人，所以他的职务相当于现在的地方税务署长。他在这个岗位上的工作业绩似乎得到了很高的评价，后来以相同的身份先后前往北非、西班牙和高卢北部赴任。回到首都罗马后担任了要职，最后被任命为驻扎米塞诺的海军司令官。据说由于工作性质的原因，他与直属上司韦斯帕芗冲破了阶级地位的偏见，建立了良好的个人关系。普林尼曾经告诉韦斯帕芗，自己的著作活动丝毫没有影响到公务，调查和研究都是利用睡觉时间进行的，韦斯帕芗听后也只能微笑着表示许可。实际上他执行公务以外的时间全部奉献给了研究工作，这让和他住在一起的外甥经常投来敬佩的目光。

外甥小普林尼的公职生涯与舅舅稍有不同，他起初先是担任军团的大队长和军团附属的会计检察官，接着当选了首都的护民官。之后跻身元老院，同时成为国家财政的负责人之一，负责每年的财政支出。图拉真皇帝继位后，他就任了小亚细亚比提尼亚的行省总督。在此期间他与皇帝图拉真之间的书信往来是了解当时罗马帝国的最佳资料。

不可思议的是，生活在帝国最强盛时期的这个性格平和的乐天派居然和同样生活在这个时代但是对于任何事都以悲观的态度看待的塔西佗成为了好友，也许是因为小普林尼对大自己10岁的塔西佗的文学才能心怀敬佩吧！无论与自己是否同行，小普林尼都不会嫉妒别人的才华。这两个人同时也是律师，曾经一起为人辩护过。

关于公元79年夏天的维苏威火山爆发事件唯一的现场记录是这位小普林尼写给塔西佗的两封回信，因为塔西佗要求他告知大普林尼去世的情况作为自己写作历史著作的材料。回信的时间应该是塔西佗着手开始写作《同时代史》的公元100年前后。这样一来，这两封信就成了火山喷发20年后的“证词”。

以下笔者将翻译这两封信的全部内容，关于维苏威火山的大爆发和庞贝城的消失过程已经有很多著作论述，各位读者想要了解的话可以很容易地找到这方面的资料，毕竟在讲述通史时不可能像只关注某一历史事件的专著那样在所有的事情上面面俱到。之所以将书信的内容全部翻译，除了介绍现场证人的证词这个目的之外，另一个原因就是可以通过这两封信来了解代表帝政最盛时期的这两个人（不，应该加上老普林尼，共三个人）作为知识分子的姿态。

第一封信

> 普林尼向塔西佗致以诚挚的问候。
>
> 为了将舅舅去世的情况正确地流传于后世，您要求与他关系最亲近的我提供一些素材。如果能够通过您的文笔流传后世的话，舅舅虽死也一定能获得不朽的荣耀。所以，我首先对您表示感谢。因为这样一来，即使舅舅默默无闻地被永远地埋在那座风光明媚的名城的瓦砾之下，也会与因那场无法忘记的天灾而去世的人们以及被掩埋的城市一样，被后世永远记住。舅舅写成的著作已经足以保证他名垂后世，您的文笔更是让这种保证稳如磐石。
>
> 我经常在想，被神赋予能够名垂青史的才能或者为后世著书立说的才能

的人真的是幸运儿，更为幸运的就是同时被赋予这两种能力的人了。舅舅通过他自己的著作得到了后一种幸运，前一种幸运如今通过您的文笔也可以得到了。所以，我欣然接受您的要求。不，多亏您向我提出这个要求，作为外甥的我才能为舅舅的永垂不朽有所贡献，我从心中为此高兴。

当时舅舅担任舰队的指挥，身在米塞诺基地。那天正是8月24日下午1点，我的母亲首先发现了情况不对，她看到巨大的黑云后喊了出来。舅舅洗完日光浴和冷水浴后在寝室内吃了些简单的午饭，像往常一样坐到桌前，听到喊声后提着拖鞋赶到了阳台。官邸位于海滨的高台上，阳台是观察这场奇异景观的最佳场所。形似黑云的巨大烟雾扩散得满天都是。从远处（出事地点距离米塞诺半岛有40多公里）观察无法得知是哪座火山，后来才知道是维苏威火山。维苏威火山喷出的巨大烟雾呈现出伞松树的形状，长长的树干直冲云霄，前后左右分出很多分支。不知是由于喷发产生的威力冲上云霄后劲道有所减退，还是由于烟雾本身的重量使然，烟雾从中间逐渐向左右散开，颜色也随之发生了变化。有的地方呈白色，有的地方呈灰色，还有的地方呈红黑色。这种颜色的变化有可能是受到了火山灰和碎石的混合比例的影响。

舅舅对任何事情都抱有强烈的好奇心和研究欲望，为了可以更近地观察这个奇怪的现象，他让人准备了小型的快船。当时他也曾对我说："想来的话可以跟我一起来。"但是我想先完成舅舅交代的功课，所以对他说我要留在家中。

舅舅离开官邸前往军港后，塔斯克斯的妻子莱克提娜寄来一封信，信中写到他们住在维苏威火山脚下的别墅也遇到了危险，唯一的逃跑路线只有海路。因此舅舅的心思从博物学的研究转向了担任舰队的司令官，他马上派遣一支加列船队出港，自己也上了其中一条船。这不只是为了朋友的妻子莱克提娜，也是为了要拯救很多处于危险之中的人。那一带（应该是埃尔科拉诺）气候舒适，景色宜人，有很多别墅和居民。

船队离开米塞诺军港，向正东驶去。途中与很多满载难民的船只擦肩而过，但米塞诺舰队的船只依然直奔危险的目的地，径直向东行驶，因此充分地观察到了正处于喷发高峰期的维苏威火山恐怖的全貌。

帆船的甲板上开始落下火山灰，随着船队接近，火山灰的温度也越高，数量也越多。后来又开始落下灼热的碎石和仍在燃烧的石块，船队已经不可能靠近海岸了。越接近岸边，海面上的波涛越是汹涌，并且还被突然出现的浅滩阻挡了航线，火山灰流也已经到达了海边。

舅舅在看到这个情景的瞬间犹豫了一下，他肯定动了放弃营救返回的念头。然而据后来向我讲述一切的舵手讲，舅舅在当时说运气会眷顾有勇气的人，下令船队驶往庞贝阿努斯的别墅。庞贝阿努斯的别墅位于东南方向的斯塔比亚，但是当时的那不勒斯湾已经变成了一片惊涛骇浪。

在庞贝阿努斯的别墅，虽然已经大难当头，但似乎人们觉得危险不会马上降临，码头还停靠着一些被仆人们装满了财物的船只，一旦风向有所好转就扬帆出海。舅舅到达这里时风向依然没有变化。庞贝阿努斯害怕得心脏都快碎了，不管舅舅怎么安慰这位朋友都无济于事。为了不让他觉察到生活发生了剧变，舅舅与他一起入浴、按摩，之后又共进了晚餐。

在此期间，维苏威火山的山脊线已经被岩浆染得通红，到处喷着火焰。夜幕降临之后，喷火的景象更是鲜明光亮。为了安慰因看到这个景象而心生绝望的人们，舅舅四处奔走解释说这是居民忘了关火引发山上的小屋起火。之后舅舅回去睡觉了，据说他睡得很熟，由于身体肥胖而鼾声如雷，连寝室外的人都能听到。

过了一会儿，寝室所在的内院的地面开始颤动，地表凸起。落下的火山灰和碎石的数量和速度也不断增加。舅舅如果就这样在屋内熟睡不起，石块和火山灰不久就会把门封死，恐怕再也出不来了。他被人叫起走到外面，发现彻夜未眠的庞贝阿努斯和其他一些人已经在门外等候他商量对策了。现在必须决定是继续留在别墅内，还是到别墅外面避难。

别墅和庭院一直不间断地摇晃着，剧烈的震动仿佛要将地面翻个底朝天一样，连站着都会感到困难。并且不只是上下晃动，还伴随着由远渐进的感

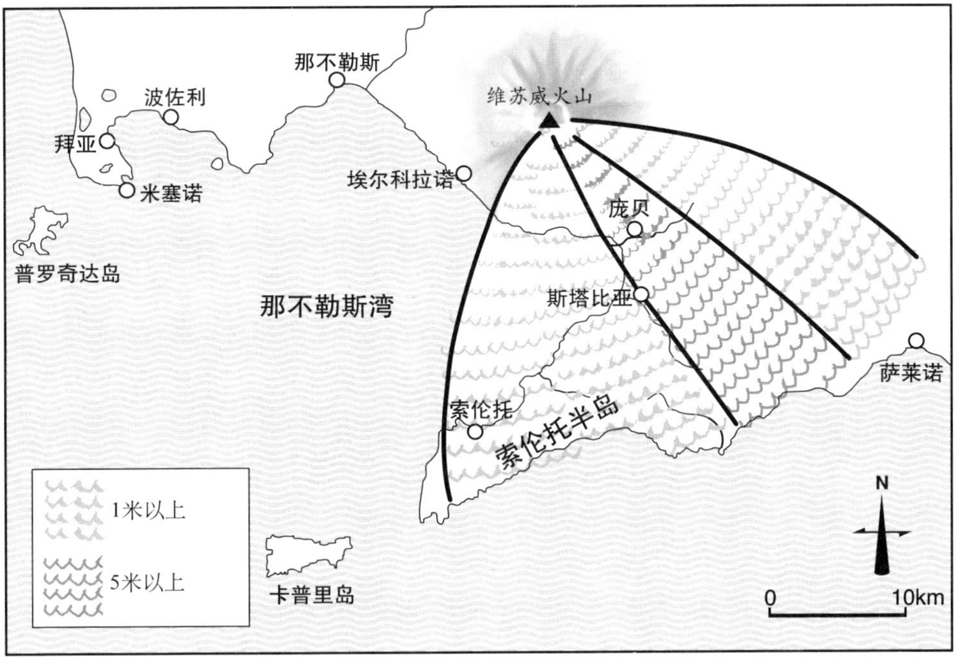

维苏威火山的火山灰大量堆积的地区

觉，迟迟没有停止。即使到屋外避难，也会面临被滚热的碎石烫伤的危险。但是，大家都认为逃到屋外避难的危险程度更低，于是全体人员把枕头、坐垫等物品放在头上，用长长的布条固定住，做好了逃出去的准备。

其他地方应该已经天亮了，但是维苏威火山下风一带的人们却身处比平时的夜晚更加恐怖的黑暗中。虽然维苏威火山散发着大量的火焰和光亮，黑暗却丝毫没有减退。人们纷纷提着灯笼，顶着黑暗赶往码头，他们想亲自确认一下是否可以乘船出海。

然而人们看到的大海却比前一日更加汹涌，风向也依旧是逆风，这样一来只能返回别墅了。舅舅在镶着马赛克的地板上铺上临时床铺，躺了上去，向人要了两次凉水喝下。其间，散发着强烈的硫黄味的空气开始悄悄地在周围弥漫起来，人们纷纷撤离。舅舅也在两名仆人的搀扶下站了起来，但是又随即倒下，断了气。据我推测，死因应该是火山喷出的气体导致呼吸困难，舅舅在平日呼吸道就不是很好。

人们得以重见天日已经是舅舅去世三天后了，他们回到家后发现舅舅依然保持着倒下时的姿势。身体没有破损的地方，衣服也穿得整整齐齐，仿佛不是一具尸体，更像是在睡觉的样子。

其间，母亲和我在米塞诺……算了，这些事情已经和历史无关，而且您想了解的是舅舅的真正死因，所以我决定在此停笔。但是，我只想再强调一点，我所说的一切都是我自己在现场亲眼看到的事实，要不就是当时的现场目击者在事后亲口告诉我的。

当然，对这些事实的取舍全凭您自己判断，因为书写历史毕竟不同于写信，将一些内容公之于众与告诉朋友也是不同的。

此致敬礼。

第二封信

普林尼向塔西佗致以诚挚的问候。

您要求我继续透露在讲述舅舅死因之前的信件中欲言又止的部分，也就是说希望我回忆一下自己留在米塞诺的时候遭遇了怎样的不安和危险。

“纵然我心中的不幸和恐惧将再次生起，也要把它们讲出来。”（维吉尔《埃涅阿斯纪》中的一句话。）

舅舅乘船离开之后，我继续学习一直到傍晚，因为本来就是为了学习才没有和舅舅同行的。学习结束后，我像往常一样洗澡、吃晚饭，然后睡下。因为受到了地震的影响，我睡的时间很短，也睡得很浅。不过，坎帕尼亚地区虽然频发地震，但当晚的地震还是很特别的，不只有震动，还伴随着好像要坍塌的感觉。

母亲冲进了我的房间，当时我正好也刚从床上起身，我们想的一样——去把熟睡的对方叫醒。

母亲和我在庭院的一角坐下，从庭院往出走几步就可以直通海岸。不知道当时的我是勇气十足还是年少不懂事（当时只有18岁），让人拿来提图斯·李维的书，专心地看了起来，并且不是简单地读读，而是还画出了重点。当时宅邸中还住着一名从西班牙远道而来的舅舅的朋友，他看到坐在庭院中的母亲和在旁学习的我之后很是生气，指责了我的若无其事和母亲对儿子的放纵。但我不为所动，继续读书。

就这样到了早上，借着清晨微弱的光亮向周围看去，房子基本上都倒塌了。我们居住的别墅处在与周围隔离开来的高台上，虽然不豪华，却很坚固。但是看到周围一片狼藉的景象后，家人们当然也担心起来这座别墅的安危了。

最后我们决定到屋外避难，流离失所的邻近居民看到我们从别墅出来走向郊外后也纷纷跟了上来。在恐惧的驱使下，比起坚持自己的想法，遵从他人的决定往往是更聪明的选择。这样一来，在我们和仆人的后面拉起了一条长长的队列。

走到房屋稀疏的郊外后，我们暂且停止了脚步。这里发生了很多异常的情况，让我们又惊又怕。装着贵重品和临时必需品的货车明明走在完全平坦的道路上，却开始左右摇晃起来，根本无法停止，把石头卡在车轮两侧也不管用。

此外，放眼望去的大海也与往日不同，海水退去的沙滩上散落着死掉的鱼和贝类。对面是一片令人胆寒的巨大黑云，浓烟中夹杂着火焰散发出的光，简直就像划过夜空的一道闪电。

正当母亲和我驻足观看眼前的景象时，之前提到的从西班牙来的舅舅的友人凑上来喊道："如果你的哥哥、你的舅舅普林尼还活着的话，最担心的就是你二人的安全；如果他不幸身亡的话，最放不下的也是你二人的安危。在避难的事情上，你们还有什么可犹豫的？"

母亲和我异口同声地回答，在确认舅舅的消息之前无暇顾及自己的安危。他听到后一言不发地离开，一个人去避难了。

过了不一会儿，浓烟笼罩住了整个海面。卡普里岛在之前早已从视线中消失，现在连近处的米塞诺海湾也看不到了。母亲察觉这个情况后，劝说我快逃。她说，你还年轻，跑得动。我上了年纪，身子不中用了，只要不拖累你，死也甘愿。劝说的语调已经近乎哀求了。而我却反复回答，没有母亲，我也不会苟且偷生。然后我拉着母亲的手快速跑了起来，母亲终究从了我的意，但还是不住地责怪自己拖慢了避难的速度。

这时已经开始有火山灰落下。我突然有一种奇怪的预感，不经意地回头望去，发现一片浓雾状的东西从背后袭来，就好像河川中的水蔓延了整个大地一样。我对母亲说："我们离开主路吧！免得被后面的人踩死。"

我们母子二人避开有大批难民涌来的主路，终于找到一个地方歇了歇脚。此时已是深夜，但既不是没有月色的夜晚，也不是浓云密布的夜晚，而是一个令人感觉奇妙的夜晚，犹如被关在黑灯瞎火的密闭房间中一样。黑暗中只听得到嘈杂的人声，女人的哀叹声、孩子们的哭喊声和男人们的怒骂声，还有寻找亲人的声音、夫妻彼此确认对方身份的声音。有些人感叹自己的命运不济，有些人为罹难的亲人悲痛，还有些人受不了等待死亡的恐惧而选择了自杀。很多人高举双手向神灵祈祷，也有相当一部分人大喊已经没有什么神灵了，世界将持续这样的黑暗直到终结。

因为恐惧和绝望而讹传的消息数不胜数，造成了更多的悲剧。据传米塞诺的一处建筑倒塌，另一处建筑被大火包围。虽然都是假消息，但当时所有人都深信不疑，因而加剧了人们的绝望感。

周围稍微变得亮堂起来，但绝不是因为早晨的阳光，而是火灾的缘故。所幸的是火灾没有蔓延到近处，但是又有灰尘降落下来，这次是浓重的火山灰。我们只好屡次起身掸掉身上的灰尘。稍有怠慢，身上就会布满灰尘，最后被压死。我没有被人们的恐慌传染而动摇，或者混入人群一起逃难，也没有绝望地呼喊，而是冷静地采取了行动。考虑到我当时的年龄，不由得都想夸奖自己一番了。不可思议的是，我当时丝毫没有觉得自己会与其他大多数人一起命丧于此，也没有觉得自己迄今为止的短暂一生以及今后的所有可能性会随着自己生命的终结而烟消云散。虽然想想当时的状态，比起活下去来说死亡也许更可以给人带来安慰。

这片充斥着灰尘的浓雾最后终于渐渐散去，变成了一片普通的烟云。之后慢慢看见了阳光，但是这一天的太阳本身是很暗淡的，就像日食时候的太阳一样。我们无法相信周围发生的如此巨大的变化。因为能够看到的一切东西都像覆盖了一层积雪一样，被掩埋在了火山灰的下面。

我带着母亲和几个仆人返回了米塞诺。踏入宅邸后做的第一件事情是让疲惫不堪的身体充分休息。当夜也是在恐怖和希望交织的状态下度过的，担心地震还会发生或是比之前有过之而无不及的恐惧心理挥之不去。要是在平日，我肯定会对人们的杞人忧天一笑置之。但是不管心存多大的不安和恐惧，我和母亲的心意已决，我们坚持在得到舅舅的消息之前绝对不从这里离开。

小普林尼的这两封信是怎样被引用的呢？只能很遗憾地说，塔西佗《同时代史》中关于这个时期的叙述在中世纪时失传，因此我们无从知晓。

阵前指挥

公元 79 年 8 月 24 日的这个惨剧的消息传到首都罗马应该是在不到两天后的 26 日前后。以军事为立国之本的罗马深知信息传达的重要性，所以一般不是在确定事情经过之后再报告，而是在事情发生的时间点上就会迅速传达。并且发生惨剧的地点是那不勒斯湾沿岸，在那一带拥有别墅是显赫地位的象征，所以对于住在首都的达官贵人来说也绝不是事不关己。

提图斯既不是出身原有的领导阶级元老院，家境也不是很富裕，所以在那不勒斯一带没有自己的别墅。但他毕竟是皇帝，虽说仅仅上任两个月，却肩负着保证安全和粮食的最大职责，并且提图斯想做一个好皇帝的愿望不逊于任何人。余震尚在持续，他却已经决定在当地设置救灾总指挥部，由自己亲自担任阵前指挥。火山喷发时的风向大概处于维苏威火山由西到南的 90 度扇形区域内，此外的地区可能没有人死亡，但肯定还是受到了地震的影响。总而言之，那不勒斯湾沿岸一带都应该被视为受灾地区。

意大利南部地区的典型地方城市庞贝被堆积高达 4 米的碎石和火山灰掩埋，并且被随后下的一场雨凝固，所以死者的尸体都无法处理。不过神殿的圆柱和圆形竞技场的上半部分在当时应该是露在地表外面的，后来随着岁月的流逝逐渐被风沙和植物覆盖，直到近代被发掘出来后才得以窥见庞贝的整体面貌。尽管皇帝提图斯心怀善意，但在公元 79 年，庞贝和埃尔科拉诺等被掩埋的城镇和村庄也只能持续着无人问津的状态。

但是，有很多受灾者幸运地逃过了此劫。坎帕尼亚地区在意大利是有名的富庶地带，人口密度在当时也是最高的，对于提图斯担任阵前指挥的当地的指挥部来说可能有数不尽的工作要做。

罗马人认为，在床上铺上垫子，然后用单肘撑在上面以横躺的姿势吃饭才是真正的用餐方式。坐在桌前的椅子上吃饭是孩子和奴隶的用餐方式，有足够的经济能力在家中设置一间餐厅的人家不应该采取这种方式吃饭。不过，如此悠闲的用餐方式在罗马时代也只限于晚饭的时候，早饭和午饭以及工作繁忙、时间紧张状态下的晚饭都是坐在桌前的椅子上匆匆解决。这种方式对于当时的罗马来说相当于现代人观念中的站着吃饭，也就是日本所说的站在大街上吃饭的感觉。在受灾地区忙于救援活动的提图斯每日的用餐方式也与罗马人观念中的正确用餐方式相去甚远，除了要举行皇帝必须参加的祭祀活动之外，他根本不会返回罗马。

提图斯之所以能够专心投入受灾地区的重建活动，是因为他在父亲韦斯帕芗统治期间作为事实上的另一位皇帝共同治理过国家。他习惯了皇帝的日常工作，也完善了必要的人脉和机制。关于提图斯采取的救灾对策的详细情况，塔西佗的《同时代史》一定有过相关叙述，但是这一部分在今天也已经失传，所以我们无从了解。但是可以肯定一点，按惯例没有亲属的死者的资产要划归国库，在这次事件期间作了更改，没有亲属的死者的财产全部用于对同乡受灾者的救助活动。

庞贝是一个海外交易盛行的城市，庞贝的居民中有不少人在海外拥有资产。由于全家人遇难而没有继承人的这些财产没有收归国有，而是用做了向幸免于难的人提供援助的资金。

税制方面的救援政策也无从得知，如果同样的惨剧发生在行省的话，首先要实施的就是免除三至五年的行省税。但是坎帕尼亚地区位于意大利境内，行省税这种直接征税本来就不存在，不过当时有可能实施了关税和营业税的免税措施。还有就是基础设施的恢复建设，只有这一项完全是国家的工作。公元 79 年的大惨剧发生后，让地方自治体来建设基础设施未免负担太重。虽然在 17 年前即公元 62 年地震时，庞贝确实依靠自己的力量进行了重建。

到了公元 80 年后，提图斯皇帝依然继续着在当地总指挥部的生活。这一年 4 月在首都罗马发生火灾的消息迫使身在坎帕尼亚地区的提图斯急忙赶回了罗马，接踵而来的灾难让这位 40 岁的皇帝完全没有休息的时间。

公元 80 年的火灾让卡匹托尔山到马尔斯广场的南半部分之间的地带受到了损害，规模虽然没有达到尼禄时代那场有名的“罗马大火”的程度，但是那片地带矗立着各种公共建筑。好在建筑都是用坚固的石材建成的，不至于倒塌，不过在灭火后要是置之不管的话也随时会有倒塌的危险。据说损失最严重的是台伯河附近的弗拉米尼亚竞技场，这座竞技场是在特拉西梅诺湖畔败给汉尼拔而战死的弗拉米尼乌斯在担任执政官时修建的，通往意大利北部的两大干线道路之一的弗拉米尼亚大道也是他留下的业绩。这条道路在修建后的 300 年间一直发挥着干线道路的作用，以修建者的名字命名的竞技场也同样一直被当做竞技会场和少年们的体育训练场使用。但是在公元 80 年的火灾中受到了巨大的损失，因为损伤严重，政府似乎不得不放弃重建的尝试。不过竞技场的遗迹也没有存续多久，它本来就是一座由厚厚的石壁组成的，变成一户户民居只不过是时间的问题。在现代，这座竞技场已经成为了以犹太会堂为中心的犹太裔罗马公民的居住区。

但是，在 300 年的岁月中，人们早已熟悉了这片公共区域，并且修建者弗拉米尼乌斯是平民阶级英雄，他修建竞技场的目的也在于为平民提供专用的体育竞技场。在之后的共和政体时代，弗拉米尼亚竞技场一直是平民阶级的根据地，虽然市民集会还是在古罗马广场举行，但护民官召集的平民集会一定是在弗拉米尼亚竞技场举行。从共和政体时代步入帝政已经过去了一个世纪，但只要是了解统治为何物的人就应该很清楚有必要修建新的建筑来代替无法再使用的弗拉米尼亚竞技场。

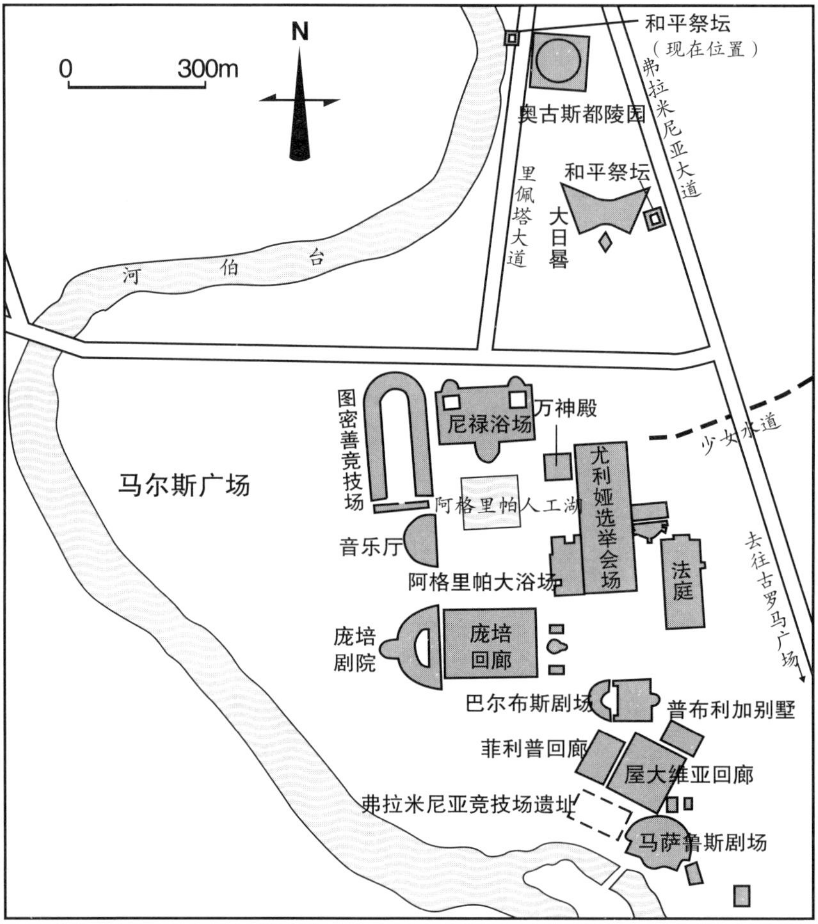

公元 1 世纪末的马尔斯广场

提图斯肯定也深知这一点，但是他自己还不知道死神已经在慢慢逼近他。建设新的竞技场来代替弗拉米尼亚竞技场的工作只能等待下一任皇帝图密善来完成了。今天被称为纳沃纳的美丽广场的前身就是古代的“图密善竞技场”。

损失程度仅次于弗拉米尼亚竞技场的公共建筑物是紧靠其北的奥古斯都修建的“屋大维亚回廊”和恺撒修建的“尤利娅选举会场”。

以这些建筑为主的公共建筑的重建费用都是通过提图斯皇帝自费资助和罗马富裕阶级的捐款筹措的，因为对于罗马人来说，为公共事业捐款就相当于现代所说的“Noblesse Oblige”（受尊敬者的义务）。

在先帝韦斯帕芗的时代开工的弗拉维乌斯圆形剧场（通称“圆形竞技场”）也终于在这一年完工。提图斯为了激励因维苏威火山喷发和首都罗马的火灾等灾难而情绪低落的市民，决定举行盛大的完工庆典。一完工便散发出灿烂光芒的圆形竞技场中随处可见盛装打扮的男女老幼，最上层是向奴隶开放的区域。虽然不太清楚完工庆典到底持续了几天，但是不难想象，人们的注意力肯定集中在角斗士比赛上。这种危险格斗的主人公——角斗士有三分之二出身于奴隶，剩下的三分之一是自由民。虽然危险系数高，但是有望获得高额的报酬，所以也有不少自由民选择角斗士作为自己的职业。另外，格斗的高手会成为众人瞩目的焦点，赢得富家女子的芳心也不再是梦想，类似于现代的拳击手或其他格斗运动的选手。

皇帝提图斯在尼禄计划修建黄金宫殿的地方修建了名为“提图斯浴场”的罗马式公共浴场，这座浴场包括一些沐浴的相关设施和体育馆、图书馆、游戏室、庭园等设施。据说他本人也经常到这里沐浴，而且没有规定皇帝入浴时就禁止其他人进入。他经常带着朋友和熟人一起来沐浴，但是脱光衣服后，皇帝和一般市民还有奴隶之间就没什么区别了，这正是提图斯所希望的。然而，罗马式的浴场虽然有男女之别，却没有元老院议员和平民的阶级差别。在别墅滞留期间的小普林尼因为停留时间短暂，也没有必要专门在宅邸内准备浴室，而是到附近的公共浴场沐浴。对于罗马人来说，入浴要经过温浴、热气浴、冷浴三个阶段，不像日本人烧些热水就可以了。

提图斯之死

史学家苏维托尼乌斯所说的“史无前例的瘟疫”发生于公元81年，但无法得知这场瘟疫有多严重。

不管规模有多大，瘟疫终究是发生了，提图斯也早早成立了专门针对这场瘟疫的对策委员会。在这次瘟疫中，通常都是在各自的诊所从事治疗的医生们被总动员起来。希腊人占大多数的医疗系统工作人员因为被赋予了罗马公民权而享有免除直接税的特权，但同时也负有和罗马人一样的义务。不知是托这种体制的福，还是因为瘟疫流行的规模本来就有限，或者是由于这两个原因，到了入秋的时候瘟疫便退去了。然而，年富力强的提图斯本来没有染上瘟疫，但是却病倒了。

生病的原因也许是频发的灾难让他积劳成疾。仿效父亲韦斯帕芗在当年病倒时回到故乡的温泉疗养的做法，提图斯也回到故乡养病。弟弟图密善随同前往，但是提图斯没过多久就去世了，时间为公元81年9月13日。公元40年12月30日出生的提图斯死时还不到41岁，只当了两年零三个月的皇帝。

得知皇帝死讯，每个人都从心底为之悲叹，就连反对他和犹太公主结婚而曾经在竞技场提出强烈抗议的普通市民也非常敬爱这位认真听取民众意见、终身未娶的皇帝。在受灾地区担任阵前指挥的皇帝，经常在公共浴场现身的皇帝，平民心中的理想皇帝，这些就是提图斯带给民众的印象。提图斯从未向市民发放过已成为惯例的奖金，但是市民们都知道他在每次发生灾害时都慷慨解囊，捐助自己的私人财产。

作为皇帝权力监督机关的元老院传统上一向拥有很强的反皇帝势力，但这次元老院同样为提图斯表示深切的哀悼。反皇帝一派的元老院议员们最害怕的是被人告发而遭到弹劾，而提图斯从来都不会听取这些告发。提图斯曾经说过，比起让别人去死，他宁愿选择自己死。

元老院也是与皇帝合作来统治帝国的机构，皇帝是否胜任是他们评价的标准。在这个方面，提图斯不仅在首都罗马和本国意大利的统治上业绩出色，而且兼顾了整个帝国的统治，从而受到了高度的评价。仅举数例就可以证明，比如西班牙、北非的努米底亚、塞浦路斯岛，以及被称为亚细亚行省的小亚细亚西部道路网络的全线修复等。在意大利境内，也在公元 79 年下半年修复了马奇亚水道，公元 80 年又修复了奥勒留大道和弗拉米尼亚大道的一部分。从公元 79 年开始修建的当今意大利的里雅斯特到当今克罗地亚的普拉为止的道路是一项全新的工程，因此这条道路采用提图斯的家族名“弗拉维乌斯”，被命名为“弗拉维娅大道”（Via Flavia）。

纪念他战功的凯旋门却因为没有加紧赶工，到他死后才建成。提图斯皇帝与父亲一样，都积极支持元老院向行省出身者开放，因此也赢得了行省人民的好评，但唯一例外的是居住在犹太地区的犹太人。他们没有原谅烧毁耶路撒冷大神殿的提图斯，也不会忘记这名将耶路撒冷失陷的记录永远刻在“提图斯凯旋门”上的元凶。但是，决定与罗马人和平共处下去的犹太人并不讨厌提图斯，迄今为止没有发现过任何史料可以证明居住在帝国境内各座城市的犹太人曾经对提图斯进行过指责。《犹太战记》的作者约瑟夫斯·弗拉维乌斯和提图斯之间的友情从他们 12 年前相识开始就一直保持着彼此尊重的状态。

然而，唯独喜好讽刺的罗马人不甘于只是对他大加赞扬，与提图斯处于同一时代的一个人就留下了这样一句话：

“在位时间短的话，谁都能做个好皇帝。”

提图斯在位两年便与世长辞，继承皇位的是他的弟弟图密善，这位皇帝的统治却长达 15 年。

第七章

皇帝图密善

（81 年 9 月 14 日—96 年 9 月 18 日在位）

NON UNO DIE ROMA AEDIFICATA EST

“记录抹杀刑”

罗马帝国有一种名为“Damnatio Memoriae”的刑罚，意译过来就是“记录抹杀刑”。这是一种在元老院进行正当的审判，也就是由原告一方阐述控诉的理由，担任被告代理人的辩护人展开辩论之后，再由全体议员裁决审判的皇帝弹劾体制。用现代的话来说，类似于将不信任的当权者送上法庭的体制，正因为针对的是比以强权著称的美利坚合众国总统的权力还要大的罗马帝国皇帝，弹劾的方式当然也更为严厉。具体来说有以下几项处置：

一、被判有罪的皇帝的所有雕像都必须破坏。

二、从所有官方记录和碑文中将该皇帝的名字删去。

三、剥夺该皇帝的所有后代使用“Imperator”作为个人名的权力。

四、皇帝在位期间制定的所有暂定措施法（未经元老院的表决许可而发布的敕令）都要废除。

对于不相信来世、因而最看重今生的成就和死后名声的罗马精英们来说，没有比“记录抹杀刑”对名誉影响更严重的刑罚了。这件针对皇帝的强力武器掌握在罗马帝国的元老院手中，笔者多次提到罗马帝政与后世的所有帝政都不同，具有一种监督机制正是其原因。当然，如果与罗马元老院并驾齐驱的两大有权者的另一方——罗马公民权所有者（在现代来说就是住在首都的市民们）团结一致支持皇帝的话，就算是元老院，在使用这件“武器”的时候也不得不小心谨慎了。但是，市民们对皇帝统治业绩的表达意见只能是在竞技场中，或者是冲到正在召开会议的元老院施加压力。在现代的国会中被选为议员的话就不能无视选民的意见，罗马的元老院却是终身制，只要不犯罪就不会失去议席。

这样一来，如果市民不明确表示自己的意向，并且皇帝弹劾派在元老院议员中占据多数的话，元老院就可以随心所欲地使用这件“武器”。韦斯帕芗通过的《皇帝法》也没有否认这项权力。因此罗马帝国特有的这项制度一直是皇帝和元老院之间关系紧张的重要原因。想要理解罗马的皇帝和元老院之间的关系的话，最快的办法是想象一下美利坚合众国的总统以及与总统所属的党派对立的党派占多数的上下两院的关系。

尼禄就是被这项“记录抹杀刑”宣判的皇帝之一。卡利古拉皇帝事实上也遭到了这种待遇，只是没有被公开定罪。理由有两个：第一，卡利古拉的性格乖张，干了很多让苏维托尼乌斯这种喜好奇闻异事的史学家的好奇心得到极大满足的事情，但是在统治上无所作为，所以没留下什么值得抹杀的记录。第二，性格温和的克劳狄乌斯皇帝不喜欢对前任施行过于严厉的处置。尼禄皇帝的 14 年统治时间比卡利古拉的 4 年长很多，值得抹杀的“记录”当然也不在少数。除此之外，尼禄是在生前被定罪的，因此对现任最高当权者进行弹劾审判的色彩就更强一些。

如果官方记录是被刻在铜板上，就会将铜板全部熔化。如果是刻在大理石或其他种类的石头上，则会推倒毁坏。只是这些记录往往体积庞大，除了被定罪的人之外多刻有其他的人和事，在这种情况下就只将当事人的名字删除或覆盖掉。对于 2000 年后的考古学家来说，这正是一个可以考验知识和想象力的好机会。不过，对金、银、铜币却不采取这种处置方式，因为这些钱币广泛流通于帝国全境，将其全部回收重铸、交换新币几乎是不可能的。多亏这个原因，刻有尼禄侧面肖像的货币才得以继续流通下去。

这种处置方式现代也有，墨索里尼修建的各种建筑物也遭受了同样的命运。因为不能把建筑物本身全部破坏，所以只采取了用水泥将墙面上雕刻的墨索里尼的名字抹去的方法。卡利古拉和尼禄流传至今的肖像非常少，也是在他们死后遭到破坏的缘故。此外，下面即将讲述的图密善在死后也被处以了“记录抹杀刑”。

如果是尼禄的话，笔者也会认为他是个不称职的皇帝。但是，至于图密善，却不能简单地断定他是个不称职的皇帝。如果对于史学家塔西佗的评价完全地相信则另当别论，但是笔者在《罗马人的故事 4・胜者的迷思》的末尾已经提到过，就算是帝政时代最著名的史学家，笔者也不会全盘相信。

另外，笔者也不得不对“记录抹杀刑”这种刑罚本身的存在理由心存疑问。罗马这个民族不管在共和政体时期还是帝政时期，对于自己经历的败北和犯下的错误都不会避而不谈。抹杀记忆的用意在于希望将一想起来就令人厌恶的皇帝及其统治的一切相关内容都忘却，所以笔者认为在制定这项刑罚的同时却以不现实为由而继续使用雕刻着该皇帝的侧脸或业绩的货币的这种做法不符合罗马人的作风。并且继尼禄和图密善之后险些被处以“记录抹杀刑”的人是五贤帝之中非常有名的哈德良皇帝。要不是后任安东尼·庇护坚决反对，连五贤帝之中都要有人被处以这种有损名誉的刑罚了。元老院的“记录抹杀刑”不就是元老院的报复措施吗？不能忘记的是，报复往往不是出于理性，而是感情用事的产物。

图密善其人

哥哥提图斯去世的次日，韦斯帕芗的次子图密善以皇帝·恺撒·奥古斯都·图密善（Imperator Caesar Augustus Domitianus）的名字继任了皇位。他生于公元51年，所以继位时只是一名30岁的年轻人。皇位的继承没有遇到任何阻力，这也是因为父亲韦斯帕芗决定自己的继承人由长子提图斯和次子图密善先后担任，并得到了元老院的承认。韦斯帕芗在世时，提图斯和图密善就已经拥有了皇位继承者的称号——“恺撒”，所以与提图斯登基的时候一样，图密善继承帝位也被认为是理所当然的。

但是，如果父亲韦斯帕芗知道图密善在30岁的年龄继承皇位的话，想必也会感到意外吧！他虽然在生前已经为两个儿子的皇位继承之路作好了充分的铺垫，但是应该也不会想到与图密善年龄相差无几的提图斯仅仅当了两年的皇帝便与世长辞，提图斯本人当然也不会预料到。

如果揣测一下韦斯帕芗的心中所想，大概应该是这样的：在自己之后继承皇位的提图斯当时40岁，从其年龄来看统治时间应该能够达到10—15年。韦斯帕芗当时肯定相信，在此期间提图斯也可以像自己培养他那样，给将来必定会继承皇位的弟弟图密善提供积累统治经验的机会。

韦斯帕芗在其统治的大部分时间里是与提图斯一起作为共同的皇帝治理国家的，为的是让提图斯积累统治经验。提图斯当上皇帝后只要继续坚持这个路线就

图密善（左）和韦斯帕芗（右）

可以了，但是韦斯帕芗在统治的10年期间对于次子图密善却完全没有提供这样的机会，他肯定是觉得提图斯成为皇帝也会像自己对待他那样给图密善提供同样的机会。哥哥和弟弟之间的年龄相差11岁，恐怕提图斯当时也是这么想的。他继承帝位时的年龄不到40岁，认为自己还能活10—15年甚至是20年也不足为奇。他的打算应该是由自己为弟弟提供机会，就像以前父亲所做的那样。但是在专注于应对灾害的两年过去后，死神降临到了他的身上。好在事先都已经作好了充分的铺垫，图密善的登基没有碰到任何阻力，但是这名30岁的新皇帝并不具备进行统治所必需的实务经验。

除此之外还有一点，图密善登基暗含着一个不稳定的因素，就是他完全没有军事上的经验。

正如“Imperator”这个称号所示，罗马皇帝的最大职责是作为军队的最高司令官保障整个帝国的安全。如果有必要的话，必须亲自率领军团与敌人作战。即使在平时皇帝也肩负着进行监管以确保防卫体制充分发挥作用的任务。也就是说，皇帝必须熟谙战略和战术两个方面，并且要具备运用这两个方面的能力。

战略上的才能往往来自天生的资质，所以并不要求必须有曾经在战场作战的经验。即使战场经验丰富的百人队队长也不一定能够胜任率领数个军团的司令官。但是，战术上的能力却受到实际经验的影响，因为左右战斗结果的因素往往是随机应变的能力。

提图斯曾经跟随军人出身的父亲韦斯帕芗辗转帝国各处的基地，参加犹太战争的三年间在前线积累了担任司令官的经验，所以有机会提高自己军事上的能力。所幸的是，在韦斯帕芗和提图斯的 12 年统治期间，由于两人制定了充分的防卫对策，除了尚处于征服过程中的不列颠之外，罗马帝国没有经历战争。但是从图密善的立场来看，这也意味着他得不到提高军事能力的机会。

图密善继承了年轻有为且被万人称赞为明君的提图斯的位置之后，总是在各个事情上被人拿来与哥哥相比，想必他一定觉得不自在。然而，比较是不可缺少的，因为这对兄弟在很多方面都呈现出鲜明的差异，这些差异正是了解二人统治风格的关键。

父亲当上皇帝那一年，提图斯 30 岁，而图密善才刚刚 18 岁。提图斯在 30 岁之前做梦都没有想过自己将来会成为罗马帝国的最高当权者。相反，弟弟却从 18 岁起就确信自己将来能够成为皇帝。与平民风格的提图斯相比，图密善具有一种经常意识到自己所处地位的贵族风格，这也是二人生长环境不同所致。提图斯对帝位是否怀有野心尚且是个疑问，而图密善在就任帝位的时候却表现出一股强烈的意愿，可以想象除了二人的年龄差距这个原因之外，生长环境的不同也发挥了很大的影响。只要看看兄弟俩的妻子的出身就可以很明显地发现，哥哥提图斯的结婚对象是无名小卒的女儿，而图密善成为皇子后迎娶的妻子却是尼禄时代的名将科尔布罗的小女儿，据说军团兵背叛皇帝尼禄的真正原因就在于尼禄赐死了科尔布罗。在心理成熟期上存在的 11 年的差距体现在了各个方面。除此之外，提图斯体格肥胖、身材矮小，图密善却身材瘦长，是个体态和五官都非常俊美的年轻人。

何谓罗马皇帝

后世的我们在翻开古罗马历史的时候往往不假思索地就使用“罗马皇帝”这个称谓，然而古代的罗马人即使在进入帝政时代后对于统治者也不使用“皇帝”，而是称呼他们“第一公民”（Princeps）。“Imperator”（皇帝）是从共和政体时代开始对军队司令官的称呼。由于这个词的起源，生活在帝政下的罗马人平时只有军团兵会称呼“Imperator”，一般市民也只有在举行凯旋仪式的时候才会使用这种称呼。

接下来请大家思考一下这两个称呼包含的不同意义。既然“Imperator”指的是军队的最高司令官，那么作为部下的士兵们就负有绝对服从的义务，因为命令和服从关系不明确的军队无法发挥军事组织的功能。

但是，“第一公民”却不同，因为这个称呼指的是罗马公民权所有者中的第一号人物。所以这个称呼也从共和政体时代开始就存在，打败名将汉尼拔、实际上终结了与宿敌迦太基之间对决的大西庇阿也拥有这个称呼，在律师界获得成功的哲学家西塞罗也被称为法律界的“第一公民”。从这个称呼的确立过程来看，罗马市民对于“第一公民”完全没有绝对服从的义务。

给意为“第一号人物”赋予实质上的君主称呼的是开国皇帝奥古斯都，他相信尤里乌斯·恺撒通过自称“独裁官”来明确自己的地位和权力的做法是导致被暗杀的一个重要原因，所以奥古斯都没有使用容易让人联想到君主政体的“独裁官”，而是使用了有浓厚的共和政体味道的“第一公民”，成功地笼络了罗马从共和政体走向帝政之后地位和权力有所减弱的既有统治阶级——元老院。

但是，这样一来罗马的皇帝就变成了一个矛盾体——绝对服从的对象“Imperator”和并非绝对服从的对象“Princeps”，这也是笔者将其命名为“精致的虚构”的理由之一。有不少历史学家批判奥古斯都以这种暧昧的方式创设的帝政，但是笔者无法赞同这些人的观点。因为笔者认为，唯有以实为“皇帝”但自称“第一公民”的方式才能让共和政体持续了500年之久的罗马变成一个帝国。只要看一看奥古斯都以后的罗马帝国就可以发现这种方式的效果了。

首先，对于广大帝国全境的统治，自上而下的君主政体比以合议制为特色的共和政体具有更高的效率。这不是意识形态的问题，而是统治效率上（Governability）的问题。

第二个问题是，大帝国的经营需要能够担当的人才，哪一种体制对于确保人才更为有效。由600人组成的元老院势必无法摆脱优先考虑自己的权益的宿命，所以元老院主导的体制更容易形成封闭的统治阶级；君主政体的统治者只有一个人，所以必然需要广纳贤士。罗马帝国向被征服的行省人民开放门户就是选择了皇帝主导的帝政而带来的结果。

如果当时主张罗马应由意大利本土出身的元老院议员继续统治的人，也就是西塞罗、庞培和布鲁图等“共和政体派”获胜了的话，罗马帝国应该会成为后来的大英帝国及其他帝国那样，由宗主国将殖民地纳入统治之下的帝国。但是，罗马却沿着被布鲁图杀死的尤里乌斯·恺撒设想的路线，创造了一个包括宗主国和行省在内的命运共同体式的帝国。史学家吉本认为，比起探讨罗马为何灭亡的问题，更应该探讨的是罗马为何能够存续那么长时间。也就是说，虽然它是一个多民族、多宗教、多文化的难以整合的帝国，但是保持了长久的生命力。对这个问题的回答非常简单，罗马人不是对别的民族进行统治，而是将别的民族同化为了罗马人。大英帝国的衰退是由于各殖民地的独立运动，在罗马帝国，各行省的独立或反叛却直到罗马帝国灭亡都没有发生过。

鉴于罗马作为一个国家的生命力如此长久，就算其暧昧的形态遭到再多的批评，奥古斯都创设的“精致的虚构”也是行之有效的。不过，正因为它的“精致”，这种体制的运用也不得不受到当事人的性格和资质的影响。除了被认为不胜任皇帝之职的卡利古拉和尼禄之外，笔者按照自己的判断将这种精致体制的当事人分为如下几类：

一、相信罗马皇帝只是罗马公民中的“第一公民”——在位前半期的提比略、在位全部时期的克劳狄乌斯和提图斯。

二、虽然不相信，却装做相信的样子——在位全部时期的奥古斯都和韦斯帕芗。

三、既不相信，也不装做相信的样子——在位后半期的提比略，以及图密善。

虽然知道自己登基是迟早的事，但是图密善还是因为哥哥的意外死亡在30岁就当上了皇帝。他做的第一件事情是赐予自己的妻子多米提娅“奥古斯塔”

（Augusta）的尊称，“奥古斯塔”是皇帝的固定尊称“奥古斯都”（Augustus）的女性名称形式。笔者将其译为“皇后”，但就算成为皇帝的妻子也不是自动获得这个尊称的。奥古斯都为了让共和政体的印象继续下去，在自己死后以遗言的形式将这个尊称赐予了妻子莉薇娅。继莉薇娅之后享有“奥古斯塔”尊称的人是克劳狄乌斯皇帝的妻子、尼禄皇帝的母亲小阿格里皮娜。多米提娅是帝政百年期间获赠“奥古斯塔”的第三个女人。

但是没有任何罗马人对此表示异议，元老院似乎也打内心同意，也没有发生民众在竞技场举行抗议的事件。首要原因是多米提娅是为帝国作出突出贡献而获得民众一致认可的科尔布罗的女儿。不仅如此，在经过只有情人的韦斯帕芗、放弃与犹太公主的恋情而一直独身的提图斯皇帝的时代之后，她是又一位真正的第一夫人。她容貌姣好，举止高贵，恐怕没有比她更适合“奥古斯塔”这个名字的女人了。因为她的外表太漂亮，可能会给人以冷峻的印象，但在这一点上也会让人想起莉薇娅。另外一个原因就是，图密善在青年时期迷上了这名有夫之妇，用尽百般解数才终于娶到她，这一点也与以人母的身份嫁给奥古斯都的莉薇娅非常相似。不过奥古斯都是通过直接与莉薇娅的丈夫谈判得到的她，图密善却没有这样处理。莉薇娅的前夫在前妻和奥古斯都的婚礼上担任了保证人，多米提娅的前夫埃利乌斯·拉米亚别提参加婚礼了，他一辈子都在记恨这个夺走自己妻子的男人。

但是图密善没有模仿卡利古拉皇帝的做法——将就任后的半年时间完全用于举办祭祀和宴席来与市民一起庆祝即位，他甚至没有举办什么大规模的庆祝活动，因为他很清楚自己身为皇帝该干什么。

公共事业（一）

没有确切的史料表明公共事业的建设内容和日期，所以只能作一些推测，不过图密善在成为皇帝后很早就着手致力于三项公共事业：

第一项是中世纪以后变为纳沃纳广场的图密善竞技场（Stadium Domitiani）的修建。弗拉米尼亚竞技场已经无法再使用，所以有必要为平民修建他们自己的体育设施。只有这座竞技场在图密善被处以“记录抹杀刑”以后得以保留了图密善竞技场的名字，可能是因为对于这项公共设施的修建心存感激的平民们不惜违抗元老院的决议，没有改变建造时的名称。

第二项公共建筑是父亲修建的、在哥哥执政时竣工的圆形竞技场。其实最上层的部分还处于未完成的状态，按照当初计划完成修建对于韦斯帕芗的儿子图密善来说是义不容辞的工作。

第三项公共建筑是图密善在死后被处以“记录抹杀刑”因而使用下一任皇帝涅尔瓦的名字命名的，在现代还被成为“涅尔瓦广场”的一系列广场化建筑。

这一带是被奥古斯都建造的广场和韦斯帕芗建造的“和平广场”夹在中间的一处 120 米 × 45 米的狭长地带，穿过这里然后再横穿过恺撒广场就可以到达古罗马广场，所以这一带被用为联结苏布拉地区和古罗马广场之间的通道。但是苏布拉是一个充满活力的平民居住区，古罗马广场却是罗马帝国的政治和经济中

图密善竞技场（复原模型）　　现代的纳沃纳广场

涅尔瓦广场（复原假想图）

心，并且这个地位还在不断提升。图密善认为应该改善这个联结地带被摊贩、拔牙业者、刮胡业者占据的状况。

罗马人所认为的“广场化”是在四周的一边修建神殿，剩下的所有三个边用圆柱回廊围起来，圆柱回廊的里面通常用来开设店面或办公室。这种建筑样式是罗马人比较喜欢的空间利用法。

不过这些都是面向首都居民的事业，图密善所认为的皇帝形象的一个不可或缺的因素却是无愧于“Imperator”这个称号、能够保障整个帝国安全的最高责任人。在他看来，不应该等到遭到袭击的时候再发起反击，而是应该事先建立完善的防御体制，以阻止蛮族的入侵。他感到建立这种体制的时机已经到了。就这样，在谈到罗马的防御体制时不可不提及的日耳曼长城的建设开始了。然而，在着手修建之前必须解决两个问题：第一是士兵的待遇问题，第二是日耳曼人的问题。

提高军饷

实际上，皇帝图密善提高士兵的薪水已经是罗马帝国 110 年不遇的事情了。据现存的史料只能知道军团兵（而且是没有任何职务的一般军团兵）的年薪，下表显示了年薪的变化过程。值得一提的是，服役年限 20 年和期满退伍后得到的 3000 第纳尔退役金没有发生过变化。

罗马军团兵年薪的变化

	第纳尔银币	塞斯特斯铜币	阿斯铜币
共和政体时代	70	280	1120
尤里乌斯·恺撒提薪后	140	560	2240
奥古斯都提薪后	225	900	3600
图密善提薪后	300	1200	4800（日工资约 13）

这个时代的非熟练劳动者一天赚的工资为 12 阿斯，所以军团兵的衣食住应该能够得到保障，并且他们还能享受到其他职业望尘莫及的退役金制度。此外，即便因生病或负伤而休假也能得到薪水。虽说如此，和喜欢的女人约会所需的“住”以及外出时的“衣”和“食”还是由士兵们自己掏腰包。

图密善的提薪政策在元老院那里的口碑很不好，他们批判皇帝是想用金钱来收买士兵。但是，就算那个时代没有通货膨胀，“罗马统治下的和平”也已经过去了百年有余，生活水平有了切实的提高。考虑到帝国财政规模扩大的因素，百年之后的提薪政策应该属于可以承受的范围。并且图密善虽然提高了每名士兵的平均薪水，却一直致力于减少罗马全军的士兵数量，在统治的末期实现了这一目标。可以说他采取的是一种精兵政策。因为和平已经持续了百年，在此期间基础设施的建设也不断推进，所以帝国全境的经济取得发展是理所当然的。如果是奥古斯都的时代，肯定有很多年轻人不加入军团就无法生存下去。然而对于百年之后的那些没有资产的（不工作就无法生活下去）年轻人来说，维持生计的出路已经不再只有加入军团这一条了。在这种情况下如果想保持整个军团的素质就只有在报酬方面进行改善。

图密善在此施展了一个与他的年轻很不相符的老辣手段——提高军饷，但是规定提升的部分暂且交由军团的财务检察官保管，这些公积金在期满退伍时与退役金一并领取。拿到现代的日本来说有点像“公司储备金”，士兵们接受图密善这种处置方式的原因在于，与不服役到期满退伍就无法拿到的退役金相比，在期满退伍之前战死或负伤的士兵家属同样可以领取这笔公积金。在图密善以前的时代，司令官和军团长会给死去的士兵家属发放一些抚恤金，但是这只是长官们出于个人的意愿，并没有像退役金那样得到制度化。因此，有拿到钱的，也有很多没有拿到的。图密善所做的就是将其作为一项国家政策予以制度化。

日耳曼长城

接下来将要介绍委派待遇改善后的军团兵修建而成的日耳曼长城（Limes Germanicus），也可以翻译成“日耳曼边墙”。如果想知道修建它的必要性，只要看看地图就足够了。罗马帝国的北部防线是莱茵河和多瑙河，位于莱茵河和多瑙河两河上游的这片地带是防御上最薄弱的环节。河流的上游逐渐接近山岳地带，如果想在山岳地带通行的话，只有沿着河边走，并且，两条河接近水源地的地方在白天也是一片黑暗，覆盖着大面积的森林，因此被称为“黑森林”（Schwarzwald）。罗马士兵在与敌军面对面的遭遇战上占有压倒性优势，但是生活在帝国北部防线对面的却是擅长利用未开拓的地势进行游击作战的日耳曼人。他们甚至公开宣称“森林是日耳曼人的母亲”，如果退到森林中，他们就会占据优势。就连在不列颠的森林中取得胜利的恺撒也没有贸然与日耳曼人在森林中作战过。

这样一来，在某一地点让莱茵河与多瑙河两条防线连接起来，产生将包含两河的上游和黑森林地带的所有地区划入罗马帝国境内的想法只是时间的问题了。这种想法似乎在提比略皇帝时代就已经初见雏形，在图密善时代以前有过在莱茵河和多瑙河两条防线上作战经验的皇帝只有提比略一人。并且，据说图密善对于提比略留下的命令文书和政策立案文书持有的关心胜过文学和诗歌。提比略抛弃了奥古斯都“征服易北河为止的日耳曼中部地区，将其纳入罗马统治下”的想法，致力于将划分日耳曼的西部和中部的莱茵河打造成防线。提比略不可能没有发现将“黑森林”搁置不管的危险性。但是，提比略之后的皇帝们没有继承他在这个方面的事业，是因为提比略已经将莱茵河防线修筑得如铜墙铁壁一般，无须再担心日耳曼人的入侵了。不到危险关头就不考虑对策，在这一点上罗马人也不例外。

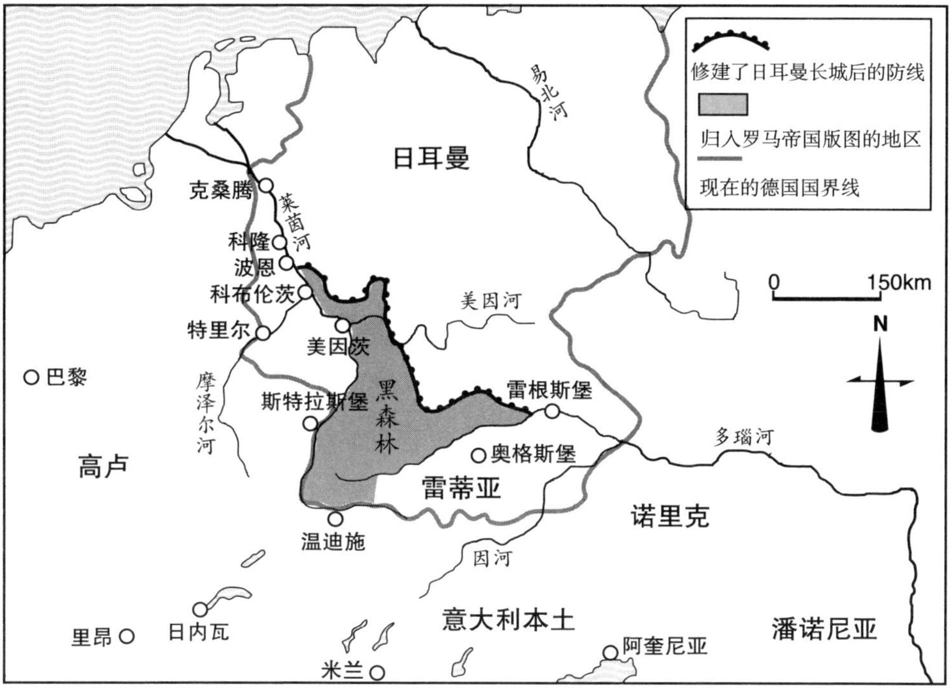

罗马帝国的北部防线

但是，因为日耳曼长城的建设如果不跨越历来的防线——莱茵河，攻入日耳曼人居住区域就无法成为现实，所以必须优先考虑通过和平方式或诉诸武力让生活在这里的日耳曼人屈服。这样势必会遭到元老院“发动无谓战争”的非难，但笔者认为图密善采取的是优先考虑必要性的政策。实际上，在他之后的皇帝们，比如图拉真和哈德良尤其认识到了这座城墙的重要性，都非常热衷于城墙的加固事业，图拉真皇帝还专心于多瑙河防线的强化，这些都是因为通过让日耳曼长城充分发挥作用就可以不用再担心莱茵河防线了。

那么，具体来说日耳曼长城是以怎样的形式、在哪里修建的呢？

在现代能看到的罗马帝国时代的边境城墙只剩下划分英格兰和苏格兰地区的一段了，这段哈德良皇帝修建的城墙被英国人称为“哈德良城墙”。各处重要据点由石墙联结在一起，可能人们以为这就是罗马时代的边境城墙了，但是这种形式的“Limes”（边境城墙）只能在古代的不列颠（现在的英国）看到。同样都是边境城墙，但从构造上来说不列颠和日耳曼的城墙已经有所区别，为应对来自沙漠的敌人而建造的幼发拉底和北非的防线则更为不同。

日耳曼长城每隔 400—700 米的距离修建一座边长 40 米的四方形碉堡，各碉堡之间的距离根据所处地势不同而有所出入。如果是能见度好的平地，距离就长一些，复杂的地形则短一些。各碉堡之间没有石造的墙壁联结，不过也不是完全没有联结。即使只过一夜的宿营地，罗马军也会挖出深达 3 米的壕沟，在上面搭上木栅栏。考古学调查发现了很多石头，但是木头都已经腐烂，壕沟经过 2000 年的岁月也大多消失了，这是理所当然的。但是，罗马帝国时代很可能存在过“V”字形的壕沟连成一片的情况，其中可能联结有木栅栏。壕沟和木栅栏应该连接了很长一段距离。罗马军团附属的骑兵起用大量日耳曼人的做法始于尤里乌斯·恺撒，可见日耳曼这个民族的骑术自古就很有名。罗马人必须防备的也是武装来袭的日耳曼骑兵团，并不是以商业或其他的和平目的来到罗马帝国的单个日耳曼人。按“V”字形深度挖掘的壕沟和几米高的木栅栏具有延缓骑马军团攻击的效果。此外，碉堡的主要目的是监视，而不是据守在此迎击敌人。

一旦确认敌人来袭，碉堡会利用狼烟或火把向左右的碉堡和处于后方的辅助部队基地传达消息，另外也有用快马传达消息的时候。图密善为了方便和后方的部队基地以及各碉堡之间的联络，在各碉堡之间铺设了道路。如果由行省人民组成的辅助兵不能应付敌人的话，由罗马市民兵组成的军团就会出动。日耳曼长城的主要战斗军团的驻扎基地位于现在德国的美因茨、现在法国的斯特拉斯堡以及现代的苏黎世和巴塞尔中间的温迪施这三个地方。

但是，美因茨距“Limes”很近，莱茵河上游的斯特拉斯堡和最前线的“Limes”之间横跨着黑森林地带，于是图密善铺设了横穿黑森林中央的罗马式大道。在白天也一片漆黑的森林中贯通罗马式大道的做法和在现代开通高速公路是一样的。对于日耳曼人来说，森林当中的道路是细长弯曲的，是由人类用脚在野生动物经常出没的地方走出来的。罗马人却在这样的地方开通了大道。罗马式大

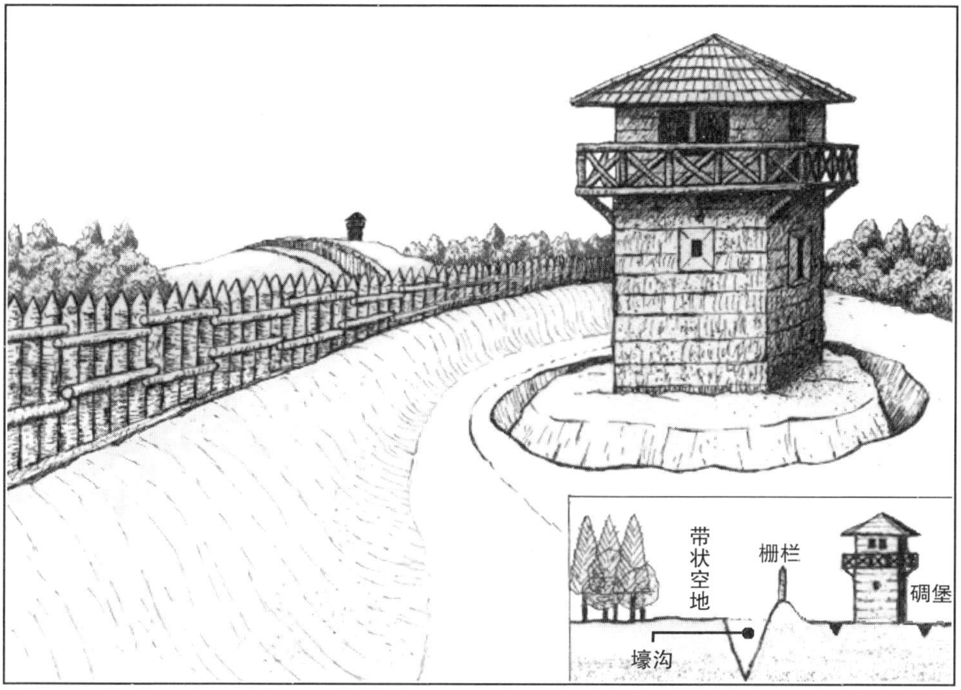

日耳曼长城（想象图，剖面图）

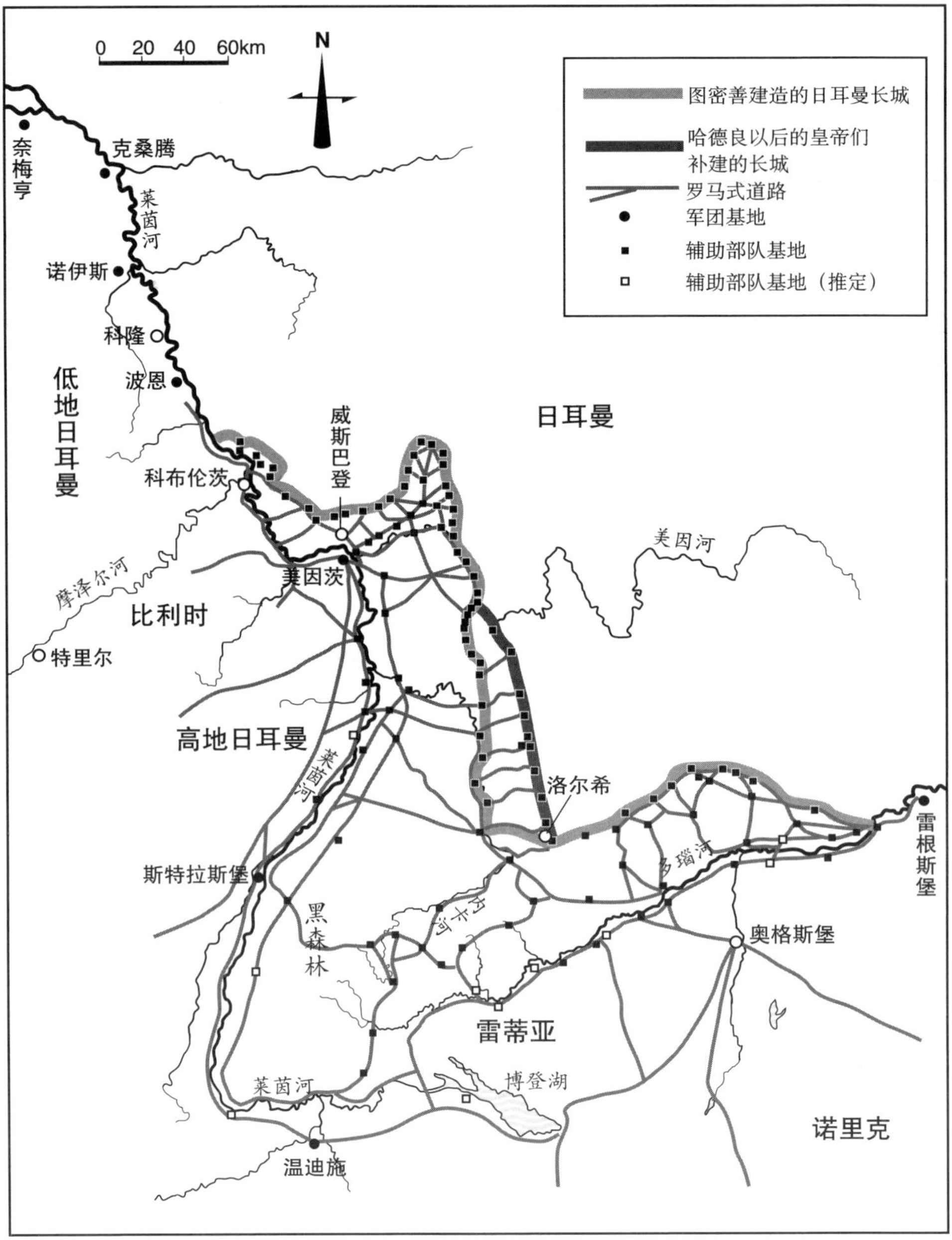

日耳曼长城（出自“The Cambridge Ancient History”罗马篇）

日耳曼长城与其他地区的罗马防卫体系相同，也是由碉堡、辅助部队基地、军团基地、道路网络构成。

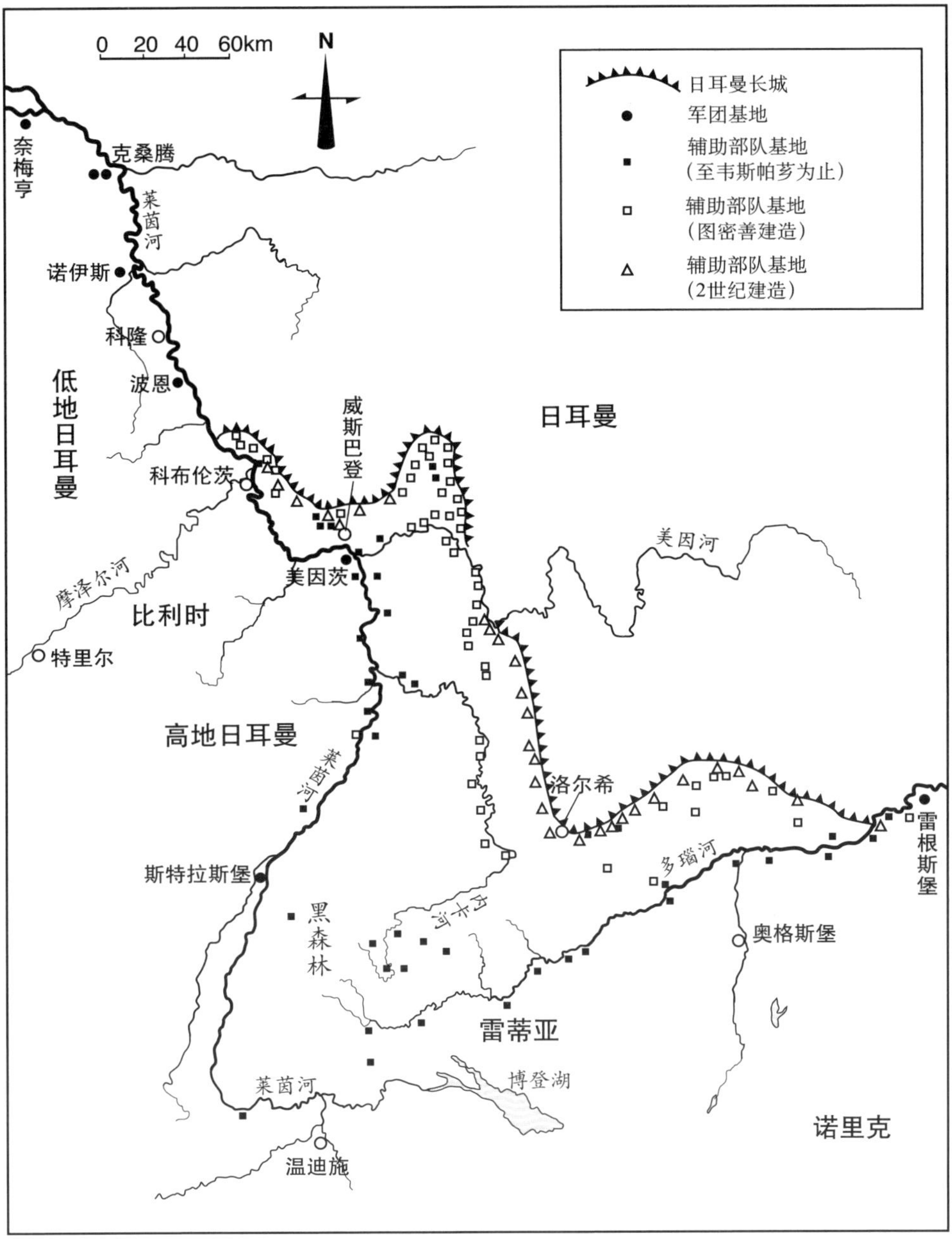

修建完成时的日耳曼长城（出自 E. N. Luttwak“The Grand Strategy of the Roman Empire”）

道是用石头铺设的很平坦的道路，大约宽5米，两侧还有排水用的沟渠。并且出于防卫上的考虑，也是为了避免铺设好的石头松动，将道路两侧一带可能扎根到道路下面的树木统统砍倒了。罗马式的大道不只是铺设一条让人和马匹可以通过的大道就够了，在白天也一片漆黑的森林中的日耳曼人的据点——大森林中贯通罗马式的大道也含有将这片大森林罗马化的意思。

现代的黑森林中也有几条“Autobahn”（高速公路）通行，但是在2000年前的那个时代，无论高卢人还是日耳曼人，看到“Autobahn”时想必也会为罗马人的技术水平瞠目结舌吧！凭借这条道路的建设，可以不用移动肩负监视高卢任务的斯特拉斯堡的军团基地，随时赶到最前线的“Limes”，这样一来也没有必要在现瑞士境内的温迪施设置军团基地了。

日耳曼长城的建设地点位于低地日耳曼和高地日耳曼的边界——相当于沿着莱茵河从现代的波恩和科布伦茨的中间前进至美因茨的北边，然后从那里向东跨越莱茵河。然后将内卡河划入防区内，向南至洛尔希，从那里向东以弧线形式到达雷根斯堡。在罗马时代称为“卡斯特拉·雷吉纳”的今天的雷根斯堡一带与多瑙河防线衔接，这就是日耳曼长城，全长542公里。这样一来，莱茵河与多瑙河这帝国北部的两大防线得以相互连接，意味着可以以更少的军事力量实现更高效的防御了。实际来说，之前需要8个军团防守的莱茵河防线现在只需要6个军团就足够了。

这条日耳曼长城由四个要素组成——监视用的碉堡、辅助部队的基地、主要战斗力的军团兵驻扎的基地、负责彼此之间联络的道路网络。这样应该完全可以理解罗马的道路在所有方面都是罗马帝国的动脉了。

这条日耳曼长城完全修建结束是到了哈德良皇帝时代之后。纵然是名声再差的皇帝，或者是被处以“记录抹杀刑”的皇帝开创的事业，只要认为有效，就会毫不犹豫地坚持或加强，这是罗马的领导者们值得称赞的一面。

日耳曼长城甚至被2000年后的军事专家们评为防卫体系的杰作，但它毕竟不是在无人之地修建的，所以在修建之前当然要先解决与居住在预定修建地区的日耳曼人之间的问题。

加利蒂人

从东注入莱茵河的支流中有一条叫做美因河，生活在这条河南岸的部族是可谓日耳曼民族中最弱小的马提亚奇人。提比略当年的战略是与可能建立友好关系的所有部族都交好，甚至包括居住在罗马帝国边界之外的日耳曼人，因此这个部族得以通过销售本地的特产与罗马人保持着交往。然而，这个马提亚奇人却处于在自己的栖息地北部至东部生活的强大的加利蒂人的控制下。加利蒂人是与罗马长期处于敌对关系的部族，图密善的策略是首先将马提亚奇人纳入罗马帝国的统治下，然后在马提亚奇人居住地的北边到东边修建“Limes”，最后确立针对加利蒂人的防卫体制。因此，日耳曼长城的修建便从美因河流域开始了。

既然“Limes”的修建是综合的防卫体制，在其修建的地区当然要优先考虑军事设施。边长 40 米的碉堡、方圆 400 米的辅助部队基地、在其间铺设得如天罗地网般的道路网络，这个网络只有与主要战斗力的军团驻扎的基地联结起来才能充分发挥作用。将林林总总的这些地加起来，需要的土地相当可观。虽然马提亚奇人没有被赶出居住区，可以留在世代居住的土地上，但是在他们看来，等于被夺走了相当大面积的领地。然而图密善并不是无偿征用这些土地，作为征用这些军事上所需土地的交换，他提供了经济援助。也就是说他赎买了这些土地。马提亚奇人并不是战败者，所以罗马人不能以胜者的姿态沿袭将土地的一部分国有化的形式。并且马提亚奇人属于日耳曼民族，将异族纳入统治下的原则是能让他们觉得脱离同为日耳曼人的加利蒂人、加入罗马一方更为有利。这样一来，罗马帝国对马提亚奇人的同化就成功了。

然而，防卫体制的确立往往会引发对象部族的反感，加利蒂人不会对在自己眼皮底下修建“Limes”置若罔闻。没有公开宣布“Limes”的修建而是以对高卢地区进行国情调查的名义前往当地的图密善不得不转换为军队总指挥的角色，他强烈地意识到“Imperator”的身份，并渴望名副其实地率领军队取得战功。继承帝位两年后迎来的与加利蒂人的战争足以让这位 32 岁的皇帝热血沸腾了，但不幸的是他没有在战场上的实战经验。

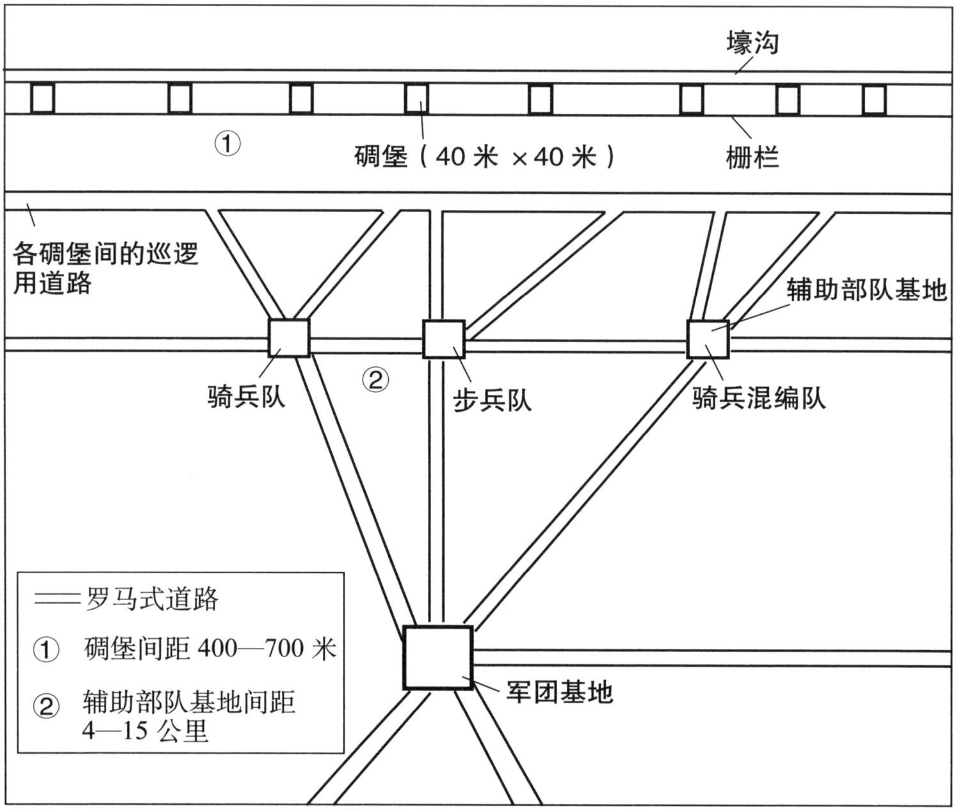

日耳曼长城（略图）

尽管如此，罗马军还是战胜了加利蒂人，但赢得并不漂亮。换句话说，这不是一场让对方心服口服的胜利。所以在首都罗马举行的庆祝战胜加利蒂人的凯旋仪式和开始使用“Germanicus”这个尊称（意为“征服了日耳曼民族的人”）的图密善遭到了元老院的冷笑，一般公民也没有表现出多大的热情。

但是，凡事有坏也有好。如果以压倒性优势战胜加利蒂人，图密善可能就会开始与日耳曼民族真正作战了，赢得不漂亮正好可以提醒他不要忘了主要的目标是修建日耳曼长城。第一阶段沿着内卡河修建“Limes”的工程得以继续，第二阶段将内卡河划入防区内部的“Limes”修建完成对于负责工程的军团工程师们来说已经近在眼前了。到了五贤帝时代，整个修建工程才全部结束。只有身在首都、不知道最前线情况的人才不了解日耳曼长城的重要性，元老院就是这样的典型，他们甚至将图密善对战败的加利蒂人采取宽大处置的做法也作为了批评的理由之一。

用“Limes”将莱茵河与多瑙河这两大河流的上游一带包围起来的话，罗马帝国的北部防线就可以成为一道铜墙铁壁。不过现在多瑙河一带的修建还没有完成，这个地区的防卫强化即军事国界化的工作不能再拖延了，因为居住在多瑙河北岸的蛮族已经开始表露出团结的动向了。对于图密善来说下一个军事课题或者说对于罗马帝国整个防卫体制来说下一个课题就是这条多瑙河防线了。

在此用表格列举出相关各国对罗马帝国的北部防线、现代欧洲的两大河流的称谓。

莱茵河（全长 1320 公里）	多瑙河（全长 2858 公里）
拉丁语——Rhenus	拉丁语——Danuvius
意大利语——Reno	意大利语——Danubio
法语——Rhin	德语——Donau
德语——Rhein	匈牙利语——Duna
荷兰语——Rijn	罗马尼亚语——Dunărea
	塞尔维亚语——Dunav
	保加利亚语——Dunav

内阁

罗马皇帝拥有强大的权力，这是任何人都没有异议的历史事实。然而，强大的权力也意味着肩负更多的责任。图密善在继任帝位时踌躇满志，并且他很年轻，还是一个讨厌虚伪的人。他觉得皇帝和元老院共同统治帝国的做法是奥古斯都掩人耳目的伎俩，皇帝才是实际的统治者，他毫不掩饰自己的这种想法。图密善接下来经手的是对“第一公民的辅佐机关”（Concilium Princepium，笔者译为“内阁”）的改革。

《罗马人的故事6·罗马统治下的和平》中已经讲过，开国皇帝奥古斯都创设的这个机关最初的成员为21人，之后不久增加为26人。具体来说包括“第一公民”即皇帝，任期一年的执政官1人，从公职人员中各选出1名代表担任相当于现代的部长的法务官、财务检察官、按察官、财务官，以及从元老院议员中抽签选出20名成员。皇帝兼任执政官的年份比较多，也有不设置财务官的年份，即使设置也大多由皇帝兼任，所以成员人数不是固定的。不过由这个“内阁”实际负责帝国的统治才是创设者奥古斯都的真实用意，这项制度在之后的100多年也一直不间断地保持着。

图密善实施的改革是减少原本属于元老院的20人的名额，代之以骑士阶级出身的人。

骑士阶级在罗马社会中是低于元老院阶级的第二阶级，共和政体时代的国政被元老院垄断，所以骑士阶级一直专心于经济活动，可以把他们理解为属于“经济领域”的人。但是进入帝政时代后，政界向这些人敞开了大门。奥古斯都、提比略、克劳狄乌斯以及其他皇帝都热衷于起用骑士阶级出身的人。骑士阶级在共和政体时代本来是骑上战马参与祖国国防事业的骑兵，因此而得名。在进入帝政时代之后这个名字已经失去了实际意义，这些人成为了皇帝任命的行政官僚。皇帝需要培养这种为自己卖命、对抗元老院的帮手。

埃及长官、各行省的皇帝财务官、在现代相当于知事的首都行政长官、首都警察的长官、近卫军团的长官、上下水道的最高负责人、地方自治体的议会长等职位几乎都是骑士阶级出身的人。另外，随着帝政的推移，各军团的军团长、指挥数个军团的司令官也越来越多地由骑士阶级出身的人担任。但是，起用这些人的皇帝们的高明之处在于，不是将这些骑士阶级出身的人培养成对抗元老院的势力，反而是让这些人进入元老院，来压制代代都是元老院阶级的反抗。

让这些人进入元老院的方法很简单，只要让他们当选财务检察官或护民官就可以了，因为只要担任这些官职就可以在元老院中自动获得议席。要不然就是由皇帝推荐业绩显赫的人，让元老院也不得不承认。骑士阶级出身的人也认为进入元老院是件荣耀的事情，一般都乐于接受。以韦斯帕芗为首，在本书登场的人物有一半以上是骑士阶级出身的元老院议员。这意味着帝政让这些在共和政体时代被排除在国政之外的人充分得到了机会和地位。

但是，图密善是第一个削减元老院在“内阁”中的名额、让骑士阶级出身的人跻身元老院的人。在他看来，骑士阶级已经是担当帝国统治的一股有生力量了，所以这么做是理所当然的，但这并不是一项能够让元老院赞成的改革。不过

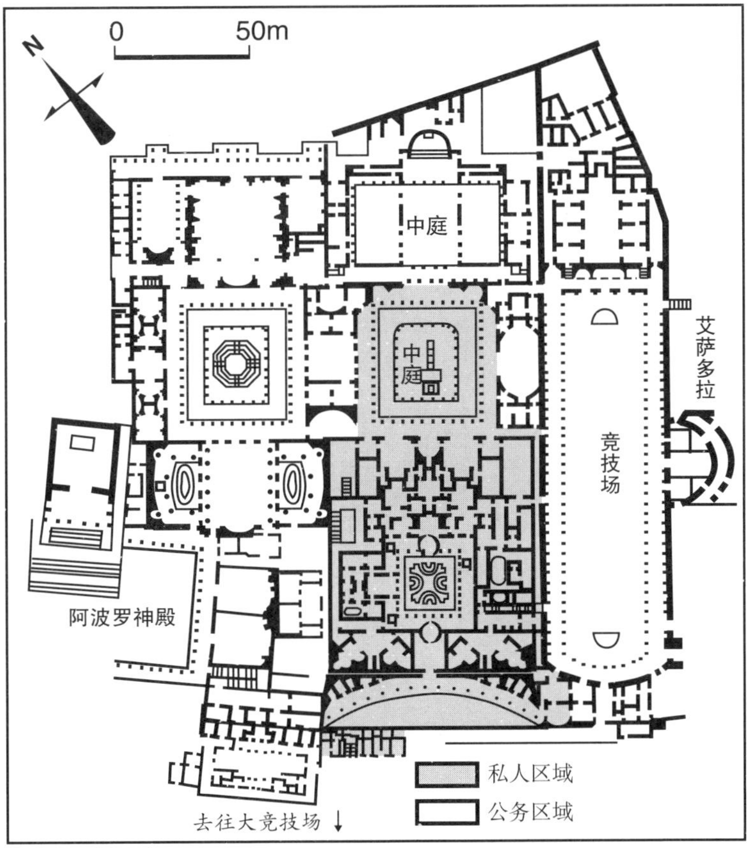

帕拉蒂尼山上的图密善宫殿

元老院的反抗在这个时期还没有浮出水面，因为吸纳了骑士阶级出身者的“内阁”确实发挥了很好的作用。据笔者想象，图密善改革后的罗马帝国的“内阁”比起通常由国会议员担任大臣的日本内阁来，更像由总统任命的议会之外的人构成的美利坚合众国的总统府。虽然不知道在图密善的“内阁”中元老院议员的20人名额有多大程度的减少，但是在元老院一方来看，骑士阶级出身者“入阁”这件事本身就是对皇帝权力的滥用。

虽说如此，看起来只有骑士阶级出身的人才能在图密善的手下得到重用，但是元老院议员并没有被完全无视。提比略皇帝开创的委员会方式已经作为帝政统治机制的一个组成部分固定了下来，图密善把提比略视为皇帝的模范典型，所以一旦有需要他会通过这种委员会方式立刻选出五名委员来解决问题。这种机关的委员被定为由元老院议员担任。

图密善还实施了所谓的“官邸”组织化，具体做法是完善秘书官机制，协助皇帝集中处理大量的政务。关于各秘书官的负责领域在《罗马人的故事 7·臭名昭著的皇帝》的“皇帝克劳狄乌斯”一章中已经讲述过，其性质与最先采用这种机制的克劳狄乌斯皇帝时的机制相同。不过，克劳狄乌斯的秘书官机制虽然发挥了很大作用，口碑却很差，原因在于他起用了解放奴隶这种出身奴隶的人。图密善吸取了这个教训，所以他的秘书官全部都是从骑士阶级中选拔出来的。

不知道是为了让这个官邸的机制发挥更大的作用，还是想让皇宫变成更符合罗马皇帝身份的样子，图密善利用帕拉蒂尼山上的一半面积修建了宏伟的宫殿。这座宫殿完全不是私宅，而是将公共建筑与官邸合并在一起，其中还包括一座可以邀请市民们前来观看竞技比赛的真正的“体育场”。这座宫殿建成以后，以前还有其他人居住的帕拉蒂尼山成为了专供皇帝居住的地方。

司法

图密善似乎是一个性格严谨的人，他不仅是为了维护功能而尊重秩序，更是一个喜欢秩序的人，凡事若非有条不紊就难以放下心来。

这种性格如果是发挥在明确规定剧场或竞技场前方的元老院议员和骑士阶级的座次上面，完全可以让人付之一笑，然而若是用在严格执法方面，有时可能会让人感到胆寒。

罗马从建国时开始就存在着负责保卫圣火的女祭司组织，她们在30年的任期内负有保持处女之身的义务，违反这个义务就要遭受被活埋的处罚。这些社会地位很高的女人住在古罗马广场东南边的一个地方。

尽管并非终身禁止结婚，但这些女人从小就要成为女祭司，在生命中最美好的妙龄阶段接触不到男人。虽说这些女人并非完全没有曝出过风流韵事，但过去的皇帝从未严格实施过这项自古以来的法律，图密善却不同。并且与男人有染的是统率众女祭司的女祭司长，使得情况更加严重。按照自古以来的法律，女祭司长被处以活埋之刑，和她有染的男人也在公众面前被鞭打致死。

但是，尊重秩序的做法在很多时候也会给人类社会带来好的结果。以法制化的形式严禁未成年人卖淫，并对唆使卖淫的人处以严厉惩罚的做法始于图密善。对于罗马人来说，未成年指的是17岁以下。

图密善最讨厌的是行省统治负责人的渎职。罗马从共和政体时代开始产生了一种允许行省人民控告任期结束后的行省总督滥用职权的制度。行省总督全部都是元老院议员，作为行省人民的代理来控告前总督的人一般也是在元老院中拥有议席的人。被称为“Orator”的罗马时代的律师们有时会担任原告律师，有时也会为被告辩护。按照克劳狄乌斯皇帝的规定，他们的报酬上限为1万塞斯特斯，并一直持续了下来。兼任律师的史学家塔西佗的经济状况不明，不过鉴于他的身份是资产下限为100万塞斯特斯的元老院议员，应该属于富裕的阶级。至于他的朋友小普林尼，本来就出生于富有家庭，并且继承了在维苏威火山喷发中死去的大普林尼的遗产，所以肯定也是富人。在他们看来，1万塞斯特斯的律师费根本算不上什么大数目。但即便如此他们还是经常接受“Orator”的工作，因为他们认为通过法律手段在法庭上进行控告或辩护是社会上层人士的职责，皇帝们应该也有相同的想法。提比略和克劳狄乌斯经常出席这种关乎行省统治成果的法庭审判，图密善也沿袭了这种方法。就连只对皇帝的花边新闻感兴趣的苏维托尼乌斯也在著作中对图密善为行省统治的公正所作出的努力赞不绝口。行省统治的好坏是足以左右整个帝国统治的重要问题，在罗马帝国中，不论皇帝还是厌恶帝政的塔西佗对于这个问题都有相同的认识。

笔者看到公元 4 世纪最初的三分之一时间，也就是康斯坦丁大帝时代首都罗马的地图时，首先感到的是 400 年前修建的公共建筑还保留着建成时的面貌。最大的原因应该是历代皇帝都注意经常修复维护。比如阿皮亚大道在公元 300 年时已经有 600 多年的历史了。

第二个感触是“世界的首都”罗马居然没有本应存在的大规模的教育和医疗设施。这个原因笔者已经阐述了很多次，并且提出过一个假说，即这些设施都是罗马式的“民间活动”的结果。

但是，这张地图上还缺少一种罗马帝国始终没有过的建筑，就是管理广大的帝国所不可缺少的行政官僚聚集的区域，用现代的话来说就是行政中心，这在“世界的首都”罗马的历史上不曾有过。

也许可以说罗马帝国和现代相比官僚体制还没有发展起来，但是罗马帝国是人久居的地方，并且统治着比后世的任何一个国家都广阔的地域。从各种史实来推测，这个问题应该可以这样来解释：

不存在行政中心意味着没有独立的官僚组织，如果对这个问题寻根问底，就产生了另外的问题——为什么没有独立的官僚组织也可以管理这么大一个帝国呢？学者们的研究、特别是考古学上的研究成果可以给我们提供这个问题的答案。

地方自治

罗马人从领土只有意大利半岛的时代开始就已经实行中央集权和地方分权并立的制度了。那个时代的“中央”指的是胜者罗马，“地方”指的是在和罗马的斗争中失败的意大利境内的其他部族以及希腊和伊特鲁里亚裔的各城市，从那时开始罗马就已经将“中央”应该负责的事情和可以委托给“地方”的事情分开了。这种倾向在进入拥有广大领土的帝政时代之后，以宗主国和行省的形式被继承了下来。对于现实的罗马人来说，并不是因为他们相信这种路线是正确的才继承了下来，而是因为如果不这么做就无法维持大帝国的统治。从结果来说，罗马帝国不是仅靠中央集权管理的国家，而是通过巧妙地同时运用中央集权和地方分权，构筑了能够发挥两者优势的体制。

简单来说，“中央”的工作是安全保障、税制和基础设施的建设，“地方”被尽可能地委托从事除此之外的其他事情。罗马人称为“地方自治体”（Municipia）的城市肯定都有地方议会，议员通过选举被选出。从庞贝遗迹中留下的涂鸦可以看出，比起市民集会变得有名无实已久的首都罗马，地方的选举更为盛行。

步入帝政以后，不仅宗主国意大利，行省也出现了很多“地方自治体”，但是如果只承认自治却没有财源的话，也无法行使自治的权力。为了让地方分权充分发挥效力，财源的确保不可或缺。这个时代还不存在地方税这样的税种。

首任皇帝奥古斯都缺乏这方面的考虑大概是因为创建帝政是他优先的课题，但是肩负确立帝政任务的第二代皇帝提比略以及第四代皇帝克劳狄乌斯不仅限于宗主国，同时在行省也努力确保各地方自治体的财源。在韦斯帕芗和提图斯统治时期，这种倾向更进了一步。所以地方财源政策并不像日耳曼长城那样，由图密善着手、后世的皇帝们继续完成的。但图密善对这个问题的处理非常热心，也就是说从这个时代起，碑文上就很清楚地开始记载地方自治体的财源状况。

从碑文可知，收入的主要部分是地方自治体所有的土地、事务所和店铺的租金。具体说来，比方说如果想在城镇中心的“广场”的圆柱回廊内开店的话，就要向作为地主的地方自治体缴纳租金。此外还可以得到公共浴场的洗浴费和水道使用费等收入。罗马时代的“高速公路”不征收使用费，不过水道是要征收使用费的。

但是，不仅没有地方税，公共浴场的洗浴费也属于低廉的政治价格，即便是水道，只要使用城镇各地随处可见的水就可以免交使用费。只对将水道引入自家的人征收费用根本就不足以成为自治体的财源。也许会让人怀疑地方自治体是如何维持下去的，但是请不要忘了，地方自治体的大部分工作都依赖于个人的出资或自发的捐赠。为自己所属的共同体捐赠资金是家境富裕者的职责，同时也被认为是非常荣耀的事情。街道和桥梁的建设是国家的工作，但这些设施的维护修理是地方的事情。迄今为止已经发掘出很多炫耀自己捐资维修工程的碑文。

整个罗马帝国可谓是由共同体和个人一起管理的，它作为国家可能还没有充分成熟起来，但有意思的是它的体制却能很好地发挥作用。

公共事业（二）

这是一个重视个人作为的时代，所以理所当然，罗马皇帝的工作中少不了公共设施的建设事业，罗马皇帝就好像身兼建设省大臣的职位一样。图密善在这个方面的业绩远远超过了父亲和哥哥。

除了已经提到过的首都罗马内的公共建筑之外，发掘出的碑文中可以确认是由图密善修建的工程达到了相当大的数目。如果考虑到一些碑文被“记录抹杀刑”破坏，实际的数目可能比这个还要高。以下试列举已知的工程：

罗马近郊的蒂沃利、罗马的外港奥斯提亚、弗拉米尼亚大道的终点里米尼、西西里岛西部的港湾城市也是与北非迦太基的联络港马尔萨拉等各处城市的水道工程。

埃及尼罗河流域的灌溉工程。埃及负责宗主国意大利所需小麦的三分之一供给量。

位于希腊德尔斐的阿波罗神殿的全面修复工程。图密善与父亲和哥哥不同，是希腊文化的崇尚者。

铺设时间比阿皮亚大道还要早的联结首都罗马和加普亚的拉蒂纳大道的全线修复。从常识来考虑，从首都罗马到意大利南部的道路同时也是通往帝国东方的联络线路，只有一条阿皮亚大道肯定不够，铺设多条线路是理所当然的。

铺设了虽然被处以“记录抹杀刑”，但在整个罗马时代依然被冠以建设者名字的图密善竞技场（现在的纳沃纳广场）和图密善大道。从罗马南下的阿皮亚大道从今天的锡纽萨进入内陆可以到达加普亚，而图密善铺设的是从锡纽萨沿海岸南下，经商港波佐利到达那不勒斯的道路。这样一来经陆路到达军港米塞诺就变得更加容易了。曾有人留下诗歌咏叹，以往在黎明从罗马出发，日落时候才能到达，现在只用两个小时。此外还铺设了从阿皮亚大道和拉蒂纳大道两条干线交会的加普亚通往波佐利和那不勒斯的两条街道，但根据目前的史料无法得知是图密善修建的，还是在他去世两年后成为皇帝的图拉真修建的。无论怎样，罗马道路不是单纯的道路，还包含着政治策略在内。

环绕撒丁岛的道路网络的建设。在撒丁岛铺设道路网络将其罗马化，在罗马人看来是一种文明化的措施，与在白天依然阴暗的日耳曼森林中铺设罗马式的道路具有相似的意义。也就是说，不再允许长期认为掠夺不是罪行的当地牧羊人继续任意妄为了。

全面修复奥古斯都在西班牙贝提卡行省铺设的奥古斯塔大道，完成时间是公元 90 年。

修复联结阿非利加行省的总督驻地迦太基和努米底亚行省的泰贝斯提斯（现在的泰贝萨）军团基地的道路。

铺设联结多瑙河下游的今塞尔维亚、罗马帝国时代的米西亚行省的 2 个军团基地的道路，完成时间是公元 92 年。值得一提的是，多瑙河下游全域此前被一并划入米西亚行省，图密善出于国防上的考虑将其一分为二。将一个行省分为两个行省，行省总督也需要安排两名。位于前线的行省总督的统治工作也就等于国防，因此由皇帝任命的武官担任，并被赋予两个军团以上的指挥权。皇帝图密善非常热衷这一带最前线的街道网络整备工作，大概是因为他从自己亲身经历的与达契亚人的战争中得到了教训。

史学家蒙森将罗马帝国的国境分为军事国境和政治国境。军事国境指的是在河流沿岸建设军团基地，或是在无法倚仗河流这种天然屏障的地方建设

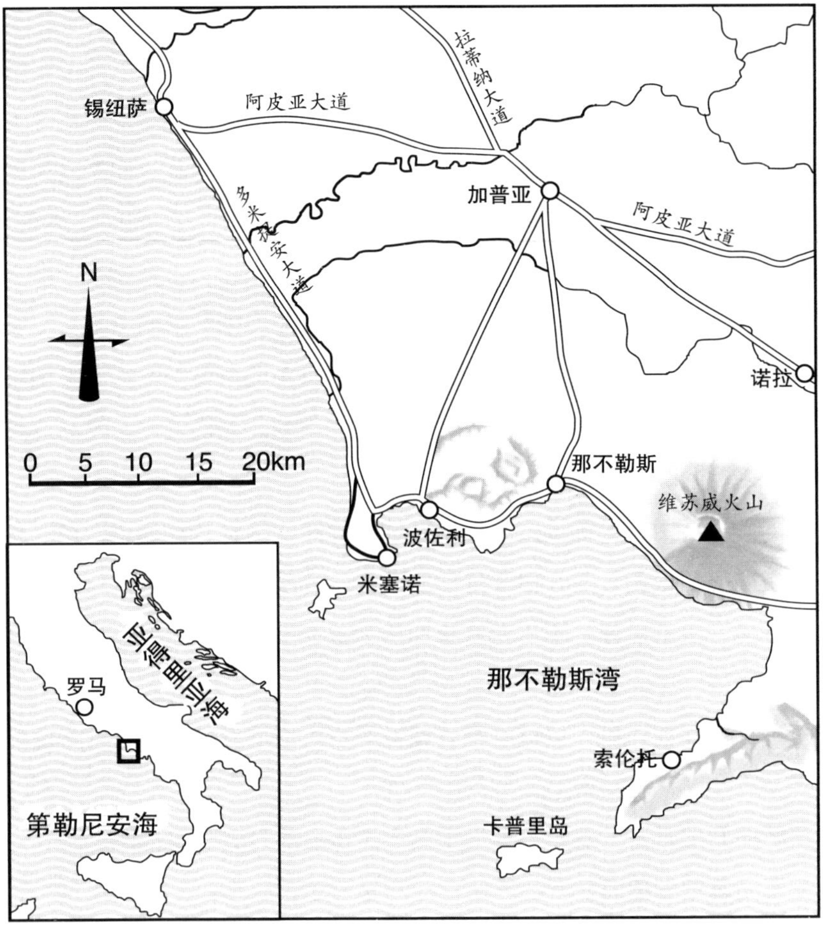

加普亚周边的道路网络

"Limes"，明确告诉敌人，如果入侵的话这些防线将立刻进行还击。除了具有这种牵制作用之外，也可以节省投入的兵力。另一方面，政治国界指的是罗马帝国长年视为的国界，由于之前没有特别的必要，所以虽然向军事国界化的方向发展，却依然没有完成防线的建设。

莱茵河的军事国界化是提比略完成的，图密善则通过建设日耳曼长城，实现了莱茵河与多瑙河上游地带的军事国界化。实现多瑙河军事国界化最终阶段的工作也是从图密善开始的，不过他只是开了个头，多瑙河防线的军事国界化经图拉真直到哈德良皇帝时代才完成。

举办夜间竞赛

但是，图密善关注的不仅是这些“大事”，他也是一个深知“小事”重要性的皇帝。这段经历被后世的人们概括为一句“面包与马戏”而大加批判，但是认为有权者都具备正确的政治判断力只是一种对人性的幻想。如果这种幻想能够成为现实的话，原本也就不需要什么政治宣传了。总之，不用担心饿死，并且还能免费观赏竞技比赛，对于市民来说肯定不是什么坏事，并且图密善还是第一个举办“夜间竞赛”的皇帝。

灯火的价格昂贵，所以市民们只能日出而作、日落而息，在他们看来没有比能够在容纳 5 万人的圆形竞技场中借着通明的灯火观看夜间比赛更令人神往的事情了。皇帝和富裕人家点着灯吃晚饭是司空见惯的事情，但是一般市民只能是在太阳落山前吃晚饭，这种公元前的共和政体时代的状态到了公元后也没有任何变化。罗马的夜空并非一片漆黑，尤其在夏天更是带有美丽的藏青色，令人叹为观止。夜间竞赛就是在这种环境下举行的。

虽说如此，出资举办夜间竞赛肯定会需要一大笔开支，根据一些史学家的记载，国家举办夜间竞赛也只限于在重要的祭祀节日时。这种比赛按照惯例一般由皇帝提供饮食，所以在观战期间无须自己购买食品和酒。

但是，又要建设“Limes”，又要投入资金完善基础设施，还要和蛮族交战，再举办夜间竞赛的话甚至让人担心国家财政会不会入不敷出，然而有意思的是罗马帝国依然保持了财政的健全。继承图密善帝位的涅尔瓦以及之后的图拉真也没有为国家财政的重建费心思。因为韦斯帕芗和儿子提图斯共同举行的国情调查（Census）使得“不提高税率，而是保证应征收部分的财源”的税制得以推行，从而促进了国税的增收。韦斯帕芗被同时代的人嘲讽为吝啬鬼，却被后世的研究者评选为最理想的国税厅长官，正因为继承了他的位置，儿子图密善才得以广泛开展大规模的事业。充分发挥功能且公正的税制是仁政的根本，将其与安全保障和社会资本的充实一并视为“中央”工作的罗马人正可谓是熟谙为政之道的亚里士多德所说的“政治人才”。凡夫俗子随处可见，但“政治人才”并不是那么多，这就是人类社会的现实。

人的宿命就是在完成一件事情后必然会面临由此产生的新问题，34 岁的图密善将要面对的下一个问题也许是意料之中的，就是多瑙河防线的强化，也可以说是多瑙河的军事国界化。

不列颠

在讲述公元 85 年开始的与多瑙河北岸的达契亚人之间的战争之前，笔者认为有必要先介绍一下征服不列颠的战争，虽然二者之间看起来毫无关联，其实却有着千丝万缕的联系。因为如果罗马想要不仅征服不列颠即现代的英格兰和威尔士地区，还要执著于完全征服喀里多尼亚即今天的苏格兰地区的话，多瑙河防线的确立对于罗马帝国来说就会成为一个非常沉重的负担。

最先着手不列颠征服战争的是尤里乌斯·恺撒，在其登陆不列颠的 90 多年后，第四代皇帝克劳狄乌斯再次发动了战争。所以真正对不列颠发起征服战争应该是从公元 43 年开始，到了第十一代皇帝图密善的时代，英格兰和威尔士两地已经完全被征服，只剩下对苏格兰的征服了。位于科尔切斯特的不列颠行省的首府也转移到了罗马人称之为“伦底纽姆”的伦敦。不过，单是罗马人所说的不列颠，也就是后来的英格兰和威尔士的征服战争就耗费了 40 年时间。想到面积相当于不列颠 3 倍的高卢的征服战争只经历了 8 年，不免让人觉得这场战争的进度过于缓慢了，笔者认为主要理由有以下四点：

第一，与宗主国意大利之间只隔着阿尔卑斯山脉的高卢的征服战争出于确立安全保障体制的需要，必须尽可能早一些结束。不列颠和罗马之间只隔着一道海峡，没有必须尽早解决的必要性。

第二，罗马除了军事力量之外还有其他可以威胁高卢的手段，在不列颠却没有其他的办法。

当初恺撒迫使高卢的领导者们在罗马式胜者对败者的同化政策或日耳曼式的统治者和被统治者被明确分开的政策之间两者选一。日耳曼人跨越莱茵河的威胁对于高卢人来说是胜于一场噩梦的现实。高卢人在恺撒时代选择了罗马，并且在120年后的“高卢帝国”骚动时也选择了罗马而不是日耳曼。与高卢人不同，不列颠人却没有威胁自己的外敌存在。不列颠和日耳曼之间隔着北海，居住在爱尔兰的凯尔特人也不会成为威胁。8年和40年的差别并不代表不列颠人比高卢人更强。

第三个理由是，发动称霸战争的人对“称霸”这个概念的理解不同。在不列颠称霸战争上指的就是尤里乌斯·恺撒和克劳狄乌斯皇帝的想法不同。

恺撒首先以武力征服高卢全境，紧接着马不停蹄地进行了笔者在《罗马人的故事4·恺撒时代（上）》中命名为“战后处理”的高卢重组工作，早早将高卢全境变为了罗马的行省。具体来说，保留所有既有的部族，将自己的家族名“尤里乌斯”和罗马公民权赐予部族长们，让他们成为罗马帝国的成员。如果是强大部族的部族长还可以在元老院获得议席，这成为了招致保守派的西塞罗和布鲁图反对的原因之一。

另外，克劳狄乌斯则采用了逐步扩大罗马霸权的称霸方式。第一是武力征服，第二是重组，与此同时进行基础设施的建设，这些与恺撒相同。但是恺撒是在全国范围内展开的，克劳狄乌斯却以地方为规模推进，逐步扩大建设范围。不管这两种方式哪一个更合适，这种政略（Strategia）的差异只能归结为当事人性格的差异。

第四个理由是罗马人对于高卢和不列颠的看法不同。

对于第一个渡过多佛尔海峡的罗马人恺撒来说，不列颠只不过是为了确保高卢的地盘而需要事先打倒的对手。在即将成功征服高卢时对不列颠施以一些打击就足可以避免不想屈服罗马的高卢人和不列颠人联合起来，所以没有深入不列颠。

然而，如果恺撒没有被暗杀的话，情况又会如何呢？从他的政治策略来看，可能会推进对不列颠的完全征服战争。如果真的是这样，征服战争就可以在短时间内结束，恺撒式的战后处理也会在不列颠施行。但是这些都是假设，从假设来说，图密善的时代高卢出身的元老院议员占据元老院600名议员中的40个席位，而不列颠出身的元老院议员只停留在0—1人，这种倾向以后也没有什么变化。从罗马元老院的性质来看，成为元老院议员就意味着要负担起整个帝国的政治责任。想到后来在研究罗马的领域中最热心的英国人不免有些于心不忍，但是罗马时代的英国确实比帝国的其他任何地方都更具有偏僻的色彩。只要看看元老院议员出生地的情况就可以很明显地发现这种差距。同样是被罗马征服，比起克劳狄乌斯，不如让恺撒征服更好。另外值得一提的是，像曼彻斯特（Manchester）这种附带“chester”这个词尾的地名来自拉丁语表示“要塞”意思的“Castrum”，起源可以追溯到罗马时代。

话题回到图密善时代的不列颠，就算进展再缓慢也毕竟花了40年，当时的罗马军组织最完善，所以也有一些成果。克劳狄乌斯时代的军团基地在科尔切斯特，但到了图密善时代将常驻不列颠的3个军团设置在了加的夫、切斯特和约克。并且从韦斯帕芗任用的阿格里科拉就任总督的公元78年到84年的7年间，罗马人的征服活动深入到了他们称之为喀里多尼亚的苏格兰腹地。他们不仅进攻至爱丁堡和格拉斯哥之间的分界线，罗马舰队甚至航行到了苏格兰北部。难怪当时的阿格里科拉的女婿塔西佗深信不列颠和喀里多尼亚的称霸战争就要结束了。

但是，后世的欧洲人承认塔西佗是个有良心的知识分子，所以他们经常引用塔西佗的一段话来抨击罗马是帝国主义国家，这是《阿格里科拉》当中的一段文章，文中进行演讲的“卡尔加克斯”这个人物在历史上并不是真实存在的，他应该是塔西佗虚构出来用以表达自己想法的不列颠人。

罗马是一个不值得屈服或服从的民族，他们是世界的掠夺者。陆地上已经没有让他们继续挥霍的地方了，所以现在他们又将手伸向了大海。敌人富裕会勾起他们的贪婪，敌人贫穷就会助长他们的自负。无论东方还是西方都无法满足罗马人的饥渴。他们假借帝国之名到处烧杀抢掠，他们还说是为了世界的和平，实际上他们正在将世界变为一片沙漠。

塔西佗被视为有良心的知识分子是因为他虽然是征服者一方的人，但并没有忘记对自己国家的批判。另外，从被罗马军进攻的一方来看，肯定也会认为“世界的和平”与己无关。正如在《罗马人的故事3·胜者的迷思》中介绍过长期反抗罗马的本都王米特拉达梯，在此又提到了卡尔加克斯这个人的言论，所以虽然不一定比得上塔西佗，但笔者也不是对良心毫不在乎的。

然而，在其他地方读到塔西佗吐露的别的言论后，笔者又感到身为有良心的知识分子的复杂性，在此顺便介绍一下。这是题为《日耳曼》的著作中的一段话，这部作品如其名称所示，是一部介绍罗马人的宿敌日耳曼人的著作。首先在介绍完共和政体时代的情况后，塔西佗这样写道：

从那个时代到图拉真皇帝第二次担任执政官的那一年，竟然已经过去了210年。战胜日耳曼人到底需要多少年！在此期间付出了多大牺牲！

萨莫奈人、迦太基人、西班牙人、高卢人，就连帕提亚人都没有让我们如此担心过。可是遇到日耳曼人却……

只列举一下败给日耳曼人的我方执政官就有这么多：卡尔波（公元前113年）、卡西乌斯（公元前107年）、斯卡乌尔斯和卡比奥以及马略（公元前105年）。在这些败仗中罗马失去了5个执政官军团（相当于10个军团）。

奥古斯都皇帝时代在条顿堡森林发生的瓦鲁斯和3个军团的全军覆没事件（公元9年）是最大的一次悲剧，但即使在我们获胜的战斗中罗马一方的牺牲也不少。马略在意大利境内的反击（公元前101年）、神君恺撒在高卢的作战（公元前58年）以及从（公元前12年）杜路苏斯开始，到提比略和日耳曼尼库斯攻入敌方日耳曼领地的战斗，无一不是经过一番激战才获得胜利。除了后来卡利古拉的愚蠢行为之外，保持了一段时间的和平。然后（公

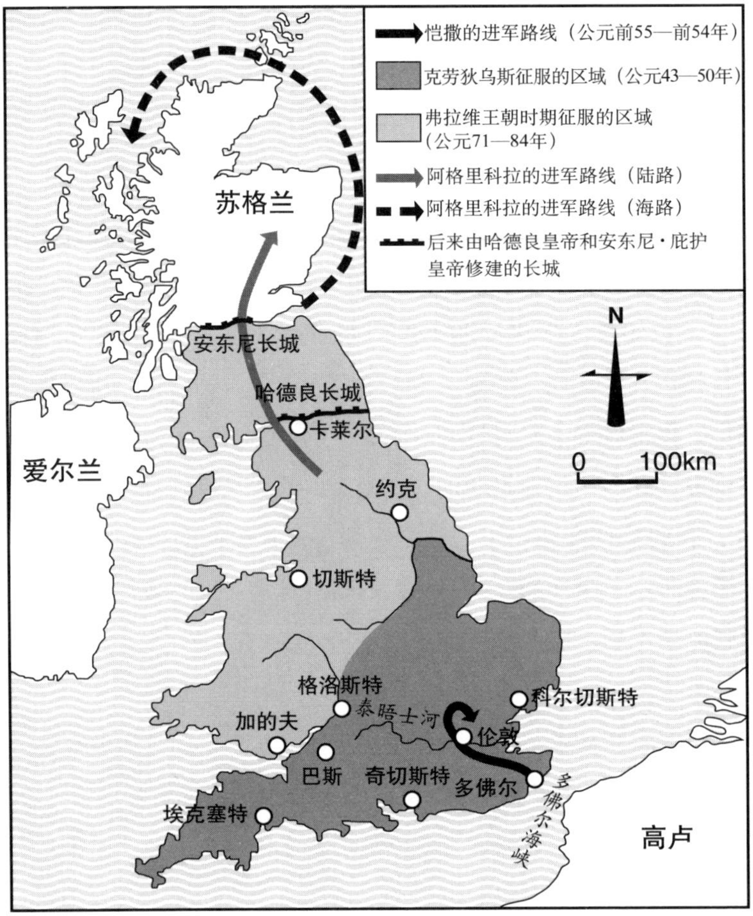

阿格里科拉征服苏格兰的进军路线

元 69 年）巴达维人又趁罗马混乱之机发动叛乱，招致了高卢骚乱。这一次日耳曼人破坏并掠夺了罗马军的军团基地。但所幸的是这场骚乱很快就平息了，到了现在（公元 100 年之后），罗马军终于变得无往不胜了，但还是没有完全征服日耳曼民族。

有良心的知识分子根据对手的不同也会变得好战，想来让人觉得好笑，即使对于被罗马征服的不列颠人能够持宽容态度，但是对于无法完全征服的日耳曼人，经常批判自己国家的塔西佗也不得不把爱国放在前头了。并且在公元 80 年代，皇帝图密善的头脑中所一直在意的也是日耳曼问题。

达西亚战争

公元 84 年冬天，图密善将 7 年以来一手负责征服不列颠的总督阿格里科拉召回了意大利本土。塔西佗在《同时代史》的开头不情愿地写道“不列颠成功征服之后却被放弃了”，就是因为阿格里科拉的回国使得罗马对苏格兰的征服战争中断了。不过罗马虽然放弃了喀里多尼亚，其实并没有放弃不列颠。

但是图密善为何在这个时候放弃对苏格兰的征服呢？

那个时期的图密善确实需要更多的军团来强化多瑙河的防线，在此之前生活在北岸的几个日耳曼裔部族就经常在多瑙河下游频繁活动。将不列颠的军团换防到多瑙河的话就无法继续进行对苏格兰的征服。更换指挥官是改变战役进行方式的最有效方法，只要派遣防守型的指挥官去代替善于进攻的阿格里科拉就可以了。

从图密善之后的皇帝们特别是哈德良皇帝对不列颠的政策来看，图密善在公元 84 年采取的政治策略绝不能算一个错误。然而，将攻势转为守势的做法很容易遭到批判。以前提比略放弃奥古斯都进攻日耳曼中央地区并划易北河为国界的计划，而撤退到了莱茵河的做法就曾遭到塔西佗的大肆批判。

因此笔者认为图密善所犯的错误不是放弃对喀里多尼亚的征服，而在于没有很好地利用勇将阿格里科拉的才能。那个时期的罗马在多瑙河战线最需要攻击型的司令官，如果图密善将回国的阿格里科拉派到多瑙河前线，任命他担任与达契亚人战争的前线指挥官，多瑙河战线很可能会是另外一种情况，十分推崇阿格里科拉的塔西佗对图密善的看法可能也就没有那么强硬了。

虽然都说图密善曾仿效提比略治国，但提比略除了军事才能之外还有丰富的实战经验。这种才能和经验不仅可以发挥到战场的指挥中，也可以在任用部下的将领时发挥很大作用。接下来将要讲述的与达契亚人的战争是最能够体现出图密善在这个方面能力欠缺的例子。

只要有人想以海盗行为代替通商，通过掠夺而不是农业和手工业来获取生活来源的话，防卫的必要性就不会消失。防卫的结果以武力决胜负的情况明显多于和谈是因为双方的“想法”（Concept）或价值观不同。罗马帝国形成了独特的命运共同体，使得帝国内的各民族能够拥有相同的“想法”，但是对于与自己“想法”不同的外部民族之间的关系从来都没有省过心。学校讲授的罗马史告诉我们，帝国在公元 5 世纪灭亡是由于那个时期发生了蛮族入侵，但这完全是误解。纵览罗马在共和政体和帝政时期的全部历史，可以说时刻伴随着蛮族的入侵。罗马帝国能够从首都罗马遭到入侵的公元前 390 年一直存活到罗马再次被蛮族蹂躏的公元410年这长达800年的时间，很大程度上依靠它完善的国防力量。实际上，即使在公元 5 世纪蛮族入侵时，东罗马帝国也逃过了灭亡的命运，因为以君士坦丁堡为首都的东罗马帝国充分发挥了它的防卫系统的作用。入侵的蛮族也避开了东罗马帝国，而是去攻击防卫系统无法发挥功能的西罗马帝国。

既然可以说民族间的冲突起因于“想法”的不同，不想成为失败者的话就不能忘记努力加强国防能力。罗马皇帝的两大职责是安全和粮食的保障，“粮食”的保障是在保障了“安全”的基础上才可能实现的目标。对皇帝的评价很大程度上参考的是军事上的业绩，英语“Emperor”来自意为军事最高负责人的拉丁语“Imperator”，这是皇帝无法避免的宿命。

公元 85 年临近冬天时，罗马得知了一个令人震惊的消息。生活在多瑙河下游北岸一带的达契亚人大举渡河，攻入了罗马领土的南岸。不过本来蛮族的入侵虽是新闻，却也不是什么令人震惊的事情。这次之所以令人震惊是因为紧接着快马来报的急使传达的消息是，前往迎击的军团大败而归，指挥军团的米西亚行省总督萨比努斯战死。

图密善决定亲自上前线，并将在次年春天开始的罗马军的反攻中担任前线总指挥。他打算带上近卫军团的长官弗斯库斯作为实战指挥官。弗斯库斯的经历无从查证，但是近卫军团与防卫边境的军团不同，可以说是没有前线服役经验的部队。这名叫做弗斯库斯的长官穿的倒是华丽的近卫军团长官军装，图密善将实战的指挥权交给这样一个人只能说是他的错误。与蛮族交战的特点在于他们没有什么战略战术，而是一股脑地大举入侵，很难应付。这个道理跟正规军不善于和游击队作战是一样的。其实应该任用曾经和喀里多尼亚的游击队交战长达 6 年的阿格里科拉。图密善并不讨厌阿格里科拉这个人，他甚至给予了阿格里科拉充分的荣誉，对其尊敬有加，很难理解他为何没有任用阿格里科拉。

不过，公元 86 年与达契亚人的第一场战役还是以罗马的胜利告终。罗马一方动员了 5 个军团的主要战斗力以及数量相当的辅助兵，还有近卫军团的一半兵力也参战了，总兵力超过 6 万人。在投入了大量兵力后，罗马成功地将达契亚人赶回了多瑙河北岸。

达契亚国王德凯巴鲁斯提出了结束战争和缔结和平条约的请求，遭到拒绝。因为罗马已经制定了第二战的目标——进攻多瑙河北岸，捣毁达契亚人的根据地。

图密善对第一战的胜利感到很满意，他让弗斯库斯全权负责第二战，自己返回了首都罗马，因为皇帝的工作还有很多。不过就算图密善继续留在前线，第二战的结果也不会改变。既然他能提出修建日耳曼长城，在战略上应该还算有敏锐的感觉，但是实际的战役通常会接连发生意想不到的情况，只有随机应变的能力才能挽救败局。

图密善接到的第二战结果是一场大败，一个军团和近卫军团全军覆没，担任总指挥的弗斯库斯战死，军团的银鹫旗也被敌人抢走，可谓脸面丢尽。这场对达西亚的战役是在今天的塞尔维亚—黑山到罗马尼亚一带进行的。失败的地点并不是在达契亚人的根据地萨米泽杰图萨，而是在渡过多瑙河开始北上的地方遭到了前后左右的夹击。

这场失败对于图密善来说肯定是一个沉重的打击，但是他毕竟是罗马人，遭到败北时罗马人首先考虑的是如何才能雪耻。

雪耻之战花费了一年时间准备。罗马人很少会将在之前的战役失败的军队调往后方，换用新的兵力作战，而是会让失败的士兵们再次投入战场。“雪耻”这种形容用于罗马军再合适不过了。

但是司令官毕竟战死了，需要选任接替者。这次的选择也变得慎重了，图密善任命的是尤里阿努斯。他曾经担任过常驻米西亚行省军团的长官，和骑士阶级出身的弗斯库斯不同，他是元老院议员，也担任过执政官。这项人事变动似乎含有避免元老院批评的意图，话虽如此，尤里阿努斯确实熟知当地情况，也有和达契亚人作战的丰富经验。不过这次雪耻战并没有增加兵力投入，民众所知道的也只有将驻在迦太基的一个大队经地中海调往多瑙河来填补阵亡者的空缺。

公元 88 年，率领罗马军渡过多瑙河向达契亚人的领地进攻的尤里阿努斯成功地将敌军引诱到平原地带。一旦在平原上展开交战，罗马军就所向无敌了。结果罗马一方大胜，这次轮到罗马士兵追杀四处逃窜的达西亚士兵了。但是罗马军没能攻下达契亚人的根据地，原因是冬季将至。深知此片地区冬天寒冷的司令官

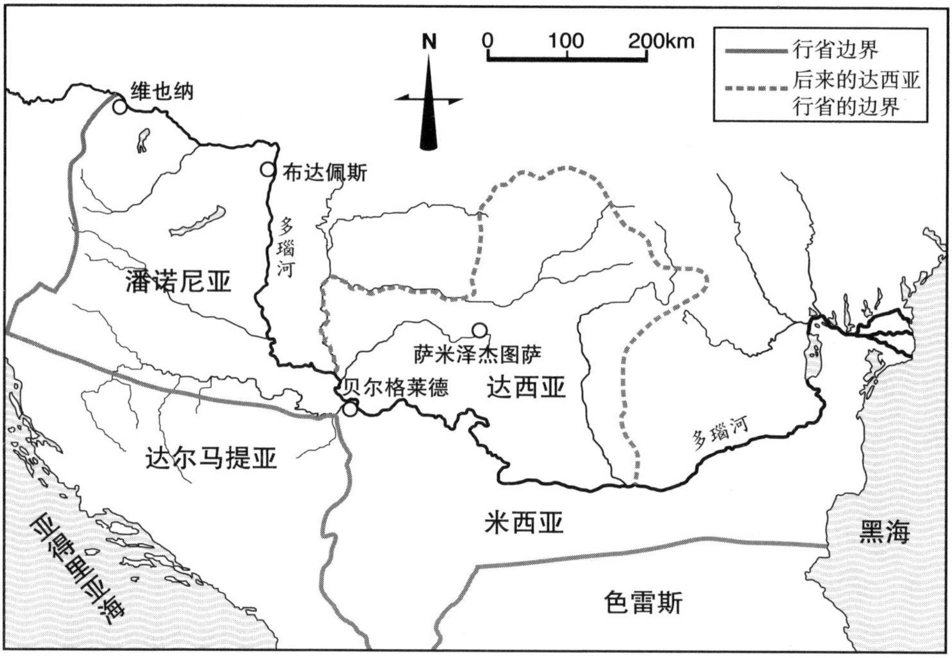

多瑙河中下游及其周边区域

尤里阿努斯将军队撤回多瑙河南岸，拆掉用木船搭成的浮桥，让士兵修整，以待来年春天再战。

反图密善的动向

通常来说，对现实的不满会在情况恶化时才爆发出来。公元 88 年到 89 年之间的冬天对于罗马来说是情况好转的时期。所以不知为何，高地日耳曼军的司令官萨图尼努斯会让手下的两个军团推举自己为皇帝来发动反抗图密善的叛乱。深入探究的话，也许可以列出以下几个理由：

第一，元老院内部的反图密善派不满对于独裁统治的方式毫不掩饰的图密善，所以在背后煽动了叛乱。

第二，想趁图密善专心于和达契亚人的战争之机篡权。

第三，帕提亚问题。图密善不仅要应付多瑙河下游的达契亚人，还要时刻注意幼发拉底河东部的大国帕提亚的动向，萨图尼努斯肯定是想借这个机会在西边点燃反图密善的战火。在这个时期，帝国的东方出现了一个自称是皇帝尼禄的人，这个人前往帕提亚要求由自己带头展开反罗马的军事行动，这就是叛乱的开始。在《罗马人的故事 7 · 臭名昭著的皇帝》的“皇帝尼禄”一章中笔者曾经提到过，尼禄确立了罗马和帕提亚之间的和平，所以帕提亚国王对尼禄非常感激。如果罗马在传统上的假想敌帕提亚有意反抗罗马的话，打出尼禄皇帝的旗号是相当有效的。在帝国的西方，尼禄是个遭到元老院、市民、军团三方抛弃最后自杀的皇帝，但是他通过解决帕提亚问题给东方带来了和平，所以在东方的评价还是很高的。

然而，就算当权者的身份发生了变化，但帕提亚并不想改变与罗马的友好关系。在图密善的要求下，冒充尼禄的人被无条件地移交给了叙利亚行省总督，不用说在移交之后他马上就被处决了。

所以，如果认为帕提亚会拥立伪帝尼禄反叛罗马，从而点燃叛乱的战火的话，那只能说是对情况的判断失误。不过与图密善处于同时代的塔西佗曾经写道："就连帕提亚王国也打算拥立自称皇帝尼禄的冒牌货来掀起反抗罗马的叛乱。"实际来说这次事件很简单就解决了，但确实让罗马人在一段时间内出了一身冷汗。此外，与伪尼禄事件一样，在高地日耳曼发生的叛乱也轻松地解决了。

高地日耳曼军的司令官萨图尼努斯让手下的士兵推举自己为皇帝是公元 89 年 1 月 12 日的事情。图密善知道以后，马上命令驻扎在西班牙的第七军团长图拉真率军火速赶往美因茨，自己则率领剩余的近卫军团兵北上。但是，皇帝和图拉真都白跑一趟，低地日耳曼军的司令官马克西姆斯根据自己的判断率军南下，在波恩和科布伦茨的中间地带击败了萨图尼努斯的军队。到了 1 月 25 日，所有问题都解决了。萨图尼努斯自杀，推举他为皇帝的士兵们承认自己的轻率举动后获得了赦免，这次叛乱中的流血事件至少连内战都称不上。

但是，在问题解决后到达美因茨的图密善却认为问题一点都没有解决，在他看来，这是第一次有人背叛自己。萨图尼努斯在自杀前烧毁了一切有可能连累他人的文书，这让图密善非常生气。他将自己认为是萨图尼努斯同谋的军团内的几个将军处决了，然后任命从西班牙横穿高卢前来的图拉真担任了日耳曼军的司令官。

幸运女神

很难说命运是以什么机缘发生变化的，难怪有些人将人类的幸与不幸归结为幸运女神随兴的结果。

如果没有这次事件，只有 30 多岁的图拉真就不会被提拔为防卫从莱茵河畔的波恩经日耳曼长城一直到达多瑙河畔的雷根斯堡为止这段重要的前线高地日耳曼军的司令官了。他的父亲曾经在韦斯帕芗和提图斯手下作为军团长参与过犹太战争，所以图拉真和韦斯帕芗那种从军团中脱颖而出的背景不同。但是韦斯帕芗虽为骑士阶级出身，却是在意大利本土出生的罗马人。图拉真的父亲虽然被皇帝韦斯帕芗提拔为元老院议员，名列贵族，却是西班牙行省出身的罗马人。图拉真在9年后被皇帝涅尔瓦收为养子，成为了第一个行省出身的罗马皇帝，但如果一直在西班牙指挥一个军团，过着太平日子的话，就算涅尔瓦再贤明，也不可能指定他为自己的继承人。图拉真作为前线的高地日耳曼军司令官的9年业绩弥补了他行省出身的不足，避免了既有统治阶级的反对。不仅罗马军，任何国家的军团都有的共同点是，被委任为前线指挥就意味着升迁。在危险的前线服役和在安全的后方服役，虽然官职名同样是总督，实质却大为不同。在年纪轻轻的30多岁就任这个要职，让图拉真有机会坐上了皇帝的位置。

但是，只比图拉真大2岁的图密善并没有得到幸运女神的眷顾，他虽然在和达契亚人的战争中大胜，周边的情况却急剧变化，容不得他享受胜利的果实了。

和平协定

现代的奥地利首都维也纳、匈牙利首都布达佩斯、塞尔维亚—黑山共和国首都贝尔格莱德都是起源于罗马军团基地的城市。从维也纳向东缓缓流向布达佩斯的多瑙河在布达佩斯转而向正南流向贝尔格莱德，在那里又继续向东以曲线的形状注入黑海。如果不是以和时代没有关系的地理学的观点，而是以和时代有密切关系的地缘政治学观点来看的话，对于罗马人来说到维也纳为止的流域为多瑙河的上游，从维也纳到贝尔格莱德是中游，从贝尔格莱德到黑海是下游。公元1世纪末的皇帝图密善以东西方向为根据，也就是从多瑙河的上游到下游将之前的两个行省改为了四个行省。将潘诺尼亚行省分成了“近潘诺尼亚”和“远潘诺尼亚”，将米西亚行省分为了“近米西亚”和“远米西亚”。很明显，这样做的目的在于强化防卫体制。

罗马帝国的存续就在于保住从多瑙河的中游到下游的这条防线，罗马人认识到这个问题是到了公元1世纪末的时候。至于多瑙河的上游地带，因为修建了联结莱茵河沿岸的波恩和多瑙河沿岸的雷根斯堡的日耳曼长城而实现了军事国界化，即所谓的“铁壁化”，所以是已经解决完的课题。

但是尽管罗马人遵循始于恺撒、由提比略巩固的政策，完善了防卫体制，但他们认为国境并不是内外隔绝的，还要允许彼此之间的交流，应该说他们甚至鼓励人和物的交流。因为即使是居住在防线外部的部族，如果通过向他们提供兵员和物产交易机会从而可以建立与罗马的友好关系的话，那么即便称不上友军，至少也不再是敌人了。罗马就这样一直坚持与国境外的一些部族保持友好关系的政策，也就是“分化统治”的政策。

因此，居住在国境外的部族并不是威胁，这些部族团结起来才是威胁。达契亚人成为威胁就是因为族长自称为王，成功团结了周边的弱小部族。

达契亚人的势头在能力出众的领袖德凯巴鲁斯的领导下进一步强化了。德凯巴鲁斯不仅希望统一自己部族所在的多瑙河下游，还怀有合并中游的马科曼尼、库瓦迪和亚基盖斯等部族，在多瑙河北岸建立一个大王国的野心。马科曼尼、库瓦迪和亚基盖斯都是通过兵员援助和物产交易与罗马建立了友好关系的部族，居住在维也纳西面到贝尔格莱德为止的多瑙河北岸一带，属于日耳曼裔部族。

这三个部族分别展开了反对罗马的行动，他们并不是在罗马大败给达西亚之后行动的，而是在罗马大胜雪耻之后，可能是他们觉得同样居住在多瑙河北岸的达契亚人的压力减弱了。不管怎样，在多瑙河下游大胜达契亚人的罗马这次又将面对多瑙河中游的新敌人。

皇帝图密善认为同时与中游和下游的多个敌人为敌的话，罗马一方将陷入不利境地。实际上，他最初尝试的多线作战也以失败告终。达西亚的国王德凯巴鲁斯也在寻找着挽回大败之后的颓势的机会，双方的利害在此达成了一致。与达西亚缔结和平协定后，罗马可以专心对付中游三部族的反抗，可以说迫使大国罗马不得不选择外交手段的达西亚提高了自己在多瑙河北岸全域的声势。

罗马和达西亚缔结和平协定的确切时间由于图密善在死后被处以“记录抹杀刑”而无从查考，不过笔者认为应该在公元 94 年前后。因为从这个时期开始罗马军在多瑙河中游的反击变得积极主动起来。总之，图密善以友好国君主的待遇

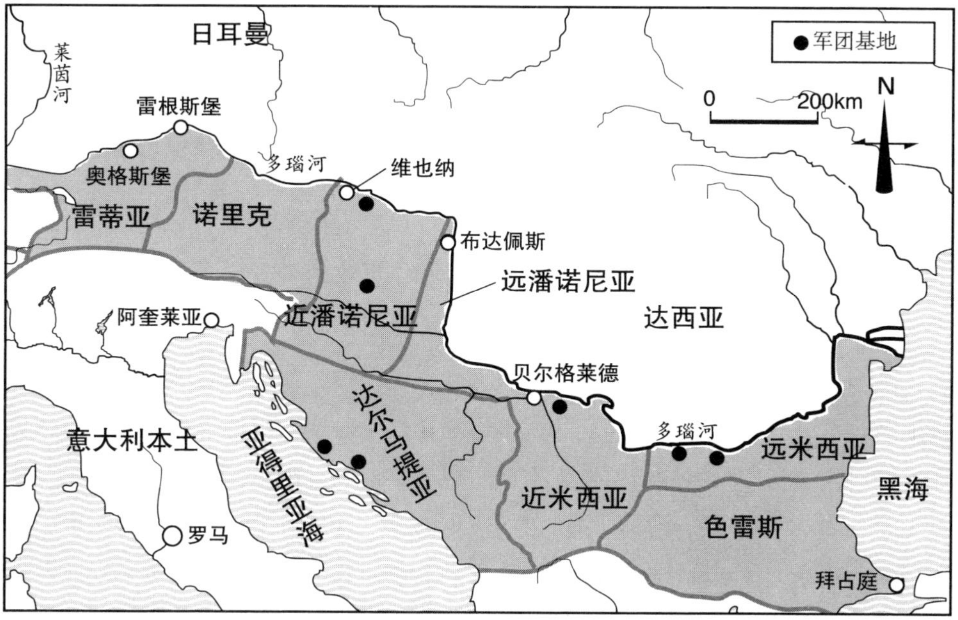

行省重组后的多瑙河军团配置

迎接了代替国王访问罗马的王子。

和平协定的内容也因“记录抹杀刑”的缘故而不甚明了，不过有一点可以确定，就是在罗马败给达西亚时被达西亚俘虏的罗马士兵全部被送还，罗马按人头每年向达西亚支付 2 阿斯的铜币。

不知道俘虏确切有多少人，并且每人每年 2 阿斯的赎金是永久的还是规定了年限的，也无从查证。

也许在图密善看来，既然攻入达西亚根据地的可能性越来越小，也只有用金钱赎买的方式才能救出被困在根据地的罗马士兵了。另外，2 阿斯相当于在公共浴场洗浴 4 次的钱，如果是在市场购买小麦粉的话只能买 500 克，这只相当于士兵年薪的 1/450。也许图密善认为如果只需付出此等程度的代价就可以解除对多瑙河下游的担忧的话，确实比较划算。

但是这件事招致了罗马人的非难。罗马人可以忍受一个军团 6000 名士兵全军覆没，但若是用金钱买来和平，即使只是出一个象征性的数目，也可以让他们寝食难安，这种感觉就好像失败者向胜利者支付岁贡一样。和平是否是用任何代价都值得交换的？即使到了帝政的中期阶段，罗马人对这个问题的回答也是显而易见的。

然而，仅就缔结协定后的数年来看，牺牲自尊心换来的和平发挥的效果还是很大的。达西亚国王一直遵守着协定，罗马军也进攻到了多瑙河北岸，对长期处于友好关系却趁机入侵罗马领土的三个部族施以了彻底的打击。

其间，图密善经常视察前线，努力巩固军团基地。配置在多瑙河南岸的军团基地被改建成一座石造建筑林立的城市也是在这个时期。与处于和平关系的达契亚人的居住地相接的多瑙河下游南岸也实现了基地的城市化，也就是完善化。罗马人对于缔结了和平协定的对手也不会放松警惕，这不仅不是一种矛盾，更应说是理所当然的。这与他们在处于友好关系的帕提亚和亚美尼亚的国境上部署军团的道理是一样的。

那么图密善明知会招来元老院和市民们的非难，却毅然和达契亚人缔结和平协定的做法，从他作为最高统治者的身份来看到底是不是正确的选择呢？

计量器

笔者的专业是哲学而不是历史，写作的内容不管是文艺复兴时代的意大利还是古代的罗马，都只能算是业余的。所以笔者所写的罗马史不是一部学者的罗马史，而是一部作家的罗马史。不过看了布莱希特或尤瑟纳尔的作品后也可以知道，就算是作家也不能随心所欲地创作，既然选择了题材就需要对其进行调查和研究。所以在调查研究的必要程度上学者和作家是没有差别的，只不过学者和作家对待这些工作的态度不同。一言以蔽之，学者倾向于相信史料，作家不一定会轻信史料。

至于为什么不会轻信史料，有两点不可忽视的因素。笔者认为历史上的“证据”可以大致分为历史记述和考古学上的成果。历史记述本来就是很难保持客观的人类书写并保存下来的史实，考古学上的成果也仅限于迄今为止发掘出来的东西。历史记述毕竟是已经加入了人为因素的史实，至于考古学上的成果……只要拿罗马这个城市来做例子就足够了。现代的罗马是在古代罗马的上面修建的，如果要想彻底弄清罗马帝国时代的“世界首都”的全貌，只能让住在现代罗马的全部居民移居到别处，对整个罗马进行考古发掘才行。庞贝之所以重要就是因为当地被火山灰掩埋，人无法继续居住，所以不必将人全部迁走就可以对这座古代城市进行全面发掘。

由此可见，历史上的证据或史料具有如此不确定的性质，但不以这些为基础的话就无法书写历史。然而深深相信和抱有疑问毕竟还是不同的，笔者认为这个不同在于对人性的看法。

不属于学者的笔者对于人性的看法在书写罗马史的时候有一个判断的标准。

那就是在判断身为最高统治者的皇帝所做的事情是否有益于共同体即国家时，比起参照塔西佗等历史学家的评价，笔者更愿意选择将后任的皇帝是否继承这名皇帝的政策或事业作为判断的标准。

使用这个“计量器”后发现，罗马史上最好的统治者当推恺撒和奥古斯都。罗马帝国就是这两个人创建的，罗马人也只称呼这两个人为“神君”，想必是因为和笔者有共同的感受吧！这两人之后的提比略和克劳狄乌斯被塔西佗和苏维托尼乌斯断定为昏君，但利用笔者的“计量器”来评价的话有相当的可能可以为他们挽回名誉。那么被视为臭名昭著的罗马皇帝典型的尼禄又怎样呢？

尽管与帕提亚建立长久的友好关系很大程度上依靠科尔布罗的精心准备，但最后拍板还得是皇帝尼禄。结果，当时的两大强国间的这种良好关系持续了半个世纪，最后撕毁协定的不是帕提亚，而是罗马一方的图拉真皇帝。在关系良好的这半个世纪之间就任帝位的皇帝除了内乱时期的三人之外，分别是韦斯帕芗、提图斯、图密善和涅尔瓦。他们自始至终都恪守了尼禄签订的与帕提亚的和平协定。在攻击型的皇帝图拉真之后继承帝位的防守型皇帝哈德良、安东尼·庇护在半个世纪中也继续奉行尼禄对帕提亚的友好路线。单论外交方面，不得不说尼禄的功绩确实很大。

那么同样出自尼禄之手的“黄金宫殿”的修建应该如何评价呢?

这项事业是崇拜希腊文化的尼禄计划在首都罗马的市中心修建的希腊风格的“阿卡迪亚”，是一个绿化得很好的理想国。其良好的动机无疑可以得到现代的环保主义者的赞赏，但是良好的动机并不一定会带来良好的结果。非但如此，甚至有诸如恺撒之类说出“以坏结果收场的事情往往都是出于良好的动机”这种话的人。尼禄的梦想——绿色之乡罗马的市中心由于韦斯帕芗修建的圆形竞技场、提图斯修建的公共浴场、图拉真修建的更大的公共浴场以及哈德良修建的神殿，而从地上消失得不留痕迹。在对于大城市中心地区的利用这一点上，尼禄和其他罗马人的想法是不一样的。罗马式的想法是，市中心应该是市民们聚集到一起进行某种活动的场所，尼禄做出与多数罗马人想法相反的事情，也只能承认他作为最高统治者确实犯了一个错误。

那么，与尼禄同样在死后被处以“记录抹杀刑”的图密善皇帝的业绩又应该怎样来评价呢?

笔者以前介绍的他所有的业绩，除了执法过于严格这一点有所缓和之外，其他的都被以后的皇帝继承了，未成年人的卖淫禁止法也沿用了很长时间。然而，比这些都值得大书一笔的是日耳曼长城的修建，它通过联结莱茵河与多瑙河两条防线从而提高了防卫功能。虽然这项事业被塔西佗等文人忽视了，但是图密善以后的皇帝们无不为这道城墙的巩固工作费尽心血。和阿皮亚大道一样，只要铺设的意图明确、地点选择正确，留给后人的工作无非只有巩固和维护了。日耳曼长城的修建可以说是图密善的最大功绩。

那么，与达契亚人的和平协定又应该如何评价呢?

图密善在公元 96 年去世，继承他的是涅尔瓦。不过涅尔瓦登基没到一年就将图拉真收为了养子，明确了皇位继承者的人选。之后不久涅尔瓦去世，图拉真代之成为皇帝，时间是公元 98 年。图拉真在成为皇帝后也一直留在之前的任地高地日耳曼（包括日耳曼长城），为公元 101 年即将开始的史上有名的达西亚战争作准备。也就是说，图密善死后不到五年，由他促成的与达契亚人的和平协定就被皇帝图拉真一手撕毁。

看来罗马人还是无法接受用金钱买来的和平。“达契亚人虽然败给了罗马，却声势依然高涨”，塔西佗的这句话想必是公元1世纪末时所有罗马人的心声。另外，史学家塔西佗比图密善小四五岁，顾名思义，和这位皇帝是同时代的人。

市民看待图密善的眼神肯定变得冷漠了起来，不过图密善本人应该不是那么在意，他大概很相信皇帝权力的绝对优越性。这一点以及喜欢独处的封闭性格都与他视为典范的提比略极为相似。

图密善和提比略一样，作为帝国统治的最高负责人——皇帝，只要他认为是应该做的，就不会与任何人商量而立即执行。其中之一就是教育上的改革。这也和日耳曼长城一样，是一项被之后的皇帝们继承的政策。不，这项政策在罗马帝国灭亡后也沿用了很长时间，所以应该说比日耳曼长城的寿命还要长。

教育课程

马库斯·法比尤斯·昆体良与皇帝尼禄同样出生于公元37年，看他的名字可能会以为是出生在意大利本土的罗马人，但是他实际上出生在西班牙北部的萨拉戈萨沿埃布罗河逆流而上的一个城镇卡拉奥拉，以前是行省人民身份。在很小的时候被从事教师职业的父亲带到罗马居住，所以算得上是在罗马长大的。根据尤里乌斯·恺撒制定的法律，教师可以和医生一样获得罗马公民权，于是他仿效父亲也成为了一名教师，同时获得了罗马公民权。他在此之前就得到父亲的培养，接受过高于家庭经济实力的教育。

他在22岁时回到西班牙，当时父亲可能已经去世了。昆体良返回故乡继续执掌教鞭，但并不是在小城卡拉奥拉，他似乎选择了行省总督的驻地塔拉戈纳。被推举为皇帝代替尼禄位置的总督加尔巴前往罗马时，昆体良也一起同行。这样一来，昆体良就成为了从公元68年到69年亲眼见证三个皇帝相继上台的人。

曾经关照过自己的加尔巴被杀后，这个32岁的西班牙人就这样留在了罗马，在帝国的首都重操教师职业。身为一名教师，他比父亲要成功。因为在不到40

岁时，他就开设了教授雄辩术的学校。比起学校，这更像一座高等教育机关，相当于现代的大学预科班（Low School）。他的学生出类拔萃，塔西佗、小普林尼都是昆体良开设的“Low School”的毕业生。后来的哈德良皇帝在青年时代也在这里学习过。昆体良不仅授课，还亲自在法庭上担任辩护人，可以说他很好地将理论和实践结合到了一起。

一边开办学校一边兼做律师的昆体良的清贫是出了名的，不过他无非是亲自实践了“律师依靠多数人没有的知识能力为他人服务”的信条而已。有这种人做父亲，家人也许会吃不少苦。小普林尼看不下去，于是出资帮昆体良的一个女儿嫁了出去。勤俭节约的皇帝韦斯帕芗对昆体良很有好感，向这个西班牙人每年支付 10 万塞斯特斯的薪水，于是他成为了第一个从国家手中领取薪水的教职人员。

提图斯和图密善当上皇帝之后也继续支付给昆体良薪水，但是图密善曾经打算让这位著名的教育家去做别的事情。不知道这是皇帝的想法，还是屡次召见昆体良进宫后商量的结果。不管怎样，古代唯一成体系的教育论著就这样诞生了。

拉丁语的“eloquentia”（英语 eloquence，意大利语 eloquenza）翻译成日语就变成了“雄辩”或“辩论”的意思，其实它的意思是将自己的想法传达给他人的技术，多翻译为“雄辩术”或“辩论术”。但是“eloquentia”还有一个意思是有效使用语言从而恰当表达自己想法的修辞术，所以也是一种修辞学。笔者经常将其翻译成“说服力”，而不是“雄辩”或“辩论”。

至于学习“eloquentia”的目的，首先当然是为了有效地将自己的想法传达给他人。但由于使用的“武器”是语言，所以还应该有另外一个功效或是目的。

那就是在用语言表达自己头脑中的想法的过程中，让想法本身变得更明确的功效。这样一来，“eloquentia”就成为了形成人格的一种手段。古代的罗马人最为重视“eloquentia”的学习，将修辞学视为不可缺少的教养科目，就是因为习得这种技术之后可以成为成功的政治家或律师，此外还可以期待让自己的想法更加明确的功效。从恺撒和塔西佗的著作中可以发现，罗马人的文体具有简洁明快的特点，笔者认为这也是重视“eloquentia”的结果。

昆体良著述了 12 卷本的 *Institutio Oratoria*，按字面翻译过来是“雄辩术原理”，不过根据内容意译的话，可以译为“教育论原理”。因为这部著作是昆体良以 20 多年的实际教学经验为基础写成的，他在书中告诫教师们如何才能指导青少年学习不可或缺的教养，从而成为社会未来的领导者。

著作内容是关于“eloquentia”的实际形态“oratoria”的历史、含义、教导指南以及在法庭上实际应用的例子等，这些归根结底是为教学者写的。理由是委托其著书的图密善和昆体良本人都非常清楚对于国家来说教育应该是什么样子。也就是说，教育并非针对可以自学成才的天才，其目的应在于提高社会整体的知识水平。根据恺撒的规定，从事教育的人无论是什么人种、民族，都可以获得罗马公民权，从而享受免除行省税这种直接税的优待。自那以后，图密善是第一个着眼于国家级别教育重要性的人，这一点怎么称赞也不为过。

这部著作于公元 95 年写成，次年在罗马刊行。数月后，图密善遭到暗杀。然而，这部著作是关于培养罗马帝国领导层的集大成之作，所以在之后很长时间一直都是从事教育者的必读书。即使在刊行 1000 多年后的中世后期也曾经再版，所以很好理解为什么西欧中世的一名知识分子会评价其为“学习拉丁语会话和写作方法的最佳手册”。值得一提的是，罗马帝国灭亡以后的西欧基督教世界的官方语言就是罗马人的拉丁语，使用了大约 1000 年。

但是，同时代的人们往往非常严厉。在这部著作刊行的时候，反响不只有称赞。有名的讽刺诗人马提雅尔就曾这样评价昆体良的这部心血之作：

> 达到了让无法坐在教室的椅子上安心学习的学生和以阴险恶毒闻名的罗马的律师们的形象永留后世的目的，没有比这部著作更完美的指南了。

笔者在读完后也觉得这部著作就和学校讲授的内容差不多，不免为马提雅尔的评语失笑，不过原本来说，期待教育论能够给人以快感就是错误的。尽管如此，还是可以确切地说，这部著作比起现代的日本文部省的指导要领来要有趣得多。毕竟到了 2000 年后的现代，这部拉丁语的散文著作还在不断再版。

恐怖政治

本书一开始曾经介绍过塔西佗著《同时代史》，在此重新引用其开头部分：

> 供奉神灵的祭祀仪式遭到蔑视，通奸行为明目张胆地横行无忌，海上充斥着将可怜的人送往发配地的船只，岩礁上洒满了这些牺牲者的鲜血。
>
> 首都罗马的穷凶极恶比帝国内的任何一个地方都要严重。高贵的出身、富有、功绩甚至拒绝就任公职都被视为了犯罪。告发者可以得到赏金，企图躲避他们攻击的尝试结果只能带来程度更重的罪恶。因为对于告发者来说，不仅祭司、执政官这些象征名誉的官职，包括皇帝财务官等拥有实权的职位都是他们所追求的报酬方式，社会因此被憎恨和恐怖所笼罩。奴隶被收买从而背叛多年的主人，解放奴隶群起反抗旧主，甚至没有树敌的人也被朋友出卖。

据塔西佗称，这里写到的全部内容都是发生在公元81年到96年的图密善皇帝时代，笔者一直很佩服塔西佗的文笔，但真相究竟是怎样的呢？

首先，关于“供奉神灵的祭祀仪式遭到蔑视”，塔西佗的这一段非难用来评价因内战而无暇顾及祭祀活动的加尔巴、奥托和维特里乌斯三位皇帝的话可能还比较合适，形容图密善则不是很恰当。他曾经为了举行始于奥古斯都的“百年节”，从多瑙河的前线赶回遥远的罗马。在首都期间，他恪尽职守地担任了大祭司。

如果说有什么招致了怀古派塔西佗的不快，那可能就是图密善非常热衷于建设和修复供奉阿波罗、伊希斯等这些被罗马人视为外来神的神殿。并且图密善还有一个方面和尼禄比较相似，积极资助发源于希腊的体育、诗歌、辩论等竞技大赛。他在占据帕拉蒂尼山一半面积的皇宫内也兴建了竞技场，这项每四年由皇帝主办的罗马式奥林匹克大会和真正的奥运会的不同之处在于，希腊即使是在战争期间也会放下武器举行竞技，但罗马由于“罗马统治下的和平”的原因，已经不存在内战了，所以只是单纯的竞技大会。

不过这种竞技大会由于有皇帝的资助，所以除首都和意大利本土之外，在行省也举办。竞技内容有标枪、铁饼、赛跑、拳击以及两匹或四匹马拉的战车竞速等，而且似乎没有出场资格的限制。

但是这些竞技比赛不知为何遭到了喜欢希腊文艺却讨厌希腊式竞技大会的罗马知识分子的抨击。与受人尊敬的塔西佗不同，就连并非顽固的反图密善分子的小普林尼在法国南部滞留期间也留下了一封为当地竞技大会停办感到欣喜的书信。从当时的这种“媒体”来看，即使图密善没有无视罗马历来的传统，至少看起来也差不多了。

不过塔西佗所说的“通奸行为明目张胆地横行无忌”却完全是误解。图密善执法非常严格，他甚至恢复了奥古斯都时代的《通奸罪法》。从图密善自身来看，他也不是一个行为轻浮、朝三暮四的人。

至于“海上充斥着将可怜的人送往发配地的船只，岩礁上洒满了这些牺牲者的鲜血”这一句，前半句是批评图密善的恐怖政治，后半句是说恐怖政治带来的灾难，问题是牺牲者到底是什么人。在这个方面，笔者认为反图密善的史学家们留下的数字比较可信，因为这部分正好是图密善被处以“记录抹杀刑”的主要理由。

在图密善统治的 15 年期间，尤其集中在后半期，有 8—9 人被处以了死刑，5—6 人被处以流放刑，3—4 人因对公共生活感到绝望而隐居。

这些人几乎都是元老院议员。对于元老院议员塔西佗来说，他们是自己的同僚。此外被从意大利本土流放出境的人还有一些占星师和希腊的哲学家。流放占星师是因为他们自称能够预知命运，从而蛊惑人心、骗取钱财。罗马的统治阶级历来对占星术不感冒，虽然罗马的生活压力很大，但毕竟是“世界的首都”。一旦有了钱，人就会搞一些算命占卜，古今东西都一样。对占星师的流放始于提比略时代，但不管如何驱赶，这些人在将来的某个时候又都回到了首都。

至于将希腊的哲学家们从宗主国流放出境的处分，也有必要弄清当时哲学家都是些什么人。

希腊哲学直到公元前 3 世纪为止一直很富于创造性，之后的哲学家们按当时罗马人的话来说就是“靠变卖老本过活的人”。然而，将地中海世界纳入统治之下的罗马人虽然对希腊人的政治能力不屑一顾，却非常尊重他们的文艺，因此希腊被罗马统治之后哲学家们反而得到了更广阔的市场。雇用希腊人的家庭教师被视为有权有势、家境富裕的象征。大西庇阿和格拉古兄弟都接受过希腊学者的教育。雇用在当时以学问之都闻名的埃及亚历山大学习过的高卢人担任家庭教师的恺撒家在共和政体时代的罗马倒算是个例外了。

但是，随着帝政的推行，越来越多的帝国全境的人才纷纷来到首都罗马。恺撒的教师优待政策成为了打破希腊人垄断教育界这种格局的决定因素。图密善就是委托西班牙人昆体良编制教育课程的。“教师等同于希腊人”这种情况已经是历史了。虽然希腊语作为和拉丁语同等重要的国际语言的状态没有任何变化，但已经变成由高卢人、西班牙人和北非出身的人教授希腊语的时代了。

亲眼看到自己的市场减少时，当事人首先考虑的就是创造出别人没有的特色，于是自称哲学家的希腊人开始高谈起民主体制和暴君的对立关系来。关于这二者的素材在最盛时期的希腊史上也应有尽有。

这些人所倡导的民主体制指的是元老院和市民拥有主导权的共和政体时代的罗马，暴君指的是步入帝政时期后的皇帝。对于皇帝们来说希腊哲学家成为了“Persona non grata”（不受欢迎的人物），相当于现代得不到签证派发的人。将这些人从宗主国意大利驱逐出境的措施从提比略时代就开始了。然而，单是教授希腊哲学或语言并不等于反社会的言行，并且这方面的需求本来就源源不绝，所以和占星师一样，流放只是暂时的，不过是一个反复循环的过程而已。对哲学家们的这种措施没有招致一般市民的反感，因为罗马人在本质上是一个讨厌摆弄空论的民族。与其说图密善因流放哲学家而遭到罗马知识分子们的厌恶，不如像他父亲所说的这样更加贴切：

“你好像什么话都敢说，恨不得让我判你死刑，可是就算有一条狗在我面前叫个不停，我也不会杀它。”

图密善流放的是此后被称为“犬儒派”的一批希腊哲学家。看来即使是父子，在性格上也有不可调和的差异。

但是，笔者认为塔西佗大加非难的并不是称为恐怖政治牺牲品的人数，而是站在恐怖政治最前线的告发者，以及默许这些人的活动的图密善。如果是这样，后世的历史研究者就需要知道译为“告密者”、“间谍”、“告发者”的帝政时代的“Delator”到底是怎样的一群人。

“Delator”

罗马的法庭由以下四个要素构成：审判长由元老院选出的当年的法务官担任，对前行省总督进行控诉的时候，原告方代理检察官由被称为“Orator”的辩护人担任，当然“Orator”也经常担任被告的辩护人。不过，“Delator”因为被译为“告发者”，所以专攻告发，不会为被告方辩护。

陪审员被称为“Centumviri”，直译过来是“一百个男人”。从图拉真皇帝时代开始增加到 180 人，陪审员的称呼则一直是“一百个男人”。这些男人每年选举一次，从元老院、骑士、平民这三个有资格的阶级中通过抽签选出。出于保证判断客观性的原因，获得资格的条件是拥有某个水准以上的资产。

以首都罗马为例，审判在以修建者尤里乌斯·恺撒命名的巴西利卡·朱里亚（Basilica Giulia）会堂（又称“尤里乌斯公会堂”）内进行。这座会堂呈一个 101 米 × 49 米的长方形，在进行审判的日子会用幕布将会堂分为四个部分，同时进行四场审判。罗马人是法治系统的创始者，所以打官司的事情很多。100 名陪审员也会被分成四组，每场裁决分别由 25 名陪审员来决定。

“尤里乌斯公会堂”的四周是开放的，谁都可以来旁听。在罗马，辩护人经常会放开声音进行辩论技能的较量，旁听人也不会保持沉默。据说如果是西塞罗这种善于取悦大众的辩护人担任告发或辩护的话，会有大批听众到场，他们的掌声和欢呼甚至让其他三场审判都无法进行下去。如果辩论冗长乏味，旁听人也会不屑一顾，坐在会堂台阶上用小刀刻出棋盘来下棋，打发时间，等待判决。

让昆体良称赞为罗马史上最优秀律师的西塞罗曾经写到，陪审员经常会受到

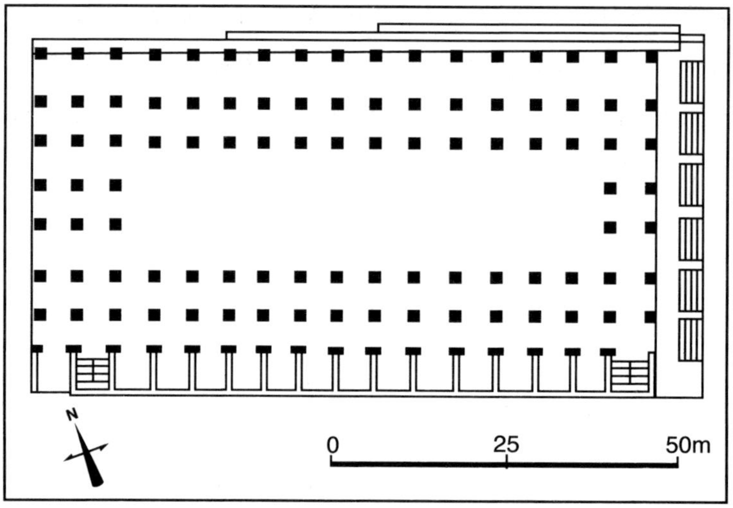

尤里乌斯公会堂（Basilica Giulia）平面图

旁听者的影响。他的文章读起来似乎是执法人在揭露执法不公正一样，不过这或许是古今东西不变的人性的一面。

“Delator”与检察官和辩护人担任的“Orator”不同，是专攻检察工作的。在罗马帝国，这个职位和辩护人一样都不是公职，而是私人从事的职业。也就是说以获得报酬为前提的职业。但是，“Orator”在名义上是精英的职责，报酬上限为 1 万塞斯特斯。与此不同，“Delator”的报酬是没收有罪人资产的一部分。这一点让“Delator”被视为掠夺资产的职业，是其惹人厌恶的一个原因。无法得知“一部分”到底是多少数额，有的研究者认为是四分之一。

“Delator”最被人厌恶的是他们会不择手段，比如使用引诱调查、胁迫等手段取得证词，找出证据、证人，从而将被告推上法庭。不过“Delator”不是匿名的情报提供者，因为他们会在法庭上陈述控告理由，虽然不是公职，但也绝非隐秘的存在。以这个拉丁语词为源头，英语也派生出了“delate”、“delation”等词语，前者的意思是“控告”，后者的意思是“告发”。

所以笔者认为与其将“Delator”译为“告密者”、“间谍”，不如译为“检察官”更为贴切。不过需要记住这种工作在现代属于公职，在罗马时代是私人的职业。这个职业虽然遭人厌恶，不过也是程度上的问题而已。因为“Delator”的攻击专门针对的是元老院议员，所以不难理解会遭到塔西佗和小普林尼这些元老院议员的厌恶，除此之外的人估计也不愿意和检察官扯上关系吧！现代人一般也希望尽量不要和检察官有什么瓜葛。读到小普林尼留下的书简后发现其中有“这次的 Delator 很不好对付”的字句，其他书简中也记录着“Delator”和“Orator”在法庭上针锋相对的情况。同为“辩护人”的塔西佗和小普林尼对“检察官”心有敌意是理所当然的。

不过，有必要明确下面一件事情。有很多“Orator”身兼元老院议员，而“Delator”却没有在元老院中拥有议席。“Delator”在法治国家中虽然是不可缺少的，但从事这个职业未必就可以得到尊敬。作一个不恰当的比喻，如果曾经不择手段想要送克林顿总统上法庭的斯塔特别（独立）检察官将攻击目标从总统转移到参众两院的显要人物身上的话，就和罗马帝国的“Delator”比较接近了。不能忘记的是，在美国，总统和参众两院的议员都是通过选举产生的，所以在对手看来也可以期待通过落选来排除敌人，但是在罗马，皇帝和元老院议员都是终身制，这两者之间当然也免不了激烈的斗争。

“Delator”遭到对手元老院的厌恶，在社会上的出头机会也被封杀了，但是并没有被排挤出人类社会之外。图密善死后继承帝位的涅尔瓦有一次在皇宫举行晚餐会，当晚的主宾是在图密善时代闻名的“Delator”维因特内，面见有如绅士的涅尔瓦本来是件轻松愉快的事情，但这位皇帝突然说：“如果梅萨利努斯还活着，不知现在会怎么样？”虽然在晚年失明且生活贫困，但梅萨利努斯却是图密善手下和维因特内齐名的“Delator”。皇帝涅尔瓦问完，与会者中立刻有人回答：“会被邀请来参加今天的宴会。”

“Delator”制度到了五贤帝时代也没有被废除，可见罗马人是容许这项制度存在的。所以问题不是牺牲者的数量，而是皇帝在扫清元老院内的反对派时是否使用了这种制度。提图斯在任时根本不听信这些人的控诉，图密善却充分利用了这项制度。即便如此，笔者也觉得“海上充斥着将可怜的人送往发配地的船只，岩礁上洒满了这些牺牲者的鲜血”这段塔西佗的表述过于夸张了些，不过站在既是律师又是元老院议员，同时还确信元老院的存在意义因而同情共和政体的塔西佗的立场上来看，说图密善是个死敌都不为过。毕竟，图密善就任了终身财务官，这连他的父亲韦斯帕芗、哥哥提图斯，甚至从奥古斯都到尼禄为止的尤里乌斯—克劳狄乌斯王朝皇帝连尝试一下都不敢。

“终身财务官”

财务官是从共和政体时代开始就存在的官名，在共和政体时代财务官从有执政官经验的人当中选出，权威比执政官还大。在任期上，其他官职都是一年，唯独财务官是一年半。本来的任务是国情调查，所以任期也相应较长。国情调查指的是调查资产和符合兵役条件的人员，所以出于公正的考虑，选拔历任所有官职、达到事业顶峰的人来担任被认为是比较妥当的。

不过财务官除了国情调查之外还有其他权力，其中之一就是招标修建符合国家政策的公共事业。当时的高速公路，也是罗马的第一条大道阿皮亚大道就是在公元前 312 年由当时的财务官阿庇乌斯·克劳狄乌斯铺设的，此人也是修建罗马第一条上水道的财务官。此外，财务官还拥有端正国家风纪的权力。罗马人认为不是下层建筑决定上层建筑，而是上层建筑决定下层建筑。拥有端正国家风纪这种权力的财务官最关心的是国家的上层建筑——元老院议员也是理所当然的。财务官还有一个权力是剥夺被认为不适合担任罗马领导层的元老院议员的议席。也就是说，只有财务官有权力将一旦进入元老院就终生无须担心失去议席的元老院议员从其位置上赶下来。这是共和政体时代的罗马为防止权力滥用而设置的一种监督机制。出于相同原因，财务官的名额为两人。

但是，进入帝政时代后，奥古斯都与后继者提比略一起率先破例就任了财务官，财务官从此变为了由皇帝兼任。不过奥古斯都、提比略、克劳狄乌斯以及韦斯帕芗、提图斯就任财务官后都在表面上做的是国情调查的工作，直到任期结束都没有使用过驱逐元老院议员这件“武器”。传家的宝刀正因为不拔出来才能成为宝刀。

到了图密善时代，这个先例被打破了。公元 83 年秋天，也就是他继承帝位仅仅两年后，他和另外一人一起就任了财务官。到一年半的任期结束的公元 85 年春天，又就任了终身财务官。尤里乌斯·恺撒曾经创设过“终身独裁官”这种新官职，“终身财务官”却是图密善创建的，当然也是他独自一人就任。

元老院感到紧张是理所当然的反应。大规模的公共事业都是凭借皇帝的地位和名义推动的，国情调查也在 10 年前刚施行过。罗马的国情调查与现代不同的是由国家进行的，和现代税制下的财产申报非常相似。鉴于调查的困难性，当时的人认为 30 年施行一次比较合适。

因此，图密善对财务官的执著并非出于公共事业或国情调查的必要，这即使不是元老院议员也很容易想到。但是，图密善在就任终身财务官以后也没有经常拔出手中的“武器”。不过元老院议员们都很清楚皇帝已经有利器在手了。

图密善第一次拔出这件“武器”是在公元 87 年，他以阴谋反抗皇帝的嫌疑，在被告缺席的情况下审判了亚细亚行省总督凯利亚里斯。两年后，又发生了高地日耳曼军司令官萨图尼努斯的叛乱事件，虽然在爆发后马上就被镇压了。这两次事件都被认为是元老院内的反皇帝派唆使拥有军团指挥权的行省总督克拉斯的结果。这个时期的图密善在忙于日耳曼长城的修建和防范多瑙河北岸的蛮族，奔波于前线和首都之间。

人到了 40 岁前后可能就很难控制愤怒的情绪了，“武器”最终还是被拔了出来。图密善将“Delator”用在了歼灭元老院内反皇帝派的作战中。试想一下，如果斯塔独立检察官在当时将自己的那份执拗转向参众两院的议员的情形，就很容易理解公元 90 年代以后受图密善意旨驱使的“Delator”和元老院之间那种紧张的关系。元老院议员的成员之一塔西佗的笔锋直指图密善也是理所当然的了。

并且图密善不是什么高贵的出身。不知为何，人总是对出身高贵的人表现得很宽容，如果是出身平凡的人执掌权力的话，他们会变得歇斯底里。塔西佗批评

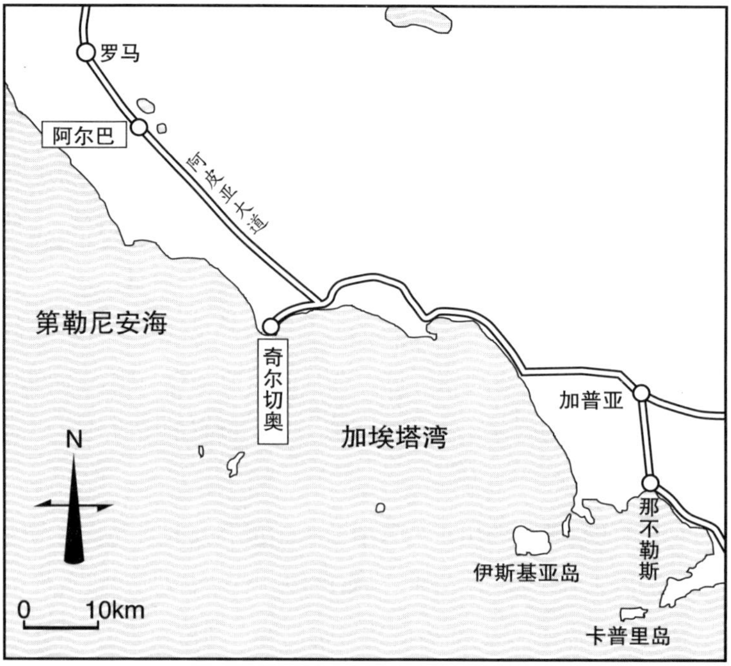

图密善的别墅所在地（□表示的区域）

图密善的“高贵的出身也被视为了一种罪”这句话意味深长，出身不高贵却当上皇帝的人必须像提图斯一样，一天没做好事就觉得有所损失，也必须像韦斯帕芗一样，就算再想回到故乡瑞耶提，也绝对不会行使皇帝的权力为这座小镇谋取特殊利益。

弗拉维一族和名门贵族尤里乌斯或克劳狄乌斯不能相比，在两代之前甚至无从考证他们以何为生，这个地方出身的家族后来居然想通过就任终身财务官来将元老院完全纳入自己的控制之下。元老院虽然减员明显，但名门贵族出身的议员们依然健在。

并且图密善不仅在土地有限的市中心帕拉蒂尼山上修建了宏伟的皇宫，还在阿尔巴和奇尔切奥分别修建了山庄和海边别墅。不知是不是因为在当时很容易就能购入大面积土地，从现在留存的遗迹可以想象出奇尔切奥的别墅规模非常大，让人觉得这才当之无愧的是罗马皇帝的休息场所，其壮丽程度甚至应该称为宫殿而不是别墅。皇帝经常带着口无遮拦、喜好讽刺的诗人马提雅尔来这里度假。和这座奇尔切奥的别墅比起来，就连提比略的卡普里别墅也相形见绌。比图密善这座“别墅”更为宏伟、规模更大的皇帝别墅只有40年后由哈德良皇帝在蒂沃利修建的“别墅”。

图密善估计会说，自己没有耽误任何为市民修建的公共事业。确实如此，但是尽了公共义务不等于在私人方面可以为所欲为。尤里乌斯·恺撒在比图密善年轻的时候就已经说过：“地位越高，言行的自由就越受到限制。”

暗杀

公元96年9月18日，皇帝图密善被暗杀。他一共在位15年零5天，再过一个月就将迎来自己的45岁生日。

这次暗杀并不是元老院内反图密善一派的议员们制造的。

也没有听说过像尼禄皇帝末期由行省总督温德克斯发动的弹劾皇帝的行动。

军团对皇帝的忠诚度很高，导致尼禄倒台的导火线——军团兵将自己的司令官推举为皇帝的事件虽然在7年前的美因茨曾经发生过一次，但之后再没有过类似事件发生。

安全和粮食都有保证，时而举行的夜间竞赛也向市民们提供了充分的娱乐活动，所以一般市民没有什么不满。图密善利用“Delator”打压元老院的行为在罗马平民看来就和现代的我们旁观政治家们的权力斗争一样，不过是与自己毫无关系的权力斗争，所以这没有成为对皇帝心生不满的理由。

总之，元老院、市民、军团、行省都没有参与暗杀图密善的行动。那么到底是谁如此大胆地策划并实施了杀害现任皇帝的行动呢？

还在当皇子的时候，图密善就曾经说过，他爱上了和自己同岁（也可能比自己大一点）的尼禄时代的名将科尔布罗的女儿多米提娅，并成功迎娶了这个已为人妻的女人。面容娇美、气质高贵的多米提娅在失去妻子的韦斯帕芗统治期间、放弃了对犹太公主的爱情之后终身未娶的提图斯统治期间以及之后在 30 岁继承帝位的图密善统治期间，一直是罗马宫廷首屈一指的女人。当时肯定找不到比她更适合做第一夫人的完美女性了。她既不倚仗权力作威作福，也不刻意装扮成庶民风格，行为举止非常自然，是一个大方得体的完美女人，无愧于图密善赠与她的“皇后”尊称。图密善也从心里深爱着自己的妻子，他们之间生下的儿子在很小的时候就夭折了，但这并没有给两人的爱情蒙上阴影。

最初的“阴影”是在图密善成为皇帝三年后出现的。当时的图密善为了修建日耳曼长城，经常去莱茵河前线，与加利蒂人交战时也经常不在罗马，当他时隔很久回到罗马时，听到了皇后与他人有染的谣言，据说对方是悲剧演员帕里斯。32 岁的图密善没有深入调查就轻信了这个谣言。帕里斯被处死，皇后也被废黜后离开了皇宫。史学家们所记载的“吃完晚饭后到睡觉之前的时间，图密善最喜欢自己一个人散步”的习惯也是从这个时期开始养成的。也有的史学家认为自从提比略去世后，卡普里岛上的别墅无人问津，唯独图密善曾经在那里居住过，其真伪很难确定。不过，自那以后孤独确实一直伴随着这位年轻的皇帝。此外还有一人也不得不沉寂在孤独之中。

仅在位两年便去世的提图斯有一个女儿，名字叫做尤利娅·弗拉维娅，相当于图密善的侄女。尤利娅丧父后回到了娘家。那时母亲也去世了，所以她搬到叔叔图密善的皇宫居住。

尤利娅当时年近 20 岁，无论容貌、性格还是教养都和皇后多米提娅正好相反。她给人的印象是貌不惊人，有些多愁善感，为人低调。

不知从何时起，这两人的关系从叔叔和侄女变成了男女关系。因为住在皇宫里本来不可能逃过侍者们的眼睛，但二人的关系却没有引起任何人的注意。

但是，图密善不认为这样就万事大吉了。不知经过怎样的方式，他没到一年就又将皇后召回了皇宫。多米提娅重新坐上了宫廷女主人的位置，然而尤利娅也继续住在皇宫里。如果她想再婚的话随时都可以，她却没有这么做。

尤利娅的突然死亡让这种同居状态广为人知，侍者们都传言，是图密善在她

多米提娅

尤利娅

怀孕后强迫其堕胎而致其死亡。

既然多米提娅能够带着愤怒和屈辱忍受丈夫的这段恋情，那么竞争对手的死应该可以让问题得到解决。尤利娅·弗拉维娅的惨死是公元 88 年前后的事情，距图密善被暗杀的公元 96 年有 8 年时间。在这 8 年间，图密善除了妻子之外没有任何女人。

然而，人的心里总是包含着难以理解的成分。在竞争对手活着的时候是两个女人之间的问题，一方死后，竞争对手就不是活着的女人，而是变成残留在男人记忆中的女人了。对于教养良好、性格要强、举止高雅的女人来说，没有比活在男人心中的竞争对手更难以对付的了。在这种情况下，女人胸中迸发出的憎恨就会指向心中还留有情敌影子的男人。并且，尤利娅死后，本来很内向的图密善逐渐敞开了心怀，经常一个人去别墅度假。这不禁让多米提娅怀疑他在阿尔巴的山庄和奇尔切奥的海边到底在想什么。

在这种男人身边的女人想必有一种苦恼和憎恶交织在一起的感觉，不过这只是她本人的想法罢了，根据过于薄弱，不足以说服周围的人忠诚地为她做事。到了尤利娅死后 7 年的公元 95 年，发生了一件让周围的人同仇敌忾的事情。不同的是，占据皇后心中的是苦恼和憎恶，亲戚和周围的人感到的更多是恐怖。

皇帝韦斯帕芗有提图斯和图密善两个儿子，此外还有一个女儿，这三人似乎是姐弟关系。不太清楚姐姐弗拉维娅的结婚对象是谁，不过她和丈夫之间有一个和自己同名的女儿。结婚对象不明是因为她的结婚时间是在父亲韦斯帕芗当上皇帝以前，还是负责防卫帝国全境的20名将军之一的时候。韦斯帕芗的孙女将要结婚的时候，韦斯帕芗已经是皇帝了，所以选择结婚对象就不是那么简单了。这个弗拉维娅嫁给了韦斯帕芗的哥哥——也就是在内乱时期被杀害的萨比努斯——的孙子克雷蒙斯。值得一提的是，惨死的尤利娅也和克雷蒙斯的哥哥结婚了，所以相当于同族结婚。这肯定是皇帝韦斯帕芗想让弗拉维一家继承帝位所想出的对策。

弗拉维娅相当于图密善的侄女，这个女人和丈夫克雷蒙斯生了两个儿子。提图斯没有儿子，图密善的儿子也在很小的时候就夭折了。所以图密善继承帝位后，决定将侄女的这两个儿子定为皇位继承人，收为了养子，并让他们改名韦斯帕芗和图密善，让曾经为帝国领导层预备军编写过“教育课程”的昆体良负责教育这两个孩子。

但是，两个年轻的皇位继承者的生身父母克雷蒙斯和弗拉维娅当时一起皈依了罗马诸多宗教中的一个，尽管罗马的宗教政策非常宽容，但问题还是发生了。初期的基督教人士声称这个宗教是基督教，但真实情况无法查证。总之，这个宗教不是罗马帝国的国家宗教——希腊、罗马的多神教，而是从东方传来的一神教。

皇帝图密善曾效仿开国皇帝奥古斯都举行“百年节”，并打算通过振兴罗马自古以来的宗教从而将帝国统合到一起，在他看来，这件事无异于晴天霹雳。虽然罗马承认信仰自由，但下任皇帝人选的父母选择了异教而不是罗马自古以来的众神，这已经不是信教自由的问题了，绝不能坐视不管。

公元95年入秋时，克雷蒙斯和弗拉维娅夫妇遭到了指控，不用说这是“Delator”们积极搜查证据的结果。经过正式的审判后，判决克雷蒙斯死刑，妻子弗拉维娅流放。流放地为罗马时代被称为“潘达特里亚”的小岛文托特内。这个小岛是开国皇帝流放放荡女儿尤利娅的地方，也是第二代皇帝提比略流放策划反对自己的阴谋的媳妇大阿格里皮娜的地方。它位于奇尔切奥东南50公里的海上，并不是一个荒芜的孤岛。成为皇族的流放地之后，岛上修建了贮水池和养鱼用的大型鱼池等设施，所以生活上没有任何不方便，这种待遇相当于对危险分子的隔离。

但是，皇帝的亲戚克雷蒙斯被处以了死刑。因为弗拉维一族是新兴阶级，还不能适应同族中有人被处死。并且杀人者和被杀者都是同族成员。恐怕当时弗拉维一族全体成员都陷入了恐惧之中，如果这种恐惧和皇后的憎恨交织在一起……恐怖行为如果是身边亲近的人策划，成功率也会提高。

图密善在卧室熟睡时，皇后多米提娅手下的解放奴隶袭击了他，名字叫做斯提法努斯。不过皇帝当时45岁左右，体格强健，所以肯定不是斯特法努斯一人所为，应该还有同党，但是不太清楚这些人的名字和人数。暗杀者们闯入卧室之后马上从里边把门锁上了。

不知道在紧闭的门内打斗持续了多久，唯一可以确定的是，数百名皇宫侍者和警卫被人阻止了，无法进入事发现场。在毫无防备的状态下被一群人打个措手不及，图密善力尽身亡也只是时间的问题。

事成之后的处理也很快。此时赶到现场的警卫将全部暗杀者当场杀死。随后马上恭迎与皇帝图密善一起担任过执政官的元老院议员涅尔瓦登基。

被告知图密善死讯的元老院想必认为自己捡了个大便宜。他们马上召开会议，当场确定了所有对策。图密善生前在近卫军团和边境军团中都很有威望，所以必须加快节奏。

不知道是出于谁的主意，被指定为继承人的涅尔瓦马上得到了皇帝的所有权力。正式继承罗马皇位必须有元老院的承认，于是元老院迅速承认了涅尔瓦的皇帝之位，并且，还通过了将死去的皇帝图密善处以“记录抹杀刑”的决议。确定这项处罚的真正原因应该是为了牵制近卫军团和边境军团。暗杀现任皇帝的主谋是谁的问题根本就没有被提起。

既然与皇帝尼禄一样被处以“记录抹杀刑”，死去的图密善就不能被葬到奥古斯都陵中。他的奶妈偷偷将图密善的尸体领来火化了。这名女奴隶在图密善小的时候代替生母抚养他，之后也一直留在他身边伺候。图密善曾经修建弗拉维神殿，以供奉死去后被神化的父亲韦斯帕芗，奶妈也将他葬在了这里。不可思议的是，她是将图密善的骨灰和事先葬在这里的尤利娅的骨灰混在一起埋葬的。图密善由于被处以“记录抹杀刑”，甚至连墓碑都无法修建，却可以和尤利娅在九泉之下长相厮守了。

至此，继尤里乌斯—克劳狄乌斯王朝之后的第二个世袭皇族——弗拉维王朝在经历27年统治后也结束了。从韦斯帕芗的登基开始到图密善的死为止的27年，共经历了3位皇帝。现代的很多史学家一致认为，弗拉维王朝皇帝们的最大功绩是缓解罗马帝国的危机，让帝国重新步入了正轨，并且通过实施修建日耳曼长城等多项政策，恢复了帝国的活力，奠定了让罗马帝国取得进一步繁荣的基础。不过这个评价不是着眼于人性的弱点，而是这些人为国家（Res publica）做了哪些事情。

第八章

皇帝涅尔瓦

（96年9月19日—98年1月27日在位）

NON UNO DIE ROMA AEDIFICATA EST

从涅尔瓦开始的 5 位皇帝被后世称为“五贤帝”。因此，从涅尔瓦登基的公元 96 年开始到马克·奥里略去世的公元 180 年为止的时期在罗马历史上称为“五贤帝时代”。

过渡政权

马尔库斯·寇克乌斯·涅尔瓦（M. Cocceius Nerva）出生在离首都罗马不远的弗拉米尼亚大道沿线的城镇纳尼亚（现在的纳尔尼），家族从很早以前就属于元老院阶级。他出生的时间为提比略统治时期的公元26年。在43岁经历了内乱，之后在韦斯帕芗统治时期度过了 44—53 岁的几年时光，在提图斯和图密善统治时期则度过了 55—70 岁这十几年。在 44 岁时和韦斯帕芗一起担任过执政官。公元 90 年又和皇帝图密善一起第二次担任执政官。他的家族是从共和政体时代开始一直到进入帝政时期后为数不多的元老院贵族，然而他不支持图密善，但也不反对他。他是一个平衡感很好的绅士，没有什么野心，不知是不是由于这个原因，还是因为他没有什么出众的才能，既没有担任行省总督的经历，也没有统率军团的经历，在一生中只是一个首都罗马上流阶层的精英分子罢了。

不知道是谁，又是出于什么目的将涅尔瓦推上了皇帝之位。涅尔瓦不是一个愿意主动出头的人，但是这个选择是正确的。因为他不是亲图密善的一派，所以不用担心招来反图密善一派的反抗，同时他也不属于反图密善的一派，所以也不会刺激到支持图密善的人。并且，他还是塔西佗等中流阶层的知识分子推崇的“高贵出身”。经历了尤里乌斯—克劳狄乌斯王朝到弗拉维王朝世袭皇统后，人们逐渐发现了其中存在的缺陷，涅尔瓦没有子嗣，并且已是 70 岁的高龄，基本不会再有后代了，对于他们来说这些都恰好是有利的条件。

元老院当然也十分欢迎自己当中的一分子登基。此外，被视为图密善一派的近卫军团和在边境服役的各军团也很爽快地向新皇帝涅尔瓦表示了忠诚。一般市民倒是将这次登基当成正常的权力交替罢了。新皇帝涅尔瓦没有忘记在和市民们一起庆祝皇帝就任时给他们发放赏金。近卫军团、边境军团和市民并没有积极地支持涅尔瓦，而是采取一种静观其变的态度，可以说是消极地支持。虽说已经过去了 27 年，但军团之间自相残杀的内乱仍然让他们记忆犹新。所以边境军团都保持慎重的态度。图密善被害之后的帝国在表面上得以保持了稳定，然而这不过是一种微妙状态下的稳定。涅尔瓦不仅年事已高，健康状况也不是很好。很多人肯定感到涅尔瓦的登基是一个“过渡政权”。

元老院因为图密善出人意料的死亡而恢复了活力，他们和别人一样，也把涅尔瓦当做“过渡政权”。但是这些人试图以典型的元老院议员涅尔瓦的登基为契机，夺回帝国统治的主导权。并不是要恢复到共和政体时代那种元老院主导的体制，而是要改变皇帝的主导日益增强的现状，让皇帝和元老院一起来统治帝国。从皇帝涅尔瓦的立场来说，当然会不遗余力地配合。

在就任皇帝后的首次元老院会议上，涅尔瓦成立了让元老院独立于皇帝司法权之外的治外法权。这样一来，不管皇帝如何利用“Delator”来进行审判，元老院议员都可以免于死刑。不过虽说是治外法权，但只是针对皇帝拥有的司法权发挥效力的“治外法权”，在除此之外的一般刑法和民法中，就算是元老院议员也不能享受治外法权。

于是涅尔瓦又确立了能够实际削弱“Delator”权力的法律。这项法律确立后，解放奴隶和奴隶就无法再提供对主人不利的证词了。另外，由于决定对图密善处以“记录抹杀刑”，所以在图密善时代被流放或是资产被没收的人们得以回国，没收的财产也被归还。但是涅尔瓦除此之外没有改变由图密善制定的其他政策，而是一一继承了下来。

元老院对涅尔瓦没有任何不满。人真是一种有意思的生物，只要成功排除自己憎恨的人，就算继承该人成立的政策，他们也毫不关心。

另外，平衡感良好的涅尔瓦对亲图密善一派没有采取报复措施，也没有给予反图密善一派优待。他一直奉行量才而用的人事政策。弗朗提努斯被任命为相当于水道厅长官的“curator aquarum”，并且他根据这个时期的经验写成了《关于罗马水道的论考》（*De aquae ductu urbis Romae*）。小普林尼也是被涅尔瓦提拔的人才之一，他获得了相当于国税厅长官的职位，对于既不追求财富也不轻视财物的他来说再合适不过了。

涅尔瓦是个幸运的人。首先他不像韦斯帕芗那样需要重建帝国的财政，因为图密善在工程和军事上消耗了大量财源之后依旧保持了财政健全。并且，由图密善动工、在涅尔瓦继承皇位后完成的两座建筑也以他的名字命名，一个是首都内的“涅尔瓦广场”，另一个是从奥斯提亚沿台伯河而上的船只停靠的港湾附近兴建的“涅尔瓦仓库”（Horrea Nervae）。

但是，消极的支持也包含着随时可能转为反对方的危险。在涅尔瓦的统治过去一年后，所有人都意识到需要在这种危险降临之前采取措施。因为推崇图密善的近卫军团已经开始表现出不稳定的动向了。

涅尔瓦在继承人的选择上没有听取元老院的意见，而是自己作的决定。公元97年10月他突然公布了人选，让人们惊讶的不是指定继承人这个行为，而是被指定的皇位继承人实在出乎意料。

图拉真登场

马尔库斯·乌尔庇乌斯·图拉真以养子的身份被指定为了继承人。他出生在伊比利亚半岛南部，也就是行省出身。不过他的父亲曾经在韦斯帕芗手下任军团长，韦斯帕芗当上皇帝后又推举他进了元老院，得以名列贵族，所以虽然是“新贵”，但也属于罗马社会的领导层。图拉真在公元97年时担任包括日耳曼长城在内的高地日耳曼的防卫军司令官，时年44岁。无论在社会地位、军事经验还是年龄上，都是连顽固的共和主义者都无法挑剔的合适人选。另外，消极支持元老院色彩浓厚的涅尔瓦的各边境军团也非常欢迎图拉真。一名喜欢讽刺的史学家甚至曾写道，涅尔瓦跻身五贤帝之一的理由只是因为他选择了图拉真作为继承人。

71岁的涅尔瓦不仅将44岁的图拉真指定为了继承人，在指定的同时，还允许图拉真使用和涅尔瓦同样的称呼——“Imperator”，并授予他皇帝的权力之一——“护民官特权”。另外，还决定让图拉真和自己一起参选任期从次年 1 月 1 日开始的公元 98 年的执政官。虽然选举是在元老院内进行，但若是和皇帝一起参选的话，当选基本是确定无疑的事情。总之，涅尔瓦不仅将图拉真指定为继承人，还指定他为共同的统治者。看来罗马还是明确要走上一个皇帝倒下去、另一个皇帝继续统治的帝政之路。

公元 98 年 1 月 27 日，皇帝涅尔瓦去世，死因为自然死亡，统治时间为一年零四个月。他的骨灰被葬在了奥古斯都等历代皇帝长眠的奥古斯都陵。

图拉真的亲戚、当时 22 岁的哈德良从多瑙河骑马赶往科隆尼亚（现在的科隆），将涅尔瓦的死讯通知了图拉真。

但是，这位 45 岁的新皇帝在 1 月 1 日就任执政官时没有回到首都，接到死讯时也没有前往罗马。被图密善从率领一个军团的军团长提拔为指挥三个军团的司令官的图拉真很清楚，作为武将的自己成为皇帝后首先要做的事情不是像涅尔瓦那样，而是图密善唯一未完成，或者说唯一没能做到的事情。图拉真返回首都罗马的时间是在继承帝位一年多之后的公元 99 年夏天。

罗马的人事

盛久必衰是历史的常理，罗马人的历史也不例外。但是，在写了罗马人的历史之后，笔者并没有感伤于盛久必衰的常理，而是思考起另外一件事——罗马史就好像接力赛一样，既有的领导者的功能衰退后，肯定会有新的人才在跑道上等待着接力棒。

权力者能够保持权力，有不少时候是因为没有可以取代的人，所以只能勉强维持。换句话说，因为后继无人，所以陷入功能不调的既有统治阶级才能依旧保持权力。结果就会造成共同体本身无法停止衰退，最后走向灭亡。也就是说，没有接过接力棒的人才一直跑，最后倒在跑道上死去。

笔者认为罗马的历史与此不同，国政的任务是管理国家，和较量体力为目的的接力赛跑还是不一样的。在前者的情况下，必须由现在正在赛跑的人自己来选择下一个人选，因为权力也包括后继人选的决定权。罗马的历史与接力赛跑的相似之处在于，现在拥有权力的人会积极任用并培养替代自己的人。

众所周知，韦斯帕芗以前是提比略门下的人。图拉真的父亲得到了韦斯帕芗的任用，他自己则是被图密善提拔起来的。尤里乌斯·恺撒也广泛任用行省出身的人，奥古斯都则在帝国管理上利用了骑士阶级这个罗马社会的第二阶层。可以说，他们每个人都任用了有资质的后起之秀，并将他们培养为了接力的主力，也就是领导者阶层。

当然，他们也是因为自己在进行统治时需要帮手，才任用新的人才，给予他们成长机会的。但是，对于人来说，最大的幸运莫过于为自己做的事情同时对自己所属的共同体也有益，即私人利益和公共利益一致。因此，不管是私人利益等于公共利益也好，还是像克劳狄乌斯皇帝实行的开放国门（参见《罗马人的故事7·臭名昭著的皇帝》），没有私人利益的公共利益也好，问题不在于动机而在于结果。从结果来看，不得不承认罗马的领导者们在下一代领导者的培养上是很成功的。毕竟现在已经有第一位行省出身的皇帝登场了。尤里乌斯·恺撒和克劳狄乌斯皇帝比任何人都积极任用行省出身的人才，如果他们泉下有知，会说些什么呢?

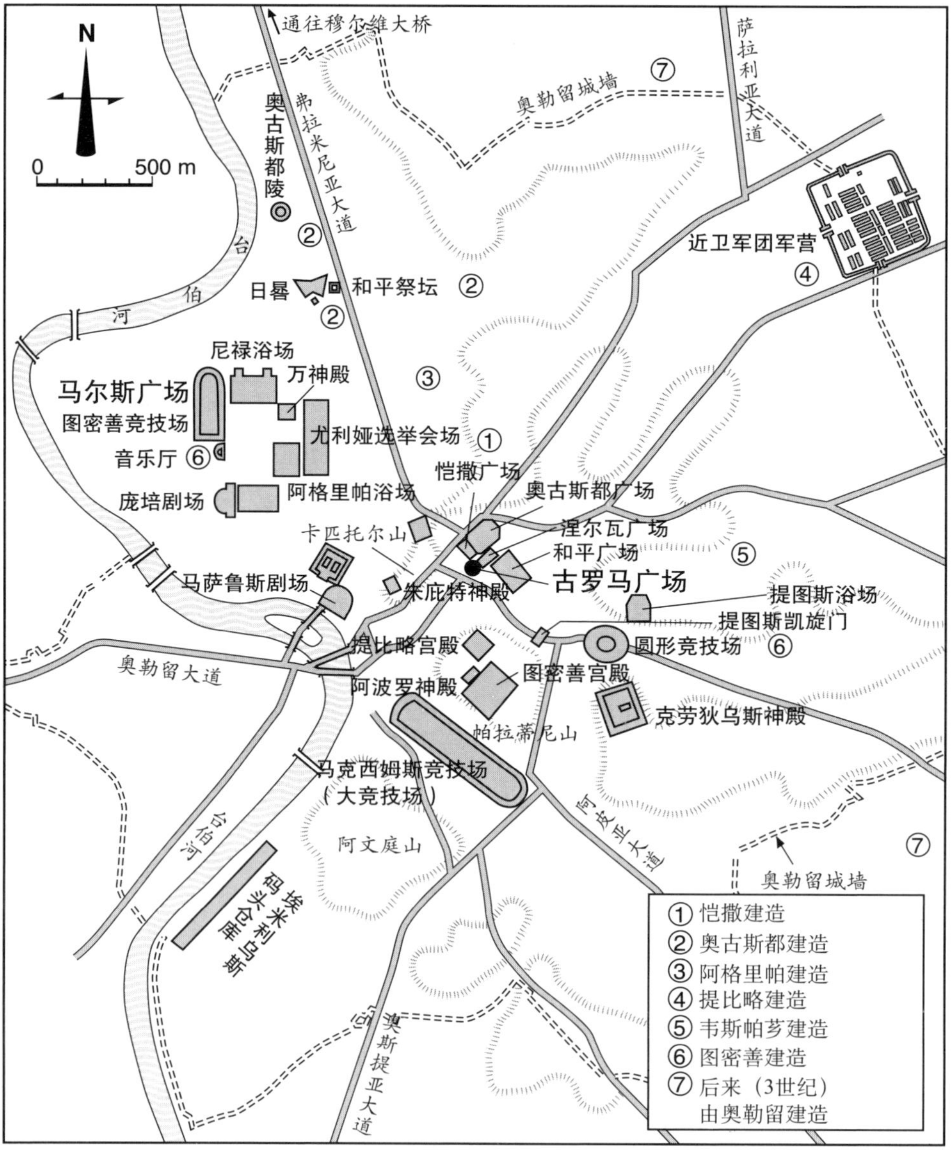

公元 98 年时的罗马市区

附录

一位罗马诗人的生与死

马尔库斯·瓦莱里乌斯·马提雅尔（M. Valerius Martialis）于公元40年前后在西班牙北部出生。出生地比尔比利斯是夹在萨拉戈萨和托莱多之间位于罗马大道沿线的小城镇，位于萨拉戈萨西南100公里处。和同为西班牙出生的教育家昆体良的出生地卡拉奥拉也仅隔100公里左右的距离。这位诗人在那里完成了初等、中等教育，高等教育可能是在行省塔拉戈纳的首府塔拉戈纳完成的。既然他能够接受这么高水准的教育，就算家境不算富裕，至少也有一定的经济实力。这名年轻的野心家在24岁的时候为了出人头地来到了帝国的首都罗马。在共和政体时代，西塞罗、维吉尔、贺拉斯等意大利地方出生的人为了取得成功曾来到过罗马，到了帝政时代，这种倾向扩展到了帝国全境，想出人头地的人就像雨后春笋一样纷纷来到罗马。西班牙人马提雅尔只不过是其中之一，不过在尼禄时代已经有塞内加这样的西班牙出身的文人大放异彩过了。

虽然来到了“世界的首都”，但是马提雅尔既不像塞内加那样是元老院议员的儿子，也不是游手好闲仍然可以衣食无忧的富家子弟，他必须自己去赚取生活费。因为受过良好的教育，所以只要有打算就可以成为昆体良那样的教师，或是应征帝国首都不断需要的国家公务员，还可以像塔西佗和小普林尼那样做一名律师。然而，马提雅尔并没有“那种打算”，他打算靠写作为生。不过古代不承认著作权，如果能写出畅销作品，出版商当然欢迎，以后出版作品也会变得更容易，但是收入不会随着销量升高而增加。于是这名诗人决定寻找赞助人。但是公元 1 世纪后半期没有像曾经援助过维吉尔和贺拉斯的梅塞纳斯这种富于同情心的赞助人。另外，马提雅尔创作的文学作品当中存在着让权力者和富人不便施与赞助的内容。生活在奥古斯都时代的维吉尔和贺拉斯擅长创作庄重宏大的叙事诗和歌颂众神的祭祀歌，马提雅尔的作品特点却在于以机智和讽刺性的幽默将现实的人生展现给读者。与维吉尔和贺拉斯的“厚重”文学相反，马提雅尔的文学被世人评价为“轻薄”的文学。

马提雅尔在文学史上被视为“epigram”的高手，“epigram”本来是从墓志铭衍生出来的一种文体形式。“epigram”虽然已经跳出了墓志铭的范畴（英语的墓志铭一词为“epigraph”），但还是一种短诗形式的文体。所以很多人将其意译为“警句”或“讽刺诗”。至于长度，通常为10行以内，也有以3行结束的情况。不管怎样，这种文体形式都是由最后一行来决定的，所以“epigram”的创作出人意料地难。只要读一读马提雅尔创作的几段“epigram”，就可以理解罗马时代的“讽刺诗”是什么。

致律师涅乌鲁斯

不知为何只有在旁听席喧闹的时候，你才会抬高你的声音。涅乌鲁斯，你是律师吗？还是个讼棍？在这种喧闹中无论你怎么抬高声音，别人也无法判断你到底是律师还是讼棍。

可是，现在旁听席安静下来了。涅乌鲁斯，你现在说话吧！让我们见识一下你真正的本事。

致批评家雷利乌斯

不出版自己的作品，却只知道批评我的作品的雷利乌斯啊，你能不能停一停？先让人们看看你的作品再谈别的。

致法布鲁斯

真是不错，你在昨晚的宴会上给客人们喷的香水。但是说到菜品，只够喂饱一只小鸟的。

确实是很有排场的款待啊！一边被香水的气味包围，一边忍受着饥饿。不过我的朋友，身上全是不能吃的香水味，在我看来就跟洒满香料的木乃伊一样。

致三流医生

你以前是个眼科医生，现在以角斗士为生。不过你现在在竞技场做的事情就是以前在治疗室所做的。

这样看来，上流阶级为了顾及体面当然不会赞助这种文人了。来到罗马的20年中，赞助马提雅尔的似乎都是些不懂文学的新兴富人。就算他能依靠这种赞助继续维持生活和创作，赞助的金额也相当微薄，他一直在一间借来的集体住宅的三层房间中居住，这种境遇一直没有改变。这种公寓被称为“因斯拉”（一种鸟的名字），楼层越高租金越便宜。尽管如此，马提雅尔的创作热情丝毫没有减退，这位“epigram”的高手的决心非常坚定。他的作品似乎在遥远的不列颠也被广泛阅读，从如下一段，可以得知他后来成为了畅销作家。

致弗拉库斯

很多人对我说，庄重悲壮的文学能够得到人们的尊敬、赞赏和崇拜。我当然也知道，但是我的文学首先是受广大群众欢迎的。

成为马提雅尔赞助人的是皇帝图密善。

如前所述，教育家昆体良和讽刺诗作家马提雅尔都出生在西班牙北部的行省。昆体良仅年长3岁，所以可以视为同龄人。图密善比马提雅尔年轻11岁，和昆体良有十四五岁的差距。

虽然出身行省，但昆体良是教职人员，根据恺撒的法律，教师和医生无论出身何处都可以获得罗马公民权，所以他们也被授予了公民权，也就是说他们可以免交直接税。

然而，马提雅尔不喜欢从教，所以即使在罗马住了20年，身份依然是行省人民，没有权利得到《小麦法》规定的每天1公斤的免费小麦，也无法免费欣赏只要出示证明书就可以自由入场的圆形竞技场和其他竞技场举行的表演，因为两者都是只有罗马公民权所有者才能享受到的社会福利。总之，马提雅尔的身份一直是居住在罗马的异国人。

如前所述，皇帝图密善每年支付昆体良10万塞斯特斯，委托他为教授辩论和修辞的教师们撰写《雄辩术原理》课程。但图密善给马提雅尔提供的待遇没有这么正式。皇帝和讽刺诗作家的关系差不多相当于赞助人和艺术家的关系，马提雅尔是畅销书作家，所以在出版方面不需要帮助。这位比皇帝大11岁的西班牙诗人所希望的与皇帝的关系是，在皇宫里和皇帝共同进餐，并经常随同皇帝前往阿尔巴和奇尔切奥的别墅。有趣的是，皇帝图密善居然能同时充分利用严谨的教育家和喜欢恶作剧的讽刺诗作家两个人。昆体良还被委托教育两名年幼的皇位继承人，马提雅尔则是皇帝的聊天对象。并不是因为这位讽刺诗人的拉丁语不如昆体良，马提雅尔的拉丁语非常好，问题在于使用拉丁语所表现的内容。马提雅尔自己也曾写到，自己作为作家的读者群不是孩子和处女，而是面向成年人的。也就是说，马提雅尔关心的不是人“应有的样子”，而是“现在的样子”。

没有确切的史料表明皇帝向这位讽刺诗人支付过年金。不过图密善不仅将罗马公民权授予了行省出身的马提雅尔，还让他跻身骑士阶级。要成为在罗马社会仅次于元老院阶级的骑士阶级至少需要拥有40万塞斯特斯的资产，但借住在公寓中的诗人肯定没有这么多钱，所以可以说这也是皇帝赠与的。另外，在这个时期，马提雅尔买了一幢有小庭院的住宅，这幢住宅的购买资金应该也是图密善相赠的。不管怎样，年轻内向、喜好独自散步的图密善确实喜欢在闲暇的时候与这名以犀利的警句引人苦笑的“epigram”作家一起度过。这位诗人曾经给皇帝写过这样的讽刺诗：

致恺撒·图密善

皇帝啊，现在送给你我的第五卷作品。在书中我讽刺了所有出现的人，他们大概对此不会有什么不满。不仅没有不满，甚至还会高兴。因为正是被我写入书中，他们才能为世人所知，托我的福，他们获得了永生。

但是，你可能会说，虽然知道你的作品广受欢迎，不过你能得到什么报酬呢？

挣多少钱对我来说都无所谓，只要我能写出让自己满意的作品。

也许正是这种率直合了图密善的胃口。这位诗人还向皇帝提出了要求：

致恺撒·图密善

在你统治的这条罗马大道中，我有了一幢自己的房子。但是房子位于一处狭窄深谷对面的高台上，经常缺水。马尔奇亚水道的大量水源就在附近，我甚至能听见流动的声音，自己家里却像一滴水都没有的沙漠。鉴于这种现状，请皇帝陛下赐予寒舍水源。如果这个愿望能够实现，对于我来说就像朱庇特神殿得到神灵赐予的降雨一样。

独门独户的房屋可以申请付费接通水道到自己家，也许水道局的技术工人马上来到马提雅尔的家中，利用技术弥补地形的不利，为他装上了水道。总之，这是皇帝的命令，只是没有留下确切的史料可以证实。

致恺撒

（“Imperator”是士兵们对皇帝的称呼，“奥古斯都”则过于庄重，所以一般称皇帝为“恺撒”。)

恺撒啊，如果你的手头有我的作品，请一定读一读。我保证世界统治者的严肃面孔会缓和下来，深深刻在眉间的皱纹会消去。就连凯旋仪式上也允许人们开玩笑，凯旋将军被士兵们嘲笑两句也不是什么丢人的事情。所以请一定读一读我所写的字句。

你不是一个拒绝玩笑和幽默的人。托您检阅（图密善就任终身财务官的谐音）的福，我以后只能用一些无伤大雅的表达了。

没错，我的书中可能充满了淫秽、戏谑的字句，但我作为一名作家灵魂是健全的！

公元96年9月18日，这位快意诗人的生活发生了变化，因为皇帝图密善被暗杀了。取而代之的皇帝涅尔瓦禁止复仇行为，所以和先帝关系亲密的马提雅尔的生活免于了危险。不过他失去了生活的来源。

于是诗人打算投靠涅尔瓦，发表了题为“所有的恐怖与图密善一起消失，自由、幸福和美德归来”的一首诗，试图讨涅尔瓦的欢心，获得资助，结果却失败了。风度翩翩的涅尔瓦根本不会考虑资助这名品格欠缺的“epigram”作家。过了没多久，涅尔瓦去世，皇帝变成了图拉真。他又对图拉真作了同样的尝试，但图拉真专心于与达契亚人的战争，很少回到首都。并且图拉真皇帝本来就不是很喜欢诗人这种职业。

到了公元98年，马提雅尔意识到自己已经走到尽头了，他的年龄已经接近60岁。和图密善的关系过于有名，所以没有人愿意资助这个和被处以“记录抹杀刑”的人物走得太近的人。

诗人回到了故乡西班牙，并得到了同乡一名有钱的女性读者资助的住房和生活费。这位一直单身的“epigram”高手也终于决定结婚了。

小普林尼以旅费的名义赠与时隔34年后离开罗马回到故乡的马提雅尔一些钱。他们虽然同为文人，但无论性格、作风、出身还是经济状况都可以说是完全相反。不过小普林尼不像塔西佗那样排斥所有与自己想法不同的人，他具有开明的精神，性格也非常稳重，对于马提雅尔能够不持有社会和文学上的偏见。

但是，虽然在故乡西班牙过上了安稳的生活，但作家视为生命的创作动力却减退了。马提雅尔的创作源泉来自现实的人生，自从他离开了饱受他嘲弄、鱼龙混杂、善恶并存的国际都市罗马后，便失去了能够公开宣称自己“作为作家的灵魂健全”的创作意愿，大概是乡下的生活过于安逸了。乡下没有创作者所需的“毒素”，这种毒素只有大都市才有。不过他还是接受小普林尼的劝告，出版了《讽刺诗》的第 12 卷，只是其中的内容大多都是罗马时代创作的作品的集成。作家的灵魂一去不复返，他也再没有回到罗马，在慨叹失去了罗马给予自己的一切之后，这名诗人于公元 102 年与世长辞，时间是图密善被暗杀的 6 年后。

我们之所以能够得知被首都的显要人物遗忘的马提雅尔，是因为小普林尼给朋友写的一封信。信中这样说：

> 富于创意、强烈激昂、酸甜苦辣应有尽有，只是少了一份天真，这就是马提雅尔和他的诗。

这段评论尖锐并且很到位。当时的知识分子们认为这种无聊的作品会马上销声匿迹，相反，马提雅尔创作的“epigram”在 2000 年后的现代依然流传着。如果有好的译本，建议各位读一读。就算为了让暂时严肃的脸庞变得缓和，让刻在眉间的皱纹消去吧！最后再引用一段马提雅尔的诗：

致博斯特姆斯

> 你说从明天开始享受人生？那太迟了，博斯特姆斯。应该从今天开始享受。不，从昨天开始就享受人生才是更聪明的生活方式。

大事年表

年份（公元）	罗马帝国			其他地方
	宗主国	西方行省	东方行省	
60		尼禄任命加尔巴为西班牙东北部塔拉戈纳行省的总督		
62			韦斯帕芗被任命为阿非利加行省的总督	
65				这一年，贵霜王朝的丘就却入侵印度西北部
66			6月，以犹太长官弗洛鲁斯没收耶路撒冷大神殿的17塔兰特金币为导火线，爆发了叛乱。犹太激进派决定对弗洛鲁斯采取强硬措施，屠杀了罗马守备队全体成员。马萨达要塞落入激进派手中。到秋天为止，反罗马的暴动扩大到犹太西部和南部。各地的希腊裔居民和犹太裔居民之间的对立激化。11月，叙利亚总督塞斯提乌斯率领的罗马军攻打耶路撒冷失败，在撤退中惨败于犹太军。尼禄命令韦斯帕芗负责镇压犹太叛乱	
67		尼禄将叙利亚总督科尔布罗召至希腊，命其自裁，任命穆奇阿努斯接替其职位	5月，韦斯帕芗开始进军。7月，尤塔帕塔陷落	（中国）在洛阳城西修建白马寺
68	元老院通过决议，宣布尼禄为“国家公敌”。**近卫军团决定推举加尔巴为“皇帝”**（Imperator）。6月9日，尼禄自刎，终年30岁。秋，加尔巴偕同奥托进入罗马。加尔巴指定维尼乌斯与自己共同担任次年的执政官	高卢行省总督温德克斯起兵反抗尼禄。初夏，塔拉戈纳行省总督加尔巴被军团兵推举为皇帝。温德克斯表态支持加尔巴。卢西塔尼亚行省的奥托也表态支持加尔巴。高地日耳曼军司令官鲁弗斯被加尔巴解职，召回罗马，由弗拉库斯接替。维特里乌斯被任命为低地日耳曼军司令官，反加尔巴的势头兴起	夏，罗马军从北、西、东三个方向包围耶路撒冷。由于尼禄驾崩，正在镇压犹太的罗马军队暂且停战。韦斯帕芗的长子提图斯携带韦斯帕芗和叙利亚总督穆奇阿努斯效忠加尔巴的宣誓书前往罗马	

年份（公元）	罗马帝国			其他地方
	宗主国	西方行省	东方行省	
69	1月1日，皇帝加尔巴和心腹维尼乌斯就任执政官。1月上旬，加尔巴指定皮索为自己的继承人。1月15日，奥托设计暗杀了加尔巴，同时维尼乌斯和皮索也被杀死。**奥托得到近卫军团的支持，就任皇帝，元老院也给予承认**。奥托为了阻止日耳曼军团南下，向维特里乌斯提出共享皇位的建议，被一口拒绝。3月初，皇帝奥托出动1.3万名士兵迎击席西纳军，坚守波河南岸的要地皮亚琴察。席西纳军入驻波河北岸的要地克雷莫纳。奥托军在波河北岸包围席西纳军的计划失败，使得席西纳和瓦伦斯两军成功会合。4月15日，第一次贝特里亚库姆战役开始。维特里乌斯军击败奥托军，奥托自刎，终年37岁。**4月16日，元老院承认维特里乌斯接任“第一公民”**。5月15日，新皇帝维特里乌斯到达意大利北部。解雇了奥托一派的所有近卫军团成员，起用“莱茵河军团”的士兵接手近卫军团。命令奥托一派的其他军团的士兵全部返回原来的服役地点。5月24日，维特里乌斯到达克雷莫纳，视察贝特里亚库姆的战场。7月18日，维特里乌斯和手下的6万武装部队进入罗马。10月24日，第二次贝特里亚库姆战役开始	1月1日，负责防卫莱茵河的日耳曼军团在美因茨通过决议，拒绝宣誓效忠皇帝加尔巴，表明了反加尔巴的态度。1月2日，该军团撤回前日决议中“委托元老院全权决定‘第一公民’人选”的要求，决定拥立维特里乌斯。维特里乌斯一派的日耳曼军团总数十万人，分三军开始南下，席西纳、瓦伦斯、维特里乌斯各领一军。防卫多瑙河的7个军团表态支持奥托。为阻止席西纳军和瓦伦斯军会合而前往法国南部迎击瓦伦斯军的奥托一方的一个军团全军覆没。维特里乌斯将奥托一派的各军团的百人队队长处以死刑，命令原奥托军的士兵在克雷莫纳修建圆形竞技场。夏，尤里乌斯·奇维里斯率领的巴达维人与莱茵河一带的日耳曼裔部族一起起兵反抗罗马。奇维里斯收编莱茵舰队。9月，安东尼·普里默斯率领“多瑙河军团”起兵支持韦斯帕芗，没等穆奇阿努斯到达便向西进军。达契亚人趁多瑙河军团转移的机会越过多瑙河入侵罗马领土，被穆奇阿努斯击退。之后，穆奇阿努斯重新西进	提图斯在希腊的科林斯得知加尔巴死亡、奥托登基和维特里乌斯起兵的消息后，向罗马派遣使者表示支持奥托，自己返回东方。6月，叙利亚总督穆奇阿努斯拒绝了“多瑙河军团”推举自己称帝的建议，推举韦斯帕芗为皇帝。6月末，韦斯帕芗、穆奇阿努斯、亚历山大三人在贝鲁特举行会谈。三人一致赞同确保兵源、兵器、军需资金的三项举措，重新确认了与帕提亚的友好关系。帝国东方的全部军团和各同盟国明确了反维特里乌斯的态度。穆奇阿努斯率领军队前往意大利，韦斯帕芗在埃及待机。亚历山大随同提图斯前往犹太为犹太战争做准备。7月初，驻扎在埃及、犹太、叙利亚的各军团和小亚细亚各行省的驻屯部队推举韦斯帕芗为皇帝。各同盟国的国王纷纷表示支持韦斯帕芗登基	（中国）后汉的王景治理黄河

（续）

年份（公元）	罗马帝国			其他地方
	宗主国	西方行省	东方行省	
69	维特里乌斯一派的“莱茵河军团”和韦斯帕芗一派的“多瑙河军团”发生激战，“莱茵河军团”大败，克雷莫纳镇化为废墟。维特里乌斯一派的士兵逃往罗马。普里默斯率领的“多瑙河军团”渡过波河，经由艾米利亚和弗拉米尼亚两条大道前往首都罗马。12月15日，为阻止“多瑙河军团”靠近而悲伤的维特里乌斯一派士兵投降。12月16日，罗马的维特里乌斯宣布退位。12月19日，卡匹托尔山上的朱庇特神殿被维特里乌斯一派的士兵用火把烧毁。12月20日，罗马爆发巷战。维特里乌斯在古罗马广场被杀死，终年54岁。**12月21日，韦斯帕芗开始实质上的统治**。12月下旬，穆奇阿努斯进入罗马。维特里乌斯的弟弟卢西乌斯在泰拉奇纳败给罗马军，被处以死刑。《韦斯帕芗皇帝法》颁布	席西纳率军北上，在拉韦纳劝说“莱茵河军团”起兵反抗维特里乌斯没有成功，被投入大牢（后来被韦斯帕芗一派的士兵释放）。瓦伦斯在法国南部试图重组维特里乌斯军，但是被支持韦斯帕芗的高卢人抓获（之后被处死）。奇维里斯攻打罗马军团的克桑腾基地。西班牙和不列颠的五个军团表明支持韦斯帕芗。“莱茵河军团”得知维特里乌斯军败北的消息后发生混乱，杀死了司令官弗拉库斯。莱茵河东岸的日耳曼人对美因茨的莱茵河军团基地发动袭击，最后被击退。奇维里斯与日耳曼人和日耳曼裔高卢人的领导者在科隆举行会谈，决定创建“高卢帝国”。沃克勒前去救助被包围的克桑腾，却在诺伊斯被杀害。诺伊斯军团基地的罗马士兵被强迫向奇维里斯的“高卢帝国”效忠。克桑腾、美因茨也步其后尘，莱茵河沿岸的所有军团基地皆落入叛军手中		
70	1月1日，元老院承认韦斯帕芗为“第一公民”。穆奇阿努斯决定投入9个军团镇压“高卢帝国”。穆奇阿努斯开始重建朱庇特神殿。10月，韦斯帕芗登陆意大利南部的布林迪西	高卢裔高卢人决定不加入“高卢帝国”。春，罗马军从意大利、西班牙和不列颠三个方向开始向莱茵河进军。凯利亚里斯率领罗马军攻打特里尔。日耳曼裔高卢人重新支持罗马。秋，叛乱终结。“高卢帝国”覆灭	春，提图斯指挥的罗马军在耶路撒冷城下布阵，开始攻打耶路撒冷。8月10日，耶路撒冷大神殿被烧毁。9月26日，耶路撒冷陷落	
71	结束犹太战争胜利凯旋的提图斯就任近卫军团的长官。韦斯帕芗着手修建圆形竞技场			

（续）

年份（公元）	罗马帝国			其他地方
	宗主国	西方行省	东方行省	
73	韦斯帕芗和提图斯就任财务官，实施国情调查。采取大幅增加税收的政策		马萨达要塞陷落	
74				（中国）班超出使西域
79	6月24日，韦斯帕芗去世，享年70岁。**提图斯继承帝位**。8月24日，维苏威火山大喷发，庞贝等城市湮没，死者不计其数。老普林尼去世。提图斯前往受灾地，在救灾指挥部坐镇指挥			
80	罗马市中心发生大火。韦斯帕芗修建的圆形竞技场完工			
81	意大利全境发生瘟疫，大批平民死亡。提图斯成立救灾委员会。9月13日，提图斯去世，终年40岁。**9月14日，弟弟图密善继承帝位**。图密善在此后的15年统治期间，修建了图密善竞技场等大量公共设施，完善了首都罗马的基础设施建设			
83	秋，图密善就任财务官	图密善着手修建日耳曼长城，并镇压了对此表示反抗的高卢地区的加利蒂人		
84		冬，在不列颠前后征战七年的总督阿格里科拉领命回国，征服苏格兰的军事行动一时中断		
85	春，图密善就任终身财务官	晚秋，达契亚人跨越多瑙河入侵南岸。前去迎击的罗马军大败，担任指挥官的米西亚行省总督萨比努斯战死		

（续）

年份（公元）	罗马帝国			其他地方
	宗主国	西方行省	东方行省	
86		图密善偕同近卫军团长官弗斯库斯前往多瑙河前线。罗马军在与达契亚人的第一战中获胜，将达契亚人赶回了多瑙河北岸。图密善返回罗马。罗马军在第二战中大败，弗斯库斯战死		
87			亚细亚行省总督凯利亚里斯因策划反叛图密善而被处死	
88		尤里阿努斯率领罗马军在多瑙河北岸大胜达契亚人		
89		高地日耳曼军司令官萨图尼努斯发动叛乱被镇压。驻扎在西班牙的第七军团的长官图拉真被任命为高地日耳曼军司令官。在此前后，多瑙河中游一带的三个日耳曼裔部族起兵反抗罗马。罗马与达契亚人缔结和平协定。罗马军大胜三部族		班超出任西域都护（公元91年）
95	受图密善委托，教育家昆体良撰写《雄辩术原理》（次年刊行）			
96	9月18日，图密善被暗杀，终年44岁。**元老院承认涅尔瓦为皇帝**。元老院决定对图密善实施“记录抹杀刑”			
97	10月，涅尔瓦指定图拉真为继承人			班超派甘英出使大秦（罗马帝国）
98	图拉真就任执政官。1月27日，涅尔瓦去世，享年71岁。**图拉真继承帝位**			

参考文献

一、原始资料（为方便读者查阅，也将翻译的著作列入）

塔西佗（公元 56—120 年）

《年代记》（上、下），国原吉之助译，岩波文库，1981

《日耳曼尼亚阿古利可拉》，国原吉之助译，筑摩学艺文库，1996

《同时代史》，国原吉之助译，筑摩书房，1996

苏埃托尼乌斯（公元 69—122 年以后）

《罗马皇帝传》（上、下），国原吉之助译，岩波文库，1986

大普林尼（公元 23—79 年）

《普林尼博物志》，大槻真一郎编，八坂书房，1994

小普林尼（公元 61、62—113 年）

《普林尼书简集》，国原吉之助译，讲谈社学术文库，1999

昆体良（公元 35—96 年以后）

《辩论术理论》，西洋古典丛书第 III 期 11，森谷宇一等译，京都大学学术出版会，2005

马尔提阿里斯（公元 38 年到 41 年间—102 年）

约瑟夫斯·弗拉维乌斯（公元 37、38—100 年）

《犹太战记 1·2》，新见宏译，山本书店，1975—1981

《犹太战记 3》，秦刚平译，山本书店，1982

《犹太古代志》（全 11 卷），秦刚平译，山本书店，1979—1984

《驳斥阿比安》，秦刚平译，山本书店，1977

《自传》，秦刚平译，山本书店，1978

卡西乌斯·狄奥（公元 150—235 年）

二、日文资料

《庞贝灭亡之日》，金子史朗，原书房，1988

《马萨达》，Y. 亚丁，田丸德善译，山本书店，1975

《庞贝》，浅香正，芸艸堂，1995

《西塞罗选集》第八卷，岩波书店，1999

三、后世撰写的历史书、研究专著

ABBOTT, F.F. & JOHNSON, A.C., *Municipal Administration in the Roman Empire*, Princeton, N.J., 1926.

ALFÖLDI, A., *The Moral Barrier on Rhine and Danube,* 《Third Congress of Roman Frontier Studies》, 1949.

ANDERSON, J.G.C., *The Road System of Eastern Asia Minor,* 《Journal of Hellenic Studies（JHS）》17, 1897.

ARIAS, P.E., *Domiziano: Saggi e ricerche No.9,* Catania: G. Crisafulli, 1945.

BACHRACH, P. & BARATZ, M.S., *Two Faces of Power,* 《American Political Science Review》56, 1962.

BALLANTI, A., *Documenti sull'opposizione degli intellettuali a Domiziano,* 《Ann. Fac. Lett. Napoli》4, 1954.

BERETTA, I., *La romanizzazione della valle d'Aosta,* Milano-Varese, 1954.

BERSANETTI, G.M., *Vespasiano,* Roma, 1941.

BIRLEY, E.B., *The Congress of Roman Frontier Studies 1949*, pp. 41-54, Durham 1952;*The Brigantian Problem and the First Roman Contact with Scotland, Britain after Agricola and the End of the Ninth Legion & Britain under the Flavians: Agricola and His Predecessors,* 《Roman Britain and the Roman Army》, Kendal, 1953; *Senators in the Emperor's Service,* 《Proceedings of the British Academy》 39, 1953.

BLAU, P., *Exchange and Power in Social Life,* New York: John Wiley, 1964.

BRAND, C.E., *Roman Military Law,* Austin: University of Texas Press, 1968.

BREEZE, D.J., *The Organization of the Legion: The First Cohort and the Equites Legionis,* 《Journal of Roman Studies (JRS)》59, 1969.

BROGAN, O., *The Roman Limes in Germany,* 《Archaelogical Journal》92, 1935.

BURN, A.R., *Agricola and Roman Britain,* London, 1953.

BURR, V., *Tiberius Iulius Alexander,* 《Antiquitas》I, Bonn, 1955.

BURY, J.B., *A History of the Roman Empire from its Foundations to the Death of Marcus Aurelius (27 a.C.-180 d.C),* London, 1913.

BUTLER, R.M., *The Roman Walls of Le Mans,* 《JRS》48, 1958.

CAGNAT, R., *Les Frontières militaires de l'empire romain,* 《Journal des savants》, 1901; *Le colonie romaine de Djemila,* 《Mus. B.》27, 1923.

CANTARELLI, L., *La Lex de imperio Vespasiani,* 《Studi Romani e Bizantini》, Roma, 1915.

CASSON, L., *Ships and Seamanship in the Ancient World,* Princeton: Princeton University Press, 1971.

CAVAIGNAC, E., *Les Effectifs de l'armée d'Auguste,* 《Revue des èetudes latines》 30, 1952.

CHARLESWORTH, M.P., *Trade Routes and the Commerce of the Roman Empire,* Cambridge: University Press, 1926.

CHEVALLIER, R., *Rome et la Germanie au 1er siècle: Problèmes de colonisation,* 《Latomus》20, 1961.

CHILVER, G.E.F., *The Army in Politics A.D.68-70,* 《JRS》47, 1957.

COLINI, A.M., *Stadium Domitiani,* Roma, 1943.

COLLINGWOOD, R.G., *The Archaeology of Roman Britain,* London, 1930.

CROOK, J.A., *Consilium Principis,* Cambridge, 1955.

FABRICIUS, E., *DerObergermanisch-rätische Limes des Römerreiches.*

FORNI, G., *Il reclutamento delle legioni da Augusto a Diocleziano*, Università di Pavia, Milano-Roma, 1953; *Contributo alla storia della Dacia romana*, 《Athenaeum》 36, 1958-59; *Limes*, 《Dizionario Epigrafico》 4; *Estrazione etnica e sociale dei soldati delle legioni nei primi tre secoli dell'impero*, 《Aufstieg und Niedergang der Römischen Welt》 II-1.

FORTINA, M., *Un generale romano del primo secolo dell'impero*, C. Licinio Muciano, Novara, 1955; *L'imperatore Tito*, Torino, 1955.

FRANK, T., *An Economic History of Rome*, Baltimore, 1927.

FRERE, S.S., *Britannia: A History of Roman Britain*, London, 1967.

FROVA, A., *The Danubian Limes in Bulgaria and Excavations at Oescus*, 《Third Congress of Roman Frontier Studies》, 1949.

GARZETTI, A., *L'Impero da Tiberio agli Antonini*, Istituto di studi romani, 《Storia di Roma》 vol.6, Bologna, 1960.

GROSSO, F., *Tendenziosità dell'Agricola*, Genova, 1954.

GSELL, S., *Essai sur le règne de l'empereur Domitien*, Paris, 1894.

HAMMOND, M., The *Transmission of the Powers of the Roman Emperor from the Death of Nero in A.D. 68 to that of Alexander Severus in A.D. 235*, 《Memoirs of American Academy in Rome》 24, 1956; *Composition of the Senate, A.D. 68-235*, 《JRS》 47, 1957.

HARMAND, L., *L'Occident romain: Gaule, Espagne, Bretagne, Afrique du Nord* (*31 av. J.C.à 235 ap. J.C*), Paris, 1960.

HARRER, A., *Studies in the History of the Roman province of Syria*, 《Dissertation, Princeton》, 1915.

HATT, J.J., *Histoire de la Gaule romaine*, Paris, 1966.

HAVERFIELD, F., *Military Aspects of Roman Wales*, London, 1910.

HAVERFIELD, F. & MACDONALD, G., *The Roman Occupation of Britain*, Oxford, 1924.

HENDERSON, B.W., *Five Roman Emperors: Vespasian, Titus, Domitian, Nerva, Trajan, A.D. 69-117*, Cambridge, 1927.

HOGARTH, D.B. & MUNRO, J.A.R., *Modern and Ancient Roads in Eastern Asia Minor*, 《Supp. Papers of the Roy. Georg. Soc.》 3, 1893.

HOMO, L., *Une leçon d'outre-tombe: Vespasien financier*, 《Revue des Ètudes Anciennes》 42, 1940; *Vespasien, l'empereur du bon sens*, Paris, 1949.

KAHRSTEDT, U., *Domitians Politik zwischen Donau und Main,* 《Bonner Jahrbücher》 145, 1940.

KLOSE, J., *Roms Klientel-Randstaaten am Rhein und an der Donau,* 《Historische Untersuchungen》 14, Breslau, 1934.

KRAFT, K., *Zur Rekrutierung der Alen und Kohorten an Rhein und Donau,* Bern, 1951.

KRUEGER, P., *Codex Justinianus,* Berlin, 1915.

LANCIANI, R., *Forma Urbis Romae,* Roma, 1989

LAST, H., *Lex de imperio Vespasiani,* 《Cambridge Ancient History》 11, 1936.

LAUR-BELART, R., *The Late Limes from Basel to the Lake of Constance,* 《Third Congress of Roman Frontier Studies》, 1949.

LEMOSSE, M., *Le Régime des relationes internationales dans le haut-empire romain,* 《Publications de l'Institut de droit romain de l'Université de Paris》 23, Paris, 1967.

LEVI, M.A., *La Politica estera di Roma antica,* Milano: Istituto per gli studi di politica internazionale, 1942; *La clemenza di Tito,* 《Par. Pass.》 9, 1954; *La legge dell'iscrizione CIL VI, 930,* 1958.

LUGLI, G., *La villa di Domiziano sui colli Albani,* 《Bull. Comm. Arch.》 45, 1918; *Nuove forme dell'architettura romana nell'età dei Flavi,* 《Atti 3º Convegno naz. di st. dell'Architett.》, Roma, 1939.

MacDONALD, sir G., *The Roman Wall in Scotland,* Oxford, 1934.

MANFRÈ, G., *La crisi politica dell'anno 68-69 d.C.,* Bologna, 1947.

MANN, J.C., *A Note on the Numeri,* 《Hermes》 82, 1954.

MANNI, E., *Lotta politica e guerra civile nel 68-69 d.C.,* 《Riv. Fil.》, 24, 1946.

MARSDEN, E.W., *Greek and Roman Artillery, Historical Development,* Oxford: Clarendon Press, 1969.

MATTINGLY, H., *British Museum Catalogue of the Coins of the Roman Empire vol.2,* London, 1930; *Vol.3,* London, 1936.

MATTINGLY, H. & SYDENHAM, E.A., *The Roman Imperial Coinage vol.2,* London, 1926; *Vol.3,* London, 1930.

MICHEL, A., *Tacite et le destin de l'Empire,* Paris, 1966.

MILNE, J.G., *Catalogue of Alexandrian Coins in the Ashmolean Museum,* Oxford, 1932.

MOMIGLIANO, A., *Contributo alla storia degli studi classici*, Roma: Edizioni di Storia e Letteratura, 1955; *Terzo Contributo alla storia degli studi classici e del mondo antico*, Roma: Edizioni di Storia e Letteratura, 1966; *Ricerche sull'organizzazione della Giudea sotto il dominio romano* (*63 a.C. - 70 d.C.*), Amsterdam: A.M. Hakkert, 1967; *Quarto Contributo alla storia degli studi classici e del mondo antico*, Roma: Edizioni di Storia e Letteratura, 1969.

MOMMSEN, Th., *Römisches Staatsrecht, vol.5*, Leipzig, 1887-88.

MUNRO, J.A.R., *Roads in Pontus, Royal and Roman*, 《JHS》 21, 1901.

NEWTON, H.C., *The Epigraphical Evidence for the Reigns of Vespasian and Titus*, 《Cornell Studies in Classical Philology》 16, 1901.

PARKER, H.M.D., *The Roman Legions*, Cambridge: W. Heffer and Sons, 1958.

PASSERINI, A., *Le Coorti Pretorie*, Roma, 1939; *Le due battaglie presso Betriacum*, 《St. Ant. Class. offerti a E. Ciaceri》, Roma, 1940.

PIGANIOL, A., *La Notion de Limes*, 《Quintus Congressus Internationalis Limitis Romani Studiosorum》.

PLATNER, S.B., *A Topographical Dictionary of Ancient Rome*, Oxford, 1929.

RACHET, M., *Rome et les Berbères: Un Problème militaire d'Auguste à Dioclétien*, 《Collection Latomus》 110, Bruxelles: Latomus, 1970.

RAMSAY, A.M., *The Speed of the Roman Imperial Post*, 《JRS》 15, 1925.

RITTERLING, E., *Zu den Germanenkreige Domitians am Rhein und an der Donau*, 《Jahreshefte》 7, 1904.

ROMANELLI, P., *La Cirenaica Romana 96 A.C. - 642 D.C.*, Verbania: A. Airoldi, 1943.

ROSTOVTZEFF, M., *Storia economica e sociale dell'Impero Romano*, Firenze, 1933.

SCHLEIERMACHER, W., *Römische Archäologie am Rhein 1940 bis 1950*, 《Historia》 2, 1953.

SCHÖNBERGER, H., *The Roman Frontier in Germany: An Archaeological Survey*, 《JRS》 59, 1969.

SOLARI, A., *La Crisi dell'impero romano*, Milano: Soc. Ed. Dante Alighieri, 1933; *Il Rinnovamento dell'impero romano*, Milano: Soc. Ed. Dante Alighieri, 1938.

STARR, C.G. Jr., *The Roman Imperial Navy, 31 B.C. - A.D. 324*, 《Cornell Studies in Classical Philology》 26, Ithaca: Cornell University Press, 1941.

SYME, R., *Rhine and Danube Legions under Domitian*, 《JRS》 18, 1928; *The Impe-*

rial Finances under Domitian, Nerva and Trajan, 《JRS》 20, 1930; *Notes sur la légion III Augusta,* 《Revue des Études Anciennes》 38, 1936; *The Roman Revolution,* Oxford: Clarendon Press, 1939; *Tacitus,* Oxford: Clarendon Press, 1958; *The Lower Danube under Trajan,* 《JRS》 49, 1959.

SZILÁGYI, J., *Les Variations des centres de prépondérance militaire dans les provinces frontières de l'émpire romain,* 《Acta Antiqua Academiae Scientiarum Hungaricae》 2, 1953.

THOMPSON, E.A., *The Early Germans,* Oxford: Clarendon Press, 1965.

TOUTAIN, J., *L'origine historique des grandes cités rhénanes,* 《Mémorial d'un voyage d'études en Rhénanie de la Societe Nationale des Antiquires de France》, Paris, 1953.

TREU, M., *M. Antonius Primus in der taciteischen Darstellung,* 《Würzburger Jahrbücher für die Altertumswiss》 3, 1948.

TURNER, E.G., *Tiberius Iulius Alexander,* 《JRS》 44, 1954.

VAN BERCHEM, D., *On Some Chapters of the Notitia Dignitatum Relating to the Defense of Gaul and Britain,* 《American Journal of Philology》 vol.76, no.302, 1955.

VAN SICKLE, C.E., *The Repair of Roads in Spain,* 《Classical Philology》 24, 1929.

WALTON, C.S., *Oriental Senators in the Service of Rome,* 《JRS》 19, 1929.

WATSON, G.R., *The Pay of the Roman Army: The Auxiliary Forces,* 《Historia》 8, 1959; *The Roman Soldier,* London: Thames and Hudson, 1969.

WEBSTER, G., *The Roman Imperial Army of the First and Second Centuries A.D.,* London: Adam and Charles Black, 1969.

WHITE, L.T., *The Transformation of the Roman World: Gibbon's Problems after Two Centuries,* Berkeley: University of California Press, 1966.

WILKES, J.J., *Dalmatia: History of the Provinces of the Roman Empire,* London: Routledge and Kegan Paul, 1969.

ZANCAN, P., *La crisi del Principato nell'anno 69 D.C.,* Università di Padova, 《Pubblicazioni della Facoltà di Lettere e Filosofia》 16, Padova, 1939.

图片版权

银币图　新潮社写真部

金币图　大英博物馆（伦敦 / 英国）© The Trustee of the British Museum

pp.008—009　博洛尼亚考古学博物馆（博洛尼亚 / 意大利）© Museo Civico Archeologico di Bologna（Italia）

p.018　卡皮托里尼美术馆（罗马 / 意大利）© Archivi Alinari, Firenze

p.038　卡皮托里尼美术馆 © Archivi Alinari, Firenze

p.066　乌菲兹美术馆（佛罗伦萨 / 意大利）© Archivi Alinari, Firenze

p.075 上　罗马市议会议事堂（罗马 / 意大利）© Archivi Alinari, Firenze

p.075 下　卡皮托里尼美术馆 © Archivi Alinari, Firenze

p.087　罗马文明博物馆（罗马 / 意大利）© Scala, Florence

p.102 右　大英博物馆（伦敦 / 英国）© Archivi Alinari, Firenze

p.102 中　意大利总统官邸（罗马 / 意大利）© Archivi Alinari, Firenze

p.102 左　濑户照（根据那不勒斯考古学博物馆所藏的戒指绘制）

p.103 右　威尼斯考古学博物馆（威尼斯 / 意大利）©Scala, Florence

p.103 中　嘉士伯艺术博物馆（哥本哈根 / 丹麦）© Ny Carlsberg Glyptotek, Copenhagen

p.103 左　罗马市议会议事堂（罗马 / 意大利）© Archivi Alinari, Firenze

p.116　波伊廷格古地图（一部分）Giorgio Benni 摄

p.175　峰村胜子绘

p.180　Luigi Canina, "Vedute dei principali monumenti di Roma antica," Sugarco Edizioni, 1990

p.181　古罗马广场（罗马 / 意大利）© Erich Lessing/PPS

p.184　卡皮托里尼美术馆（罗马 / 意大利）© Archivi Alinari, Firenze

p.192　个人收藏 © B.Wilson/Ancient Art & Architecture Collection

p.199　卡皮托里尼美术馆 © Stampa Fotografica Vasari, Roma

p.203 上　那不勒斯考古学博物馆（那不勒斯 / 意大利）樱井绅二摄

p.203 下　波格赛美术馆（罗马 / 意大利）樱井绅二摄

p.210　梵蒂冈美术馆（梵蒂冈）© Scala, Florence

p.212　罗马文明博物馆（罗马 / 意大利）© Scala, Florence

p.213　© Hugh Rooney; Eye Ubiquitous/CORBIS

p.214 右　樱井绅二摄

p.214 左　EUR（罗马 / 意大利）© akg-images/Bildarchiv Monheim

p.215 上　峰村胜子绘

p.215 下　圣但尼（法国）© FORESTIER YVES/CORBIS SYGMA

P.227　Luigi Canina, "Vedute dei principali monumenti di Roma antica," Sugarco Edizioni, 1990

p.232　波格赛美术馆（罗马 / 意大利）樱井绅二摄

p.254　乌菲兹美术馆（佛罗伦萨 / 意大利）© Archivi Alinari, Firenze

p.258　梵蒂冈美术馆（梵蒂冈）© Musei Vaticani

p.263 左　© GIANSANTI GIANNI/CORBIS SYGMA

p.263 右　罗马文明博物馆（罗马 / 意大利）樱井绅二摄

p.264　Luigi Canina, "Vedute dei principali monumenti di Roma antica," Sugarco Edizioni, 1990

p.269　峰村胜子绘

p.274　峰村胜子绘

p.317 左　卡皮托里尼美术馆 ©Stampa Fotografica Vasari, Roma

p.317 右　罗马文明博物馆摄影：樱井绅二

p.322　乌菲兹美术馆 © Archivi Alinari, Firenze

地图制作：综合精图研究所（p.015，p.020，p.031，p.034，p.045，p.048，p.051，p. 054，p.061，p.073，p.081，p.089，p.095，p.099，p.108，p.109，p.127，p.132，p.163，p.166，p.173，p.194，p.224，p.227，p.235，p.241，p.248，p.267，p.277，p.284，p.290，p.294，p.299，p.310，p.314，p.326）

图书在版编目（CIP）数据

罗马人的故事 8：危机与克服 /（日）盐野七生著；葛奇蹊译. —北京：中信出版社，2012.10（2018.11 重印）
ISBN 978-7-5086-3515-6

I. 罗… II. ① 盐… ② 葛… III. 古罗马－历史 IV. K126

中国版本图书馆 CIP 数据核字（2012）第 206248 号

罗马人的故事 8：危机与克服

著　　者：[日] 盐野七生
译　　者：葛奇蹊
策划推广：中信出版社（China CITIC Press）
出版发行：中信出版集团股份有限公司
（北京市朝阳区惠新东街甲 4 号富盛大厦 2 座　邮编　100029）
（CITIC Publishing Group）
承 印 者：三河市西华印务有限公司

开　　本：787mm × 1092mm　1/16　　印　　张：22.25　　字　　数：320 千字
版　　次：2012 年 10 月第 1 版　　印　　次：2018 年 11 月第32次印刷
京权图字：01-2010-4509　　广告经营许可证：京朝工商广字第 8087 号
书　　号：ISBN 978-7-5086-3515-6/K · 241
定　　价：39.00 元

服务热线：010-84849555　传真：010-84849000
投稿邮箱：author@citicpub.com